Zishi Zhou

Das Sexualstrafrecht in Deutschland und China

Schriftenreihe des Max-Planck-Instituts für
ausländisches und internationales Strafrecht

Interdisziplinäre Forschungen
aus Strafrecht und Kriminologie

Herausgegeben von Hans-Jörg Albrecht
und Ulrich Sieber

Band I 27

Max-Planck-Institut für ausländisches
und internationales Strafrecht

Zishi Zhou

Das Sexualstrafrecht in Deutschland und China

Eine vergleichende Darstellung von Geschichte, Stand und Entwicklungen

Duncker & Humblot · Berlin

Bibliografische Information der Deutschen Nationalbibliothek

Die Deutsche Nationalbibliothek verzeichnet diese Publikation in der Deutschen
Nationalbibliografie; detaillierte bibliografische Daten sind im Internet über
http://dnb.d-nb.de abrufbar.

© 2020 Max-Planck-Gesellschaft zur Förderung der Wissenschaften e.V.
c/o Max-Planck-Institut für ausländisches und internationales Strafrecht
Günterstalstraße 73, 79100 Freiburg i.Br.
http://www.mpicc.de
Vertrieb in Gemeinschaft mit Duncker & Humblot GmbH, Berlin
http://www.duncker-humblot.de
Umschlagphoto: picture alliance / AP / Matthias Schrader
Lektorat und Satz: Peter Welk (Lektorat Freiburg)
Druck: Stückle Druck und Verlag, Stückle-Straße 1, 77955 Ettenheim
Printed in Germany

ISSN 1862-7625
ISBN 978-3-86113-278-3 (Max-Planck-Institut)
ISBN 978-3-428-15992-5 (Duncker & Humblot)

DOI: https://doi.org/10.30709/978-3-86113-278-3
CC-Lizenz by-nc-nd/3.0

Vorwort

Mit dieser Dissertation erwarb ich meinen Doktortitel im Februar 2017 an der Rechtswissenschaftlichen Fakultät der Albert-Ludwigs-Universität Freiburg. Die fünf Jahre, die ich in Freiburg verbracht habe, waren die besten meines Lebens. Die unvergessliche Zeit am Max-Planck-Institut für ausländisches und internationales Strafrecht ist für meine zukünftige wissenschaftliche Karriere von großer Bedeutung.

Mein Dank gilt vor allem Prof. Dr. Dr. h.c. mult. *Hans-Jörg Albrecht*. Aufgrund seines Vorschlags wählte ich das Thema Sexualstrafrecht. Er gab mir Hinweise für Gliederung, Literatur und machte mich auf die neuesten Reformdebatten aufmerksam. Bei der letzten Überprüfung der Arbeit machte er sorgfältige Korrekturen für den ganzen Text. Ich danke auch Prof. Dr. Dr. h.c. mult. *Ulrich Sieber*. Er nahm mich als Mitglied in die IMPRS-CC auf, wo ich viel gelernt habe.

Besonderen Dank schulde ich Prof. *Zhigang Yu* und Prof. *Liling Yue*. Mit ihrer Hilfe ergriff ich die Gelegenheit zur Promotion in Deutschland. Ich danke ebenso dem China Scholarship Council für das vierjährige Stipendium.

Uneingeschränkt dankbar bin ich meiner Frau, Dr. *Ye Wang*, meinem Sohn *Guangde Zhou* und meiner Tochter *Guangrui Zhou*. Dank ihrer Begleitung und Unterstützung bin ich jeden Tag glücklich.

Changsha, September 2020   *Zishi Zhou*
                                        Assistenzprofessor an der Universität Hunan

Inhaltsverzeichnis

Teil 1
Rechtsgeschichtliche Untersuchung

Kapitel 1
Wandel des Sexualstrafrechts in Deutschland

Kapitel 5
Sexualstraftaten gegen Minderjährige

Kapitel 6
Prostitutionsdelikte

Kapitel 7
Pornographiedelikte

Kapitel 8
Weitere Sexualdelikte

Teil 3
Zusammenfassung und Ausblick

Kapitel 9
Zusammenfassung und Bewertung des deutschen Sexualstrafrechts

Kapitel 10
Zusammenfassung des chinesischen Sexualstrafrechts und Anregungen
zur Reform

Abbildungsverzeichnis

Tabellenverzeichnis

Abkürzungsverzeichnis

a.A.	andere Ansicht
Abs.	Absatz
a.F.	alte Fassung
Art.	Artikel
AT	Allgemeiner Teil
Aufl.	Auflage
bff	Bundesverband Frauenberatungsstellen und Frauennotrufe
BGB	Bürgerliches Gesetzbuch
BGBl.	Bundesgesetzblatt
BGH	Bundesgerichtshof
BGHSt	Entscheidungen des Bundesgerichtshofes in Strafsachen
BMJV	Bundesministerium der Justiz und für Verbraucherschutz
BRD	Bundesrepublik Deutschland
BR-Drs.	Bundesrats-Drucksache
BT-Drs.	Bundestags-Drucksache
BVerfG	Bundesverfassungsgericht
ca.	circa
chStGB	chinesisches Strafgesetzbuch
d.h.	das heißt
dtStGB	deutsches Strafgesetzbuch
E	Entwurf
EGStGB	Einführungsgesetz zum Strafgesetzbuch
EUBekSexAusbKindUG	Gesetz zur Umsetzung des Rahmenbeschlusses des Rates der Europäischen Union zur Bekämpfung der sexuellen Ausbeutung von Kindern und der Kinderpornographie

f.	folgende

f. folgende

ff. fortfolgende

GA Goltdammer's Archiv für Strafrecht

GG Grundgesetz

h.M. herrschende Meinung

HRRS Online-Zeitschrift für Höchstrichterliche Rechtsprechung im Strafrecht

i.e.S. im engeren Sinne

i.d.R. in der Regel

insb. insbesondere

IuKDG Gesetz zur Regelung der Rahmenbedingungen für Informations- und Kommunikationsdienste (Informations- und Kommunikationsdienste-Gesetz)

i.V.m. in Verbindung mit

i.w.S. im weiteren Sinne

JGG Jugendgerichtsgesetz

mögl. möglicherweise

n.F. neue Fassung

NJ Neue Justiz, Zeitschrift für Anwalts- und Gerichtspraxis

NJW Neue Juristische Wochenschrift

NStZ Neue Zeitschrift für Strafrecht

OWiG deutsches Gesetz über Ordnungswidrigkeiten

ProstG Gesetz zur Regelung der Rechtsverhältnisse der Prostituierten (Prostitutionsgesetz)

RdJB Recht der Jugend und des Bildungswesens (Zeitschrift)

RGBl. Reichsgesetzblatt

rglm. regelmäßig

Rn. Randnummer

RStGB Reichsstrafgesetzbuch

SexualdelÄndG Gesetz zur Änderung der Vorschriften über die Straftaten gegen die sexuelle Selbstbestimmung und zur Änderung anderer Vorschriften

SOWiG	chinesisches Gesetz über die Sicherheitsordnungswidrigkeiten
SOWiV	chinesische Verordnung über die Sicherheitsordnungswidrigkeiten
StraFo	Strafverteidiger Forum (Zeitschrift)
StrÄG	Strafänderungsgesetz
StrRG	Strafreformgesetz
StPO	deutsche Strafprozessordnung
u.a.	unter anderem; unter anderen
usw.	und so weiter
vgl.	vergleiche
z.B.	zum Beispiel
ZIS	Zeitschrift für Internationale Strafrechtsdogmatik
ZRP	Zeitschrift für Rechtspolitik
z.T.	zum Teil
ZStW	Zeitschrift für die gesamte Strafrechtswissenschaft

Abstract

This book is a comparative study between Germany and China on laws governing sexual offences. It mainly deals with two issues: first, how to evaluate the long-term legal reforms of the laws governing sexual offences in Germany, which are characterized by criminalization. Second, is it necessary and feasible for China to go through similar reforms? Based on such thinking, this book studies the historical development of the law and actual legal rules of both countries in order to foresee trends of this development in the future and to give corresponding suggestions.

The book consists of three parts:

The first part contains the historical study, which deals with the development of the German and Chinese laws governing sexual offences. The chapter on German legal history focuses on the legislative changes since 1871, especially the reforms from the 1990s, while the chapter on Chinese legal history studies the legislative development from 2,000 years ago, with an emphasis on the changes from 1949 onwards.

The second part is devoted to the comparative study of laws governing sexual offences applicable in Germany and China today, which includes rape and other sexual assaults, sexual assaults on minors, prostitution offences, pornography offences as well as other sexual offences. In this part, the legal provisions are analyzed with the help of criminal policies, judicial interpretations and judicial cases, and after a comparison, the differences between the two countries are summarized.

The third part contains a summary and an outlook on future developments. The first chapter discusses the factors that have caused the legal reforms in Germany and points out that most legislative changes aimed at filling legal loopholes, with the ones in recent years becoming unreasonable. The second chapter concludes that in China, such a comprehensive and in-depth reform is neither necessary nor possible, but partial legislative improvements are still feasible.

Einleitung

Im deutschen Sexualstrafrecht waren Liberalisierung, Entkriminalisierung und Entmoralisierung die Merkmale der Großen Strafrechtsreform in den 1960er und 1970er Jahren. Ab den 1990er Jahren rücken Sexualkriminalität und Sexualstrafrecht wieder ins Zentrum rechtspolitischer Aufmerksamkeit. Die Sexualkriminalität, so wird gesagt, ist zum Motor der Kriminalpolitik geworden.[1] Aber die Entwicklungstendenz ist in den 1990er Jahren umgekehrt. Soziale Bewegungen zu Gunsten des Kriminalitätsopfers, des Kindes und der Frau, die explodierende Zunahme von Berichten zu Sexualstraftaten in den Massenmedien, eine erregte Öffentlichkeit, populistische Politik, die schwindende Rolle der Wissenschaft in der Gesetzgebung, die Umsetzung internationaler Konventionen sowie der Einfluss einer „punitiven Wende" führen zusammengenommen zu einer Ausweitung der Tatbestände und zu Verschärfungen der Strafandrohungen, obwohl die Kriminalstatistik zeigt, dass die Sexualkriminalität langfristig stabil bleibt. Das Sexualstrafrecht ist seitdem häufig verändert worden, während die Kritik an der Reform immer schärfer wird. Sie wird als Moralstrafrecht und Paradebeispiel für Populismus bezeichnet.[2]

Die Volksrepublik China wurde im Jahre 1949 gegründet, aber aus politischen Gründen trat ihr erstes Strafgesetzbuch erst am 01.01.1980 in Kraft. Zwar entwickelte sich das Strafrecht schnell, aber im Vergleich zu anderen Ländern besteht noch offensichtlicher Nachholbedarf. Seit 1997, als die neue Fassung des Strafgesetzbuchs verkündet wurde, wurde den Sexualstraftatbeständen wenig Aufmerksamkeit zuteil. Immer mehr Defizite des chinesischen Sexualstrafrechts werden bekannt, und seit langem wird nachdrücklich eine Reform verlangt. Schließlich veränderte der Gesetzgeber durch das 9. StrÄG von 2015 mehrere Sexualstraftatbestände. Ob das bereits ausreicht oder ob dies der Anfang einer weitergehenden Reform ist, ist eine offene Frage.

Es ist daher in vergleichender, historischer und internationaler Perspektive lohnenswert und sinnvoll, Entwicklungsrichtung und Entwicklungstendenzen des Sexualstrafrechts zu untersuchen.

Forschungsgegenstände dieses Projekts sind das deutsche und das chinesische Sexualstrafrecht, die jeweils im Wesentlichen Vergewaltigung und sexuelle Nötigung, Missbrauchsdelikte sowie Pornographiestraftatbestände und Prostitutionsdelikte umfassen. Das Hauptanliegen besteht hierbei in einer Bestandsaufnahme und der Entwicklung von Reformvorschlägen für die jeweilige Rechtsordnung.

---

1   *Duttge, Hörnle & Renzikowski* 2004, S. 1072.
2   *Kreuzer* v. 09.12.2014.

Die Hauptforschungsmethode der Untersuchung ist die normativ-vergleichende Methode. Der Schwerpunkt befasst sich damit, die einschlägigen Rechtsätze beider Strafgesetzbücher zu analysieren und miteinander zu vergleichen. Insoweit spielt die normativ-vergleichende Forschungsmethode eine zentrale Rolle. Im Zuge des Vergleichs werden verschiedene wissenschaftliche Meinungen in beiden Ländern gesammelt und zusammengefasst. Eine andere ist die historische Forschungsmethode. Diese wird für die Untersuchung der Geschichte des Sexualstrafrechts in China und Deutschland verwendet. Außerdem sind Fall- und Datenanalysen erforderlich, um überzeugende Argumente und Schlussfolgerungen zu generieren.

Die Dissertation besteht aus drei Teilen:

Der *erste Teil* enthält die rechtsgeschichtliche Untersuchung, die sich mit dem Entwicklungsverlauf des deutschen und des chinesischen Sexualstrafrechts befasst. Die vorliegende Arbeit untersucht die deutsche Rechtsgeschichte ab 1871 und legt den Schwerpunkt auf die Inhalte der Gesetzesänderungen. Im Vergleich dazu wird die chinesische Rechtsgeschichte ausführlicher untersucht. Das chinesische Sexualstrafrecht reicht mehr als 2.000 Jahre zurück, und seine historische Untersuchung ist sowohl möglich als auch erforderlich. Allerdings liegt der Schwerpunkt auf der Entwicklung des Sexualstrafrechts in der Volksrepublik China ab 1949. Ab diesem Zeitpunkt kommt es zu erheblichen Wandlungen. Die Gründe, Inhalte, Prozesse und Kritik dieses Wandels werden in diesem Teil erläutert.

Der *zweite Teil* ist der Untersuchung des heute geltenden Sexualstrafrechts in China und Deutschland gewidmet. Hier werden Systematik, Theorien, Zwecke, Kriterien und die einschlägigen Delikte in beiden Ländern erläutert, analysiert oder verglichen. Dieser Teil bildet den Kern der Untersuchung, in dem die normativ-vergleichende Methode eingesetzt wird. Er besteht aus sechs Kapiteln. Das *erste Kapitel* enthält Grundlagen und Vorbemerkungen, in denen wichtige Unterschiede zwischen der chinesischen und deutschen Strafrechtsdogmatik erläutert werden. Dies soll dem besseren Verständnis des chinesischen Sexualstrafrechts dienen. Das *zweite Kapitel* bezieht sich auf Verletzungen der sexuellen Selbstbestimmung, hauptsächlich auf Vergewaltigung, sexuelle Nötigung und sexuellen Missbrauch. In diesem Kapitel geht es auch um die Reformen des Vergewaltigungstatbestands in Deutschland und China. Das „Erhebliche Furcht"-Modell ist meines Erachtens eine gute Lösung für Deutschland, während das Modell „Psychologischer Zwang und entgegenstehender Wille" eher für China geeignet ist. Diese zwei Modelle sind tatsächlich fast gleichbedeutend und beruhen hauptsächlich auf der subjektiven Empfindung des Opfers. Insoweit geht es um ein Befindlichkeitsdelikt. Im *dritten Kapitel* geht es um Sexualstraftaten gegen Minderjährige. Sowohl in Deutschland als auch in China genießen Minderjährige, insbesondere Kinder, einen besonderen Schutz im Vergleich zu Erwachsenen. Deshalb ist zu ihnen eine eigenständige Untersuchung erforderlich. Das *vierte Kapitel* betrifft Prostitutionsdelikte. Die Toleranzpolitik in Deutschland und die Verbotspolitik in China führen dazu, dass die Reichweite der Strafbarkeit in Deutschland wesentlich enger gefasst ist als in China. Im *fünften Kapitel* geht es um

Pornographiedelikte. Im Vergleich zu Prostitutionsdelikten ist hier interessant, dass die Reichweite der Strafbarkeit in Deutschland wesentlich weiter ist als in China, obwohl beide Länder jeweils eine Teilverbots- und eine Ganzverbotspolitik anwenden. Das *sechste Kapitel* umfasst Sexualdelikte im Randbereich, wie sexuelle Belästigung, Blutschande und Gruppensex.

Der *dritte Teil* beinhaltet eine Zusammenfassung und einen Ausblick auf das künftige Sexualstrafrecht. Die Faktoren der Reform des Sexualstrafrechts in Deutschland werden zusammengefasst, und eine Bewertung wird aus einer kriminalpolitischen Perspektive gegeben. Beim chinesischen Sexualstrafrecht ist eine gründliche Reform aus vielen Gründen unmöglich, deshalb werden einige Anregungen zu einer maßvollen Reform gegeben.

Teil 1

Rechtsgeschichtliche Untersuchung

Kapitel 1

Wandel des Sexualstrafrechts in Deutschland

1.1 Das preußische Strafgesetzbuch

In der ersten Hälfte des 19. Jahrhunderts fingen verschiedene Staaten des deutschen Reiches an, dem französischen Strafrecht zu folgen und eigene Strafgesetzbücher zu erlassen. Diese folgten einer liberalen Tendenz, z.B. Bayern (1813), Württemberg (1839), Hannover (1840), Hessen (1841), Baden (1845), Preußen (1851) und Sachsen (1855).[3] Unter diesen Strafgesetzbüchern ist das preußische von 1851 aus einer historischen Perspektive am bedeutendsten, weil es den Rahmen des Strafgesetzbuchs für den Norddeutschen Bund von 1870 und jenen des Reichsstrafgesetzbuchs von 1871 schaffte. Hinsichtlich des Sexualstrafrechts bezog sich der zwölfte Titel des preußischen Strafgesetzbuchs, „Verbrechen und Vergehen gegen die Sittlichkeit", auf 13 Straftaten, nämlich § 139 Bigamie, § 140 Ehebruch, § 141 Blutschande, § 142 Unzucht mit Abhängigen, § 143 Widernatürliche Unzucht, § 144 Schwere Unzucht, § 145 Verleitung zum Beischlaf, § 146 Gewerbsmäßige Unzucht, § 147 Gewerbsmäßige Kuppelei, § 148 Einfache Kuppelei, § 149 Verführung Minderjähriger, § 150 Erregung öffentlichen Ärgernisses und § 151 Verkauf unzüchtiger Schriften. Darüber hinaus bezogen sich § 205 Entführung Minderjähriger, § 207 Frauenraub und § 208 Entführung mit dem Willen der Entführten im 17. Titel, „Verbrechen und Vergehen wider die persönliche Freiheit", auch auf Sexualdelikte. Deren Bestrafung war Zuchthaus- oder Gefängnisstrafe.

1.2 Das Reichsstrafgesetzbuch

1.2.1 Deutsches Kaiserreich (1871–1918)

Nach Herstellung der deutschen Einheit von 1871 machte das Deutsche Reich das Reichsstrafgesetzbuch bekannt, das den gleichen Inhalt wie das Strafgesetzbuch für den Norddeutschen Bund von 1870 hatte und sich später zum gegenwärtigen Strafgesetzbuch weiterentwickelte.

---

3 *Eisenhardt* 2013, S. 333–334.

1.2.1.1   Strafgesetzbuch für das Deutsche Reich von 1871

Im 13. Abschnitt des Reichsstrafgesetzbuchs, „Verbrechen und Vergehen wider die Sittlichkeit", sind 14 Strafdelikte enthalten, nämlich § 171 Bigamie, § 172 Ehebruch, § 173 Blutschande, § 174 Unzucht mit Abhängigen, § 175 Widernatürliche Unzucht, § 176 Nötigung zur Unzucht, § 177 Nötigung zum Beischlaf (Notzucht), § 178 Todesfolge, § 179 Erschleichung des Beischlafs, § 180 Gewerbsmäßige Kuppelei, § 181 Erschwerte Kuppelei, § 182 Verführung Minderjähriger, § 183 Erregung öffentlichen Ärgernisses, § 184 Verbreitung unzüchtiger Schriften. Allerdings war der Bereich der „strafbaren Handlungen gegen geschlechtliche Freiheit und sittliches Gefühl" i.w.S. nicht nur auf diesen Abschnitt begrenzt.[4] Dazu gehörten § 235 Entziehung Minderjähriger, § 236 Frauenraub und § 237 Entführung mit Willen im 18. Abschnitt, „Verbrechen und Vergehen wider die persönliche Freiheit", sowie § 361 Nr. 6 Gewerbsmäßige Unzucht im 29. Abschnitt, „Übertretungen".

Trotz der Liberalisierung des Strafrechts und der Beseitigung der Grausamkeit blieb das Reichsstrafgesetzbuch im Hinblick auf das Sexualstrafrecht offensichtlich sittlichkeitsorientiert, was sich vor allem in den darin verwendeten Begriffen zeigte. Wörter wie „Unzucht" sowie „unzüchtig", die im gegenwärtigen Strafrecht nicht mehr benutzt werden, waren ab 1871 für ungefähr ein Jahrhundert Kernbegriffe des deutschen Sexualstrafrechts. Aber die Bedeutung dieser Begriffe war überaus strittig, und „die Praxis war lange schwankend" in der Bestimmung ihres Inhalts.[5] Nach der Meinung *von Liszts* ging es bei den Begriffen „Unzucht" sowie „unzüchtige Handlung" um jede Handlung, die erregtem Geschlechtstrieb entspringt oder zu dessen Erregung bestimmt war und den sittlichen Anstand in geschlechtlicher Beziehung grob verletzte, und als Unterart dieses Begriffs erscheinen „Beischlaf" und „beischlafähnliche Handlung".[6] Sittlichkeitsdelikte, die heute als Sexualdelikte bezeichnet werden, bezogen sich damals auf zwei Arten von Rechtsgütern, nämlich auf geschlechtliche Freiheit und sittliches Gefühl,[7] und wurden demnach in zwei Gruppen unterteilt, obwohl sich diese Unterteilung in der Reihenfolge der Delikte im 13. Abschnitt spiegelte. Darüber hinaus verletzten § 171 Bigamie, § 172 Ehebruch und § 173 Blutschande vor allem Ehe und Familie, während § 235 Entzug Minderjähriger, § 236 Frauenraub und § 237 Entführung mit Willen die persönliche Freiheit betrafen.

1.2.1.1.1   Straftaten gegen die geschlechtliche Freiheit

Folgende Delikte verletzten vor allem das Rechtsgut „geschlechtliche Freiheit": § 174 Unzucht mit Verletzung eines Abhängigkeitsverhältnisses, § 176 Nötigung zur Unzucht, § 177 Nötigung zum Beischlaf (Notzucht), § 178 Notzucht mit Todesfolge,

---

4   *Von Liszt* 1891, S. 375–406.
5   *Rupert* 1908, S. 16–18.
6   *Von Liszt* 1891, S. 377.
7   *Von Liszt* 1891, S. 376.

§ 179 Erschleichung des Beischlafs und § 182 Verführung Minderjähriger. Opfer von Sexualstraftaten waren zumeist Frauen; von dieser Regel stellten die §§ 174 und 176 Nr. 3 Ausnahmen dar. Die Strafe für diese Vergehen war schärfer als für andere Sittlichkeitsdelikte, aber bei den §§ 176, 177, 179 und 182 benötigte die Verfolgung einen Strafantrag, was aus der Sicht kritischer Stellungnahmen zu einer Schwächung des Opferschutzes führte.

§ 174 stellte unzüchtige Handlungen bei Verletzung eines Abhängigkeitsverhältnisses unter Strafe. Das Rechtsgut „geschlechtliche Freiheit" wurde hier – auch wenn keine Nötigung vorlag – als verletzt betrachtet, weil die Freiheit der Willensentschließung wegen dieses besonderen Verhältnisses beeinträchtigt wurde.[8] Es gab die folgenden geschützten Abhängigkeitsverhältnisse: Vormünder und ihre Pflegebefohlenen; Adoptiv- und Pflegeeltern und ihre Kinder; Geistliche, Lehrer und Erzieher und ihre minderjährigen Schüler oder Zöglinge; Beamte und Personen, gegen welche sie eine Untersuchung zu führen hatten oder welche ihrer Obhut anvertraut waren; Beamte, Ärzte oder andere Medizinalpersonen, welche in Gefängnissen oder in öffentlichen, zur Pflege von Kranken, Armen oder anderen Hilflosen bestimmten Anstalten beschäftigt oder angestellt waren, mit den in das Gefängnis oder die Anstalt aufgenommenen Personen.

§ 176 stellte drei Arten von Handlungen unter Strafandrohung, nämlich die Vornahme unzüchtiger Handlungen mit Gewalt an einer Frau oder die Nötigung einer Frau durch Drohung mit gegenwärtiger Gefahr für Leib oder Leben zur Duldung unzüchtiger Handlungen (Nr. 1), Missbrauch von einer in einem willenlosen oder bewusstlosen Zustand befindlichen oder geisteskranken Frau zum außerehelichen Beischlaf (Nr. 2) und Vornahme unzüchtiger Handlungen mit Personen unter 14 Jahren oder Verleitung derselben zur Verübung oder Duldung unzüchtiger Handlungen (Nr. 3). Die Strafe dieses Deliktes war schärfer als die der meisten anderen Delikte und lag im Höchstmaß bei zehn Jahren. Jedoch war wenig einsichtig, dass ein Strafantrag für die Verfolgung dieses Delikts gefordert wurde.

§ 177 bestrafte zwei Arten von Handlungen. Die eine war die Nötigung einer Frau zur Duldung außerehelichen Beischlafs durch Gewalt oder durch Drohung mit gegenwärtiger Gefahr für Leib oder Leben, und das speziell im Verhältnis zu § 176 Nr. 1, weil Beischlaf nur eine Art der unzüchtigen Handlungen war. Die andere Handlung war Missbrauch einer Frau zum außerehelichen Beischlaf, und im Vergleich zu § 176 Nr. 2 gab es eine weitere Voraussetzung, d.h. die Frau war vom Täter zu diesem Zweck in einen willenlosen oder bewusstlosen Zustand versetzt worden. Wegen des schwerwiegenden Umstandes war die Bestrafung dieses Deliktes unter allen Sittlichkeitsdelikten am schärfsten, und die Höchststrafe dafür war sogar lebenslänglich. Allerdings war für die Verfolgung ebenfalls ein Strafantrag erforderlich.

---

8   *Von Liszt* 1891, S. 387.

Nach § 178 galt das Erfordernis des Strafantrags in den §§ 176 und 177 nicht, wenn die Tat zum Tod führte. Darüber hinaus war der Strafrahmen in diesem Fall auf Zuchthausstrafe nicht unter zehn Jahren oder lebenslängliche Zuchthausstrafe angehoben.

Verleitung einer Frau zur Gestattung des Beischlafs durch Erregung oder Ausnutzung eines Irrtums (z.B. Vorspiegelung einer Trauung), in welchem sie den Beischlaf für einen ehelichen hielt, war nach § 179 strafbar. Die Gestattung der Frau wurde wegen der Erschleichung nicht als wirksame Willensentschließung betrachtet. Trotz dieser Gestattung wurde die Erschleichung als eine Verletzung ihrer geschlechtlichen Freiheit betrachtet. Hier konnte der Irrtum nicht nur vom beischlafenden Mann, sondern auch von einem anderen Mann oder einer Frau erregt werden.[9] Auch hier war ein Strafantrag für die Verfolgung erforderlich.

In § 182 ging es um die Verführung eines unbescholtenen Mädchens unter 16 Jahren zum Beischlaf. Unbescholtenheit war nicht gleichbedeutend mit Jungfräulichkeit, sondern hing damit zusammen, ob „das Mädchen für die Erhaltung der eigenen geschlechtlichen Reinheit Interesse bekundet hat oder nicht"[10] – was jedoch sehr verschwommen war. Unter dem Begriff „Verführung" wurde eine Einwilligung in die Vollziehung des Beischlafs verstanden, hervorgerufen durch einen Missbrauch geschlechtlicher Unerfahrenheit und der geringeren sittlichen Widerstandskraft des Mädchens.[11] Aber dies wurde nicht nach § 182, sondern als anderes Delikt bestraft, falls das Mädchen überhaupt nicht gewusst hatte, dass der Beischlaf hatte vollzogen werden sollen.[12] Die Verfolgung trat nur auf Antrag der Eltern oder des Vormundes der Verführten ein.

1.2.1.1.2   Straftaten gegen das sittliche Gefühl

Folgende Delikte verletzten das Rechtsgut „geschlechtliche Freiheit" nicht, weil die sexuellen Handlungen darin nicht wider jemandes Willen waren, sondern das Rechtsgut „sittliches Gefühl" verletzten: § 175 Widernatürliche Unzucht, § 180 Gewerbsmäßige Kuppelei, § 181 Erschwerte Kuppelei, § 183 Erregung öffentlichen Ärgernisses, § 184 Verbreitung unzüchtiger Schriften und § 361 Nr. 6 Gewerbsmäßige Unzucht. Im Vergleich zu den Straftaten gegen die geschlechtliche Freiheit war die Bestrafung dieser Delikte relativ mild, aber die Nebenstrafe Verlust der bürgerlichen Ehrenrechte war hier üblich.

Widernatürliche Unzucht war im § 177 definiert als sexuelle Handlung zwischen zwei Männern oder zwischen einem Menschen und einem Tier, und wegen des Begriffs „Unzucht" fielen darunter auch beischlafähnliche Handlungen. Neben der Ge-

---

9   *Von Liszt* 1891, S. 396–388.
10   *Lipińska* 2013, S. 49.
11   *Von Liszt* 1891, S. 396–389.
12   *Von Liszt* 1891, S. 396–389.

fängnisstrafe konnte gegen den Täter auf Verlust der bürgerlichen Ehrenrechte erkannt werden. Im Vergleich zum Recht im antiken Rom und im Mittelalter, nach dem die widernatürliche Unzucht inklusive jener zwischen Frauen normalerweise mit dem Tod belegt wurde, wurde der Tatbestand im § 177 schon beschränkt und die Strafe beträchtlich vermindert.[13]

§ 361 Nr. 6 bestrafte eine „Weibsperson", die „gewerbsmäßig Unzucht" trieb, nämlich die Prostituierte, und die Strafbarkeit setzte einen Verstoß gegen polizeiliche Anordnungen voraus.

Im Unterschied zu § 361 handelte es sich bei den §§ 180 und 181 um Kuppelei, die in der Beförderung fremder Unzucht „durch seine Vermittlung oder durch Gewährung oder Verschaffung von Gelegenheit" (§ 180) lag. Hier bedeutete „Gelegenheit" keine Chance, sondern eine Räumlichkeit, zum Beispiel eine Wohnung.[14] § 180 bestrafte die Kuppelei mit einem bestimmten subjektiven Tatbestandsmerkmal, nämlich gewohnheitsmäßig oder aus Eigennutz, während § 181 Kuppelei bei Vorliegen bestimmter objektiver Tatbestandsmerkmale bestrafte, nämlich bei Anwendung hinterlistiger Kunstgriffe oder bei Verletzung eines Abhängigkeitsverhältnisses (von Eltern zu Kindern, von Vormündern zu Pflegebefohlenen, von Geistlichen, Lehrern oder Erziehern zu den von ihnen zu unterrichtenden oder zu erziehenden Personen). Neben der Hauptstrafe war der Verlust der bürgerlichen Ehrenrechte in § 180 optional und in § 181 unbedingt, und auf Zulässigkeit von Polizeiaufsicht konnte in den §§ 180 und 181 auch erkannt werden.

Nach § 183 war es strafbar, durch eine unzüchtige Handlung ein öffentliches Ärgernis zu erregen. Die Handlung musste von einer unbestimmten Anzahl Personen wahrgenommen werden, und mindestens eine Person musste tatsächlich Anstoß daran genommen haben.[15] Hier war der Verlust der bürgerlichen Ehrenrechte ebenfalls eine optionale Nebenstrafe.

§ 184 Verbreitung unzüchtiger Schriften bezog sich darauf, Schriften, Abbildungen oder Darstellungen zu verkaufen, zu verteilen oder sonstwie zu verbreiten oder an Orten auszustellen oder anzuschlagen, welche dem Publikum zugänglich waren. Die Bestrafung dieses Delikts war am mildesten im Vergleich zu allen anderen Delikten im 13. Abschnitt, und Geldstrafe war nur bei diesem Delikt möglich.

1.2.1.1.3 Straftaten gegen Ehe und Familie

§ 171 Bigamie, § 172 Ehebruch und § 173 Blutschande wurden im 13. Abschnitt behandelt, weil diese Taten natürlich das Rechtsgut „sittliches Gefühl" verletzten. Aber sie verletzten vor allem Ehe oder Familie und wurden später in den zwölften

---

13 *Von Liszt* 1891, S. 396–397.
14 *Von Liszt* 1905, S. 377.
15 *Von Liszt* 1891, S. 394.

Abschnitt, „Straftaten gegen den Personenstand, die Ehe und die Familie", aufgenommen.[16]

Streng genommen hatte § 171 nichts mit Sexualstrafrecht zu tun, weil eine sexuelle Handlung für die Erfüllung des Tatbestands dieses Delikts nicht erforderlich war. Hier wurden zwei Personen bestraft: ein Ehegatte, der eine neue Ehe einging, bevor seine Ehe aufgelöst, für ungültig oder nichtig erklärt wurde; und eine unverheiratete Person, die mit einem Ehegatten – wissend, dass er verheiratet war – eine Ehe einging. Das Delikt war keine Dauerstraftat, sondern ein Zustandsverbrechen,[17] weshalb die Verjährung der Strafverfolgung mit dem Tage begann, an welchem eine der beiden Ehen aufgelöst, für ungültig oder nichtig erklärt worden war.

Nach § 172 waren der Ehebrecher/die Ehebrecherin und der/die Mitschuldige nur dann strafbar, wenn der Ehebruch zur Ehescheidung führte. Eine weitere Voraussetzung war, dass der Ehebruch nur durch Beischlaf begangen worden war, d.h. beischlafähnliche Handlungen wie Analverkehr durften nicht als Ehebruch betrachtet werden.[18] Darüber hinaus war ein Antrag auf Verfolgung erforderlich, und die Höchststrafe lag bei nur sechs Monaten.

Blutschande verletzte vor allem die Familienrechte. Unterschiedlich wurde diese Tat gemäß § 173 je nach Verhältnis zwischen den Tatbeteiligten behandelt. Die Strafandrohung für Beischlaf zwischen Verwandten auf- und absteigender Linie war höher als für Beischlaf zwischen Verschwägerten auf- und absteigender Linie sowie zwischen Geschwistern. Wenn der Beischlaf zwischen Verwandten auf- und absteigender Linie begangen worden war, wurden Verwandte aufsteigender Linie schärfer als jene absteigender Linie bestraft. Darüber hinaus gab es einen besonderen Schutz für Minderjährige, d.h. Verwandte und Verschwägerte absteigender Linie unter achtzehn Jahren blieben straflos. Neben der Gefängnisstrafe konnte auf Verlust der bürgerlichen Ehrenrechte erkannt werden.

1.2.1.1.4 Straftaten gegen die persönliche Freiheit

§ 235 Entzug Minderjähriger, § 236 Frauenraub und § 237 Entführung mit Willen waren vor allem Verbrechen wider die persönliche Freiheit und in den 18. Abschnitt eingestellt. Daneben bezogen sie sich auch auf Sittlichkeit, weil sie Absichtsdelikte

---

16 § 171 Bigamie und § 172 Ehebruch wurden durch die Verordnung zur Durchführung der Verordnung zum Schutz von Ehe, Familie und Mutterschaft vom 18.03.1943 in den neuen zwölften Abschnitt „Straftaten gegen den Personenstand, die Ehe und die Familie" verschoben, während § 173 Blutschande durch das Vierte Gesetz zur Reform des Strafrechts vom 23.11.1973 in denselben Abschnitt eingestellt wurde.

17 *Von Liszt* 1891, S. 404.

18 *Von Liszt* 1891, S. 406.

waren und die Absichten im Zusammenhang mit Unzucht standen. Allerdings wurden diese drei Delikte in der zweiten Hälfte des 20. Jahrhunderts aufgehoben oder geändert und gingen nicht mehr in das Sexualstrafrecht ein.[19]

§ 235 bestrafte denjenigen, der eine minderjährige Person durch List, Drohung oder Gewalt ihren Eltern oder ihrem Vormund entzog. Hier war die Absicht „zu unsittlichen Zwecken" ein subjektives Merkmal des qualifizierten Tatbestands. Im Unterschied dazu war die Absicht „um sie zur Unzucht zu bringen" das subjektive Merkmal des Grundtatbestands aus § 236, wonach die Entführung einer Frau wider ihren Willen durch List, Drohung oder Gewalt bestraft wurde, und aus § 237, wonach die Entführung einer minderjährigen, unverehelichten Frau mit ihrem Willen, jedoch ohne Einwilligung ihrer Eltern oder ihres Vormundes bestraft wurde. Die Verfolgung trat bei den §§ 236 und 237 nur auf Antrag ein.

1.2.1.2 Gesetzesänderungen

Im Sexualstrafrecht gab es vor allem drei Gesetzesänderungen in den Jahren 1876, 1888 und 1900.

Die erste Gesetzesänderung wurde durch das Gesetz betreffend die Abänderung von Bestimmungen des Strafgesetzbuchs und die Ergänzung desselben vom 26.02.1876 vollzogen.[20] Diese Änderung hob erstens die umstrittenen Strafantragsregelungen in § 176 Nötigung zur Unzucht und § 177 Notzucht auf, was einen Fortschritt darstellte; aber die Forderung eines Strafantrags blieb noch im § 179 Erschleichung des Beischlafs und im § 182 Verführung Minderjähriger sowie in § 172 Ehebruch, § 236 Frauenraub und § 237 Entführung mit Willen erhalten. Zweitens konnte nun in § 183 Erregung öffentlichen Ärgernisses alternativ auch eine Geldstrafe verhängt werden. Drittens wurde die Voraussetzung der Strafbarkeit in § 361 Nr. 6 Gewerbsmäßige Unzucht umfassend ergänzt, d.h. die Prostituierte war strafbar, wenn sie entweder keiner polizeilichen Aufsicht unterstellt war oder zwar einer solchen Aufsicht unterstellt war, aber den in dieser Hinsicht zur Sicherung der Gesundheit, der öffentlichen Ordnung und des öffentlichen Anstandes erlassenen polizeilichen Vorschriften zuwiderhandelte.

Die zweite Gesetzesänderung erfolgte durch das Gesetz betreffend die unter Ausschluss der Öffentlichkeit stattfindenden Gerichtsverhandlungen vom 05.04.1888.[21] Durch diese Änderung wurde folgender zweiter Absatz zum § 184 Verbreitung unzüchtiger Schriften hinzugefügt: „Gleiche Strafe trifft denjenigen, welcher aus Gerichtsverhandlungen, für welche wegen Gefährdung der Sittlichkeit die Öffentlichkeit ausgeschlossen war, oder aus den diesen Verhandlungen zu Grunde liegenden

---

19   § 235 wurde durch das 4. StrRG vom 23.11.1973 geändert, § 236 wurde durch das 6. StrRG vom 26.01.1998 geändert, und § 237 wurde durch das 33. StrÄG vom 01.07.1997 aufgehoben.

20   RGBl 1876, S. 25–38.

21   RGBl 1888, S. 133–135.

amtlichen Schriftstücken öffentlich Mitteilungen macht, welche geeignet sind, Ärgernis zu erregen."

Die dritte Gesetzesänderung erfolgte durch das Gesetz betreffend Änderungen und Ergänzungen des Strafgesetzbuchs vom 25.06.1900, das „Lex Heinze" genannt wurde, weil es anlässlich eines Mordfalls im Jahr 1891 verabschiedet worden war, in dem der Zuhälter *Gotthilf Heinze* und seine Ehefrau, eine Prostituierte, angeklagt gewesen waren.[22] Diese Änderung spiegelte den Einfluss einer damaligen Tugendwelle wider, die durch neue Tatbestände und schärfere Strafen gekennzeichnet war:

(1)   Geldstrafe konnte bei Kuppelei (§§ 180 und 181) zugleich erkannt werden.

(2)   In § 181 Nr. 2 wurde das Verhältnis des Ehemanns zur Ehefrau zum geschützten Abhängigkeitsverhältnis hinzugefügt.

(3)   Ein neues Delikt, § 181a Zuhälterei, wurde geschaffen.

(4)   Der Tatbestand von § 184 Verbreitung pornographischer Schriften wurde beachtlich erweitert, und nicht nur wurde die Höchststrafe angehoben, sondern es konnte auch auf Verlust der bürgerlichen Ehrenrechte sowie auf die Zulässigkeit von Polizeiaufsicht erkannt werden.

(5)   Mit § 184a wurde ein neuer Tatbestand geschaffen, wonach die Überlassung oder das Anbieten von das Schamgefühl gröblich verletzenden Schriften, Abbildungen oder Darstellungen einer Person unter 16 Jahren gegen Entgelt strafbar war, auch wenn diese Gegenstände nicht unzüchtig waren.

Neben diesen drei Änderungen des Strafgesetzbuchs wurde der Sexualstraftatbestand im Nebenstrafgesetz festgelegt. Nach § 48 des Gesetzes über das Auswanderungswesen vom 09.06.1897 war es strafbar, mittels arglistiger Verschweigung des Zwecks der Auswanderung eine Frau mit dem Ziel zu verleiten, sie der gewerbsmäßigen Unzucht zuzuführen, oder mit Kenntnis des vom Täter in solcher Weise verfolgten Zwecks ihre Auswanderung vorsätzlich zu befördern.[23]

1.2.2   Weimarer Republik (1919–1933)

Um Geschlechtskrankheiten zu bekämpfen, wurde das Strafgesetzbuch durch § 16 des Gesetzes zur Bekämpfung der Geschlechtskrankheiten vom 18.02.1927 wie folgt abgeändert:[24]

(1)   Zu § 180 Gewerbsmäßige Kuppelei wurden zwei Absätze hinzugefügt. Zum einen galt insbesondere die Unterhaltung eines Bordells oder eines bordellartigen Betriebes als Kuppelei, und zum anderen war die Gewährung einer Wohnung an eine volljährige Prostituierte strafbar, allerdings nur,

---

22   *Brüggemann* 2013, S. 42.

23   RGBl 1897, S. 463.

24   RGBl 1927 I, S. 61.

wenn dies zur Ausbeutung oder zum Anwerben oder Anhalten dieser Person zur Unzucht diente.

(2) In § 184 Verbreitung pornographischer Schriften wurde eine neue Vorschrift eingefügt: die öffentliche Ankündigung, Anpreisung oder Ausstellung von Mitteln, Gegenständen oder Verfahren zur Verhütung von Geschlechtskrankheiten in einer Sitte oder Anstand verletzenden Weise.

(3) Die Strafbarkeit der Prostitution wurde begrenzt, d.h. nach der neuen Fassung in § 361 Nr. 6 waren das Angebot und die Nachfrage von/nach Prostitution nur dann strafbar, wenn zur Unzucht öffentlich in einer Sitte oder Anstand verletzenden oder andere belästigenden Weise aufgefordert oder sich dazu angeboten wurde, und nach der neu eingefügten Nr. 6a wurde die gewerbsmäßige Unzucht zum Erwerb an bestimmten Orten verboten, z.B. in der Nähe von Kirchen oder Schulen.

1.2.3 Drittes Reich (1933–1945)

Durch das Gesetz zur Abänderung strafrechtlicher Vorschriften vom 26.05.1933[25] wurden die Vorschriften über die Prostitution noch einmal geändert. Im § 361 Nr. 6 wurde „öffentlich in einer Sitte oder Anstand verletzenden oder anderen belästigenden Weise" ersetzt durch „öffentlich in auffälliger Weise oder in einer Weise, die geeignet ist, einzelne oder die Allgemeinheit zu belästigen", und § 361 Nr. 6a wurde in Nr. 6a, 6b und 6c aufgeteilt.

Durch das Gesetz gegen gefährliche Gewohnheitsverbrecher und über Maßregeln der Sicherung und Besserung vom 24.11.1933[26] wurden die §§ 42d und 42k ins Reichsstrafgesetzbuch eingeführt. Nach § 42d konnte das Gericht beim § 361 Nr. 6 und 6a unter bestimmten Bedingungen neben der Strafe eine Unterbringung in einem Arbeitshaus anordnen. Nach § 42k konnte das Gericht neben der Strafe eine Entmannung anordnen, wenn ein Mann, der zur Zeit der Entscheidung das 21. Lebensjahr vollendet hatte, wegen Wiederholung eines Verbrechens der Nötigung zur Unzucht, der Schändung, der Unzucht mit Kindern oder der Notzucht (§§ 176 bis 178) oder eines zur Erregung oder Befriedigung des Geschlechtstriebs begangenen Vergehens oder eines Verbrechens der öffentlichen Vornahme unzüchtiger Handlungen (§ 183) als ein gefährlicher Sittlichkeitsverbrecher angesehen wurde. Darüber hinaus wurde die Rechtsfolge des § 181a Zuhälterei verändert, genauer gesagt wurde einerseits „Gefängnis nicht unter einem Monat" durch „Zuchthaus bis zu fünf Jahren" ersetzt – andererseits konnte auf Verlust der bürgerlichen Ehrenrechte nicht mehr erkannt werden.

---

25 RGBl 1933 I, S. 295.
26 RGBl 1933 I, S. 995.

Durch das Gesetz zur Änderung des Strafgesetzbuchs vom 28.06.1935[27] wurde
§ 175 Widernatürliche Unzucht in drei Vorschriften (§§ 175, 175a, 175b) unterteilt,
und die Tatbestände wurden zugleich wesentlich erweitert. Die §§ 175 und 175b bestraften widernatürliche Unzucht, die jeweils zwischen zwei Männern und von Menschen mit Tieren begangen wurde, und sowohl der Tatbestand als auch die Bestrafung waren im Allgemeinen ähnlich wie im § 175 a.F. Im Vergleich dazu setzte
§ 175a einen qualifizierten Tatbestand gegenüber § 175 fest, d.h. wenn die homosexuelle Unzucht durch Nötigung oder Verletzung eines Abhängigkeitsverhältnisses
mit einer männlichen Person unter 21 Jahren oder gewerbsmäßig begangen wurde,
wurden die Strafandrohungen verschärft.

Nach dem Gesetz zur Änderung des Reichsstrafgesetzbuchs vom 04.09.1941[28] sollten gefährliche Gewohnheitsverbrecher (§ 20a) und Sittlichkeitsverbrecher (§ 176
Nötigung zur Unzucht, § 177 Nötigung zum Beischlaf, § 178 Todesfolge) zum Tod
verurteilt werden, wenn der Schutz der Volksgemeinschaft oder das Bedürfnis nach
gerechter Strafe dies erforderte.

§ 171 Bigamie und § 172 Ehebruch wurden durch die Verordnung zur Durchführung
der Verordnung zum Schutz von Ehe, Familie und Mutterschaft vom 18.03.1943[29]
in den neuen zwölften Abschnitt „Straftaten gegen den Personenstand, die Ehe und
die Familie" verschoben.

Durch die Verordnung zur Angleichung des Strafrechts des Altreichs und der Alpen-
und Donau-Reichsgaue vom 29.05.1943[30] wurde § 174 Unzucht mit Verletzung eines Abhängigkeitsverhältnisses geändert. Die neue Fassung erweiterte den Tatbestand durch Vereinfachung der Formulierung, hob das Schutzalter von 18 Jahren auf
21 Jahre an und verschärfte zugleich die Strafe. Der neue Tatbestand des § 174 war
Missbrauch eines seiner Erziehung, Ausbildung, Aufsicht oder Betreuung anvertrau-
ten Menschen unter 21 Jahren oder unter Ausnutzung seiner Amtsstellung oder seiner Stellung in einer Anstalt für Kranke oder Hilfsbedürftige zur Unzucht.

1.3   Strafgesetzbuch der Bundesrepublik Deutschland

1.3.1   1949 bis 1968

Nach dem Zweiten Weltkrieg erließ der Alliierte Kontrollrat zwischen 1945 und
1948 Dutzende von Kontrollratsgesetzen, um die nationalsozialistischen Rechtsbe-
stimmungen außer Kraft zu setzen; darunter wurden auch strafrechtliche Bestim-

---

27   RGBl 1935 I, S. 839.
28   RGBl 1941 I, S. 549.
29   RGBl 1943 I, S. 169.
30   RGBl 1943 I, S. 339.

mungen durch Kontrollratsgesetz Nr. 11 aufgehoben. Allerdings wurde im Sexual-strafrecht ausschließlich § 41k Entmannung durch dieses Gesetz aufgehoben, während alle anderen sexualstrafrechtlichen Bestimmungen noch in Kraft blieben. Die erzkonservative, faschistisch geprägte Sexualmoral der NS-Zeit behielt noch für lange Zeit ihren Einfluss in der Bundesrepublik Deutschland, was sich nicht nur in strafrechtlichen Bestimmungen, sondern auch in der Rechtsprechung niederschlug.

Die erste Änderung der Sexualdelikte im Strafgesetzbuch der BRD erfolgte durch das 3. StrÄG vom 04.08.1953[31]. Neben der Ersetzung des Worts „Frauensperson" durch das Wort „Frau" wurde nur der Tatbestand des § 173 Blutschande geändert. Die Strafbarkeit des Beischlafs zwischen Verschwägerten wurde durch die Einführung einer Voraussetzung beschränkt: Die Ehe, auf der die Schwägerschaft beruhte, musste zur Zeit der Tat bestehen (Abs. 2). Wenn die häusliche Gemeinschaft der Ehegatten zur Zeit der Tat aufgehoben oder eine Befreiung vom Eheverbot der Schwägerschaft erteilt worden war, konnte bei Beischlaf zwischen Verschwägerten von Strafe oder Strafverfolgung abgesehen werden (Abs. 5).

1.3.2 Die Große Strafrechtsreform

1.3.2.1 Hintergrund

Im Jahr 1954 wurde eine Große Strafrechtskommission gegründet, um ein neues Strafgesetzbuch zu erstellen. Diese Kommission erforschte die bisherigen Entwürfe und stellte 1959 einen Entwurf des Strafgesetzbuchs (E 1959 I und E 1959 II) fertig, der stark an die Reformarbeiten in den 1920er und 1930er Jahren anknüpfte[32] und hauptsächlich auf E 1925 basierte.[33] Dieser Entwurf wurde weiter bearbeitet und am 07.10.1960 in den Bundesrat eingebracht (E 1960).[34] Nach einigen Änderungen wurde E 1962 am 04.10.1962 eingebracht.[35] Dieser Entwurf beruhte auf der alten Lehre, erweiterte die Strafbarkeit des Sexualstrafrechts und vernachlässigte wissenschaftliche Forschungsergebnisse sowie den erheblichen Wandel der öffentlichen Einstellungen gegenüber Sexualität.

1966 veröffentlichten mehrere Professoren einen Alternativ-Entwurf (AE), der später die Gesetzgebung wesentlich beeinflusste. Er nahm neue Ideen der Strafrechtsforschung und der Kriminologie auf, zeigte Tendenzen der Liberalisierung und erhielt mehr Unterstützung in akademischen Kreisen. Die Reform des Sexualstrafrechts war dann ein Schwerpunkt der strafrechtlichen Abteilung des 47. Deutschen Juristentages im September 1968. Das Gutachten „Empfiehlt es sich, die Grenzen

---

31   BGBl I 1953, S. 735.

32   *Brüggemann* 2013, S. 81.

33   *Lipińska* 2013, S. 85.

34   *Lipińska* 2013, S. 85.

35   BT-Drs. IV/650.

des Sexualstrafrechts neu zu bestimmen?" von Prof. *Ernst-Walter Hanack*, das auf seiner frühen Arbeit „Die Straftaten gegen die Sittlichkeit im Entwurf 1962 (§§ 204– 231 E 1962)" aus dem Jahr 1965 beruhte,[36] wurde in der Sitzung behandelt und hatte erhebliche Wirkung. Eine Übereinstimmung wurde erzielt, und verschiedene Beschlüsse wurden gefasst: Das damals geltende Sexualstrafrecht bedürfe dringend einer grundsätzlichen Reform, um Moral und Recht zu trennen; der AE wurde dem Gesetzgeber als Blaupause einer Reform empfohlen, die Strafbarkeit von einfacher Homosexualität, Ehebruch und Sodomie sollten entfallen; mehrere vom E 1962 geschaffene Tatbestände sollten gestrichen werden.[37]

Im Bundestag war es damals sehr strittig, ob das neue Strafgesetzbuch auf E 1962 oder dem AE basieren sollte. Schließlich wurde anhand der Bemühungen der Großen Strafrechtskommission ein Kompromiss gefunden. Die Gesetzgebung nahm Gedanken sowohl des E 1962 als auch des AE auf. Die Reform des Sexualstrafrechts stellte zwar zu einem gewissen Grad eine Liberalisierung, Entkriminalisierung und Entmoralisierung dar; aber Straftatbestände wie Homosexualität wurden noch nicht abgeschafft, und gleichzeitig kam es zur Kriminalisierung und Verschärfung.

1.3.2.2   Das 1. StrRG vom 25.06.1969

Das 1. StrRG vom 25.06.1969[38] war der erste Schritt der Reform. Auf der einen Seite enthielt das Gesetz eine liberale Tendenz:

(1)   Es hob zunächst eine in der Nazizeit geschaffene Vorschrift (§ 42d) auf, wonach das Gericht bei Prostitution eine Unterbringung in einem Arbeitshaus anordnen konnte.

(2)   Bei den Strafandrohungen gab es große Änderungen, z.B. wurden die Hauptstrafen „Zuchthausstrafe" und „Gefängnisstrafe" durch eine (Einheits-)„Freiheitsstrafe" ersetzt, und die Nebenstrafe „Verlust der bürgerlichen Ehrenrechte" in den §§ 181 und 184 wurde aufgehoben.

(3)   § 172 Ehebruch und § 179 Erschleichung des Beischlafs, die seit 1871 im Reichsstrafgesetzbuch standen, wurden durch dieses Gesetz aufgehoben. Hierdurch wurde die Verbindung zwischen Sexualstrafrecht und Eheschutz weiter getrennt.

(4)   Mit der Aufhebung des § 175b war die Unzucht mit Tieren nicht mehr strafbar, während die §§ 175 und 175a durch einen neuen § 175 ersetzt wurden, wonach die einfache Homosexualität straflos war, aber männliche Homo-

---

36   *Wahle* 1969, S. 10.

37   *Schroeder* 1971, S. 74–75.

38   BGBl I 1969, S. 645.

sexualität mit einem Mann unter 21 Jahren bei Verletzung eines Abhängigkeitsverhältnisses sowie gewerbsmäßige Homosexualität Straftatbestände blieben.

Auf der anderen Seite verstärkte das Gesetz den Schutz gegen manche Sexualstraftaten:

(1) Bei § 174 Unzucht mit Verletzung eines Abhängigkeitsverhältnisses und § 181 Kuppelei wurde die Strafbarkeit des Versuchs hinzugefügt.

(2) In § 176 Nötigung zur Unzucht wurde „Frau" durch „einen anderen" ersetzt, d.h. auch Männer konnten nun gegen diese Taten geschützt werden.

1.3.2.3 Das 2. StrRG vom 04.07.1969

Nur einige Tage nach dem 1. StrRG wurde am 04.07.1969 das 2. StrRG[39] verabschiedet. Dadurch wurde ein ganz neuer Allgmeiner Teil des dtStGB geschaffen. Nach § 11 Abs. 3 Personen- und Sachbegriffe beinhalteten „Schriften" nun auch Tonträger, Abbildungen und andere Darstellungen. Deshalb wurde die Verweisung „(§ 11 Abs. 3)" in den § 184 Verbreitung pornographischer Schriften eingefügt. Nach der Einfügung des § 181b konnte das Gericht in Fällen des § 175 Abs. 1 Nr. 1, 3 und der §§ 176 bis 178 und 181a Führungsaufsicht anordnen. Der 29. Abschnitt „Übertretungen" wurde aufgehoben, und die Tatbestände der Gewerbsmäßigen Unzucht (§ 361 Nr. 6, 6a, 6b, 6c) wurden entweder in Vergehen oder in Ordnungswidrigkeiten umgewandelt: Einfache Prostitution wurde als Verbotene Ausübung der Prostitution ins Gesetz über Ordnungswidrigkeiten verschoben, während § 361 Nr. 6c als § 184c (Ausübung der verbotenen Prostitution) und § 361 Nr. 6a sowie 6b als § 184d (Jugendgefährdende Prostitution) in den 13. Abschnitt des dtStGB eingestellt. Im Unterschied zu § 361 Nr. 6c bestrafte § 184c die durch Rechtsverordnung verbotene Prostitution nur für den Fall, dass die Tat beharrlich wiederholt wurde; ansonsten war die Handlung nur ordnungswidrig und wurde mit einer Geldbuße geahndet. § 184d bestrafte Prostitution in der Nähe einer Örtlichkeit, die zum Besuch durch Kinder oder Jugendliche bestimmt war, oder in einem Haus, in dem Kinder oder Jugendliche wohnten, und die Strafbarkeit erforderte eine Minderjährige sittlich gefährdende Weise als objektive Bedingung. Im Unterschied zu § 361 Nr. 6a war eine Kirche nun nicht mehr eine Örtlichkeit, die vom Tatbestand erfasst war.

1.3.2.4 Das 4. StrRG vom 23.11.1973

Das 4. StrRG vom 23.11.1973[40] war hinsichtlich des Sexualstrafrechts das wichtigste Gesetz in dieser Reformperiode. Seitdem hat jeder Paragraph eine offizielle

---

39 BGBl I 1969, S. 717.
40 BGBl I 1973, S. 1725.

Überschrift. Der 13. Abschnitt des dtStGB wurde vollständig verändert, und fast jeder Sexualstraftatbestand bekam eine neue Fassung. Die Änderungen waren u.a. folgende:

(1) Der Titel des 13. Abschnitts, „Verbrechen und Vergehen wider die Sittlichkeit", wurde durch „Straftaten gegen die sexuelle Selbstbestimmung" ersetzt. Damit wurde zum Ausdruck gebracht, dass das Rechtsgut der Sexualstraftaten nicht mehr die Sittlichkeit, sondern die sexuelle Selbstbestimmung sein sollte.

(2) „Unzucht" sowie „unzüchtige Handlung", die Kernbegriffe des alten Sexualstrafrechts, wurden aufgehoben und durch den Begriff „sexuelle Handlung" ersetzt. Dies deutet eine Entmoralisierung an; der Begriff der „sexuellen Handlung" erfasst nach § 184c nun solche Handlungen, die im Hinblick auf das jeweils geschützte Rechtsgut von einiger Erheblichkeit sind.

(3) § 173 wurde vom 13. in den zwölften Abschnitt verschoben und bestraft seitdem nur den Beischlaf zwischen Verwandten, d.h. Beischlaf zwischen Verschwägerten wurde straflos gestellt.

(4) § 174 a.F. wurde in drei Straftatbestände aufgespalten, nämlich § 174 Sexueller Missbrauch von Schutzbefohlenen, § 174a Sexueller Missbrauch von Gefangenen, behördlich Verwahrten oder Kranken in Anstalten und § 174b Sexueller Missbrauch unter Ausnutzung einer Amtsstellung; die Tatbestände wurden wesentlich klarer formuliert.

(5) Die Strafbarkeit des § 175 wurde noch einmal reduziert und galt nur noch für den Fall, in dem ein Mann im Alter von über 18 Jahren sexuelle Handlungen mit einem Mann unter 18 Jahren vollzieht.

(6) Unzucht mit einem Kind und Beischlaf mit einer willenlosen, bewusstlosen oder geisteskranken Frau waren vorher zwei Tatvarianten des § 176 a.F. (Abs. 1 Nr. 3 und Nr. 2) und wurden nach der Änderung zu zwei eigenständigen Tatbeständen, nämlich § 176 Sexueller Missbrauch von Kindern und § 179 Sexueller Missbrauch widerstandsunfähiger Personen; darunter befand sich der außereheliche Beischlaf als besonders schwerer Fall.

(7) Nötigung zur Unzucht nach § 176 Abs. 1 Nr. 1 a.F. wurde in § 178 mit der neuen Überschrift „sexuelle Nötigung" versehen.

(8) Zwei neue Tatbestände wurden geschaffen: § 180 Förderung sexueller Handlungen Minderjähriger und § 181 Menschenhandel, während Gewerbsmäßige Kuppelei nach § 180 a.F. und Erschwerte Kuppelei nach § 181 a.F. jeweils in § 180a mit der Überschrift „Förderung der Prostitution" und in § 181a mit der Überschrift „Zuhälterei" verschoben wurden.

(9) § 183 a.F. wurde in zwei Artikel unterteilt, nämlich § 183 Exhibitionistische Handlungen und § 183a Erregung öffentlichen Ärgernisses.

(10) Hinsichtlich der Verbreitung pornographischer Schriften nach § 184 spiegelten sich zwei entgegengesetzte Entwicklungen wider: Einerseits wurde der Jugendschutz anstelle der Sittlichkeit zum Schutzinteresse, und die Verbreitung an Erwachsene war nicht mehr strafbar, soweit die Zugänglichkeit für Minderjährige verhindert wurde. Andererseits wurde der Tatbestand durch Einfügen neuer Tatvarianten ausgeweitet, und besondere Regelungen, die harte Pornographie erfassen, wurden eingefügt.

1.3.3 1973 bis 1990

Nach der Großen Strafrechtsreform wurde das Sexualstrafrecht in den 1970er und 1980er Jahren nur geringfügig verändert, daher ist eine Untersuchung für diese Zeit nicht erforderlich. Jedoch entstanden in diesem Zeitraum verschiedene soziale Bewegungen, die sich auch auf die weitere Reform des Sexualstrafrechts auswirken sollten. Hierzu gehören die Frauenbewegung, Kinderschutzorganisationen und Organisationen für Kriminalitätsopfer. Hinzu traten Kampagnen gegen Pornographie und gegen Zwangsprostitution, schließlich auch die Bewegung gegen den Menschenhandel zum Zweck der sexuellen Ausbeutung.[41] Diese Bewegungen legten einen Grundstein für die Reform des Sexualstrafrechts ab den 1990er Jahren.

1.4 Reformen nach der Wiedervereinigung

1.4.1 Vorbemerkungen

Seit den 1990er Jahren haben verschiedene schwerwiegende Fälle von Sexualkriminalität Angst und erhebliche öffentliche Aufmerksamkeit erregt.[42] Massenmedien und öffentliche Meinung rufen nach einem besseren Schutz. Infolgedessen hat der Gesetzgeber weitgehende Reformen des Sexualstrafrechts beschlossen und viele Änderungsgesetze verkündet. Manche Gesetze beziehen sich auf die Änderung von Regelungen im Allgemeinen Teil des dtStGB oder in anderen Gesetzen, z.B. die Sicherungsverwahrung, die Verfolgungsverjährung, das Strafregister, den Strafprozess und den Strafvollzug.[43] Reformgesetze betreffen Änderungen und die Verschiebung der Vorschriften über den Menschenhandel.[44] Der Schwerpunkt der Reformen liegt allerdings in der Änderung der Vorschriften von typischen Sexualdelikten im 13.

---

41 *Albrecht* 2011, S. 153.
42 *Albrecht* 2011, S. 148–149.
43 30. StrÄG vom 23.06.1994; Gesetz zur Bekämpfung von Sexualdelikten und anderen gefährlichen Straftaten vom 26.01.1998; Gesetz zur Stärkung der Rechte von Opfern sexuellen Missbrauchs (StORMG) vom 26.06.2013.
44 26. StrÄG vom 14.07.1992; 37. StrÄG vom 11.02.2005.

Abschnitt im Besonderen Teil des dtStGB. Diese Vorschriften wurden in den vergangenen 20 Jahren mehrmals und wesentlich verändert; dabei ging es hauptsächlich
um die Ausweitung der Tatbestände und die Verschärfung der Strafandrohungen.

1.4.2   27. StrÄG vom 23.07.1993

Das Gesetz vom 23.07.1993 bezieht sich auf die Änderung der Vorschriften über
Kinderpornographie und umfasst hauptsächlich drei Aspekte. Erstens wurde der
Strafrahmen für die Verbreitung von Kinderpornographie und Vorbereitungshandlungen von Freiheitsstrafe bis zu einem Jahr oder Geldstrafe auf Freiheitsstrafe von
drei Monaten bis zu fünf Jahren angehoben (§ 184 Abs. 3). Zweitens wurde ein Qualifikationstatbestand angefügt, d.h. wenn der Täter gewerbsmäßig oder als Mitglied
einer Bande handelt, wird die Mindeststrafe auf sechs Monate erhöht (§ 184 Abs. 4).
Drittens wurde der Besitz oder Erwerb von Kinderpornographie als ein neuer Tatbestand eingefügt, mit dem Strafrahmen einer Freiheitsstrafe bis zu einem Jahr oder
Geldstrafe (§ 184 Abs. 5). Erforderlich ist, dass die Kinderpornographie in den
neuen Tatbeständen ein tatsächliches Geschehen wiedergibt.

1.4.3   29. StrÄG vom 31.05.1994

Durch das Gesetz vom 31.05.1994 wurde § 175 aufgehoben. Seitdem sind homosexuelle Handlungen nicht mehr strafbar. § 182 wurde neu formuliert, um den Tatbestand auszuweiten und die Strafe zu verschärfen. Vorher war die strafbare Handlung
ausschließlich als Verführung eines Mädchens unter 16 Jahren zum Beischlaf definiert. Nach der Änderung wird ein Junge unter 16 Jahren ebenfalls geschützt, und
andere sexuelle Handlungen als der Beischlaf und das Bestimmen eines Jugendlichen zu sexuellen Handlungen mit einem Dritten können auch bestraft werden. Die
Verführungshandlung wurde durch die Missbrauchshandlung ersetzt. Bei Abs. 1
geht es darum, dass ein Täter über 18 Jahre die Zwangslage eines Jugendlichen ausnutzt oder sexuelle Handlungen gegen Entgelt begeht, und Abs. 2 behandelt, dass
ein Täter über 21 Jahre die fehlende Fähigkeit eines Jugendlichen zur sexuellen
Selbstbestimmung ausnutzt. Die Höchststrafe wurde von einem Jahr Freiheitsstrafe
auf fünf Jahre im Abs. 1 und auf drei Jahre im Abs. 2 erhöht. Ein Antrag ist für die
Strafverfolgung in den Fällen von Abs. 2 noch erforderlich, aber eine Ausnahme
wurde für den Fall angefügt, dass ein besonderes öffentliches Interesse vorliegt
(§ 182 Abs. 3). Die alte Vorschrift „die Verfolgung der Tat ist ausgeschlossen, wenn
der Täter die Verführte geheiratet hat" wurde gestrichen. Die Voraussetzung des
möglichen Strafbarkeitsausschlusses ist nicht mehr das Alter des Täters (unter 21
Jahren), sondern das geringe Unrecht der Tat bei Berücksichtigung des Verhaltens
(§ 182 Abs. 4).

1.4.4   33. StrÄG vom 01.07.1997

Das Gesetz vom 01.07.1997 veränderte die §§ 177 und 179 wesentlich. § 178 fiel weg, und die Tatbestände der sexuellen Nötigung und Vergewaltigung wurden in § 177 zusammengelegt, sodass Vergewaltigung ein Qualifikationstatbestand der sexuellen Nötigung wurde. Das Merkmal „außerehelich" wurde gestrichen. Seitdem ist die Tat auch in der Ehe strafbar. Neben Gewalt und Drohung mit gegenwärtiger Gefahr für Leib oder Leben wurde ein neues qualifiziertes Nötigungsmittel eingefügt, nämlich die Ausnutzung einer schutzlosen Lage des Opfers. Nach dieser Änderung geht es bei Vergewaltigung nicht mehr nur um Beischlaf, sondern auch um beischlafähnliche Handlungen, die vor allem in einem Eindringen in den Körper bestehen. Zugleich wurden auch Männer in den Schutz des § 177 einbezogen. Der Vergewaltigungstatbestand wird durch Qualifikationstatbestände begleitet. Diese beziehen sich auf die gemeinschaftliche Begehung, schwere körperliche Misshandlung und das Hervorrufen der Gefahr des Todes oder einer schweren Gesundheitsschädigung. Der Strafrahmen des Grundtatbestands der sexuellen Nötigung wurde von einem bis zu zehn Jahren Freiheitsstrafe auf Freiheitsstrafe nicht unter einem Jahr angehoben.

Der Tatbestand des sexuellen Missbrauchs widerstandsunfähiger Personen in §179 wurde ebenfalls verändert. Davon sind vier Aspekte betroffen. Erstens wurde das Merkmal „außerehelich" gestrichen, sodass sexueller Missbrauch in der Ehe ebenfalls strafbar wurde. Zweitens wurde der Qualifikationstatbestand modifiziert, und die Qualifikationstatbestände des § 177 gelten nunmehr auch für § 179. Drittens wurde die Regelung von minder schweren Fällen des Grundtatbestands gestrichen. Viertens ist auch der Versuch seit dieser Reform strafbar.

1.4.5   IuKDG vom 22.07.1997

Das Gesetz vom 22.07.1997 erweiterte vor allem den Begriff „Schrift" in § 11 Abs. 3 durch Einfügen des Worts „Datenspeicher", sodass nun auch Festplatten, CD-ROMs und USB-Sticks erfasst werden können. Insoweit wurde der Begriff der pornographischen Schrift ausgedehnt. Eine andere Änderung erweiterte die Kinderpornographie im Sinne von § 184 Abs. 4 und 5 auf solche Darstellungen, die ein wirklichkeitsnahes Geschehen wiedergeben.

1.4.6   6. StrRG vom 26.01.1998

Das Gesetz vom 26.01.1998 reformierte das Sexualstrafrecht umfassend. Dabei ging es vor allem um folgende Änderungen:

(1)   Durch Einfügen des § 174c wurde ein neuer Tatbestand geschaffen, nämlich sexueller Missbrauch unter Ausnutzung eines Beratungs-, Behandlungs- oder Betreuungsverhältnisses.

(2)   Die Höchststrafe für sexuellen Missbrauch von Kindern ohne Körperkontakt wurde von drei Jahren auf fünf Jahre Freiheitsstrafe angehoben (§ 176 Abs. 3).

(3)   Qualifikationstatbestände des sexuellen Missbrauchs von Kindern wurden in die neu geschaffenen §§ 176a und 176b verschoben und wesentlich erweitert. Seitdem gelten auch beischlafähnliche Handlungen, die gemeinschaftliche Begehung und die Gefahr der Gesundheitsschädigung oder des Todes als Qualifikationstatbestände des § 176a. Die Höchststrafe wurde von zehn Jahren Freiheitsstrafe auf fünfzehn Jahre angehoben. § 176b bezog sich auf Todesfolge, der Strafrahmen wurde von Freiheitsstrafe nicht unter fünf Jahren auf lebenslange Freiheitsstrafe oder Freiheitsstrafe nicht unter zehn Jahren erhöht.

(4)   Neue Qualifikationstatbestände der sexuellen Nötigung wurden in § 177 eingefügt. Das Beisichführen einer Waffe oder eines sonstigen Werkzeugs oder das Verursachen der Gefahr einer schweren Gesundheitsschädigung bei der Tat wird nun mit Freiheitsstrafe bis zu drei Jahren bestraft, und es ist auf Freiheitsstrafe nicht unter fünf Jahren zu erkennen, wenn der Täter das Werkzeug verwendet, das Opfer körperlich schwer misshandelt oder in die Gefahr des Todes bringt.

(5)   Die Vorschrift der sexuellen Nötigung mit Todesfolge wurde in den neu geschaffenen § 178 verschoben, und der Strafrahmen wurde von Freiheitsstrafe nicht unter fünf Jahren auf lebenslange Freiheitsstrafe oder Freiheitsstrafe nicht unter zehn Jahren erhöht.

(6)   § 179 wurde neu gefasst. Erstens wurde der Grundtatbestand durch Einfügen neuer Begriffe wie „geistige Krankheit oder Behinderung" und „Suchtkrankheit" erweitert. Zweitens wurde eine neue Tatvariante angefügt, nämlich Bestimmen zu sexuellen Handlungen mit einer dritten Person. Drittens wurden die Qualifikationstatbestände wie in den §§ 176a und 176b ausgeweitet, deren Strafe zugleich erheblich erhöht wurde.

(7)   Die Höchststrafe für die Verbreitung von Gewalt- oder Tierpornographie und deren Vorbereitungshandlungen in § 184 wurde von einem Jahr auf drei Jahre Freiheitsstrafe angehoben, und die Höchststrafe für Qualifikationstatbestände der Verbreitung von Kinderpornographie sowie Vorbereitungshandlungen wurde von fünf auf zehn Jahre Freiheitsstrafe erhöht.

1.4.7   ProstG vom 20.12.2001

Die Legalisierung der Prostitution wurde durch das ProstG hergestellt, und zugleich wurden zwei Prostitutionsdelikte im dtStGB verändert. Die Überschrift des § 180a wurde von „Förderung der Prostitution" in „Ausbeutung von Prostituierten" geändert, und die Förderung der Prostitutionsausübung durch Gewährung von Wohnung, Unterkunft oder Aufenthalt ist durch die Streichung des Abs. 1 Nr. 2 nun nicht mehr strafbar. Ein Merkmal wurde in § 181a Abs. 2 eingefügt, d.h. die Strafbarkeit von gewerbsmäßiger Vermittlung der Prostitutionsausübung setzt nun die Beeinträchtigung der persönlichen oder wirtschaftlichen Bewegungsfreiheit der Prostituierten voraus.

1.4.8 SexualdelÄndG vom 27.12.2003

Das SexualdelÄndG veränderte die Vorschriften über Sexualdelikte wesentlich:

(1) Die Mindeststrafe für Missbrauchsdelikte in den §§ 174, 174a, 174b und 174c wurde von Geldstrafe auf Freiheitsstrafe von drei Monaten angehoben.

(2) Die Vorschrift über minder schwere Fälle des sexuellen Missbrauchs von Kindern in § 176 wurde gestrichen und durch eine Vorschrift über besonders schwere Fälle ersetzt. Der Tatbestand des sexuellen Missbrauchs von Kindern ohne Körperkontakt wurde durch Einfügen einer neuen Tatvariante erweitert, deren Strafe ebenfalls von Geldstrafe auf Freiheitsstrafe von drei Monaten angehoben wurde. Gefährdungstatbestände wurden als § 176 Abs. 5 eingefügt, sodass Vorbereitungshandlungen nun auch unter Strafe stehen.

(3) Die Mindeststrafe für die meisten Tatbestände des schweren sexuellen Missbrauchs von Kindern in § 176a wurde von einem Jahr Freiheitsstrafe auf zwei Jahre angehoben.

(4) Zum § 179 wurde eine Vorschrift über besonders schwere Fälle hinzugefügt, während der Umfang von minder schweren Fällen zugleich wesentlich verringert wurde. Die Mindeststrafe für Qualifikationstatbestände wurde von einem Jahr Freiheitsstrafe auf zwei Jahre erhöht.

(5) Eine Ausnahme vom Erziehungsprivileg wurde in § 184 eingefügt, nämlich für den Fall, dass die Erziehungspflicht gröblich verletzt wird.

(6) Der Tatbestand der Verbreitung von Gewalt- oder Tierpornographie wurde aus § 184 in § 184a verschoben und wurde ein eigenständiges Delikt.

(7) Der Tatbestand der Verbreitung von Kinderpornographie wurde aus § 184 in § 184b verschoben und wurde ein eigenständiges Delikt. Drittbesitzverschaffung wurde von Sichbesitzverschaffung getrennt, deren Strafrahmen zugleich von bis zu einem Jahr Freiheitsstrafe oder Geldstrafe auf Freiheitsstrafe von drei Monaten bis zu fünf Jahren angehoben wurde.

(8) Die Vorschrift über die Verbreitung pornographischer Darbietungen durch den Rundfunk wurde aus § 184 in § 184c verschoben und zugleich wesentlich ausgeweitet, sodass die Verbreitung durch Medien- oder Teledienste ohne wirksame Maßnahme gegen das Zugänglichmachen für Minderjährige auch erfasst werden kann.

1.4.9   EUBekSexAusbKindUG vom 31.10.2008

Am 22.12.2003 wurde der Rahmenbeschluss des Rates der Europäischen Union zur Bekämpfung der sexuellen Ausbeutung von Kindern und der Kinderpornographie verkündet. Zu seiner Umsetzung wurden folgende Vorschriften im dtStGB durch das Gesetz zur Umsetzung des Rahmenbeschlusses des Rates der Europäischen Union zur Bekämpfung der sexuellen Ausbeutung von Kindern und der Kinderpornographie (EUBekSexAusbKindUG) vom 31.10.2008 verändert:

(1) Die Wörter „an sich" in § 176 Abs. 4 Nr. 2 wurden gestrichen, um den Tatbestand auszuweiten, wodurch eine Schutzlücke beim sexuellen Missbrauch von Kindern ohne Körperkontakt geschlossen wurde.

(2) Der Tatbestand des sexuellen Missbrauchs von Jugendlichen wurde durch Veränderung der Altersgrenze von Täter und Opfer in § 182 Abs. 1 (Ausnutzung der Zwangslage) erweitert. Das Schutzalter des Opfers wurde von 16 Jahren auf 18 Jahre angehoben, und es ist nicht mehr erforderlich, dass der Täter über 18 Jahre alt ist. Die Vornahme sexueller Handlungen mit Jugendlichen (unter 18 Jahren) gegen Entgelt wurde von § 182 Abs. 1 getrennt und ist nun eine eigenständige Tatvariante (§ 182 Abs. 2), aber der Täter muss mindestens 18 Jahre alt sein. Auch der Versuch ist seitdem strafbar.

(3) Die Definition der Kinderpornographie wurde dadurch verdeutlicht, dass die Wörter „den sexuellen Missbrauch von Kindern" in § 184b Abs. 1 durch „sexuelle Handlungen von, an oder vor Kindern" ersetzt wurden.

(4) Ein neuer Tatbestand wurde als § 184c eingefügt, nämlich Verbreitung, Erwerb und Besitz jugendpornographischer Schriften. Jugendliche sind Personen zwischen 14 und 18 Jahren. Der Tatbestand ist dem in § 184b sehr ähnlich, aber die Strafdrohung ist milder. Im Unterschied zu § 184b Abs. 4 ist der Besitz oder Erwerb von Jugendpornographie in § 184c Abs. 4 nur dann strafbar, wenn die Schriften ein tatsächliches Geschehen wiedergeben, und Schriften, die ein wirklichkeitsnahes Geschehen wiedergeben, scheiden aus. Darüber hinaus kann die Strafbarkeit nach § 184c Abs. 4 wegen Einwilligung der in der Pornographie dargestellten Jugendlichen ausgeschlossen sein, wenn der Besitzer unter 18 Jahre alt ist.

1.4.10 49. StrÄG vom 21.01.2015

Nominell dient das 49. StrÄG[45] der Umsetzung europäischer Vorgaben zum Sexualstrafrecht, aber tatsächlich war die „Edathy-Affäre" die unmittelbare Ursache dafür. Deshalb wird das Gesetz auch als „Lex Edathy" bezeichnet,[46] und Pornographiedelikte sind der Schwerpunkt der Änderungen. Folgende Vorschriften wurden vor allem verändert:

(1) Der Umfang der Schutzbefohlenen in einer Familie nach § 174 Abs. 1 Nr. 3 wurde wesentlich erweitert, und neben dem leiblichen oder rechtlichen Abkömmling des Täters wird jener seines Ehegatten oder Lebenspartners auch geschützt. Zugleich wurde der Täterkreis zur Schließung einer Schutzlücke ausgeweitet. Durch Einfügen eines neuen Absatzes können nun auch Angestellte in bestimmten Einrichtungen der Erziehung, Ausbildung oder Betreuung ohne Erfordernis von Abhängigkeitsverhältnissen zum Opfer bestraft werden.

(2) Das Mittel des Einwirkens auf ein Kind bei sexuellem Missbrauch nach § 176 Abs. 4 umfasst seitdem auch die Anwendung der Informations- oder Kommunikationstechnologie.

(3) Die Tathandlungen der Pornographiedelikte wurden dadurch vereinfacht und verdeutlicht, dass nun auch „ausstellen", „anschlagen" und „vorführen" von „zugänglichmachen" umfasst werden sowie „ankündigen" und „anpreisen" durch „bewerben" ersetzt wurden.

(4) Auch der Versuch der Verbreitung von harter Pornographie (§§ 184a, 184b und 184c) ist seitdem strafbar.

(5) Die Definition von Kinder- und Jugendpornographie wurde verdeutlicht. Neben sexuellen Handlungen wird nun auch die Wiedergabe einer unnatürlich geschlechtsbetonten Körperhaltung eines Kindes oder eines Jugendlichen erfasst, während die Wiedergabe unbekleideter Genitalien oder Gesäße nur von Kinderpornographie erfasst werden kann.

(6) Die Herstellung von Kinder- oder Jugendpornographie ohne besondere Absicht ist seitdem auch strafbar.

(7) Die Höchststrafe für den Besitz oder Erwerb von Kinder- oder Jugendpornographie wurde um ein Jahr erhöht.

(8) Ein neuer Absatz wurde in § 184d eingefügt, sodass auch der Abruf kinder- oder jugendpornographischer Inhalte mittels Telemedien als Besitz oder Erwerb der Kinder- oder Jugendpornographie von den §§ 184b und 184c bestraft werden kann.

---

45 49. Gesetz zur Änderung des Strafgesetzbuches – Umsetzung europäischer Vorgaben zum Sexualstrafrecht vom 21.01.2015.

46 *Kreuzer* v. 09.12.2014.

(9) Eine neue Vorschrift wurde in § 184e angefügt, sodass seitdem auch die
     Veranstaltung und der Besuch kinder- oder jugendpornographischer Dar-
     bietungen auch nach den §§ 184b und 184c strafbar sind.

1.4.11   50. StrÄG vom 04.11.2016

Das 50. StrÄG dient vor allem der Schließung der Schutzlücken im § 177, weil manche sexuellen Übergriffe nach dem damaligen Strafgesetz nicht strafbar waren. Diese
Änderung ist sehr umstritten, deshalb wird der Vorgang der Gesetzgebung im folgenden Text ausführlich erläutert.[47] Darüber hinaus wurden zwei neue Tatbestände,
die §§ 184i und 184j, durch das Gesetz geschaffen. Der Anlass für diese Gesetzgebung waren die sexuellen Übergriffe in Köln in der Silvesternacht 2015/16. Dabei
kam es bundesweit zu „insgesamt knapp 900 Sexualdelikte[n] mit mehr als 1200
Opfern ... es seien aber nur 120 Verdächtige ermittelt worden".[48] Bis Jahresmitte
2016 wurde niemand verurteilt. Vor diesem Hintergrund wurden die Schutzlücken
im § 184h ausgewiesen, weil demnach sexuelle Handlungen nur solche sind, die im
Hinblick auf das jeweils geschützte Rechtsgut von einiger Erheblichkeit sind. Nach
den Vorfällen wurde eine Reform gefordert. Beispielsweise behaupteten *Uta-Maria
Kuder*,[49] Justizministerin in der Landesregierung Mecklenburg-Vorpommerns, und
Prof. *Hörnle*,[50] dass „unsittige Berührung" oder „Betatschen" nach dem geltenden
Gesetz nicht strafbar seien, und forderten, ein neues Vergehen „tätliche sexuelle Be-
lästigung" zu schaffen, um diese Schutzlücke zu schließen. Schließlich wurde dieser
Vorschlag vom Gesetzgeber aufgegriffen.

1.5   Zusammenfassung

Das deutsche Sexualstrafrecht zählte in der Vergangenheit zum Moralstrafrecht. In
der ersten Hälfte des 20. Jahrhunderts entwickelte es sich allmählich. Eine umfassende Reform wurde zwar mehrmals vorbereitet, scheiterte aber schließlich. Die
erste nennenswerte Reform erfolgte in den 1970er Jahren und spiegelte hauptsächlich die Liberalisierung und Entmoralisierung der Gesellschaft wider. Die weiteren
Reformen seit den 1990er Jahren bis heute legten dagegen den Schwerpunkt auf Kriminalisierung und Strafverschärfung. Die Straftatbestände im Bereich des Sexualstrafrechts wurden ausgeweitet, die Entkriminalisierungspolitik zieht sich zurück.

---

47   Ausführlich hierzu *Kapitel 4, Punkt 4.5.*

48   Siehe tagesspiegel.de/politik/nach-den-uebergriffen-in-der-silvesternacht-bka-zieht-silvester-
     bilanz-hunderte-sexualdelikte-bleiben-ungesuehnt/13856918.html [12.03.2019].

49   Siehe bundesjustizportal.de/mecklenburg-vorpommern/11-mecklenburg-vorpommern/silvest
     ernacht-offenbart-grosse-luecken-in-sexualstrafrecht-und-strafprozessordnung-justizministeri
     n-uta-maria-kuder-cdu-fordert-eine-umfassende-verschaerfung-des-177-stgb-und-wirkungsv
     ollere-moeglichkeiten-zur-taeterermittlung.html [12.03.2019].

50   Siehe faz.net/aktuell/politik/inland/sexualstrafrecht-betatschen-ist-nicht-immer-strafbar-1400
     7043.html [12.03.2019].

Heute ist die Ausweitung des Tatbestands der Vergewaltigung ein viel diskutiertes Thema. Der Streit ist heftig, die Reformdynamik scheint ungebrochen zu sein.

Kapitel 2

Wandel des Sexualstrafrechts in China

Das chinesische Sexualstrafrecht durchlief im Wesentlichen drei Entwicklungsphasen, nämlich die Dynastiezeit bis 1912, die Phase der Republik im Zeitraum von 1912 bis 1949 und die seit 1949 andauernde Periode der Volksrepublik China. Die letzte dieser drei Phasen bildet den Schwerpunkt dieser Untersuchung.

2.1 Die chinesische Dynastiezeit

Die chinesische Zivilisation ist eine der ältesten der Welt und die einzige, die seit mindestens 4.000 Jahren ununterbrochen andauert. Die chinesische Sexualkultur und das chinesische Sexualstrafrecht entwickelten sich selbstständig über 2.000 Jahre hinweg bis zum Anfang des 20. Jahrhunderts, als der Westen China stark beeinflusste und eine Modernisierung des Strafrechts stattfand. Vor der Untersuchung des Sexualstrafrechts ist ein Überblick über die chinesische Sexualkultur sehr sinnvoll, weil das Sexualstrafrecht in der Dynastiezeit davon wesentlich beeinflusst wurde.

2.1.1 Überblick über die chinesische Sexualkultur

2.1.1.1 Allgemeines

Fast alle chinesischen philosophischen Gedanken haben ihren Ursprung in der östlichen Zhou-Dynastie, in welcher drei wesentliche Lehren über menschliche Triebe entstanden, von denen auch der Sexualtrieb erfasst wurde: die Präventionslehre von *Lao Zi*, die Befriedigungslehre von *Yang Zhu* und die Beschränkungslehre des Konfuzianismus.[51] Seit der Han-Dynastie (206 v. Chr. bis 220 n. Chr.) war der Konfuzianismus die staatliche Doktrin, wodurch die Beschränkungslehre zur herrschenden Meinung in China geworden war. Im Sinne des Konfuzianismus ist Sexualität ein natürliches Bedürfnis wie Essen (饮食男女，人之大欲存焉),[52] das sich weder ganz verbieten noch völlig befriedigen lassen soll, weshalb sexuelle Handlungen durch das Ritual (礼，li) zu beschränken und zu regeln seien, also durch das Begehen eines Mittelwegs.[53] Die Sexualkultur blieb in diesem Rahmen noch bis zur

---

51   *Wang* 1996, S. 26.

52   Das Buch der Riten (礼记).

53   *Zang* 2010, S. 24–25.

Song-Dynastie (960–1297) tolerant. In dieser Zeit entstand der Neokonfuzianismus, der die Theorien des Taoismus und des Buddhismus aufnahm und behauptete, dass „das Naturgesetz bleiben sollte und der menschliche Trieb vernichtet werden sollte" (存天理，灭人欲).[54] In Hinsicht auf die Trennung von Naturgesetz und menschlichem Trieb nannte *Zhu Xi*, der bedeutendste Neokonfuzianer, ein Beispiel: Essen ist ein Naturgesetz, während das Verlangen nach einem Leckerbissen ein menschlicher Trieb ist (饮食者，天理也；要求美味，人欲也).[55] Diese Theorie gilt auch für die Sexualität: Das Vollziehen des ehelichen Geschlechtsverkehrs sei ein Naturgesetz, während das Jagen nach sexueller Freude dem menschlichen Trieb entspreche.[56] Diese Lehre beschränkte nicht nur die außerehelichen sexuellen Handlungen, sondern unterdrückte auch die Lust an den ehelichen.[57] Die weite Verbreitung des Neokonfuzianismus führte zu einer immer konservativeren Sittlichkeit und zu immer strengeren strafrechtlichen Regelungen, was sich im Sprichwort „Die Unzucht ist die erste Sünde" (万恶淫为首) in der späten Kaiserzeit widerspiegelte.

„Achtung des Mannes, Geringschätzung der Frau" (男尊女卑) war der traditionelle Gedanke in China; infolgedessen war die chinesische Sexualkultur deutlich durch männlichen Chauvinismus gekennzeichnet und spiegelte eine Doppelmoral wider: Auf der einen Seite wurde die Keuschheit der Frau extrem bekräftigt, d.h. eine Frau sollte sich vor der Ehe von Männern fernhalten, musste während der Ehe ihrem Ehemann absolut treu bleiben und durfte normalerweise nicht einmal nach dem Tod ihres Ehemanns wieder heiraten, sonst wären ihr daraus moralische und strafrechtliche Nachteile erwachsen.[58] Auf der anderen Seite waren die Beschränkungen für den Mann viel schwächer; z.B. durfte nach der chinesischen Monogamielehre ein Mann nur eine Ehefrau, aber mehrere Nebenfrauen heiraten, und er hatte das Recht, ins Bordell zu gehen,[59] obwohl diese Handlungen der Beschränkungslehre widersprachen.

Der Widerspruch in der chinesischen Sexualkultur war sehr offenkundig: Einerseits wurde die Sexualität wegen des Konfuzianismus beschränkt und die Unzucht als eine ernste Sünde betrachtet, was anhand der immer konservativeren Sittlichkeit und der immer schärferen Strafen gegen Sexualstraftaten dargestellt werden kann; andererseits suchten die Chinesen aufgrund des Sexualtriebs sexuelle Befriedigung, was anhand des Aufschwungs der Prostitution und der starken Nachfrage nach Pornographie in der späten Kaiserzeit sichtbar wird.[60]

---

54   *Zhu Zi Yu Lei* (朱子语类), Vol. 13.
55   *Zhu Zi Yu Lei* (朱子语类), Vol. 13.
56   *Wu* 2009, S. 11.
57   *Yi* 2004, S. 26.
58   *Xiong* 2009, S. 356.
59   *Chen* 2005a, S. 133.
60   *Liu* 1993, S. 97–99.

2.1.1.2 Homosexualität

Homosexualität wurde im antiken Griechenland und im antiken Rom toleriert, aber im Mittelalter als schweres Religionsverbrechen verboten.[61] Im Unterschied dazu war Homosexualität über einen langen Zeitraum hinweg im antiken China akzeptiert und straffrei. Von der Zhou-Dynastie (1122/1045–256 v. Chr.) bis zur Qing-Dynastie (1616–1911) war die Homosexualität für mehr als 2.000 Jahre fast in jeder Dynastie ein weitverbreitetes und toleriertes Phänomen.[62] Zahlreiche chinesische Geschichten und Gedichte über die Homosexualität von Kaisern, Adel oder Dichtern waren bekannt,[63] und es war für die obere Klasse sogar eine Mode, einen Jungen als „Sexspielzeug" zu adoptieren.[64] Homosexualität und Pädophilie waren in der späteren Kaiserzeit nach dem Strafkodex strafbar, aber diese Vorschriften wurden in der Praxis selten eingehalten.[65] Dies lässt sich damit erklären, dass der Konfuzianismus den Schwerpunkt auf die Regelung der Beziehung zwischen Mann und Frau legte, aber die Beziehung zwischen Männern ignorierte, weshalb Homosexualität die Sittlichkeit nicht schwer schädigte.[66]

2.1.1.3 Prostitution

Obwohl der Konfuzianismus eine konservative Sittlichkeit erschuf, die zu einer strengen Regelung der sexuellen Beziehungen führte, war die Prostitution im antiken China immer rechtmäßig und verschwand nie, was dem mittelalterlichen Europa ähnlich war. Die Prostitution hat eine sehr lange Geschichte, ihre Entstehung geht der Geburt von Konfuzius weit voraus. Um 645 v. Chr. errichtete Qi, ein Vasallenstaat der Zhou-Dynastie, das erste staatlich verwaltete Bordell, um höhere Einnahmen zu erzielen.[67] Später entwickelte sich die Prostitution in verschiedene Typen: Es gab Prostituierte für den Kaiser, für die Armee, für die Beamten, für ihre eigenen Besitzer und für das gesellschaftliche Publikum.[68]

Wie oben erwähnt, wurde die sexuelle Sittlichkeit wegen der Verbreitung des Neokonfuzianismus jedoch immer konservativer, sodass es Beamten in der Ming- und der Qing-Dynastie verboten war, ins Bordell zu gehen; trotzdem war der Besuch mit der Lockerung der Disziplin durchaus üblich. Die Prostituierten wurden herabgestuft: In der unteren Klasse boten sie nur den einfachen Dienst körperlicher Vereinigung an, während die Prostituierten der oberen Klasse sowohl körperliche als auch

---

61 *Hinckeldey* 1984, S 321.
62 *Lin* 2009, S. 5–8.
63 Z.B. *Long Yang* (龙阳) und der König von Wei (魏安釐王), *Dong Xian* (董贤) und der Kaiser von Han (汉哀帝), *Yuan Mei* (袁枚), *Zheng Banqiao* (郑板桥).
64 *Cui* 2004, S. 155.
65 *Cui* 2004, S. 155.
66 *Zhang* 2001b, S. 26.
67 *Dong Zhou Ce* (东周策).
68 *Zhu* 2009, S. 379–380.

geistige Dienste wie Liebe und Kunst anboten, und die „Bordellkultur" (青楼文化) war eine Besonderheit der chinesischen Prostitution. Viele berühmte Dichterinnen im antiken China waren Prostituierte,[69] und zahlreiche Gedichte und Romane erzählten von der Liebe zu einer Prostituierten. In dieser schönen Literatur wurde die Beziehung zwischen Intellektuellen und Prostituierten als eine zwischen „Scholaren und schönen Frauen" bezeichnet. Für die Intellektuellen und den Adel war es nicht schändlich, sondern ehrenvoll, ins Bordell zu gehen. Eine Erklärung dafür ist, dass damalige Hochzeiten nicht auf Liebe beruhten und Männer sich von der konservativen sexuellen Sittlichkeit eingeengt fühlten, weshalb sie das Gefühl der Liebe sowie körperliche und geistige Befriedigung im Bordell suchten. Sogar manche Kaiser waren süchtig nach Prostituierten, was z.b. die Liebe zwischen *Zhao Ji*, einem Kaiser der Song-Dynastie, und *Li Shishi* zeigt, eine Schönheit und Begabung besitzende Prostituierte.

Der Herkunft nach gab es dreierlei Arten von Prostituierten: Manche waren bereits in die Prostitution ihrer Mutter hineingeboren, andere wurden aufgrund einer Bestrafung ihrer Familie zur Prostitution gezwungen, und wieder andere wurden von einer Freiheit besitzenden Familie (良家) an das Bordell verkauft.[70] Manche Prostituierte konnten sich freikaufen, aber in Wirklichkeit war das schwierig, weil der Preis sehr hoch war und nur wenige Männer eine frühere Prostituierte heiraten wollten. Aber manche berühmte schöne Prostituierte konnte zu einer Nebenfrau werden, z.B. *Sai Jinhua*, eine Nebenfrau eines chinesischen Botschafters in Deutschland.

2.1.2   Sexualstrafrecht vor der Tang-Dynastie

2.1.2.1   Vorbemerkung

In den letzten 2.000 Jahren hatte jede chinesische Dynastie einen eigenen Strafkodex, aber die meisten Strafkodizes aus der Zeit vor der Tang-Dynastie (617–907) sind verloren gegangen. Obwohl direkte Normen-Forschung unmöglich ist, kann man durch einige verbliebene Schriftstücke und anderes Material noch die historische Entwicklung und den Inhalt des Sexualstrafrechts beschreiben. Es sollte angemerkt werden, dass im antiken China „Kodex" (Lü 律) gleichbedeutend mit „Strafkodex" (Xing Lü 刑律) war, weil „all diese Kodizes fast ausschließlich strafrechtliche Normen enthielten".[71] Ein weiterer beachtenswerter Punkt sind die Unterschiede zwischen einigen Begriffen. Der chinesische Begriff „Jian" (奸) hat i.w.S. eine ähnliche Bedeutung wie Unzucht und bezieht sich auf alle rechtswidrigen sexuellen Handlungen. „He Jian" (和奸), der engere Sinn des Begriffs „Jian", bedeutet nur freiwillige Unzucht inklusive Ehebruch, während „Qiang Jian" (强奸) Nötigung zur

---

69   Z.B. *Yu Xuanji* (鱼玄机), *Xue Tao* (薛涛).

70   *Zhu* 2009, S. 380.

71   *Chen* 2012, S. 808.

Unzucht, also Vergewaltigung bedeutet. Nachfolgend wird der Begriff „Unzucht" hauptsächlich im Sinne von freiwilligem außerehelichem Beischlaf verwendet.

2.1.2.2 Die Zhou-Dynastie

Die Zhou-Dynastie (Westliche Zhou-Dynastie: ca. 1122/1045–770 v. Chr.; Östliche Zhou-Dynastie: 770–256 v. Chr.) stand am Anfang der chinesischen Zivilisation. Die Regierung verbreitete Monogamie und ahndete unzüchtige Handlungen streng, um die ursprünglich chaotischen sexuellen Beziehungen zu regulieren und eine gesellschaftliche Ordnung zu schaffen. Nach dem „Buch der Urkunden" (尚书) setzte der Herrscher der Zhou-Dynastie das Gesetzbuch „Lü Xing" (吕刑) fest, nach dem ein Mann und eine Frau, die unzüchtigen Geschlechtsverkehr hatten, mit Strafkastration zu bestrafen waren. Ca. 400 v. Chr. veröffentlichte Wei, ein Vasallenstaat der Zhou-Dynastie, das Gesetzbuch „Fa Jing" (法经), welches für das erste systematische Gesetzbuch in China gehalten wird. In „Fa Jing" wurden die „Verbote der Unzucht" festgesetzt: „Ein Ohr von einem Mann, der eine Ehefrau und zwei Nebenfrauen hat, ist abzuschneiden; ein Mann, der zwei Ehefrauen hat, wird mit dem Tode bestraft; eine Frau, die einen anderen Mann außer ihrem Ehemann hat, wird mit Strafkastration bestraft" (夫有一妻二妾，其刑馘，夫有二妻则诛；妻有二夫则宫).[72]

2.1.2.3 Die Qin-Dynastie

Die Qin-Dynastie (221–207 v. Chr.) war das erste einheitliche Kaiserreich im alten China und regierte den Staat mit einem strengen Strafgesetz, was allerdings einen Volksaufstand verursachte, weshalb dieses Reich nur 14 Jahre bestand. Einige Vorschriften über das Sexualstrafrecht sind uns daraus heute bekannt:

(1) Wer eine Unzucht beging, wurde mit „Versklavung und Zwangsarbeit" (隶臣妾) bestraft.[73]

(2) Halbgeschwister, die dieselbe Mutter und eine sexuelle Beziehung miteinander hatten, wurden mit der Todesstrafe „Qi Shi" (弃市)[74] belegt;[75] daraus kann man festhalten, dass die Blutschande zwischen Geschwistern oder Halbgeschwistern, die denselben Vater hatten, auch mit dem Tod bestraft wurde.[76]

---

72 Jin Shu Xing Fa Zhi (晋书-刑法志).
73 *Zhang* Jia Shan Han Jian Zou Yan Shu (张家山汉简-奏谳书).
74 „Qi Shi" bedeutet Enthauptung mit anschließender Ausstellung von Kopf und Körper auf dem Marktplatz, vgl. *Heuser* 2013, S. 77.
75 Shui Hu Di Qin Mu Zhu Jian Fa Lü Wen Da (睡虎地秦墓竹简-法律问答).
76 *Zhang* 2008, S. 106.

(3)   Wenn ein männlicher Sklave seine Besitzerin vergewaltigte, wurde dies mit Gewalt gleichgesetzt,[77] und der Sklave wurde vermutlich mit dem Tod bestraft.[78]

(4)   Aufgrund des Monogamie-Gebotes galt ein Mann als unschuldig, wenn er einen anderen Mann tötete, der sich sexuellen Ausschweifungen außerhalb der Ehe hingab.[79]

2.1.2.4   Die Han-Dynastie

Die Han-Dynastie (die Frühe Han 202 v. Chr. bis 6/9 n. Chr.; die Späte Han, 23/25–220) bildete eine Blütezeit unter den chinesischen Dynastien. Einerseits stammten viele ihrer Rechtsnormen aus der Qin-Dynastie. Andererseits hielt die Regierung den Konfuzianismus für die einzige gültige Doktrin und begann mit der „Konfuzianisierung des Rechts", d.h. der Verschmelzung von Ritual und Recht.[80] Deswegen wurde das Sexualstrafrecht wesentlich von konfuzianischen Tugenden beeinflusst. Es gab u.a. folgende Sexualdelikte im Han-Strafkodex:

(1)   Wenn ein Mann Unzucht mit einer verheirateten Frau beging, wurden beide mit „Chengdanchong" (城旦舂)[81] bestraft, aber wenn der Täter Beamter war, wurde er als Vergewaltiger betrachtet.[82]

(2)   Ein Vergewaltiger wurde normalerweise mit Kastration, aber manchmal auch mit der Todesstrafe „Qi Shi" belegt, wenn er Beamter war. Die vergewaltigte Frau ging immer straffrei aus.[83]

(3)   Während der Trauer um Eltern durften keine sexuellen Handlungen begangen werden, sonst wurden beide Beteiligte mit dem Tod bestraft.

(4)   Blutschande wurde „bestialische Unzucht" (禽兽奸) genannt und mit dem Tod oder einer anderen schweren Strafe wie dem Entzug des Adelstitels belegt.[84]

---

77   Shui Hu Di Qin Mu Zhu Jian Fa Lü Wen Da (睡虎地秦墓竹简-法律问答).
78   *Wen* 2007, S. 17.
79   Shi Ji Qin Shi *Huang* Ben Ji (史记-秦始皇本纪).
80   *Heuser* 2013, S. 80.
81   „Chengdanchong" bedeutet Zwangsarbeit, vgl. *Heuser* 2013, S. 77.
82   Er Nian Lü Ling Za Ling (二年律令-杂令).
83   Er Nian Lü Ling Za Ling (二年律令-杂令).
84   *Zhang* 2008, S. 106.

(5) Bei Unzucht zwischen einem Sklaven und seiner Besitzerin wurde der Sklave mit dem Tod bestraft, und die Sklavenhalterin wurde mit Versklavung zur Zwangsarbeit bestraft; im Gegensatz dazu war die Unzucht zwischen einer Sklavin und ihrem Besitzer immer rechtmäßig.[85]

2.1.2.5 Von der Jin-Dynastie bis zur Sui-Dynastie

Die Jin-Dynastie (265–420) formulierte auf der Basis des Han-Kodexes ihren eigenen Kodex: Wer Unzucht mit seiner Tante beging, wurde mit dem Tod bestraft, während Unzucht mit einer Witwe mit einer Gefängnisstrafe von drei Jahren belegt wurde.[86] Zwischen 420 und 581 wurde China in südliche und nördliche Dynastien getrennt. Die Nördliche Wei-Dynastie (386–534) war eine Fremdherrschaft, die von Nomaden begründet wurde, und bestrafte Beischlaf, der dem Ritual nicht entsprach, mit dem Tod.[87] Die Nördliche Qi-Dynastie (550–577) fügte erstmals „Zehn Erzverbrechen" (重罪十条) ihrem Kodex hinzu, wozu auch Inzest zählte. Die Sui-Dynastie (581–619), die China wieder vereinigte, nahm den Qi-Kodex auf und wandelte die „Zehn Erzverbrechen" in „Zehn schändliche Verbrechen" (十恶之条) um. Diese blieben in den Strafkodizes aller folgenden Dynastien bis zum Ende der Kaiserzeit bestehen.

2.1.3 Sexualstrafrecht seit der Tang-Dynastie

Ab der Tang-Dynastie blieben die meisten Strafkodizes vollständig erhalten, deshalb kann das Sexualstrafrecht umfassend und gründlich untersucht werden.

2.1.3.1 Die Tang-Dynastie

Die Tang-Dynastie (618–907) bildete den Höhepunkt der Kaiserzeit in China, und ihr Strafkodex ist der älteste vollständig erhaltene in der chinesischen Geschichte. Der Tang-Kodex ist auch das Symbol des chinesischen Rechtskreises und beeinflusste die Strafkodizes der nachfolgenden Dynastien tief und umfassend. In Bezug auf das Sexualstrafrecht hatte dieser Kodex folgende Merkmale:

(1) Sexualdelikte einschließlich Ehebruch wurden im Kapitel „Vermischte Straftaten" (杂律) festgesetzt, während Ehedelikte ins Kapitel „Familie und Ehe" (户婚) aufgenommen wurden.

(2) Inzest war eines der „Zehn schändlichen Verbrechen", die weder ermäßigt bestraft noch begnadigt werden durften, und die Bestrafung hing vom Verwandtschaftsverhältnis der Beteiligten ab; d.h. je enger das Verhältnis war, desto schärfer war die Strafe, und zur Todesstrafe wurde verurteilt, wenn

---

85 *Jia* 2005, S. 119.

86 Jin Shu Xing Fa Zhi (晋书-刑法志).

87 Wei Shu Xing Fa Zhi (魏书-刑罚志).

die Unzucht zwischen bestimmten Verwandten begangen wurde (§§ 411– 413).

(3) Bei den meisten Delikten war freiwillige Unzucht der Grundtatbestand, und Nötigung oder Verletzung führte zu einer schärferen Strafe.

(4) Die Bestrafung von normalen Sexualdelikten war nicht scharf ausgeprägt; z.b. wurden Unzucht, Ehebruch und eine Vergewaltigung mit Zwangsarbeit (徒) oder Prügelstrafe (杖) bestraft (§ 410).

(5) Ein Mann, der Unzucht mit der Ehefrau eines Knechts beging, wurde mild bestraft oder ging sogar straffrei aus (§ 410); aber wenn Unzucht zwischen einem Knecht und einer Frau aus einer Freiheit besitzenden Familie stattfand, wurde er mit lebenslanger Verbannung (流) bestraft (§ 414), was die ungleiche Behandlung deutlich widerspiegelte.

(6) Bei Unzucht wurde die Frau ebenso wie der Mann bestraft, während die Frau immer straffrei war, wenn sie vergewaltigt worden war (§ 415).

(7) Unzucht, die von einem Beamten im Gefängnis oder von einem Mönch begangen wurde, wurde härter bestraft (§ 416).

2.1.3.2 Die Song-Dynastie

Einerseits war der Strafkodex der Song-Dynastie (960–1279) wegen der Übernahme des Tang-Kodex fast identisch mit diesem – also auch im Hinblick auf das Sexualstrafrecht –, andererseits wurden damals viele neue Einzelgesetze, Edikte, Dekrete und Formvorschriften erlassen.[88] Ein Fortschritt war, dass in dieser Dynastie der besondere Schutz für Mädchen entstand: Wer ein Mädchen unter zehn Jahren zum Beischlaf verführte, wurde als Vergewaltiger betrachtet und mit lebenslanger Verbannung bestraft, auch wenn das Mädchen freiwillig handelte. Wenn der Täter bei der Vergewaltigung das Mädchen verletzte oder bei einem Diebstahl ein Mädchen vergewaltigte, wurde er mit Erdrosselung bestraft; darüber hinaus war schon der Versuch auch strafbar.[89] Zu dieser Zeit waren auch Männer als Prostituierte tätig und boten sexuelle Dienste für andere Männer an; infolgedessen erklärte die Regierung diese Handlungen für gesetzeswidrig und drohte eine Prügelstrafe an.[90]

2.1.3.3 Die Yuan-Dynastie

Die Yuan-Dynastie (1279–1368) wurde von den Mongolen gegründet und beherrschte China ungefähr 90 Jahre lang. Sie war vom Neokonfuzianismus beeinflusst[91] und neigte zu einer konservativen Gesinnung gegenüber Sexualität. Trotz

---

88   *Heuser* 2013, S. 103.
89   Qing Yuan Tiao Fa Shi Lei Za Men (庆元条法事类-杂门).
90   *Han* 2016, S. 26.
91   *Li* 2007, S. 138.

der offensichtlichen ethnischen Diskriminierung blieben viele Vorschriften aus dem Tang- und dem Song-Kodex in diesem Kodex erhalten, z.b. die „Zehn schändlichen Verbrechen". Allerdings zeigte der Yuan-Kodex im Sexualstrafrechts manche Besonderheiten:

(1) Sexualdelikte wurden nicht mehr im Kapitel „Vermischte Straftaten", sondern in einem selbstständigen Kapitel „Unzucht" festgelegt, und die Anzahl der Straftatbestände nahm beachtlich zu.

(2) Die Bestrafung von Sexualstraftaten in der Yuan-Dynastie fiel viel schärfer aus als in der Tang- und der Song-Dynastie; z.b. wurde mit der Todesstrafe bestraft, wer eine verheiratete Frau vergewaltigte, aber wenn die Frau nicht verheiratet war, erhielt der Täter nur eine Prügelstrafe (杖刑).

(3) Gruppenvergewaltigung wurde erstmals in der chinesischen Geschichte in einem Tatbestand erfasst, d.h. wenn mehrere Täter eine Frau abwechselnd vergewaltigten, wurden sie mit dem Tod bestraft.[92]

(4) Im Yuan-Kodex wurde auch der besondere Schutz für Kinder eingeführt, d.h. wer ein Mädchen unter zehn Jahren vergewaltigte oder zum Beischlaf verführte, wurde ungeachtet des Willens des Mädchens mit dem Tod bestraft.

(5) Die soziale Hierarchie spielte eine wichtige Rolle bei der Bestrafung; z.B. galt ein Mann, der die Ehefrau seines Knechts vergewaltigte, als unschuldig; im Gegensatz dazu wurde ein Knecht wegen Unzucht mit der Frau oder der Tochter seines Herrn mit dem Tod bestraft.

(6) Wenn ein Beamter oder ein Mönch Unzucht beging, konnte er neben der Bestrafung eine weitere Sanktion erhalten, d.h. er konnte nicht mehr Beamter oder Mönch sein.

2.1.3.4   Die Ming-Dynastie

Nachdem die Mongolen aus China vertrieben worden waren, wurde die Ming-Dynastie (1368–1644) gegründet. Der Neokonfuzianismus war ihre Doktrin, deshalb wurde die Keuschheit von Frauen extrem betont. Der Ming-Kodex knüpfte an den Tang-Kodex an,[93] hatte jedoch im Sexualstrafrecht viele Ähnlichkeiten mit dem Yuan-Kodex:

(1) Die „Zehn schändlichen Verbrechen" blieben in diesem Kodex erhalten, und Inzest wurde je nach Verwandtschaftsbeziehung mit der Todesstrafe, lebenslanger Verbannung oder der Prügelstrafe geahndet.

(2) Die Trennung zwischen den Kapiteln „Unzucht" und „Ehe" blieb erhalten.

---

92   *Peng* 2013, S. 24–28.
93   *Heuser* 2013, S. 110.

(3) Der Vergewaltiger wurde mit Erdrosselung (绞刑) bestraft, und es wurde als Vergewaltigung betrachtet, ein Mädchen unter zwölf Jahren zum Beischlaf zu verführen.

(4) Prostitutionsdelikte wurden eingeführt, d.h. es wurde mit Prügelstrafe bestraft, wenn ein Beamter oder seine Nachkommen zu Prostituierten gingen oder wenn ein „Yuehu" (乐户)[94] eine aus einer Freiheit besitzenden Familie stammende Frau kaufte, um sie zu einer Prostituierten zu machen.

(5) Der Analverkehr zwischen Männern wurde als „Dreck im Mund" beschrieben und mit Prügelstrafe bestraft.[95]

2.1.3.5 Die Qing-Dynastie

Die Qing-Dynastie war die letzte Dynastie in der chinesischen Kaiserzeit und beherrschte China von 1644 bis 1912. Obwohl sie von den Mandschu (满族), einer ethnischen Minderheit, gegründet wurde, nahm sie die traditionelle chinesische Kultur auf und bestimmte ebenfalls den Neokonfuzianismus als Doktrin des Staats. Deshalb folgte der Qing-Kodex dem Ming-Kodex, z.B. wurden darin ähnliche Prostitutionsdelikte festgelegt. Die Besonderheiten des Qing-Kodex beim Sexualstrafrecht waren folgende:

(1) Der Vergewaltiger wurde mit Erdrosselung bestraft, aber das Opfer musste die Gewalt des Täters durch die Verletzung des Körpers, die Beschädigung der Kleidung oder durch Zeugen nachweisen, ansonsten wurden der Täter und das Opfer wegen Unzucht bestraft. Deswegen wagten es viele Opfer nicht, Anzeige zu erstatten.

(2) Die Strafe für Gruppenvergewaltigung war Enthauptung (斩首), weil diese in China wegen der daraus resultierenden Unvollständigkeit der Leiche eine schärfere Strafe als Erdrosselung darstellte.

(3) Analverkehr wurde streng verboten, d.h. die Entführung eines aus einer Freiheit besitzenden Familie stammenden Mannes und dessen Nötigung zum Analverkehr wurde mit Enthauptung bestraft, und freiwilliger Analverkehr wurde mit Prügelstrafe geahndet.

(4) Nicht nur Mädchen, sondern auch Jungen unter zwölf Jahren bekamen einen besonderen strafrechtlichen Schutz, und wer eine Sexualbeziehung mit einem Kind hatte, wurde mit Enthauptung oder Erdrosselung bestraft.[96]

---

94   „Yuehu" (乐户) ist eine Arte Sklave, normalerweise Kunstschaffende oder Prostituierte.

95   Da Ming Lü Zhi Yin Suo Zai Wen Xing Tiao Li (大明律直引所载问刑条例).

96   Die Vergewaltigung eines Kinds wurde mit Enthauptung bestraft, aber wenn das Kind sein Einverständnis erklärt hatte, wurde sie nur mit Erdrosselung bestraft. Der besondere Schutz für Jungen war nur gegen Analverkehr vorgesehen, der von männlichen Tätern begangen wurde.

(5) Einige Sexualdelikte wie Analverkehr und Gruppenvergewaltigung wurden als Delikte „Guanggun" (光棍, „Hooligan") betrachtet und konnten nicht begnadigt werden.

(6) Die Regierung führte schließlich ein Pornographieverbot ein und verbot erstmals in der chinesischen Geschichte per Gesetz pornographische Romane; genauer gesagt, wurde es nach der Vorschrift im Kapitel „Raub und Diebstahl" mit Prügelstrafe und lebenslanger Verbannung bestraft, pornographische Romane zu drucken, während Verkäufer mit Prügelstrafe und Zwangsarbeit bestraft und Käufer bzw. Leser mit Prügelstrafe bestraft wurden.

2.1.4 Zusammenfassung

Die Anfänge des chinesischen Sexualstrafrechts liegen in der Zhou-Dynastie. Es wurde in der Qin- und der Han-Dynastie fortentwickelt, in der Tang-Dynastie erweitert und schließlich in der Qing-Dynastie vollständig ausgebaut. Folgende Merkmale des chinesischen Sexualstrafrechts können zusammengefasst werden:

(1) Das Ritual und die konfuzianische Moral erfuhren eine besondere Betonung. Deshalb wurde Inzest immer am schärfsten bestraft, während Unzucht vor der Ehe und Ehebruch relativ mild (normalerweise mit Prügelstrafe) bestraft wurden.

(2) Der Umfang des Sexualstrafrechts dehnte sich beständig aus, und Prostitutions- sowie Pornographiedelikte entstanden am Ende der Kaiserzeit, jeweils in der Ming- und der Qing-Dynastie.

(3) Seit der Song-Dynastie wurde die Bestrafung von Sexualstraftaten im Rahmen des Neokonfuzianismus immer schärfer. Deshalb war die Todesstrafe in der Qing-Dynastie bei Sexualstraftaten üblich.

(4) Der besondere Schutz für Kinder verbesserte und verstärkte sich von der Yuan- bis in die Qing-Dynastie.

(5) Die strafrechtliche Toleranz für Homosexualität veränderte sich, sodass Analverkehr zwischen Männern seit der Ming-Dynastie strafbar war.

(6) Das Erfüllen des Tatbestands mancher Sexualdelikte hing von persönlichen Merkmalen des Täters (Beamte und ihre Nachkommen, Yuehu, Herr eines Knechts usw.) oder des Opfers (Frau eines Knechts, Frau aus einer Freiheit besitzenden Familie, Mann aus einer Freiheit besitzenden Familie usw.) ab und stellte eine Ungleichheit im Recht dar.

(7) Es sollte angemerkt werden, dass die zentrale Regierung im antiken China viele periphere Regionen nie direkt oder effektiv kontrollieren konnte und dass diese Regionen, besonders abgelegene Dörfer, in der Praxis zur Selbstjustiz griffen. Deshalb wurde dort Straftätern eine Privatstrafe auferlegt. So

wurde z.B. Ehebruch in manchen Gebieten mit Ertränken (浸猪笼) bestraft,[97] also mit einer viel schärferen Strafe als der Prügelstrafe nach dem
Strafkodex.

2.2   Die Republik China (1912–1949)

2.2.1   Der Provisorische Strafkodex der Republik China von 1912

Am Ende der Qing-Dynastie formulierte die Regierung mit Hilfe japanischer Juristen den Neuen Strafkodex aus, der das erste moderne Strafgesetzbuch in der chinesischen Geschichte wurde. Dieses Strafgesetzbuch wurde am 25.01.1911 verkündet.[98] Allerdings wurde die Qing-Dynastie schon bald danach durch die Revolution
gestürzt. Anschließend wurde die Republik China gegründet, und die neue Regierung (Beiyang- oder Beijing-Regierung) modifizierte den Neuen Strafkodex der
Qing-Dynastie etwas und verkündete am 30.04.1912 den Provisorischen Strafkodex
der Republik China. Dieser imitierte offenkundig das japanische Strafgesetzbuch
und brach fast vollständig mit dem traditionellen chinesischen Strafrecht. Die Vorschriften über Sexualdelikte in diesem Strafkodex waren wie folgt:[99]

(1) Die „Zehn schändlichen Verbrechen" wurden aufgehoben, und die Bestra-
     fung der Blutschande zwischen bestimmten Verwandten nach dem chinesi-
     schen Verwandtschaftsgrad wurde abgemildert (§ 290). Jedoch war er Ein-
     fluss traditioneller Moralvorstellungen noch sichtbar.

(2) Sexual- und Ehedelikte wurden erstmals in einem selbstständigen Kapitel
     „Unzucht und Bigamie" festgelegt.

(3) Die Bestrafung von Sexualdelikten war mild und bestand zumeist in einer
     zeitigen Freiheits- oder einer Geldstrafe. Todesstrafe und lebenslange Frei-
     heitsstrafe wurden für Sexualdelikte nur angedroht und nur dann verhängt,
     wenn die Tat zum Tod, zu unheilbarer Krankheit oder zu Behinderung führ-
     te (§ 287).

(4) Das neue Delikt „unzüchtige Handlungen" (§§ 283, 284) stammte direkt
     aus dem japanischen Strafgesetzbuch, und der Begriff „unzüchtige Hand-
     lungen" erfasste im Unterschied zu Deutschland nur sexuelle Handlungen
     außer dem Beischlaf. Deshalb war auch Analverkehr von diesem Begriff
     erfasst.

(5) Beischlaf mit einem Mädchen unter zwölf Jahren wurde als Vergewalti-
     gung betrachtet (§ 285), während Analverkehr mit einem Jungen unter

---

97   *Han* 2017, S. 35.
98   *He* 2004, S. 17.
99   *Chen* 1913, S. 122–132.

zwölf Jahren nur als unzüchtige Handlung galt, deren Strafe milder ausfiel als diejenige für Vergewaltigung.

(6) Der besondere Schutz für psychisch Kranke und widerstandsunfähige Personen wurde in § 286 eingefügt.

(7) Bei Ehebruch waren nur die Ehebrecherin und der männliche Partner strafbar (§ 289), während der Ehebrecher und seine Partnerin straflos blieben. Dies stellte eine Ungleichbehandlung dar.

(8) Unzucht war nach diesem Strafkodex nicht mehr strafbar. Jedoch wurde sie im Jahr 1914 von oder mit einer Frau, die keinen Ehemann hatte, durch eine Ergänzungsverordnung wieder zur Straftat erklärt, weil Staatspräsident *Yuan Shikai* die Republik in ein Kaiserreich umwandeln wollte und daher die traditionelle Sittlichkeit betonte.[100]

(9) Die Verfolgung von Vergewaltigung, unzüchtigen Handlungen, Blutschande und Ehebruch trat nur auf Antrag ein (§ 294), weil hier die Ehre des Opfers und seiner Familie berücksichtigt wurde.

(10) Die Verleitung einer aus einer normalen Familie stammenden Frau zur Prostitution mit der Absicht der Gewinnerzielung wurde mit zeitiger Freiheitsstrafe, Gewahrsam oder Geldstrafe bestraft (§ 288).

(11) Der Verkauf oder die Ausstellung von pornographischen Büchern oder Bildern sowie deren Herstellung oder Sammlung mit der Absicht des Verkaufs wurde mit Gewahrsam oder Geldstrafe bestraft (§ 292).

(12) Analverkehr zwischen Männern über zwölf Jahren war nun nicht mehr strafbar.

(13) Eine Nebenfrau zu heiraten war noch rechtmäßig und straffrei, weil dies nicht als Doppelehe angesehen wurde.

2.2.2 Das Strafgesetzbuch der Republik China von 1928

Nach dem Nordfeldzug gründete die Nationalpartei (GMD) eine neue Regierung der Republik China: die Nanjing-Regierung. Ein neues Strafgesetzbuch wurde von ihr am 10.03.1928 veröffentlicht, es trat am 01.09.1928 in Kraft. Allerdings war dieses Strafgesetzbuch noch interimistisch und behielt zu einem gewissen Grad Anschauungen der traditionellen Sittlichkeit bei. Im Hinblick auf das Sexualstrafrecht hatte es folgende Merkmale:

(1) Sexual- und Ehedelikte wurden wieder in unterschiedliche Kapitel eingeordnet, nämlich „Straftaten gegen Sittlichkeit" und „Straftaten gegen Ehe und Familie", und der Ehebruch der Ehefrau wurde im Kapitel „Straftaten gegen Ehe und Familie" festgelegt (§ 256).

---

100 *Xu* 2006, S. 18.

(2)   Die Altersobergrenze eines Kindes, das besonderen strafrechtlichen Schutz erhalten sollte, erhöhte sich von zwölf auf 16 Jahre (§§ 240, 241, 249).

(3)   Das Opfer einer Vergewaltigung konnte nur weiblich sein, während das Delikt „unzüchtige Handlungen" sich auf alle sexuellen Übergriffe gegen alle Menschen (ausgenommen Vergewaltigung) bezog (§§ 240, 241).

(4)   Bei Vergewaltigung war Gruppenvergewaltigung ein qualifizierter Tatbestand (§ 240).

(5)   Wenn ein sexueller Übergriff von einem Verwandten aufsteigender Linie gegen einen Abkömmling, von einem Vormund oder einem Schützer gegen ein Mündel oder einen Schutzbefohlenen, von einem Lehrausbilder gegen einen Auszubildenden oder von einem Angestellten eines Krankenhauses oder einer Fürsorgebehörde gegen eine dort untergebrachte Person begangen wurde, wurde die Bestrafung um 1/3 verschärft (§ 243).

(6)   Es war auch strafbar, ein Kind unter 16 Jahren zum Beischlaf oder zu unzüchtigen Handlungen mit einem Dritten zu verführen (§ 249).

(7)   Wer in der Öffentlichkeit unzüchtige Handlungen vornahm, wurde mit Gewahrsam oder Geldstrafe bestraft (§ 250).

(8)   Pornographiedelikte wurden nur mit Geldstrafe bestraft (§ 251).

(9)   Blutschande war noch strafbar, aber der römische Verwandtschaftsgrad wurde anstatt des chinesischen angewandt.

(10) Die Verfolgung von Vergewaltigung, unzüchtigen Handlungen, Blutschande und Ehebruch trat nur noch auf Antrag ein, unabhängig davon, ob das Opfer ein Erwachsener, ein Kind oder eine widerstandsunfähige Person war (§§ 252, 259).

2.2.3   Das Strafgesetzbuch der Republik China von 1935

Am 01.01.1935 wurde ein neues Strafgesetzbuch der Republik China veröffentlicht; es trat am 01.07.1935 in Kraft und gilt heute noch für die Einwohner von Taiwan. Hinsichtlich des Sexualstrafrechts war dieses Strafgesetzbuch im Allgemeinen jenem von 1928 recht ähnlich. Folgende Änderungen sind anzumerken:

(1)   Für Kinder unter 14 Jahren und Kinder im Alter zwischen 14 und 16 Jahren wurde der besondere Schutz abgestuft (§§ 221, 224, 227).

(2)   Gegenüber § 243 des Strafgesetzbuchs von 1928 wurde für einen sexuellen Übergriff gegen einen Schutzbefohlenen im Rahmen eines Abhängigkeitsverhältnisses eine mildere Strafe verhängt (§ 228).

(3)   Der Verwandtenkreis für Blutschande verkleinerte sich (§ 230).

(4) Nicht nur die Ehebrecherin, sondern auch der Ehebrecher wurde bei Ehebruch bestraft (§ 239), und es wurde auch als Ehebruch betrachtet, eine Nebenfrau zu heiraten; aber in der Praxis wurde diese Vorschrift nicht implementiert.[101]

2.2.4 Zusammenfassung

Zusammenfassend lässt sich sagen, dass sich das Sexualstrafrecht in der Republik China mit der Rechtsrezeption in kurzer Zeit modernisierte. Manche Delikte wie Unzucht wurden abgeschafft, und ihre Bestrafung wurde milder gestaltet. Allerdings beeinflusste die traditionelle Sittlichkeit die Gesetzgebung noch immer bis zu einem gewissen Grad. Zum Beispiel waren Blutschande und Ehebruch noch strafbar. Ein offenkundiger Mangel dieses Sexualstrafrechts bestand darin, dass nur ein einzelner Prostitutionstatbestand eingeführt wurde, nämlich die Verlockung einer Frau zur Prostitution, die aus einer Freiheit besitzenden Familie stammte. Aus vielen Gründen war die Prostitution inzwischen außerordentlich stark angewachsen.[102] Es sollte ferner angemerkt werden, dass eine tatsächliche Einheit Chinas während dieser Zeit nicht bestand.[103] Deswegen wirkte sich die Modernisierung des Sexualstrafrechts in zahlreichen Regionen nicht aus, in denen traditionelle Sittlichkeit und Sexualmoral für das Sexualstrafrecht noch eine Hauptrolle spielten.

2.3 Die Volksrepublik China (seit 1949)

2.3.1 Von 1949 bis 1979

Im Jahr 1949 wurde die Volksrepublik China von der Kommunistischen Partei als sozialistischer Staat gegründet, und die neue Regierung schaffte alle Gesetze der Republik China einschließlich des Strafgesetzbuchs ab.[104]

2.3.1.1 Bemühung der Gesetzgebung

In den Anfangsjahren der Volksrepublik China wurden auf dem Gebiet des Strafrechts nur einige strafrechtliche Verordnungen verkündet, die auf Konterrevolution, Geldfälschung und Korruption abzielten.[105] Jedoch wurden keine Vorschriften zum

---

101 *Li* 2013, S. 68.

102 *Zhang* 2005, S. 26–61.

103 *Deng* 1994, S. 299.

104 Anordnung des Zentralkomitees der Kommunistischen Partei Chinas zur Aufhebung von sechs Gesetzbüchern der Nationalen Partei und zur Bestimmung des Justizprinzips in befreiten Gebieten (1949).

105 Verordnung zur Bestrafung von Konterrevolution (1951); Provisorische Verordnung über die die Währung beeinträchtigenden Delikte (1951); Verordnung zur Bestrafung von Korruption (1952).

Sexualstrafrecht erlassen. Zwischen 1950 und 1979 versuchte die Volksrepublik in mehreren Anläufen, ein Strafgesetzbuch zu entwickeln und zu verabschieden. Insgesamt 38 Entwürfe wurden erarbeitet. Die ersten 33 konnten aus politischen Gründen nicht in Kraft treten. Die Gesetzgebungsbemühungen wurden zwischen 1966 und 1978 wegen der Kulturrevolution unterbrochen. Ab 1978 wurden die Arbeiten an einem neuen Strafgesetzbuch wieder aufgenommen. Nach fünf Entwürfen wurde das erste Strafgesetzbuch der Volksrepublik China am 01.07.1979 im Nationalen Volkskongress verabschiedet. Es trat am 01.01.1980 in Kraft.[106]

2.3.1.2   Urteile ohne Strafgesetzbuch

Im Gegensatz zur nur schwach ausgebildeten Macht in alter Zeit errichtete die Kommunistische Partei ab 1949 in China eine starke zentrale Herrschaft. Regionalregierungen und Gerichte wurden überall eingesetzt, um alle Regionen uneingeschränkt regieren zu können. Die ehemalige regionale Selbstverwaltung hatte somit keinen Bestand mehr. Wegen des Fehlens eines kodifizierten Strafrechts war die Rechtsprechung zwischen 1949 und 1979 sehr willkürlich. In einer strafgerichtlichen Entscheidung wurde in der Regel kein Entscheidungsgrund, sondern nur die Straftat und die Strafe benannt.[107] „Die Richter orientierten sich an der Politik als Beurteilungsmaßstab, selbst in einem Schuldspruch war kaum eine normative Grundlage zu finden."[108] Allerdings bestanden in dieser Zeit durchaus noch Rechtsquellen zu Sexualstraftaten. Die Rechtsprechung konnte sich auf vier Arten von Bestimmungen berufen:

(1) Das Oberste Volksgericht verkündete manche Spezialverordnungen und beantwortete manche Fragen, die von lokalen Gerichten gestellt wurden; diese Spezialverordnungen und Auskünfte galten in der Praxis als Rechtsquelle.

(2) Der Maßstab der Strafzumessung aus dem Volksgericht Shanghai von 1949 (上海市人民法院处刑标准) spielte eine wichtige Rolle in der Anfangszeit der Volksrepublik, weil dieser sich mit Tatbestand oder Strafzumessung bei Sexualstraftaten befasste und Gerichte in Shanghai und anderen Regionen beeinflusste, obwohl das Oberste Volksgericht diesen Maßstab ablehnte.[109]

(3) Obwohl Entwurf 22 von 1957 nicht in Kraft treten konnte, wurde er weit verbreitet und beeinflusste viele Gerichte wesentlich. Insoweit wurde der Entwurf in der Praxis als eine tatsächliche Rechtsquelle betrachtet.[110]

---

106   *Gao & Huang* 2011, S. 31–33.
107   *Gao & Huang* 2011, S. 31–33.
108   *Chen* 2012, S. 812.
109   *Yang* 2004, S. 4.
110   *Gao & Huang* 2011, S. 31–33.

(4)   Im Jahr 1957 wurde die Verordnung über die Sicherheitsordnungswidrig-
      keiten (SOWiV) verabschiedet, auf deren Grundlage Verwaltungssanktio-
      nen gegen Pornographie und Prostitution verhängt wurden.

2.3.1.2.1   Vergewaltigung

Das Delikt der Vergewaltigung wurde im Kapitel „Straftaten gegen Sittlichkeit und
Familie" in den Richtlinien der Strafzumessung vom Volksgericht Shanghai festgelegt: Vergewaltigung wurde mit einer Freiheitsstrafe von drei bis zu sieben Jahren
bestraft; die Strafe wurde um die Hälfte erhöht, wenn das Opfer eine weibliche Minderjährige war; Gruppenvergewaltigung wurde mit einer Freiheitsstrafe von zehn bis
zu fünfzehn Jahren bestraft. Freiheitsstrafe bis zu drei Jahren und Geldstrafe wurde
angedroht, wenn eine Frau unter Ausnutzung einer Amtsstellung oder eine aus einer
normalen Familie stammende Frau unter 20 Jahren durch Betrug zum Beischlaf verführt wurde. Die Verfolgung trat auf Antrag ein. Jedoch führten Gerichte in anderen
Regionen wegen unterschiedlicher Anschauungen zur Sexualität und besonderer
Entwicklungen Änderungen der Shanghaier Richtlinien ein. So besagt z.B. ein Dokument, das von der südwestlichen Zweigstelle des Obersten Volksgerichts im Jahr
1951 verkündet wurde, dass die Strafverfolgung von Vergewaltigung auf Antrag
nicht durchgeführt werden sollte, weil in dieser Region im Gegensatz zur Metropole
Shanghai sehr konservative Sexualvorstellungen herrschten und die Opfer es hier
deshalb nicht wagten, einen Antrag zu stellen.[111] Entwurf 22 von 1957 erhöhte den
Strafrahmen und verfügte, dass Vergewaltigung mit zeitiger Freiheitsstrafe bis zu
fünf Jahren bestraft werden sollte – und Gruppenvergewaltigung mit zeitiger Freiheitsstrafe von mindestens sieben Jahren oder mit lebenslanger Freiheitsstrafe. Ein
Strafantrag war hier nicht erforderlich.

2.3.1.2.2   Beischlaf mit einem Kind

In den 1950er Jahren erließ das Oberste Volksgericht einige Verordnungen, um sexuelle Übergriffe gegen Kinder zu bekämpfen:

(1)   Schutzbefohlene waren insoweit sowohl Mädchen als auch Jungen, die zum
      Analverkehr verführt wurden.[112]

(2)   Bei der Definition eines Kindes bezog sich der Maßstab nicht auf eine zeit-
      liche Grenze, sondern auf die physische und psychische Reife des Kin-
      des,[113] die vom Gericht zu beurteilen war.

---

111   Stellungnahme der südwestlichen Zweigstelle des Obersten Volksgerichts zum Delikt der Ver-
      gewaltigung und die Strafzumessung (1951).
112   Anordnung des Obersten Volksgerichts zur scharfen Bestrafung der ein Mädchen vergewalti-
      genden Täter (1953).
113   Mitteilung des Obersten Volksgerichts darüber, dass das Alter von 14 Jahren nicht als die Al-
      tersgrenze des Mädchens betrachtet werden darf (1955).

(3) Der Bestrafung war in normalen Fällen zeitige Freiheitsstrafe bis zu fünf Jahren, in schwerwiegenden Fällen von mindestens fünf Jahren, und in besonders schwerwiegenden Fällen Todesstrafe oder lebenslange Freiheitsstrafe. Ein schwerwiegender Fall war dann anzunehmen, wenn die Tat schwerwiegende Folgen nach sich gezogen hatte, eine große Anzahl von Opfern betroffen hatte oder wenn grausame Mittel Verwendung gefunden hatten.[114]

(4) Das Oberste Volksgericht forderte alle lokalen Gerichte zu einer scharfen Bestrafung auf und kritisierte sogar einige Gerichte, die solche Straftaten aus der Sicht des Obersten Volksgerichts zu milde bestraften.[115]

(5) Härter wurde bestraft, wenn ein Erziehungsverhältnis zwischen Täter und Opfer bestand.[116]

(6) Mild wurden die Beschuldigten behandelt, wenn beide jung waren.[117]

(7) Die Tat war bei der Berührung von Geschlechtsorganen schon vollendet und grenzte sich damit von der unzüchtigen Handlung ab.[118]

(8) Obwohl das Ehegesetz von 1950 ein Mindestheiratsalter festlegte, um die bis dahin übliche Kinderheirat zu unterbinden, war die Heirat eines Mädchens unter 14 Jahren noch keine Straftat.[119]

(9) Entwurf 22 erhöhte den Strafrahmen für Beischlaf mit einem Kind, und Beischlaf mit einem Mädchen unter 14 Jahren wurde mit zeitiger Freiheitsstrafe von mindestens sieben Jahren oder lebenslanger Freiheitsstrafe belegt.

(10) Ein Strafantrag war in diesem Fall nicht erforderlich, und das Oberste Volksgericht ersuchte die Richter, zum einen die Entlassung der Tatverdächtigen aus der Untersuchungshaft bei unzureichenden Beweisen sofort

---

114 Erfahrungszusammenfassung des Obersten Volksgerichts über die Behandlung der Fälle des Beischlafs mit einem Mädchen und Stellungnahme über die Bestrafung des ein Mädchen zum Beischlaf verführenden Täters (1954); Zusammenfassung des Obersten Volksgerichts über Fälle des Beischlafs mit einem Mädchen seit 1955 (1957).

115 Anordnung des Obersten Volksgerichts zur scharfen Bestrafung der ein Mädchen vergewaltigenden Täter (1953).

116 Erfahrungszusammenfassung des Obersten Volksgerichts über die Behandlung der Fälle des Beischlafs mit einem Mädchen und Stellungnahme über die Bestrafung des ein Mädchen zum Beischlaf verführenden Täters (1954).

117 Erfahrungszusammenfassung des Obersten Volksgerichts über die Behandlung der Fälle des Beischlafs mit einem Mädchen und Stellungnahme über die Bestrafung des ein Mädchen zum Beischlaf verführenden Täters (1954).

118 Zusammenfassung des Obersten Volksgerichts über Fälle des Beischlafs mit einem Mädchen seit 1955 (1957).

119 Brief des Obersten Volksgerichts darüber, dass die Heirat mit einer Person unter 14 Jahren nicht wie Beischlaf mit einem Kind behandelt werden soll (1957); Auskunft des Obersten Volksgerichts darüber, dass Xiao Yongfu nicht wegen Beischlafs mit einem Mädchen verurteilt werden soll (1957).

zu veranlassen und zum anderen Justizirrtümer strikt zu vermeiden, die aus leichtfertiger Annahme der Glaubwürdigkeit von Geständnissen entstanden. Diese Stellungnahme des Obersten Volksgerichts reflektiert im Übrigen die besonderen Schwierigkeiten von Ermittlungen in diesem Deliktsfeld.[120]

2.3.1.2.3 Ehebruch

Die Frage, ob Ehebruch bestraft werden sollte, war in der Volksrepublik für eine lange Zeit strittig. Entwurf 22 hielt Ehebruch für straffrei, während diese Handlung in Entwurf 33 als eine die Familie störende Straftat festgelegt wurde. Das Oberste Volksgericht war der Meinung, dass Ehebruch eine Straftat gegen Ehe und Familie sei und die Strafverfolgung einen Strafantrag benötigte.[121] Jedoch legte es keine Maßstäbe für die Strafzumessung bzw. keinen Strafrahmen fest. Das Oberste Volksgericht lehnte eine Strafzumessungsrichtlinie ab, die von einem lokalen Gericht ausformuliert wurde und „Gewahrsam oder Zwangsarbeit bis zu sechs Monaten oder Kritik und Erziehung" als Strafrahmen vorschlug, weil „jeder Fall aufgrund der konkreten Situation und des gesellschaftlichen Einflusses behandelt werden sollte".[122] Um die Familien von Soldaten besser zu schützen, wurde ein Straftatbestand „Störung der Ehe und der Familie von Soldaten" eingeführt. Wenn der Ehebruch von einem Ehepartner eines Soldaten ausging, wurde die andere beteiligte Person mit einer Strafe schwereren Grades belegt,[123] aber der Ehepartner des Soldaten ging straffrei aus.[124]

2.3.1.2.4 Blutschande

In Bezug auf Blutschande lag keine Vorschrift auf zentralstaatlicher Ebene vor. Jedoch gab im Jahr 1952 die südwestliche Zweigstelle des Obersten Volksgerichts eine rechtliche Auskunft zur Blutschande. Demnach war die Blutschande zwischen Vater und Tochter im Grunde als Vergewaltigung zu betrachten und sollte mit einer Strafe schwereren Grades belegt werden. Jedoch bestanden drei unterschiedliche Behandlungsmethoden bei Blutschande zwischen älterem Bruder und jüngerer Schwester wie folgt: [125]

---

120 Zusammenfassung des Obersten Volksgerichts über Fälle des Beischlafs mit einem Mädchen seit 1955 (1957).

121 Auskunft des Obersten Volksgerichts über die Frage zu den „Antragsdelikten" oder die „Verfolgung nur auf Antrag" (1951).

122 Stellungnahme des Obersten Volksgerichts zu Ehe, Ehebruch und Vergewaltigung in den vom Volksgericht der Provinz Guangxi verfassten „Referenzmaterialien zur Justiz" (Band 4) (1951)

123 Antworten des Obersten Volksgerichts auf zehn Fragen (1952).

124 Auskunft des Obersten Volksgerichts darüber, warum nur die Person verurteilt werden soll, die Ehebruch mit dem Ehepartner eines Soldaten begeht (1958).

125 Auskunft der südwestlichen Zweigstelle des Obersten Volksgerichts über die Strafbarkeit unzüchtiger sexueller Handlungen zwischen Vater und Tochter oder zwischen Bruder und Schwester (1952).

(1) Wenn die Blutschande unter Ausnutzung der „feudalistischen patriarchalischen Autorität" begangen wurde, wurde der ältere Bruder als Vergewaltiger mit einer Strafe schwereren Grades belegt.

(2) Wenn beide freiwillig handelten und unverheiratet waren, war diese Handlung straffrei.

(3) Wenn beide freiwillig handelten, aber eine Partei verheiratet war, wurde die Tat als Ehebruch mit einer Strafe schwereren Grades belegt.

2.3.1.2.5 Unzüchtige Handlungen

Der Begriff „unzüchtige Handlungen" verblieb im Strafrecht der Volksrepublik und bezog sich nun auch auf sexuelle Handlungen außerhalb des Beischlafs. Nach einer Verordnung des Obersten Volksgerichts beinhalteten unzüchtige Handlungen gegenüber Mädchen, deren Schamteile abzutasten oder zu lecken, ein Mädchen das Geschlechtsorgan des Täters abtasten oder lecken zu lassen und andere zur Befriedigung des Sexualtriebs begangene Handlungen.[126] Nicht nur Mädchen, sondern alle Minderjährigen konnten nach dem Entwurf der Strafzumessungsrichtlinie des Volksgerichts Shanghai Opfer dieses Delikts werden. Entwurf 22 schützte sogar alle Männer und Frauen vor unzüchtigen Handlungen mit Gewalt oder Nötigung mit zeitiger Freiheitsstrafe bis zu drei Jahren oder Gewahrsam, und unzüchtige Handlungen gegenüber Kindern unter 14 Jahren waren ein qualifizierter Tatbestand. Die SOWiV sanktionierte unzüchtige Worte und Handlungen gegenüber Frauen mit Gewahrsam bis zu zehn Tagen oder Verwarnung.

2.3.1.2.6 Analverkehr zwischen Erwachsenen

Zu Homosexualität veröffentlichte das Oberste Volksgericht folgende Stellungnahme: „Ob der freiwillige Analverkehr zwischen zwei Erwachsenen eine Straftat ist, ist durch die Gesetzgebung zu lösen; bevor das nicht im Gesetz festgelegt wird, sind wir der Meinung, dass dieser Fall nicht als Straftat zu betrachten ist."[127]

2.3.1.2.7 Prostitution

Prostitution war in der Republik China weit verbreitet gewesen, wurde aber in der Volksrepublik umfassend verboten. Die Kommunistische Partei schloss alle Bordelle und unterwarf Prostituierte Maßnahmen der Umerziehung und Arbeit. Allerdings existierte das Phänomen im Untergrund in manchen Regionen weiter. Laut Entwurf 22 wurde Nötigung zur Prostitution mit zeitiger Freiheitsstrafe von mindestens fünf Jahren geahndet, während Verlockung zur oder Räumlichkeitsgewährung für Prostitution mit der Absicht der Gewinnerzielung mit zeitiger Freiheitsstrafe bis zu sieben Jahren oder Überwachung bestraft wurde. Prostituierte und Freier wurden

---

126 Zusammenfassung des Obersten Volksgerichts über Fälle des Beischlafs mit einem Mädchen seit 1955 (1957).

127 Auskunft vom Obersten Volksgericht darüber, ob der freiwillige Analverkehr zwischen Erwachsenen eine Straftat war (1957)

nach der SOWiV mit Gewahrsam bis zu zehn Tagen, Geldbuße bis zu 20 Yuan oder Verwarnung sanktioniert.

2.3.1.2.8 Pornographie

Die neue Regierung verbot alle pornographischen und reaktionären Bücher und Bilder, weil diese gegen die sozialistische Sittlichkeit verstießen. Einerseits gab es keine deutliche Abgrenzung zwischen Pornographie und Kunst, weshalb der Umfang dessen, was als Pornographie eingestuft wurde, sehr groß war. Andererseits war die Sanktion sehr mild und wurde normalerweise nicht verhängt. Im Jahr 1955 ordnete der Staatsrat an, dass nur solche Täter sanktioniert werden sollten, die Pornographie herstellten, transportierten, verkauften oder verliehen, und nur in Einzelfällen sollten sie festgenommen und vor Gericht gestellt werden.[128] In Entwurf 22 war nicht mal ein Pornographiedelikt enthalten, und der Verkauf oder Verleih wurden nur nach der SOWiV mit Gewahrsam bis zu zehn Tagen, Geldbuße bis zu 20 Yuan oder Verwarnung sanktioniert.

2.3.1.2.9 Verbreitung von Geschlechtskrankheiten

In Entwurf 22 wurde ein neues Delikt „Verbreitung von Geschlechtskrankheiten" festgelegt. Der Tatbestand war erfüllt, wenn der Täter Beischlaf mit einem anderen unter vorsätzlicher Verheimlichung seiner Geschlechtskrankheit beging, sofern dies zur Ansteckung des Opfers führte. Die Strafe war zeitige Freiheitsstrafe bis zu einem Jahr oder Gewahrsam.

2.3.1.2.10 Zusammenfassung

Die Merkmale des chinesischen Sexualstrafrechts zwischen 1949 und 1979 waren wie folgt:

(1) Normalerweise wurden Sexualdelikte nicht als politische Verbrechen eingestuft, weil sie die Herrschaft der Kommunistischen Partei nicht gefährden konnten.

(2) Im Vergleich zu anderen Delikten, insbesondere politischen Verbrechen, waren Strafen gegen Sexualstraftaten relativ mild, und die Todesstrafe oder lebenslange Freiheitsstrafe wurde nur in besonders schwerwiegenden Fällen von Beischlaf mit einem Kind verhängt.

(3) Die Kommunistische Partei hielt den Einfluss des verbliebenen traditionellen oder kapitalistischen Denkens für die Grundursache der Sexualkriminalität und verbot wegen der Betonung der sozialistischen Sittlichkeit Prostitution und Pornographie ganz.

---

128 Anordnung des Staatsrats zur Behandlung von reaktionären, pornographischen oder grotesken Büchern und Bildern (1955).

(4) Das Fehlen eines offiziellen Strafgesetzbuchs verursachte, dass es bei den meisten Delikten keinen deutlichen Tatbestand oder Strafrahmen gab. Deshalb war der Ermessensspielraum der Richter sehr groß, was leicht zu Willkür und Ungleichheit führte.

(5) Zu einem gewissen Grad zeigte sich auch eine Entkriminalisierung des Sexualstrafrechts; z.b. waren freiwilliger Analverkehr zwischen Erwachsenen und freiwillige Blutschande zwischen unverheirateten Geschwistern straffrei.

(6) Der Einfluss des Sexualstrafrechts aus der Zeit der Republik China blieb teilweise bestehen, z.b. im Begriff der „unzüchtigen Handlungen".

2.3.1.3   Urteile ohne Gerichtsverfahren während der Kulturrevolution

Die Kulturrevolution zwischen 1966 und 1976 führte zu erheblich chaotischen Zuständen in ganz China. Die lokalen Regierungen wurden gestürzt und durch Revolutions- oder Militärkontrollkomitees ersetzt. Polizei, Staatsanwaltschaften und Gerichte wurden „zerschlagen" sowie alle Gesetze und Verordnungen außer Kraft gesetzt. Deshalb übten die Revolutions- und die Militärkontrollkomitees die Gerichtsbarkeit aus. Eine eingehende Untersuchung des damaligen Sexualstrafrechts ist unmöglich, weil es keine schriftlichen Vorschriften gab und die Rechtsprechung entweder nicht veröffentlicht wurde oder nur schwer zugänglich ist. Darüber hinaus schränkt die chinesische Regierung wegen der politischen Sensibilität bis heute Forschungen über die Periode der Kulturrevolution ein. Deshalb konnte die vorliegende Untersuchung nur anhand einiger bekannter Fälle und Statistiken durchgeführt werden.

2.3.1.3.1   Sexualkriminalität während der Kulturrevolution

Wegen der Unruhe in der kulturrevolutionären Gesellschaft war die Sexualkriminalitätsrate im Vergleich zu anderen Arten der Kriminalität sehr hoch. Dies ist aus Kriminalitätsstatistiken von Shanghai und aus der Provinz Anhui bekannt. Nach der Statistik des Militärkontrollkomitees in Shanghai wurden zwischen 1970 und 1976 insgesamt 4.340 Vergewaltiger verurteilt, die ungefähr 20 % aller Verurteilten ausmachten.[129] Für die Provinz Anhui liegen folgende Zahlen vor: In den Jahren 1969 und 1974 bezogen sich 9 % aller erfassten Fälle auf Vergewaltigung, im Jahr 1972 lag die Sexualkriminalitätsrate niedriger als Diebstahl, und in der ersten Hälfte des Jahres 1973 betrugen Vergewaltigungsfälle 64,1 % aller schweren Straftaten.[130]

Erwähnenswert ist die Sexualkriminalität gegen Intellektuelle. In den 1960er und 1970er Jahren, besonders während der Kulturrevolution, wurden insgesamt 16 Mil-

---

129   Siehe shtong.gov.cn/node2/node2245/node81324/node81331/node81381/node8139 0/userobj ect1ai101305.html [21.09.2019].

130   Siehe 60.166.6.242:8080/was40/detail?record=2&channelid=28338&back=-2 [21.09. 2019].

lionen junge städtische Intellektuelle (知青) aufgrund von Anordnungen der Kommunistischen Partei aufs Land geschickt. Diese Bewegung wurde auf Englisch „Up to the Mountains and Down to the Countryside Movement" (上山下乡运动) genannt. Im Vergleich zu Arbeitern, Bauern und Soldaten hatten Intellektuelle damals einen niedrigen Status, wodurch diese jungen Intellektuellen häufig in einer hilflosen Lage waren; deshalb griffen lokale Beamte und Offiziere häufig in ihre Rechte ein. Mancher Beamte oder Offizier verführte unter Ausnutzung seines Status weibliche Intellektuelle zum Beischlaf, manchmal kam es dabei zu Vergewaltigungen. In manchen Fällen griffen die Täter sogar Dutzende von weiblichen Intellektuellen sexuell an. Solche Fälle gab es in ganz China. So wurden z.b. im Jahr 1972 119 derartige Fälle in der Provinz Hebei und 1977 72 dieser Fälle in Shanghai erfasst. Hieraus entstanden große Skandale.[131]

2.3.1.3.2   Rechtsprechung während der Kulturrevolution

Prof. *He Bing* untersuchte 98 Urteile eines Militärkontrollkomitees in Tianjin und fasste folgende Merkmale der Urteile zusammen:

(1)   Ein wichtiges Prinzip bestand in der Trennung zwischen „Widersprüchen zwischen uns und dem Feind" sowie den „inneren Widersprüchen im Volk". Die Bestrafung der unter den ersten Widerspruch subsumierten Fälle war wesentlich schärfer.

(2)   In wichtigen Fällen hingen die Urteile von der Entscheidung des Führers ab.

(3)   Es wurden keine juristischen, sondern politische Begriffe angewandt.

(4)   Im Vergleich zu den politischen Straftaten (einschließlich der „Gedankendelikte") war die Bestrafung der Sexualstraftaten sehr viel milder, manchmal sogar milder als heute, weil politische Straftaten zu den „Widersprüchen zwischen uns und dem Feind" und Sexualstraftaten zu den „inneren Widersprüchen im Volk" gerechnet wurden.[132]

Willkür war ein zentrales Merkmal der Urteile. Für ähnliche Fälle gab es ganz unterschiedliche Strafaussprüche, manchmal auch vor demselben Gericht. In manchen Fällen wurden die Täter sehr mild bestraft: Ein Täter, der zwei Mädchen unter zehn Jahren zum Beischlaf verführt hatte, wurde zu zeitiger Freiheitsstrafe von drei Jahren unter Strafaussetzung zur Bewährung verurteilt; ein Täter, der unzüchtige Handlungen gegen drei Mädchen begangen und zwei davon vergewaltigt hatte, wurde ebenfalls mit zeitiger Freiheitsstrafe von drei Jahren unter Strafaussetzung zur Bewährung belegt; ein Täter, der seine zwei Töchter sowie ein Nachbarmädchen zum Beischlaf verführt und unzüchtige Handlungen gegen mehrere Mädchen begangen hatte,

---

131   *Zhang* 2001a, S. 49.

132   Siehe   lifawang.cn/index.php?m=content&c=index&a=show&catid=73&id=1221   [12.03. 2019].

wurde mit zeitiger Freiheitsstrafe von drei Jahren belegt; ein Täter, der ein Mädchen zum Beischlaf verführt, unzüchtige Handlungen gegen mehr als zehn Mädchen begangen und eine geistig zurückgebliebene Minderjährige wiederholt vergewaltigt hatte, wurde mit zeitiger Freiheitsstrafe von drei Jahren belegt.[133] Aber in anderen Fällen war die Strafe beträchtlich schärfer: Ein Täter, der vier Mädchen zum Beischlaf und einen Jungen zum Analverkehr verführt und unzüchtige Handlungen gegen acht Mädchen begangen hatte, wurde mit zeitiger Freiheitsstrafe von zwölf Jahren bestraft; ein Täter, der fünf Mädchen zum Beischlaf verführt und unzüchtige Handlungen gegen mehrere Mädchen begangen hatte, wurde mit zeitiger Freiheitsstrafe von acht Jahren belegt.[134]

Wegen des Mangels an Berufsrichtern und der Vernachlässigung eines geordneten Beweisverfahrens resultierten die Verhandlungen vor diesen Komitees in zahlreichen Justizirrtümern. Über die folgenden zwei Fälle wurde in den letzten Jahren berichtet:

Fall 1: Im Jahr 1969 verhängte ein Militärkontrollkomitee in Beijing eine zeitige Freiheitsstrafe von acht Jahren über den 15 Jahre alten Jugendlichen *Wang Zhanyou*, weil er nach der Feststellung des Militärkontrollkomitees auf schändliche Weise 24 Mädchen im Alter zwischen vier und 13 Jahren sowie einen Jugendlichen im Alter von 14 Jahren vergewaltigt und unzüchtige Handlungen gegen drei Mädchen im Alter zwischen neun Jahren und 13 Jahren begangen haben sollte. Allerdings bestand dieses Urteil nur aus einem Blatt Papier. Darauf fanden sich keine Informationen über den Ankläger, die rechtlichen Vorschriften, das Plädoyer, den Namen des Justizbeamten oder die Namen der Opfer.[135]

Fall 2: Im Jahr 1971 wurde ein Mann namens *Chen Zhenfu* in der Provinz Sichuan als Vergewaltiger angeklagt. Nach der Feststellung der Tat hatte er seit 1962 auf schändliche Weise mehr als zehn Frauen und Mädchen belästigt oder zum Beischlaf verführt und am 03.08.1971 eine kranke Frau vergewaltigt. Jedoch wurde der Angeklagte von einem Militärkontroll- und einem Revolutionskomitee nur zur Überwachung von drei Jahren verurteilt. Dieses offensichtlich fehlerhafte Urteil wurde im Jahr 2008 aufgehoben.[136]

Wie oben erwähnt, waren Strafen bei Sexualkriminalität vergleichsweise mild, weil sie normalerweise zu den „inneren Widersprüchen im Volk" gerechnet wurden und sich kaum auf die Politik bezogen. Allerdings fiel die Strafe extrem scharf aus, wenn eine Sexualstraftat zu den „Widersprüchen zwischen uns und dem Feind" zugeordnet wurde oder politische Gründe hatte. Während der Kulturrevolution stand dabei der

---

133   Siehe   lifawang.cn/index.php?m=content&c=index&a=show&catid=73&id=1221   [12.03.
      2019].
134   Siehe   lifawang.cn/index.php?m=content&c=index&a=show&catid=73&id=1221   [12.03.
      2019].
135   Siehe news.qq.com/a/20101207/000131.htm [12.03.2019].
136   Siehe news.xinhuanet.com/legal/2008-10/30/content_10278664_1.htm [12.03.2019].

Klassenkampf im Mittelpunkt. Klassenfeinde fielen in „fünf schwarze Kategorien" (黑五类), nämlich Grundherren, reiche Bauern, Konterrevolutionäre, schlechte Elemente und Rechte. Diesen „fünf schwarzen Kategorien" zugeordnete Individuen wurden attackiert und ungleich behandelt. Wenn Personen mit einer solchen Zuordnung Straftaten begingen, wurden sie besonders scharf bestraft. Darüber hinaus wurden Fälle, die eine schlechte politische Beeinflussung verursachten, ebenfalls scharf bestraft. So empörte sich die Zentralregierung über die bereits oben angesprochenen sexuellen Übergriffe gegen weibliche Intellektuelle und ordnete scharfe Sanktionen an. Danach wurde gegen solche Täter regelmäßig die Todesstrafe verhängt.[137]

2.3.2　Von 1979 bis 1997

2.3.2.1　Das Strafgesetzbuch der Volksrepublik China von 1979

Nach der Kulturrevolution setzte die chinesische Regierung im Jahr 1978 die Bearbeitung des Entwurfs für ein Strafgesetz fort. Das Forschungsmaterial dafür umfasste hauptsächlich das Strafgesetzbuch der Republik China, ausländische Strafgesetzbücher (insbesondere das Strafgesetzbuch der Sowjetunion) sowie Fälle und Daten, die das Oberste Volksgericht vor 1956 gesammelt und zusammengefasst hatte.[138] Schließlich wurde das Strafgesetzbuch der Volksrepublik China am 01.07.1979 bekanntgegeben und trat am 01.01.1980 in Kraft.

Das chStGB von 1979 wies eine ähnliche Gliederung auf wie E 22. Im vierten Kapitel, „Straftaten gegen das persönliche und demokratische Recht", wurden Vergewaltigung (§ 139 Abs. 1), Beischlaf mit einem Mädchen (§ 139 Abs. 2) und Nötigung zur Prostitution (§ 140) unter Strafe gestellt. Im sechsten Kapitel, „Straftaten gegen die gesellschaftliche Verwaltungsordnung", wurden Verlockung zur Prostitution und Räumlichkeitsgewährung für Prostitution (§ 169) sowie das Pornographiedelikt (§ 170) pönalisiert. Außerdem bestanden Verwaltungssanktionen gegen Prostitution und Pornographie in der SOWiV von 1986, die 1994 geändert wurde.

2.3.2.1.1　Vergewaltigung

Wer mit Gewalt, Drohung oder einer sonstigen Methode eine Frau vergewaltigte, wurde mit zeitiger Freiheitsstrafe von drei bis zu zehn Jahren belegt (§ 139 Abs. 1), und Gruppenvergewaltigung wurde mit einer Strafe schwereren Grades belegt (§ 139 Abs. 4). Eine zeitige Freiheitsstrafe von mindestens zehn Jahren, lebenslange Freiheitsstrafe oder Todesstrafe wurde angeordnet, wenn besonders schwerwiegende Tatumstände (Todesfolge oder schwere Verletzung) vorlagen (§ 139 Abs. 3). Durch

---

137　*Zhang* 2001a, S. 80.
138　*Gao & Huang* 2011, S. 31–33.

eine juristische Auslegung[139] von 1984 kann dieses Delikt wie folgt verstanden werden:

(1) Die Strafbarkeit hing hauptsächlich davon ab, ob dem Beischlaf der Wille der Frau entgegenstand. Wenn sie schwer geisteskrank oder „schwachsinnig" war, war der Beischlaf immer strafbar.

(2) Als Gewalt war eine Handlung definiert, die die persönliche Sicherheit und Freiheit der Frau direkt gefährdete; Drohung bezog sich auf einen psychischen Zwang, der u.a. auf Leben, Leib oder die Offenbarung eines Geheimnisses gerichtet war. Die Ausnutzung eines Betreuungsverhältnisses, einer Amtsstellung oder der Hilflosigkeit der Frau wurden ebenfalls erfasst.

(3) Sonstige Methoden betrafen jede andere Handlung als Gewalt und Drohung, die auf die Beseitigung des Widerstands der Frau zielte (z.b. die Anwendung von Betäubungsmitteln), oder die Ausnutzung eines widerstandsunfähigen Zustands der Frau (z.B. Trunkenheit).

(4) Besonders schwerwiegende Tatumstände bezogen sich unter anderem auf die Verwendung grausamer Mittel, Mehrfachtatbegehung, schwere Folgen der Tat und einen negativen gesellschaftlichen Einfluss.

(5) Die Tat konnte nur von einem Mann gegenüber einer Frau begangen werden, aber bei Anstiftung oder Beihilfe konnte auch eine Frau nach dieser Vorschrift bestraft werden.

(6) Eine befremdliche Konsequenz dieser juristischen Auslegung bestand darin, dass der Täter straffrei ausging, wenn die vergewaltigte Frau nach der Tat mit ihm mehrmals freiwillig Beischlaf hatte.

2.3.2.1.2 Beischlaf mit einem Mädchen

Beischlaf mit einem Mädchen wurde als Vergewaltigung betrachtet und mit einer Strafe schwereren Grades belegt (§ 139 Abs. 2). § 139 Abs. 3 und 4 galten bei diesem Delikt entsprechend. In der juristischen Auslegung wurde Folgendes festgelegt:[140]

(1) Als Mädchen galt eine weibliche Person, die das 14. Lebensjahr nicht vollendet hat.

(2) Ohne Berücksichtigung des Willens des Mädchens war der Beischlaf immer strafbar.

(3) Die Tat war mit der Berührung von Geschlechtsorganen schon vollendet.

---

139 Antwort des Obersten Volksgerichts, der Obersten Volksstaatsanwaltschaft und des Ministeriums für öffentliche Sicherheit auf einige Fragen über die konkrete Rechtsanwendung in aktuellen Fällen der Vergewaltigung (1984).

140 Antwort des Obersten Volksgerichts, der Obersten Volksstaatsanwaltschaft und des Ministeriums für öffentliche Sicherheit auf einige Fragen über die konkrete Rechtsanwendung in aktuellen Fällen der Vergewaltigung (1984).

(4)   Wenn der Beischlaf zwischen einem Mädchen und einem Jugendlichen im Alter zwischen 14 und 16 Jahren begangen wurde und die Tatumstände eindeutig geringfügig waren, und wenn darüber hinaus keine große Gefährdung vorlag, war der Jugendliche nach § 11 chStGB straffrei.

2.3.2.1.3   Prostitution

Das Angebot von und die Nachfrage nach Prostitution waren keine Straftaten, sondern ordnungswidrige Handlungen, die nach der SOWiV von 1986 sanktioniert wurden. Im chStGB von 1979 wurden zwei Prostitutionsdelikte festgelegt, nämlich § 140 im vierten Kapitel („Straftaten gegen die persönlichen und demokratischen Rechte der Bürger") und § 169 im sechsten Kapitel („Straftaten gegen die gesellschaftliche Verwaltungsordnung"). § 140 bestrafte Nötigung zur Prostitution mit einer Freiheitsstrafe von drei bis zu zehn Jahren, und § 169 drohte eine Freiheitsstrafe bis zu fünf Jahren, Gewahrsam oder Überwachung dafür an, aus dem Motiv der Gewinnsucht heraus eine Frau zur Ausübung der Prostitution zu verlocken oder eine Räumlichkeit für Prostitution zu gewähren. Beim Tatbestand des § 169 fehlte das objektive Merkmal „Nötigung", aber „Gewinnsucht" war nach der damaligen Ansicht der Kommunistischen Partei ein subjektives Merkmal, das niedere Beweggründe anzeigte. Deshalb konnte diese Straftat bei schwerwiegenden Tatumständen mit zeitiger Freiheitsstrafe von mindestens fünf Jahren und zugleich mit Geldstrafe oder Entziehung des Vermögens belegt werden.

2.3.2.1.4   Pornographie

§ 170 war der einzige Artikel über Pornographie im chStGB von 1979. Er besagte: „Wer aus Gewinnsucht pornographische Bücher oder Bilder herstellt oder verkauft, wird mit zeitiger Freiheitsstrafe von bis zu drei Jahren, Gewahrsam oder Überwachung belegt, und zugleich kann eine Geldstrafe angeordnet werden." Mit der Reform- und Öffnungspolitik unter *Deng Xiaoping* nahmen Kontakt und Austausch zwischen Chinesen und dem Ausland schnell zu.[141] Dies führte auch zu einer Verstärkung der Einfuhr pornographischer Produkte. Ferner traten neue Arten der Pornographie auf, insbesondere das pornographische Video, das später zu einem Schwerpunkt des Pornographieschmuggels wurde. Demgegenüber erfasste § 170 nur pornographische Bücher und Bilder. Ein weiteres Problem betraf die Grenzen der Pornographie; z.B. war die Abgrenzung zwischen Pornographie und „obszönen Sachen", die aufgrund von konservativen Grundeinstellungen auch in einem Liebeslied bestehen konnten, unklar.[142] Infolgedessen verkündete der Staatsrat am 17.04.1985 die Verordnung über das Verbot von Pornographie, die einerseits alle bereits damals

---

141   Die Anzahl der Ausreisen im Jahr 1984 belief sich auf 29,76 Millionen, etwa viermal so viele wie die Gesamtzahl von 1949 bis 1979, vgl. *Sun* v. 21.11.2005.

142   *Sun* 2011, S. 169.

als Pornographie betrachteten Produkte erfasste, andererseits aber auch die Pornographie von Kunst und wissenschaftlicher Literatur trennte.[143] Allerdings war diese Verordnung kein straf-, sondern ein verwaltungsrechtliches Gesetz. Eine tatsächliche Ausweitung des Tatbestands von § 170 entstand durch eine juristische Auslegung des Obersten Volksgerichts am 08.07.1985. Demnach wurden Herstellung, Verkauf oder Verbreitung anderer pornographischer Produkte wie Videos, Filme und Fernsehprogramme nun auch nach § 170 strafbar. Jedoch wurde die öffentliche und organisierte Vorführung audiovisueller pornographischer Erzeugnisse als Hooliganismus bestraft.[144]

2.3.2.1.5   Zusammenfassung

Ein großer Fortschritt des Strafgesetzbuchs von 1979 war es, dass Sexualdelikte erstmals in einem offiziellen Strafgesetzbuch der Volksrepublik China festgelegt wurden. Aber im Vergleich zu den Verordnungen und zu Entwurf 22 aus den 1950er Jahren gab es nun sogar mehr Gesetzeslücken, weil unzüchtige Handlungen gegen Frauen, Analverkehr mit einem Jungen und die Verbreitung von Geschlechtskrankheiten nicht mehr geregelt wurden. Darüber hinaus enthielt das Strafgesetzbuch im Hinblick auf das Sexualstrafrecht äußerlich die Tendenz zur Entkriminalisierung. So wurden Homosexualität, Ehebruch und Blutschande nicht mehr unter Strafandrohung gestellt. Allerdings wurde mit dem Strafgesetzbuch ein primär rechtlicher Zugang noch nicht begründet. Politische und moralische Faktoren hatten nach wie vor großen Einfluss auf die Strafjustiz, was später in der Kampagne „Schlage hart zu" sichtbar wurde.

2.3.2.2   Die Kampagne „Schlage hart zu" und das Delikt des Hooliganismus

2.3.2.2.1   Hintergrund

Nach der Kulturrevolution verfolgte die Volksrepublik China ab 1978 zwar eine Reform- und Öffnungspolitik. Jedoch war die damalige Wirtschaftspolitik immer noch eine Planwirtschaftspolitik. Weil die Planwirtschaft nicht ausreichend Arbeitsplätze anbieten konnte, gab es in den Städten zahlreiche Arbeitslose. Darüber hinaus kehrten Millionen von Intellektuellen, die während der Kulturrevolution aufs Land geschickt worden waren, in die Städte zurück, was eine immer problematischere Situation verursachte.[145] Gleichzeitig wurde die politische Kontrolle geschwächt, was zuweilen als Grund dafür angesehen wurde, dass sich Menschen zu einem gewissen Grad vom Kapitalismus des Westens „korrumpieren" ließen. Dies wiederum wurde

---

143   Viele Vorschriften dieser Verordnung beeinflussten spätere Gesetze wesentlich, z.B. den besonderen Schutz für Minderjährige, die Sanktionierung der Verbreitung von Pornographie ohne die Absicht von Gewinnerzielung und schärfere Sanktionen gegen die Verbreitung von Pornographie durch die Ausnutzung der Befugnis.

144   Auskunft des Obersten Volksgerichts über die Verurteilung bei Fällen des Vorführens pornographischer Videos, Filme, Fernsehserien oder Lichtbildern (1985).

145   *Wang* v. 07.03.2008.

als Ursache für eine sich rapide verschlechternde öffentliche Sicherheitslage betrachtet. Besonders schwere Fälle erregten erhebliches öffentliches Ärgernis.

Die Sexualkriminalität, die schon während der Kulturrevolution sehr hoch war, nahm Ende der 1970er Jahre und Anfang der 1980er Jahre weiter zu, in manchen Regionen fürchteten sich Frauen sogar, auf die Straße zu gehen.[146] Die folgenden drei Fälle von Sexualstraftaten zogen die Aufmerksamkeit der Zentralregierung auf sich und gaben Anlass zur Implementierung der Kampagne „Schlage hart zu":

(1) Am 09.09.1979 griffen Hooligans in Shanghai die Polizei und Bürger an und begingen unzüchtige Handlungen gegen Frauen.

(2) Am 02.04.1981 wurden drei Schülerinnen in Beijing verfolgt, belästigt, entführt und vergewaltigt; der Tatort befand sich in der Nähe der Zentralregierung.

(3) Am 16.06.1983 ermordeten mehrere arbeitslose Jugendliche in der Inneren Mongolei 27 Personen und vergewaltigten zudem mehrere Frauen.

Vor der Kampagne „Schlage hart zu" war die Bekämpfung von Straftaten eher wirkungslos gewesen, auch deshalb, weil die Polizei und die Justizbehörden das chStGB und das Strafverfahrensgesetz von 1979 genau befolgten und für die Strafverfolgung belastungsfähige Beweise forderten, um Justizirrtümer zu vermeiden.[147] Am 19.07.1983 übte *Deng Xiaoping*, der Führer der Kommunistischen Partei und somit der Volksrepublik China, scharfe Kritik an der wirkungslosen Strafverfolgung und ordnete an, dass „Schwerkriminalität als Widerspruch zwischen uns und dem Feind behandelt werden soll", weil „das eine Stärkung der Macht der Diktatur sei" und „es human sei, für die Mehrheit Sicherheit zu schaffen".[148] Am 25.08.1983 verkündete das Zentralkomitee der Kommunistischen Partei die „Entscheidung über den harten Schlag gegen kriminelle Aktivitäten", die den Startschuss der Kampagne „Schlage hart zu" war. Man kann sagen, dass die Kommunistische Partei immer noch die Auffassung verfolgte, gesellschaftliche Probleme könnten durch politische Bewegungen wie „Repression der Konterrevolution" gelöst werden.

2.3.2.2.2　Gesetzgebung für die Kampagne „Schlage hart zu"

Der Begriff „Schlage hart zu" war die Abkürzung des „harten Schlag[s] gegen schwere kriminelle Aktivitäten in rechtmäßiger, schwerer und schneller Weise". Das Wort „schwer" bedeutete eine extrem scharfe Bestrafung der Täter, und das Wort „schnell" signalisierte eine besonders kurze Zeitdauer der Ermittlungen und der Verhandlung, was selbstverständlich die Vernachlässigung einer geordneten Beweisführung mit sich brachte. Jedoch war es für die Kampagne unmöglich, gleichzeitig „rechtmäßig" zu sein, weil sie den Strafrahmen, die vom Strafgesetzbuch geschaffen

---

146　*Liu* 2000, S. 56.
147　*Liu* 2000, S. 56.
148　*Liu* 2000, S. 57.

worden waren, und den Vorschriften des Strafverfahrensgesetzes nicht entsprechen konnte. Um diese Widersprüche zum Recht zu beseitigen, verkündete der Ständige Ausschuss des Nationalen Volkskongresses am 02.09.1983 drei Entscheidungen: die „Entscheidung über die schwere Bestrafung der die gesellschaftliche Sicherheit schwer gefährdenden Straftäter", die „Entscheidung über das Verfahren der schnellen Verhandlung der die gesellschaftliche Sicherheit schwer gefährdenden Straftäter" und die „Entscheidung über die Änderung des Volksgerichtsorganisationsgesetzes der Volksrepublik China".

Nach der ersten Entscheidung konnte die Bestrafung mancher Straftaten im Falle einer schweren Gefährdung der gesellschaftlichen Sicherheit die Obergrenze des Strafrahmens überschreiten, sogar bis zur Todesstrafe. In Bezug auf Sexualstraftaten waren davon Hooliganismus, Zwangsprostitution, Verlockung zur Prostitution und Gewährung einer Wohnung für Prostitution abgedeckt.

Nach der zweiten Entscheidung sollte die Verhandlung bei Fällen von Mord, Vergewaltigung, Raub, Sprengstoffdelikten und anderen Straftaten, die mit Todesstrafe geahndet werden konnten, beschleunigt werden, wenn klare Tatsachen, eindeutige Beweise und öffentlicher Unmut vorlagen. Insoweit wurden bei diesen Fällen divergierende Fristen abgeschafft oder verkürzt. Obwohl diese Entscheidung nur zwei Artikel hatte und sich äußerlich nur auf Fristen bezog, war sie tatsächlich extrem streng und führte in der Praxis manchmal zu sehr schwerwiegenden Folgen. So konnte es beispielsweise vorkommen, dass ein Angeklagter wegen Zeitmangels keinen Rechtsanwalt bestellen konnte. Deswegen wurde gegen zahlreiche Angeklagte ohne Verteidigung verhandelt.[149]

Nach der dritten Entscheidung konnten die oberen Volksgerichte der Provinz vom Obersten Volksgericht bei Fällen, welche die öffentliche und gesellschaftliche Sicherheit schwer gefährdeten, ermächtigt werden, eine bereits verhängte Todesstrafe zu überprüfen, um Todesstrafen-Urteile so häufig und so schnell wie möglich auszusprechen und zu vollstrecken.

Neben diesen drei Entscheidungen wurden weitere Maßnahmen vom Obersten Volksgericht, von der Obersten Volksstaatsanwaltschaft, vom Ministerium für öffentliche Sicherheit und vom Ministerium für Justiz getroffen; z.B. wurde die Entlassung von Gefangenen nach Ablauf der Haftstrafe eingestellt.

Eine andere kriminalpolitische Konsequenz der Kampagne „Schlage hart zu" betraf den Umgang mit Handlungen, die staatlicherseits als sozialschädlich eingestuft wurden, jedoch im chStGB von 1979 nicht als Straftaten erfasst worden waren. Hier spielte das Delikt Hooliganismus eine sehr wichtige Rolle. Hooliganismus (§ 160) wurde im sechsten Kapitel („Straftaten gegen die gesellschaftliche Verwaltungsordnung") festgelegt: „Wer aus einer Menschenmenge heraus eine Schlägerei begeht, Streit provoziert, eine Frau beleidigt oder andere hooliganistische Aktivitäten begeht

---

149   *Cui* 2012, S. 19.

und die öffentliche Ordnung sabotiert, wird, wenn die Tatumstände verwerflich sind, mit zeitiger Freiheitsstrafe bis zu sieben Jahren, Gewahrsam oder Überwachung bestraft, und der Rädelsführer einer Hooliganismus-Bande wird mit zeitiger Freiheitsstrafe von mindestens sieben Jahren bestraft." Obwohl ein ähnliches Delikt wie oben erwähnt bereits im Qing-Strafkodex enthalten war, lag der Ursprung dieses Delikts in § 206 des Strafgesetzbuchs der Russischen Sozialistischen Föderativen Sowjetrepubliken, der den „böswilligen Hooliganismus" unter Strafe stellte. Das russische Delikt bezog sich auf vorsätzliche Handlungen gegen die öffentliche Ordnung, die deutlich mangelnden Respekt gegenüber der Gesellschaft zeigten. Der Tatbestand war konturlos und bot den russischen Gerichten einen breiten Anwendungsspielraum.[150] Gleichfalls war „Hooliganismus" im chStGB von 1979 ein unbestimmter Rechtsbegriff und wurde als „Sackdelikt" (口袋罪) bezeichnet, weil es wie ein großer Sack zahlreiche verschiedene Handlungen umfassen konnte.[151] Im Jahr 1984 veröffentlichten das Oberste Volksgericht und die Oberste Volksstaatsanwaltschaft gemeinsam eine juristische Auslegung, um verschiedene Fragen zur Anwendung dieses Delikts in der Praxis zu beantworten.[152] Nach dieser juristischen Auslegung erfasste Hooliganismus in Bezug auf das Sexualstrafrecht folgende Handlungen: unzüchtige Handlungen gegen Frauen und Mädchen, Verfolgung oder Bedrängung einer Frau, Zerschneiden der Kleidung oder der Haare einer Frau, exhibitionistische Handlungen, Anstiftung oder Verführung von Jugendlichen zu hooliganistischen Aktivitäten durch pornographische Sachen, häufige Verbreitung von pornographischen Sachen, Gruppensex, Gewährung einer Wohnung für Prostitution ohne die Absicht der Gewinnerzielung, Beischlaf mit mehreren Frauen mit der Absicht des Vergnügens, Verführung mehrerer Jugendlicher durch eine Frau zum Beischlaf, Verführung eines Ausländers durch eine Frau zum Beischlaf, Vergewaltigung eines Kindes oder eines Minderjährigen durch Analverkehr. Damit war der Tatbestand so umfangreich, dass fast jede sexuelle Handlung als abweichend wahrgenommen und strafbar werden konnte.

2.3.2.2.3　Verlauf und Folgen der Kampagne „Schlage hart zu"

Die Kampagne „Schlage hart zu" bestand aus drei Feldzügen zwischen 1983 und 1986[153] und setzte sich danach als Kriminalpolitik bis ins Jahr 2005 fort, als das Zentralkomitee der Kommunistischen Partei eine neue Kriminalpolitik „Nachgiebigkeit mit Strenge verbinden" vorstellte.[154]

150　*Biss* 2006, S. 145.

151　*Yu* 2013, S. 63.

152　Antwort des Obersten Volksgerichts und der Obersten Volksstaatsanwaltschaft auf einige Fragen über die konkrete Rechtsanwendung in aktuellen Fällen des Hooliganismus (1984).

153　*Bi & Chen* 2003, S. 45.

154　*Jia* 2008, S. 150.

Während der Kampagne zwischen 1983 und 1986 wurden insgesamt 1.772.000 Personen festgenommen, 1.747.000 zu Strafen verurteilt und 321.000 mit der Verwaltungssanktion „Umerziehung durch Arbeit" belegt.[155] Die Todesstrafe wurde inzwischen recht häufig verhängt, jedoch galt die Gesamtzahl der zum Tode Verurteilten als Staatsgeheimnis. Aber durch einige veröffentliche Dokumente wurde in Erfahrung gebracht, dass von allen 861.000 Verurteilten ungefähr 24.000 Personen während der ersten Phase der Kampagne mit dem Tod bestraft wurden.[156] Deshalb könnte sich die Gesamtzahl der während des Zeitraums der Kampagne zum Tode Verurteilten auf etwa 48.000 belaufen.

Sexualkriminalität war der Schwerpunkt dieser Kampagne. Zahlreiche Sexualstraftäter wurden hart bestraft, und viele wurden wegen des Delikts Hooliganismus zum Tode verurteilt. So viele Handlungen wurden nach diesem Delikt strafbar, dass sogar freiwilliger Beischlaf und andere Handlungen gegen die Sittlichkeit hart bestraft wurden. Folgende drei Fälle wurden sehr bekannt:

(1)   *Chi Zhiqiang*, ein bekannter Schauspieler, tanzte mit verschiedenen Freunden Wange an Wange. Da aber ein solches Tanzen als Unzucht betrachtet wurde, wurden alle Tänzer nach dem Delikt Hooliganismus mit zeitiger Freiheitsstrafe belegt.[157]

(2)   Eine Frau namens *Ma Yanqin* veranstaltete häufig Bälle zu Hause, und manche Teilnehmer hatten freiwillige sexuelle Beziehungen miteinander. In diesem Fall wurden drei Personen inkl. *Ma Yanqin* zum Tod, drei weitere Personen zum Tod auf Bewährung, zwei Personen zu lebenslanger Freiheitsstrafe und andere Teilnehmer zu zeitiger Freiheitsstrafe verurteilt.[158]

(3)   *Zhu Guohua* war der Enkelsohn von *Zhu De*, dem Oberbefehlshaber der chinesischen Volksbefreiungsarmee, und verführte viele Frauen zum Beischlaf. Er und einige Mittäter wurden der Vergewaltigung, der unzüchtigen Handlung und des Hooliganismus angeklagt und zum Tode verurteilt.[159]

Neben den politischen Motiven trug die damalige konservative Sexualmoral zur strafrechtlichen Repression von „unsittlichen" sexuellen Handlungen bei. Eine Frau, die sexuelle Beziehungen mit mehr als zehn Männern hatte, wurde nach dem Delikt Hooliganismus mit dem Tod bestraft. Angesichts dieser Strafe sagte sie: „Sexuelle Freiheit ist eine Lebensart, die ich wähle, und vielleicht ist meine Handlung jetzt noch vorzeitig, aber in 20 Jahren werden die Leute eine andere Meinung haben."[160] Sie sollte Recht behalten. Nur einige Jahre nach Abschluss der Kampagne „Schlage

---

155   *Bi & Chen* 2003, S. 46.
156   *Tao* 2013, S. 5–10.
157   *He* 2008, S. 68.
158   *Yang* 2009, S. 30–31.
159   *Tao* 2013, S. 5–10.
160   *Chen* 2005b, S. 350.

hart zu" wandelte sich die öffentliche Meinung schnell, und die Öffentlichkeit wurde toleranter gegenüber „unsittlichen" sexuellen Handlungen. Das Delikt Hooliganismus wurde im Übrigen in den 1990er Jahren nurmehr selten angewandt. Die Auswirkungen von „Schlage hart zu" waren deutlich spürbar. Die Kriminalitätsrate sank von 0,74 % (1984) auf 0,5 % (1987),[161] und die öffentliche Sicherheit wurde durch die Kampagne verbessert. Allerdings dauerte dies nur für eine kurze Zeit an, und nach der Kampagne nahm die Kriminalität wieder zu. In den 1990er und 2000er Jahren wurden „Schlage hart zu"-Kampagnen mehrmals implementiert, aber ihre Stärke und Auswirkungen waren viel schwächer als die der ersten Kampagne. Es lässt sich sagen, dass eine politische Bewegung oder extreme strafrechtliche Repression die Kriminalität nicht wirklich und nachhaltig unterdrücken können. Darüber hinaus verursachte die Durchsetzung des Prinzips „schwer und schnell" zahlreiche Justizirrtümer und beschädigte die Entwicklung einer rechtsstaatlichen Justiz schwer.

2.3.2.3 Weitere Entwicklungen des Sexualstrafrechts

Die weiteren Entwicklungen des Sexualstrafrechts befassten sich in den späten 1980er und den 1990er Jahren im Wesentlichen mit Pornographie und Prostitution. Der Ständige Ausschuss des Nationalen Volkskongresses verkündete 1986 und 1994 zwei neue Fassungen der SOWiV und einige strafrechtliche Einzelgesetze (Entscheidungen, Verordnungen), und das Oberste Volksgericht sowie die Oberste Staatsanwaltschaft verkündeten einige juristische Auslegungen.

2.3.2.3.1 Pornographie

Am 09.04.1986 wurde die SOWiV vom Ständigen Ausschuss des Nationalen Volkskongresses verkündet. Nach § 32 SOWiV setzte ein ordnungswidriger Verstoß nicht die Absicht von Gewinnsucht voraus, und die Verwaltungssanktion gegen die Herstellung oder Vervielfältigung, den Verkauf oder Verleih oder die Verbreitung von pornographischen Sachen war Gewahrsam bis zu 15 Tagen, Geldbuße bis zu 3.000 Yuan oder Umerziehung durch Arbeit. Nach den Anwendungsregeln der Umerziehung durch Arbeit von 1982 dauerte diese ein bis zu drei Jahre. Sie war nominell eine Verwaltungssanktion, tatsächlich aber eine Strafe.

In den 1980er Jahren war der Schmuggel von Pornographie recht gängig, die meisten pornographischen Sachen kamen aus dem Ausland. Um den Schmuggel zu bekämpfen, machte der Ständige Ausschuss des Nationalen Volkskongresses am 21.01.1988 eine Verordnung bekannt, nach der der Schmuggel von pornographischen Sachen strafbar wurde. Der Strafrahmen war beim Grundtatbestand zeitige Freiheitsstrafe von drei bis zu zehn Jahren, bei schwerwiegenden Tatumständen zeitige Freiheits-

strafe von mindestens zehn Jahren und lebenslange Freiheitsstrafe und bei geringfügigen Tatumständen zeitige Freiheitsstrafe bis zu drei Jahren und Gewahrsam.[162]
Dieser Strafrahmen war deutlich höher als im § 170 chStGB von 1979.

Obwohl einige Verordnungen gegen Pornographie, wie oben erwähnt, festgelegt
wurden, nahm die Anzahl der Pornographiestraftaten in der zweiten Hälfte der
1980er Jahre rasch zu. Nach den Statistiken wurden im Jahr 1986 14.182, 1987
170.739, 1988 265.951 und 1989 706.544 pornographische Produkte von der Polizei
in Shanghai eingezogen.[163] Diese Situation erregte die Aufmerksamkeit der Zentralregierung. Am 06.07.1990 erließen das Oberste Volksgericht und die Oberste Staatsanwaltschaft eine juristische Auslegung für § 170 chStGB von 1979,[164] um einen
konkreten Maßstab für die Behandlung der Fälle von Pornographie in der Praxis
festzusetzen. Aber diese Auslegung trat nach einigen Monaten außer Kraft, weil der
Ständige Ausschuss des Nationalen Volkskongresses am 28.12.1990 die „Entscheidung über die Bestrafung der die pornographischen Sachen schmuggelnden, herstellenden, verkaufenden oder verbreitenden Täter" verkündete. Diese Entscheidung
enthielt keine Änderung des § 170, sondern eine ganz neue Vorschrift über Pornographiedelikte, nach der verschiedene neue Tatbestände geschaffen und die Strafen
erhöht wurden. Deshalb brauchten die Gerichte sich bei der Rechtsprechung nur auf
diese Entscheidung zu berufen, und § 170 war in der Praxis nicht mehr anwendbar.[165]

Einerseits nahm diese Entscheidung den Inhalt der vorherigen Einzelgesetze und juristischen Auslegungen auf:

(1)   Der Tatgegenstand betraf nicht mehr nur pornographische Bücher und Bil-
       der, sondern auch alle anderen pornographischen Sachen, und eine Abgren-
       zung zum Kunstwerk, zum literarischen Werk und zur medizinischen Fach-
       literatur fand Erwähnung.

(2)   Die Tathandlung bezog sich nicht mehr nur auf Herstellung und Verkauf,
       sondern auch auf Schmuggel, Vervielfältigung, Herausgabe und Verbrei-
       tung.

(3)   Eine Ausnutzung von pornographischen Sachen zu hooliganistischen Akti-
       vitäten oder zur Vermittlung krimineller Methoden wurde nach wie vor als
       Hooliganismus bestraft.

Andererseits schuf diese Entscheidung verschiedene neue Vorschriften:

---

162   Ergänzende Verordnung des Ständigen Ausschusses des Nationalen Volkskongresses über die
       Bestrafung von Verbrechen des Schmuggels (1988)
163   *Mei* 1995, S. 266.
164   Verordnung des Obersten Volksgerichts und der Obersten Volksstaatsanwaltschaft über die
       konkrete Rechtsanwendung in Kriminalfällen von pornographischen Sachen (1990).
165   Auskunft des Obersten Volksgerichts über zwei Fragen zur Rechtsanwendung in Verhandlun-
       gen von Kriminalfällen von pornographischen Sachen (1992)

(1) Es wurde strafbar, pornographische Sachen ohne die Absicht der Gewinn-
     erzielung zu verbreiten oder für einen anderen eine Buchpublikationskenn-
     ziffer zur Herausgabe pornographischer Bücher zu vergeben.

(2) Schwerwiegende und geringfügige Tatumstände wurden für Pornographie-
     delikte aus Gewinnsucht geschaffen. Der Strafrahmen blieb beim Grundtat-
     bestand unverändert, war aber nun bei schwerwiegenden Tatumständen
     sehr hoch; bei besonders schwerwiegenden Tatumständen reichte er sogar
     bis zu lebenslanger Freiheitsstrafe.

(3) Die Verbreitung von pornographischen Sachen unter Minderjährigen oder
     Anstiftung eines Minderjährigen zur Verbreitung von pornographischen
     Sachen wurde mit einer Strafe schwereren Grades belegt, was mit einem
     besonderen Schutz für Minderjährige begründet wurde.

(4) Es wurde nicht mehr als Hooliganismus, sondern nach dieser Entscheidung
     bestraft, in organisierter Weise audiovisuelle pornographische Erzeugnisse
     öffentlich vorzuführen.

(5) Wenn ein Mitarbeiter des Staats oder ein Verwalter für bestimmte Angele-
     genheiten durch Ausnutzung seiner Befugnisse pornographische Straftaten
     beging, wurde er mit Strafe schwereren Grades belegt.

(6) Es wurde betont, dass Verwaltungssanktion, Entzug oder Erziehung bei
     manchen geringfügigen Tatumständen schon zur Ahndung ausreichten.

2.3.2.3.2 Prostitution

Nach § 30 SOWiV von 1986 waren das Angebot von und die Nachfrage nach Prostitution, Vermittlung von Prostitution und Gewährung einer Wohnung für Prostitution ordnungswidrig. Die Polizeibehörden konnten Gewahrsam bis zu zehn Tagen,
Verwarnung, Reueerklärung oder Umerziehung durch Arbeit sowie eine Geldbuße
bis zu 5.000 Yuan anordnen. Bei der Vermittlung von und der Gewährung einer
Wohnung für Prostitution lag die Abgrenzung zwischen einer Ordnungswidrigkeit
und einer Straftat (§ 169 chStGB) darin, dass eine Straftat mit „Gewinnsucht" begangen worden sein musste. Aber es gab keine deutliche Abgrenzung zwischen einer
Ordnungswidrigkeit und dem Delikt des Hooliganismus (§ 160), weil § 160 fast alle
sexuellen Handlungen gegen die Sittlichkeit bestrafen konnte. Wenn die Prostituierte
unter 14 Jahre alt war, war der Freier nach § 139 Abs. 2 chStGB (Beischlaf mit einem
Mädchen) als Vergewaltiger strafbar.

Die Prostitution erstarkte in China wieder gegen Ende der 1970er Jahre und breitete
sich in den 1980er und 1990er Jahren schnell aus. Um sie zu bekämpfen, fanden
einschließlich „Schlage hart zu" zwischen 1983 und 1992 vier Kampagnen statt, aber
die Zahl der sanktionierten Prostituierten und Freier stieg von 12.200 (1984) auf
100.000 (1989), 200.000 (1991) und schließlich 240.000 (1992).[166] Die Ausweitung

---

166   *Xu* 1993, S. 42.

der Prostitution führte zur Verbreitung von Geschlechtskrankheiten und trug zu schwerer, insbesondere zu organisierter Kriminalität bei. Die Kommunistische Partei schob die Hauptschuld an den Entwicklungen auf den negativen Einfluss des Kapitalismus, der die sozialistische Sittlichkeit verletze.[167]

Am 04.09.1991 veröffentlichte der Ständige Ausschuss des Nationalen Volkskongresses die Entscheidung über das Verbot der Prostitution, und am 11.12.1992 verkündeten das Oberste Volksgericht und die Oberste Volksstaatsanwaltschaft eine juristische Auslegung, um diese Entscheidung zu implementieren.[168] Vier neue Tatbestände wurden durch diese Entscheidung geschaffen: Organisation von Prostitution, Beihilfe zur Organisation von Prostitution, Vermittlung von Prostitution und Verbreitung von Geschlechtskrankheiten. Darüber hinaus wurden Nötigung zur Prostitution (§ 140 chStGB) sowie Verlockung zur Prostitution und Räumlichkeitsgewährung für Prostitution (§ 169 chStGB) nicht mehr nach chStGB, sondern nach dieser Entscheidung bestraft.

Prostitutionsdelikte hatten nun folgende Merkmale:

(1) Die Strafen waren sehr scharf; z.B. war der Strafrahmen beim Grundtatbestand der Organisation von Prostitution zeitige Freiheitsstrafe von mindestens zehn Jahren oder lebenslange Freiheitsstrafe, und bei Organisation von und Nötigung zur Prostitution wurde die Todesstrafe angedroht, wenn besonders schwerwiegende Tatumstände vorlagen.

(2) Auf Geldstrafe wurde bei allen Prostitutionsdelikten zugleich erkannt, und illegales Einkommen aus Prostitution wurde eingezogen.

(3) Strafbar war die Verlockung zur Räumlichkeitgewährung für und die Vermittlung von Prostitution ohne Gewinnsucht.

(4) Wer sich in Kenntnis dessen, dass er/sie selbst an einer ernsten Geschlechtskrankheit litt, prostituierte oder eine Prostituierte aufsuchte, wurde wegen Verbreitung von Geschlechtskrankheiten bestraft.

(5) Prostituierte und Freier konnten neben der Verwaltungssanktion nach polizeilicher Anordnung in einem Arbeitslager für sechs Monate bis zu zwei Jahre umerzogen werden, und bei einem Rückfall war Umerziehung durch Arbeit zu verhängen.

(6) Der besondere Schutz für Mädchen wurde dargestellt, d.h. Nötigung oder Verlockung eines Mädchen zur Prostitution war ein schwerwiegender Tatumstand, und die Nachfrage einer weiblichen Kinderprostituierten wurde direkt als Vergewaltigung betrachtet.

---

167 *Xu* 1993, S. 50.

168 Antwort des Obersten Volksgerichts und der Obersten Volksstaatsanwaltschaft auf einige Fragen über die Durchsetzung „der Entscheidung vom Ständigen Ausschuss des Nationalen Volkskongresses über das Verbot der Prostitution" (1992).

(7) Festgelegt wurden Vorschriften über die Begehung von Prostitutionsdelikten und Beihilfe zur Prostitution von Angehörigen von bestimmten Gewerben.

2.3.3 Von 1997 bis heute

2.3.3.1 Hintergrund der neuen Fassung des Strafgesetzbuchs von 1997

In der 1980er Jahren fing die chinesische Regierung an, das Strafgesetzbuch zu überarbeiten. Im Jahr 1997 wurde diese Arbeit fertiggestellt, und die neue Fassung des Strafgesetzbuchs wurde am 14.03.1997 im Nationalen Volkskongress verabschiedet. Es enthielt umfassende Änderungen mit vielen Fortschritten. Zum Beispiel wurde der Grundsatz nulla poena sine lege eingefügt, und viele neue Delikte wurden festgelegt. Der einzige wesentliche Fortschritt im Sexualstrafrecht war jedoch, dass das Delikt des Hooliganismus aufgehoben wurde. Unzüchtige Handlungen gegen Frauen und Kinder (§ 237) sowie Unzucht zwischen mehreren Personen (§ 301), was vorher als Hooliganismus betrachtet worden war, waren nun neue, eigenständige Delikte. Darüber hinaus wurden spezielle Abschnitte für Prostitutions- und Pornographiedelikte geschaffen. Allerdings stellte dies keine tatsächliche Änderung des Sexualstrafrechts dar, da die Sexualdelikte jenen des chStGB von 1979 und den strafrechtlichen Einzelgesetzen stark ähnelten, die vom Ständigen Ausschuss des Nationalen Volkskongresses verkündet worden waren.

2.3.3.2 Überblick über das Sexualstrafrecht von 1997

Das positive Sexualstrafrecht wird in *Teil 2* ausführlich erläutert, deshalb wird hier nur ein kurzer Überblick darüber gegeben.

Straftaten gegen die sexuelle Selbstbestimmung werden im vierten Kapitel „Straftaten, die persönliche oder demokratische Rechte der Bürger verletzen" festgelegt. Beischlaf mit einem Mädchen (§ 236 Abs. 2) wird nach wie vor als Vergewaltigung (§ 236 Abs. 1) behandelt und mit einer Strafe schwereren Grades belegt. Bei fünf schwerwiegenden Tatumständen (§ 236 Abs. 3) ist die Todesstrafe möglich. Darauf folgen zwei neue Delikte, nämlich unzüchtige Handlungen gegen eine Frau oder Beleidigung einer Frau mit Nötigung (§ 237 Abs. 1) sowie unzüchtige Handlungen gegen Kinder (§ 237 Abs. 3).

Unzucht zwischen mehreren Personen (§ 301 Abs. 1) verletzt das sittliche Gefühl, aber wird im ersten Abschnitt „Straftaten, die die öffentliche Ordnung stören" des sechsten Kapitels „Straftaten, die die Ordnung der gesellschaftlichen Verwaltung beeinträchtigen" festgelegt. § 301 Abs. 2 ahndet Verlockung einer Minderjährigen zur Unzucht.

Prostitutionsdelikte werden im achten Abschnitt „Straftaten der Organisation von, der Nötigung zur, der Verlockung zur, der Räumlichkeitsgewährung für und der Vermittlung von Prostitution" des sechsten Kapitels festgelegt. Fast alle Vorschriften stammen aus der Entscheidung des Ständigen Ausschusses des Nationalen Volkskongresses über das Verbot der Prostitution von 1991, die Strafen sind jedoch zu einem gewissen Grad vermindert. Aber für Organisation von und Nötigung zur Prostitution ist noch die Todesstrafe möglich. Geschaffen wurden zwei neue Delikte, nämlich Verlockung eines Mädchens zur Prostitution (§ 359 Abs. 2) und Nachfrage einer weiblichen Kinderprostituierten (§ 360 Abs. 2), die vorher jeweils als Nötigung zur Prostitution und Vergewaltigung betrachtet wurden. Aber § 360 Abs. 2 wird stark kritisiert, weil eine zeitige Freiheitsstrafe von 15 Jahren als Höchststrafe nach Ansicht der Kritiker zu mild ist, während die Höchststrafe für Vergewaltigung die Todesstrafe ist.

Die meisten Pornographiedelikte werden im neunten Abschnitt „Straftaten der Herstellung, des Verkaufs oder der Verbreitung von pornographischen Sachen" des sechsten Kapitels festgelegt, aber das Delikt Schmuggel von pornographischen Sachen (§ 152) wird nur im zweiten Abschnitt „Schmuggelstraftaten" des dritten Kapitels „Straftaten, die die Ordnung der sozialistischen Marktwirtschaft schädigen" festgelegt. Diese Vorschriften stammen ohne wesentliche Änderungen aus der Entscheidung über die Bestrafung der Täter, die pornographische Sachen schmuggeln, herstellen, verkaufen oder verbreiten, des Ständigen Ausschusses des Nationalen Volkskongresses von 1990.

2.3.3.3   Weitere Entwicklungen im 21. Jahrhundert

2.3.3.3.1   Situation der Sexualkriminalität

Die Anzahl der polizeilich erfassten Fälle von Vergewaltigung (inklusive Beischlaf mit einem Mädchen) blieb von 1984 bis 2012 in China sehr stabil (siehe Tabelle 1). Im Vergleich zum 20. Jahrhundert nahm die Zahl im 21. Jahrhundert sogar etwas ab.[169] Gleichzeitig nahm die Zahl der polizeilich erfassten Fälle von anderen Delikten wie Raub, Verletzung und Betrug in den vergangenen 30 Jahren stark zu.[170] Darüber hinaus wurde der Faktor Gewalt bei Vergewaltigungsfällen schwächer, während der Anteil der Fälle von Vergewaltigung im eigenen Bekanntenkreis zunimmt.[171] Im Allgemeinen zeigt die Sozialschädlichkeit bei Fällen von Vergewaltigung eine sinkende Tendenz.

Jedoch wurden durch die Massenmedien immer mehr Fälle von sexuellen Übergriffen gegen Minderjährige bekannt, die öffentliche Aufmerksamkeit erweckten und öffentliches Ärgernis erregten, insbesondere solche, in denen die Tat von Beamten oder Lehrern begangen worden war. Auf dem Land lebende Kinder sind hiervon stärker gefährdet, weil ihre Eltern häufig in weit entfernten Städten arbeiten und sie

---

169   Siehe *Tabelle 1.*

170   Siehe *Abbildung 1.*

171   Siehe chinanews.com/fz/2013/10-21/5405272.shtml [12.03.2019].

nur von den Großeltern betreut werden.[172] Im Verhältnis zur polizeilichen Statistik ist die Dunkelziffer von Fällen sexueller Übergriffe gegen Minderjährige sehr hoch.

Tabelle 1   Anzahl der polizeilich erfassten Fälle von Vergewaltigung (inkl. Beischlaf mit einem Mädchen) von 1984 bis 2012

Jahr	Anzahl	Jahr	Anzahl	Jahr	Anzahl
1984	44630	1994	44118	2004	36175
1985	37712	1995	41823	2005	33710
1986	39121	1996	42820	2006	32352
1987	37225	1997	40699	2007	31883
1988	34120	1998	40967	2008	30248
1989	40999	1999	39435	2009	33286
1990	47782	2000	35819	2010	33696
1991	50331	2001	40600	2011	33336
1992	49829	2002	38209	2012	33835
1993	47033	2003	40088		

Quelle: Das juristische Jahrbuch Chinas 1984–2012.

Abbildung 1   Entwicklung der Kriminalität in China zwischen 1984 und 2012

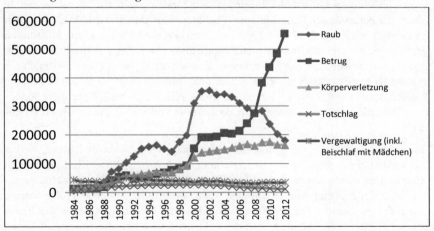

Quelle: Das juristische Jahrbuch Chinas 1984–2012.

---

172   *Ding* v. 27.11.2012.

Eine Reihe von Umfragen legt nahe, dass ungefähr 20 % der Befragten in China mit unter 16 Jahren sexuell angegriffen worden waren, darunter ungefähr 12 % mit körperlichem Kontakt.[173] Es lässt sich sagen, dass sexuelle Übergriffe gegen Minderjährige im Lauf der letzten Jahre in den Blickpunkt der chinesischen Öffentlichkeit getreten sind. In diesen Fällen ruft die Öffentlichkeit nach immer härteren Strafen, vor allem nach der Todesstrafe. Das führte zu entsprechenden rechtlichen Entwicklungen.

Die Prostitution in China entwickelte sich im 21. Jahrhundert weiter. Der Wandel der Haltung zu Sex, der von der Marktwirtschaft verursachte Mammonismus, die hohe Arbeitslosenzahl in den Städten und zahlreiche Arbeitssuchende vom Land führten zur rapiden Zunahme der Anzahl an Prostituierten. Allerdings hielt die Regierung die Prostitution nun nicht mehr für ein ernstes Problem, und manche Wissenschaftler forderten sogar ihre Legalisierung. Deshalb wurde sie in gewissem Umfang toleriert, und die Anzahl der polizeilich erfassten Fälle sank auf ungefähr 10.000 im Jahr 2006, also wesentlich weniger als in den 1990er Jahren. Prostitution breitete sich in ganz China aus und wurde sogar in einigen Städten dank professioneller Organisation und Verwaltung zu einem Backbone-Gewerbe; so z.B.wurde Dongguan, eine Stadt in der Provinz Guangdong, als Sex-Hauptstadt Chinas bezeichnet.

Jedoch ist Prostitution noch immer rechtswidrig, und es gibt viele Bewegungen dagegen. Zwar zeigen Chinesen eine immer größere Toleranz für Prostitution, jedoch ist Kinderprostitution nach wie vor ein Tabu. Die durch die Medien bekannt gemachten Fälle von Kinderprostitution erregen stets einen erheblichen öffentlichen Aufschrei, und von der Öffentlichkeit werden harte Strafen gegen die Täter gefordert. In einem der bekanntesten Fälle wurden elf Schülerinnen (darunter drei Mädchen unter 14 Jahren) zwischen 2007 und 2008 in Xishui, Provinz Guizhou, zur Prostitution gezwungen; die meisten Freier waren Beamte und Lehrer. Die Zuhälterin wurde wegen Zwangsprostitution mit lebenslanger Freiheitsstrafe belegt, und sieben Freier wurden wegen Beischlafs mit einer Kinderprostituierten unter 14 Jahren zu zeitigen Freiheitsstrafen von 7 bis 14 Jahren verurteilt. Allerdings befriedigte diese Rechtsprechung die empörten Massen nicht, da viele die Todesstrafe gegen alle Freier forderten.

Ein anderer Fall war in Yongzhou, Provinz Hunan, von größerer Bedeutung, weil er 2013 direkt zur Aufhebung der Umerziehung durch Arbeit führte. Ein Mädchen im Alter von elf Jahren wurde dort zur Prostitution gezwungen und abwechselnd vergewaltigt. Zwei Zuhälter wurden mit dem Tode, vier mit lebenslanger Freiheitsstrafe und einer mit zeitiger Freiheitsstrafe von 15 Jahren belegt, aber keiner der Freier wurde bestraft. *Tang Hui*, die Mutter des Mädchens, verlangte die Todesstrafe gegen alle Zuhälter sowie eine Strafe für alle Freier und legte eine Petition auf. Die Regierung verhängte eine Umerziehung durch Arbeit über sie, was allerdings öffentlich

---

173   *Gu, Chi & Zhang* 2005, S. 309.

skandalisiert wurde. Wegen des großen öffentlichen Drucks wurde *Tang Hui* entlassen, und das System der Umerziehung durch Arbeit wurde im Jahr 2013 aufgehoben.

Mit der schnellen Entwicklung des Internets wandelte sich die Pornographiekriminalität, da das Internet heute das wichtigste Medium zur Verbreitung von Pornographie ist. Im Internet wurden die Anzahl, der Umfang und die Geschwindigkeit der Verbreitung von Pornographie erheblich erhöht. Obwohl die meisten in- und ausländischen Porno-Webseiten in China blockiert wurden, kann man Online-Pornographie immer noch über bestimmte Wege finden. Die Technik von p2p (peer-to-peer) bietet eine ideale Plattform, sodass jedermann zu ihrer weiteren Verbreitung beitragen kann. Um die Entwicklung des Internets zu unterstützen, tolerierte die chinesische Regierung für lange Zeit rechtswidrige Inhalte, insbesondere Pornographie und Raubkopien, was zu deren „Blooming" im Internet geführt hat. In China wird nicht zwischen „weicher" und harter Pornographie unterschieden, weshalb die Verbreitung von Kinderpornographie im Internet ein ernstes Problem darstellt. In den letzten Jahren hat die chinesische Regierung angefangen, das Internet streng zu regulieren, Pornographie ist dabei ein Schwerpunkt.

2.3.3.3.2　Entwicklungen in der Politik

Die alte Kriminalpolitik der „Schlage hart zu"-Kampagnen wurde im Jahr 2005 durch die neue Kriminalpolitik „Nachgiebigkeit mit Strenge verbinden" ersetzt. Diese neue Strategie bedeutet, dass schwerwiegende Straftaten hart bestraft werden müssen, während minder schwere Straftaten mild geahndet werden können.[174] Die konkrete Politik im Hinblick auf Sexualstraftaten ist jedoch nicht klar, und eine Tendenz zu immer strengeren Einstellungen wurde anhand von juristischen Auslegungen und Musterfällen des Obersten Volksgerichts sowie Bewegungen gegen Pornographie und Prostitution sichtbar.

Zum Sexualstrafrecht haben das Oberste Volksgericht und die Oberste Volksstaatsanwaltschaft im vergangenen Jahrzehnt einige juristische Auslegungen und Musterfälle veröffentlicht. Wegen der raschen Entwicklung des Internets wurden am 03.09.2004 und am 02.02.2010 zwei juristische Auslegungen über Pornographie im Internet verkündet. Darin zeigte sich auch der besondere Schutz für Minderjährige. Um sie besser zu schützen und diverse komplexe Fragen in der Praxis zu beantworten, wurde die Stellungnahme des Obersten Volksgerichts, der Obersten Volksstaatsanwaltschaft, des Ministeriums für öffentliche Sicherheit und des Ministeriums für Justiz über die Bestrafung des gegen Minderjährige sexuell übergreifenden Täters (2013) am 23.10.2013 verkündet (Stellungnahme von 2013). Darüber hinaus machte das Oberste Volksgericht am 29.05.2013, am 24.10.2013, am 04.01.2014 sowie am 31.08.2015 insgesamt zehn Musterfälle bekannt, in denen Minderjährige Opfer von Sexualkriminalität waren; in drei Fällen davon wurden die Täter sogar mit dem Tod

---

174　Einige Stellungnahmen des Obersten Volksgerichts über die Durchführung der Kriminalpolitik „Nachgiebigkeit mit Strenge verbinden" (2010).

bestraft. Diese juristischen Auslegungen haben eine Entwicklungsrichtung des Sexualstrafrechts aufgezeigt, d.h. dass der Schutz von Minderjährigen gegen Sexualstraftaten weiter verstärkt wird.

Die Politik gegenüber Pornographie und Prostitution wird in China immer strenger. Seit 2006 sind einige Bewegungen gegen Pornographie im Internet ins Leben gerufen worden, und viele Distributoren, hauptsächlich jene mit Gewinnsucht, wurden bestraft. „Reinigung des Internets 2014" war die schärfste Kampagne gegen Pornographie in der chinesischen Geschichte. Im Jahr 2014 wurden mehr als 2.000 Webseiten und 20 Millionen Online-Konten wegen Pornographie geschlossen, und viele Personen wurden sanktioniert.[175] Die Kampagne „Reinigung des Internets 2015" bildete folgerichtig die Fortsetzung der 2014er Kampagne. Im Februar 2014 begann die Zentralregierung mit Razzien gegen Prostitution in ganz China, in deren Folge zahlreiche Prostituierte, Freier und Kuppler sanktioniert wurden.

2.3.3.3.3   Entwicklungen des Rechts

Zwischen 1997 und 2015 gab es keine Gesetzesänderungen zum Sexualstrafrecht. Schließlich brachte das 9. StrÄG von 2015 einige Änderungen, außerdem wurden folgende Vorschriften verändert:

(1)   Der Tatbestand des § 237 Abs. 1 wurde erweitert, sodass nicht mehr nur Frauen, sondern auch Männer Opfer von unzüchtigen Handlungen werden können; die Änderung schließt die größte Schutzlücke des Sexualstrafrechts, die darin lag, dass männliche Personen im Alter über 14 Jahre keinen strafrechtlichen Schutz hatten. Jedoch kann ein Opfer von Vergewaltigung nach § 236 noch immer nur weiblich sein.

(2)   Die Qualifikationstatbestände für unzüchtige Handlungen in § 237 Abs. 2 wurden dadurch wesentlich ausgeweitet, dass die Wörter „oder sonstige verwerfliche Tatumstände" eingefügt wurden; die Änderung zielt auf einen besseren Schutz gegen sexuelle Übergriffe ab, aber entspricht nicht dem Bestimmtheitsgrundsatz.

(3)   Die Qualifikationstatbestände des Organisierens von oder der Nötigung zur Prostitution in § 358 wurden neu gefasst: Einerseits wurde die Todesstrafe aufgehoben, was einen Fortschritt darstellt; andererseits wurden die deutlich formulierten Vorschriften durch die Wörter „schwerwiegende Tatumstände" ersetzt, was einen Rückschritt hinsichtlich des Bestimmtheitsgrundsatzes darstellt.

(4)   Die umstrittene Vorschrift § 360 Abs. 2 fiel weg, und Nachfrage nach einer weiblichen Kinderprostituierten wird nun als Vergewaltigung nach § 236 bestraft.

---

175   Siehe infzm.com/content/107308 [12.03.2019].

Im Hinblick auf Ordnungswidrigkeiten wurde die SOWiV im Jahr 2005 durch das SOWiG abgelöst. Die Tatbestände von Prostitutions- und Pornographieordnungswidrigkeiten wurden erweitert und ergänzt. Darüber hinaus wurden auch unzüchtige sowie exhibitionistische Handlungen und Unzucht zwischen mehreren Personen Ordnungswidrigkeiten. Das SOWiG sieht als Sanktion nur Gewahrsam bis zu 15 Tagen und eine Geldbuße vor, aber nach der Verordnung über die polizeiliche Behandlung von Umerziehung durch Arbeit von 2002 kann auch Letztere bei diesen Handlungen verhängt werden. Die längste Frist der Umerziehung durch Arbeit ist drei Jahre. Im Jahr 2013 wurde die Sanktion Umerziehung durch Arbeit schließlich aufgehoben, und im Jahr 2019 wurde die Inhaftierung von Prostituierten und Freiern zur Umerziehung aufgehoben.

2.3.3.4　Zusammenfassung

Zusammenfassend lässt sich sagen, dass die Entwicklung des Sexualstrafrechts der Volksrepublik China einen Umweg gegangen ist. Die Rechtsordnung, die allmählich in den 1950er Jahren begründet wurde, wurde während der Kulturrevolution in den 1960er und 1970er Jahren komplett zerstört, und für eine lange Zeit herrschte bei den Urteilen Willkür vor. Die Verkündung des Strafgesetzbuchs von 1979 bedeutete die Wiedergeburt des Sexualstrafrechts, aber die Kampagne „Schlage hart zu" unterbrach sie in den 1980er Jahren. In den 1990er Jahren entwickelte sich das Sexualstrafrecht dann relativ zügig, mit dem Ergebnis der neuen Fassung des Strafgesetzbuchs von 1997. In den 2000er Jahren kommt das Sexualstrafrecht zum Stillstand. Jedoch zeigen juristische Auslegungen eine deutliche Verstärkung des Schutzes für Kinder. Im Jahr 2015 wurden einige Vorschriften für Sexualdelikte im 9. StrÄG verändert. Aber noch ist nicht klar, ob in Zukunft eine umfassende Reform des Sexualstrafrechts vorgenommen wird.

Obwohl die heutige Gesetzgebung vom Strafgesetzbuch der Republik China und von ausländischen Strafgesetzbüchern beeinflusst wurde, spielte die Rechtsrezeption in dieser Entwicklung keine wesentliche Rolle. Die Gesetzgebung sowie die juristischen Auslegungen basierten hauptsächlich auf allgemeinen politischen Entwicklungen und mittelbar auf dem Wandel der öffentlichen Haltung zu Sexualpraktiken. Sie wurde vor den 1990er Jahren wesentlich von der traditionellen und der sozialistischen Sittlichkeit geprägt, aber in den vergangenen 20 Jahren wird mit der schnellen Entwicklung der Gesellschaft und der Rezeption der westlichen Sexualkultur eine deutliche Änderung sichtbar. Die Politik wirkte sich unmittelbar auf das Sexualstrafrecht aus und spielt noch immer die wichtigste Rolle. Von 1949 bis 1979 (und sogar während der Kulturrevolution) wurden Sexualdelikte vergleichsweise mild bestraft, weil die damalige Kriminalpolitik den Schwerpunkt auf die Konterrevolution und andere die Herrschaft der Kommunistischen Partei gefährdende Straftaten legte. Im Gegensatz dazu wurden Sexualstraftäter während der Kampagne „Schlage hart zu" extrem scharf sanktioniert, weil die Regierung es als eine wichtige politische Aufgabe ansah, die zunehmende Sexualkriminalität zu unterdrücken. Im Internet-Zeitalter versucht sie nun, die öffentliche Meinung aufzugreifen, um ihre Herrschaft zu sichern; deshalb bilden der immer stärkere rechtliche Schutz von Kindern und die immer schärferen Strafen gegen Täter eine neue Tendenz.

2.4   Vergleich und Kurzzusammenfassung

Das chinesische Sexualstrafrecht wurde während seiner Modernisierung in der ersten Hälfte des 20. Jahrhunderts mittelbar vom deutschen Sexualstrafrecht beeinflusst, aber in der zweiten Hälfte des 20. Jahrhunderts verliefen die Entwicklungen ganz unterschiedlich. Eine deutliche Tendenz wird heutzutage sowohl in Deutschland als auch in China sichtbar: in Form der Verstärkung des Schutzes vor Sexualkriminalität, insbesondere von Minderjährigen.

Teil 2

Untersuchung des positiven Rechts

Kapitel 3

Grundlagen und Vorbemerkungen

3.1   System des Sexualstrafrechts

Das deutsche Sexualstrafrecht besteht aus einem vollständigen System. Der 13. Abschnitt „Straftaten gegen die sexuelle Selbstbestimmung" des dtStGB umfasst fast alle denkbaren Sexualdelikte, und nur einige wie Beischlaf zwischen Verwandten (§ 173 dtStGB) und Menschenhandel zum Zweck der sexuellen Ausbeutung (§ 232 dtStGB) werden in anderen Abschnitten festgelegt. Das deutsche Sexualstrafrecht umfasst im Wesentlichen drei Sachverhalte, nämlich sexuelle Nötigung und sexuellen Missbrauch, die Förderung sexueller Handlungen und Prostitution sowie Pornographiedelikte.[176]

Im Gegensatz zu Deutschland ist der Begriff „Sexualstrafrecht" in China unbekannt, weil Sexualdelikte in unterschiedlichen Abschnitten des chStGB festgelegt werden. Die mit Nötigung verbundenen Sexualdelikte und sexuelle Handlungen mit Kindern werden im vierten Kapitel „Straftaten, die persönliche Rechte oder demokratische Rechte der Bürger verletzen" festgelegt, während Prostitutions- und Pornographiedelikte jeweils im achten und neunten Abschnitt des sechsten Kapitels „Straftaten, die die Ordnung der gesellschaftlichen Verwaltung beeinträchtigen" festgelegt werden. Obwohl die Beziehung zwischen diesen Delikten nicht ohne Weiteres festgestellt werden kann, ist das System des chinesischen Sexualstrafrechts noch als komplett anzusehen; die deutsche Systematik kann hier jedoch auch Anwendung finden.

Auf der Basis dieses Systems werden Sexualdelikte in der vorliegenden Arbeit in fünf Teile eingeteilt: Verletzungen der sexuellen Selbstbestimmung, Sexualstraftaten gegen Minderjährige, Prostitutionsdelikte, Pornographiedelikte und weitere Sexualdelikte. Sowohl in Deutschland als auch in China erhalten Minderjährige einen besseren Schutz als Erwachsene, und für Sexualstraftaten gegen Minderjährige gelten spezielle Vorschriften. Weitere Sexualdelikte sind marginale Delikte des Sexualstrafrechts, z.B. Blutschande, sexuelle Belästigung oder Gruppensex.

---

176   *Albrecht* 2011, S. 151.

3.2   Rechtsgüter des Sexualstrafrechts

In Deutschland hat sich das primär geschützte Rechtsgut im Sexualstrafrecht mit der gesellschaftlichen Entwicklung und der Reform des Strafrechts von der Sittlichkeit zur sexuellen Selbstbestimmung hin gewandelt. Darüber hinaus ist der Schutz von Minderjährigen (mit dem Ziel einer ungestörten sexuellen Entwicklung) ein immer wichtigeres Rechtsgut geworden, und die Delikte gegenüber einem solchen Rechtsgut sind schon lange der Schwerpunkt des Sexualstrafrechts. Einige Vorschriften schützen sonstige Rechtsgüter; z.b. kann man unter dem Rechtsgut der Ausfuhr zur Verbreitung pornographischer Schriften (§ 184 Abs. 1 Nr. 9 dtStGB) nur die Außenpolitik verstehen. Außerdem sind die Rechtsgüter einiger Vorschriften unklar oder umstritten, z.b. Beischlaf zwischen Verwandten (§ 173 dtStGB) oder Verbreitung von tierpornographischen Schriften (§ 184a dtStGB).

In China ist das Rechtsgut der mit Nötigung verbundenen Sexualdelikte die sexuelle Freiheit, bei sexuellen Handlungen mit Kindern geht es um deren körperliche und seelische Gesundheit. Im Unterschied dazu ist das hauptsächliche Rechtsgut bei Prostitutionsdelikten die sozialistische Sittlichkeit, während sich Pornographiedelikte sich nicht nur auf die sozialistische Sittlichkeit beziehen, sondern auch auf die Ordnung der gesellschaftlichen Verwaltung. Es geht bei der sozialistischen Sittlichkeit sowohl um Moral als auch um Politik, weil die Kommunistische Partei sozialistische Sittlichkeit für einen wichtigen Aspekt der Überlegenheit des Sozialismus hält, d.h. die sozialistische Moral ist demzufolge der kapitalistischen sowie der traditionellen Moral selbstverständlich deutlich überlegen. Nach dieser Theorie sind Prostitution und Pornographie zu beseitigen, weil sie Kapitalismus und Feudalismus zuzurechnen sind und der sozialistischen Sittlichkeit widersprechen. Tatsächlich waren die Kommunisten in dieser Beziehung immer Perfektionisten und erreichten ihr diesbezügliches Ziel beinahe zwischen den 1950er und 1970er Jahren. Obwohl sich die Haltung gegenüber Sexualverhalten in China und auch in der Kommunistischen Partei in den vergangenen Jahrzehnten wesentlich verändert hat, ist sozialistische Sittlichkeit bis heute ein wichtiger und unverzichtbarer Bestandteil der sozialistischen Ideologie.

3.3   Strafrechtlicher und ordnungswidrigkeitsrechtlicher Bereich

Chinesische Gelehrte benennen den größten Unterschied zwischen dem chinesischen und den westlichen Strafrechtssystemen schon lange wie folgt: Es gehe beim Strafrecht in westlichen Ländern wie Deutschland um eine „niedrige Tatbestandsschwelle mit milder Strafe" (严而不厉), während das Merkmal des chinesischen Strafrechts eine „hohe Tatbestandsschwelle mit scharfer Strafe" (厉而不严) sei.[177] Einerseits

---

177   *Chu* 1989, S. 99–107.

sei der strafrechtliche Bereich in China wesentlich enger gefasst als in Deutschland, denn § 13 chStGB besagt: „[...] jedoch gelten derartige Handlungen nicht als Straftaten, wenn sie den Tatumständen nach eindeutig geringfügig sind und keine große Gefährdung darstellen",[178] was für die meisten Delikte zu hohen Tatbestandsschwellen (Anzahl, Häufigkeit usw.) führt.[179] Solch hohe Tatbestandsschwellen sind auch dafür verantwortlich, dass die Häufigkeit von Delikten laut polizeilicher Kriminalstatistik in China wesentlich niedriger ist als in Deutschland.[180] Andererseits fallen jene Strafen für jene Handlungen, die in China strafbar sind, deutlich schärfer aus als in Deutschland. Hier sind Strafen vergleichsweise mild – z.B. ist die lebenslange Haftstrafe nur bei einigen Delikten möglich, während Geldstrafe in der Praxis mit fast 80 % aller Verurteilungen die dominierende Strafe ist.[181] Im Gegensatz dazu ist Freiheitsstrafe nach chStGB sowie in der chinesischen Praxis die häufigste Strafe, und eine Geldstrafe kann normalerweise nur neben einer Freiheitsstrafe verhängt werden. Darüber hinaus gilt die lebenslange Freiheitsstrafe sowie die Todesstrafe für zahlreiche Delikte.

In Deutschland, wo eine gemischt qualitativ-quantitative Betrachtungsweise vorhanden ist, ist die Abgrenzung zwischen Straftaten und Ordnungswidrigkeiten vergleichsweise klar, d.h. einerseits müssen die Rechtsgüter im Kernbereich des Strafrechts von diesem geschützt werden, andererseits können Handlungen im Randbereich des Strafrechts womöglich auch vom Ordnungswidrigkeitsrecht bestimmt werden.[182] Nach § 21 OWiG kann beim Zusammentreffen von Straftat und Ordnungswidrigkeit eine Handlung als Ordnungswidrigkeit nur dann geahndet werden, wenn keine Strafe verhängt wird. Die meisten Sexualdelikte liegen aber im Kernbereich des Strafrechts und betreffen das Ordnungswidrigkeitsrecht somit nicht. Ausnahmsweise ist jedoch § 184f dtStGB „Ausübung der verbotenen Prostitution" mit § 120 OWiG eng verbunden.

Die Situation in China ist viel komplizierter, weil nicht nur die Rechtsgüter im Randbereich des Strafrechts (öffentliche Ordnung und Ordnung der gesellschaftlichen Verwaltung), sondern auch manche im Kernbereich des Ordnungswidrigkeitsrechts geschützt werden (öffentliche Sicherheit, persönliche Rechte und Vermögensrechte). Aus der deutschen Sichtweise heraus ist es fast undenkbar, dass Handlungen wie Körperverletzung, Diebstahl und Betrug sowohl Straftaten als auch Ordnungswidrigkeiten sein können. Infolgedessen ist der ordnungswidrigkeitsrechtliche Bereich

---

178 *Strupp* 1998, S. 107.
179 *Lu* 2014, S. 69.
180 Beispielsweise lag die Anzahl der von der Polizei erfassten Fälle im Jahr 2012 in China bei 6.551.440 und in Deutschland bei 5.997.040, mit einer von 484 Fällen pro 100.000 Einwohner in China und 7.327 in Deutschland. Vgl. Zhong Guo Fa Lü Nian Jian (中国法律年鉴); Polizeiliche Kriminalstatistik der Bundesrepublik Deutschland 2012, S. 17.
181 Statistisches Bundesamt, Statistisches Jahrbuch 2018, S. 313.
182 *Wang* 2011, S. 97–101.

in Deutschland im Gegensatz zum engen strafrechtlichen Bereich in China deutlich weiter gefasst. Eine quantitative Betrachtungsweise ist in China sinnvoll, und die Abgrenzung zwischen Straftaten und Ordnungswidrigkeiten ist meistens davon abhängig, ob die Handlung eine bestimmte Schwelle übersteigt. Nach § 2 SOWiG ist eine Handlung beim Zusammentreffen von Straftat und Ordnungswidrigkeit nur dann als Ordnungswidrigkeit zu ahnden, wenn sie für eine Strafbarkeit nicht ausreicht. Viele Sexualdelikte werden in China als Ordnungswidrigkeiten behandelt, wenn sie eine solche Schwelle nicht übersteigen, z.B. unzüchtige Handlungen, Unzucht zwischen mehreren Menschen, Prostitutionsdelikte, Pornographiedelikte usw. Deswegen ist es erforderlich, dass sich die vorliegende Arbeit im chinesischen Kontext auch mit Ordnungswidrigkeiten befasst.

3.4   Rolle der juristischen Auslegungen

Der Grundsatz „Keine Strafe ohne Gesetz" nach § 103 Abs. 2 GG und § 1 dtStGB enthält das Bestimmtheitsgebot, nämlich „die Verpflichtung des Gesetzgebers, die Voraussetzungen der Strafbarkeit so konkret zu umschreiben, dass Tragweite und Anwendungsbereich der Straftatbestände zu erkennen sind und sich durch Auslegung ermitteln lassen".[183] Diese Bestimmtheitsanforderung dient der Rechtssicherheit und festigt den Rechtsstaat. Deshalb sind Rechtssätze deutlich zu formulieren, um den Auslegungsspielraum des Richters möglichst zu verkleinern, obwohl eine juristische Auslegung in der Praxis unvermeidlich ist. Nach § 97 Abs. 1 GG sind deutsche Richter nur dem Gesetz unterworfen, nach welchem sie auch unabhängig von den Auslegungen anderer Rechtsprechungen sind. Aber für eine einheitliche Rechtsordnung ist die Rechtsprechung anderer Richter, insbesondere des BGH, in der Praxis dennoch von großer Wichtigkeit.

Im Vergleich zu Deutschland sind die Rechtssätze im chStGB kurz und schwammig formuliert. Nach dem deutschen Standard widersprechen die üblichen Formulierungen des chStGB wie „mit sonstigen Methoden", „sonstige Folgen" oder „unter schwerwiegenden Tatumständen" offensichtlich dem Bestimmtheitsgebot. Während die deutschen Gerichte Gesetze durch ihre Rechtsprechung auslegen, bezieht sich der Begriff „juristische Auslegung" in China i.d.R. ausschließlich auf die Vorschriften, die vom Obersten Volksgericht und der Obersten Volksstaatsanwaltschaft zur Auslegung der Gesetze verkündet werden. Diese Auslegungen werden im Schrifttum als abstrakte juristische Auslegungen (抽象司法解释) bezeichnet.[184] Aufgrund der unbestimmten Formulierungen in den Gesetzen schließen diese juristischen Auslegungen manche scheinbaren Gesetzeslücken und erweitern ferner die Strafbarkeit wesentlich.

---

183   BVerfG-Beschluss vom 22.06.1988 (2 BvR 1154/86).
184   *Jin* 2010, S. 56.

Das Modell hat seinen Ursprung in den 1950er Jahren, als China noch kein Strafgesetzbuch hatte. Damals verkündete das Oberste Volksgericht wie ein Gesetzgeber zahlreiche Verordnungen und andere juristische Dokumente, um Richter in ganz China bei ihren Beurteilungen anzuleiten. Nachdem das Strafgesetzbuch schließlich im Jahr 1980 in Kraft trat, verkündete das Oberste Volksgericht nicht mehr Verordnungen, sondern juristische Auslegungen, um die Rechtssätze zu verdeutlichen und Fragen aus der Praxis zu beantworten. Das war für die Einheit der Rechtsordnung und den Schutz vor Willkür sehr nützlich, denn sowohl das Strafgesetzbuch als auch die Richter entsprachen keinen Standards. Die oben erwähnte Schwelle bei der Abgrenzung zwischen Straftat und Ordnungswidrigkeit sind i.d.R. auch von solchen juristischen Auslegungen bestimmt. Dieses Modell spielt noch bis heute in der Praxis eine zentrale Rolle, und alle Richter sind diesen juristischen Auslegungen unterworfen. Allerdings wird es seit langer Zeit kritisiert, weil die gesetzgebende Gewalt zu einem gewissen Grad übergangen wird.[185] Ferner widersprechen manche juristischen Auslegungen dem Gesetz oder schaffen neue Regelungen, weshalb viele Gelehrte die juristischen Auslegungen in China als „Quasi-Gesetzgebung" (准立法) bezeichnen.[186] Im Vergleich dazu ist die Rechtsprechung in China nicht von großer Bedeutung. Nicht einmal die vom Obersten Volksgericht bekannt gemachten Anleitungs- und Musterfälle müssen von den Richtern beachtet werden.[187]

Der Unterschied zwischen der Rolle der juristischen Auslegung in Deutschland und jener in China ist für diese Arbeit sinnvoll und wichtig. Die deutschen Rechtsnormen und Tatbestandsmerkmale sind anhand der Rechtsprechung zu untersuchen, während die juristischen Auslegungen bei der Untersuchung der chinesischen Rechtsnormen den Schwerpunkt bilden.

3.5   Altersgrenze für Schuldunfähigkeit

In Deutschland ist ein Täter schuldunfähig, wenn er bei Begehung der Tat noch nicht 14 Jahre alt ist (§ 19 dtStGB). Im Vergleich dazu ist die Altersgrenze für Schuldfähigkeit in China in der Regel 16 Jahre (§ 17 Abs. 1 chStGB). Aber der chinesische Gesetzgeber hält acht Delikte für besonders schwerwiegend und setzt dafür eine niedrigere Altersgrenze, nämlich 14 Jahre (§ 17 Abs. 2 chStGB). Diese acht Delikte sind Totschlag, Körperverletzung mit schwerer Folge oder Todesfolge, Vergewaltigung, Raub, Drogenhandel, Brandstiftung, Sprengstoffdelikte und Vergiftung. Im Sexualstrafrecht ist die Altersgrenze für Schuldfähigkeit nur bei Vergewaltigung 14 Jahre. Bei allen anderen Sexualdelikten ist ein Täter nur dann schuldfähig, wenn er bei Begehung der Tat über 16 Jahre alt ist.

---

185   *Wu* 2010, S. 39–40.

186   *Chen* 1996, S. 540.

187   *Li* 2010, S. 86.

3.6   Lehre des Vorsatzes in China

Nach § 14 chStGB liegt dann eine vorsätzliche Straftat vor, wenn der Täter über die sozialschädlichen Folgen seiner Handlung Bescheid weiß und diese hervorrufen will oder billigend in Kauf nimmt. Hinsichtlich des kognitiven Elements wird das „Für-möglichhalten" nicht wörtlich erfasst, aber im Schrifttum wird der Begriff „Wissen" weit ausgelegt. Im weiteren Sinn umfasst es zwei Varianten, nämlich Wissen, dass die Folge zwangsläufig auftreten wird (Wissen i.e.S.) und Wissen, dass die Folge möglicherweise auftreten wird (Fürmöglichhalten).[188] Hinsichtlich des voluntativen Elements werden „Wollen" und „Inkaufnehmen" voneinander getrennt. Im Schrifttum wird der Vorsatz in zwei Typen unterteilt, nämlich direkten und mittelbaren Vorsatz, aber diese Abgrenzung ist noch umstritten. Nach h.M. ist das Abgrenzungs-kriterium ausschließlich das voluntative Element.[189] Nach a.A. muss auch das kog-nitive Element berücksichtigt werden: Der direkte Vorsatz kann „Wissen" oder „Für-möglichhalten" und „Wollen" umfassen, während der mittelbare Vorsatz nur „Für-möglichhalten" und „Inkaufnehmen" erfordert, weil „Wissen" und „Inkaufnehmen" nicht gleichzeitig vorliegen können.[190]

3.7   Strafbarkeit des Versuchs und der Vorbereitung

Nach § 23 Abs. 1 dtStGB ist der Versuch eines Verbrechens immer strafbar, wäh-rend der Versuch eines Vergehens nur dann strafbar ist, wenn das Gesetz dies aus-drücklich bestimmt. Die meisten Sexualdelikte sind Vergehen, weshalb eine aus-drückliche Formulierung für die Strafbarkeit des Versuchs erforderlich ist. Aus-nahmsweise ist die sexuelle Nötigung nach § 177 dtStGB ein Verbrechen. Die Vor-bereitung einer Straftat ist in Deutschland straflos, es sei denn, dass die Vorberei-tungshandlung im dtStGB selbst ein Strafdelikt ist, z.B. Vorbereitung der Fälschung von Geld und Wertzeichen nach § 149 dtStGB. Hinsichtlich des Sexualstrafrechts beziehen sich einige Tatvarianten auf die Vorbereitungshandlungen, z.B. auf solche des sexuellen Missbrauchs von Kindern (§ 176 Abs. 5 dtStGB) oder der Verbreitung pornographischer Schriften (§ 184 Abs. 1 Nr. 8 dtStGB).

In China ist die Situation anders. Nach § 23 chStGB ist schon der Versuch einer Straftat strafbar. Diese Vorschrift gilt scheinbar für alle Delikte, aber selbstverständ-lich nur für vorsätzliche Handlungen. Darüber hinaus ist der Versuch unter eindeutig geringfügigen Tatumständen und ohne große Gefährdung nach § 13 chStGB keine Straftat. Alle Sexualdelikte im chStGB erfordern einen Vorsatz, deshalb ist der Ver-such solcher Handlungen theoretisch strafbar, aber in der Praxis ist die Strafbarkeit

---

188   *Yu* 2008, S. 97.
189   *Ma* 1999, S. 344; *Gao* 2005, S. 54.
190   *Chen* 1999, S. 156.

im Einzelfall zu bestimmen. Nach § 22 chStGB ist auch die Vorbereitung einer vor-sätzlichen Straftat strafbar, aber das Gericht kann von einer Strafe absehen.

Dieser Unterschied ist für die vorliegende Arbeit sinnvoll. Bei der Untersuchung des deutschen Rechts ist es erforderlich zu erwähnen, ob der Versuch eines Delikts oder eine Vorbereitungshandlung strafbar ist, während dies in der Untersuchung des chinesischen Rechts nicht notwendig ist.

3.8   Bedeutung von „Strafe schwereren Grades" im chStGB

Zur Rechtsfolge sowie Strafzumessung hat das chStGB eine besondere Regelung, nämlich die „Strafe schwereren Grades". Diese Formulierung besteht im dtStGB nicht. Beispielsweise besagt § 236 Abs. 2 chStGB: „Beischlaf mit einem Mädchen unter 14 Jahren auszuüben, ist wie Vergewaltigung zu behandeln und mit Strafe schwereren Grades zu belegen". Nach § 62 chStGB bezieht sich „Strafe schwereren Grades" nicht auf einen erhöhten Strafrahmen, sondern bleibt innerhalb des gesetz-lich bestimmten Strafrahmens. Deshalb gilt der Strafrahmen aus § 236 Abs. 1 chStGB (Vergewaltigung) auch für § 236 Abs. 2 chStGB. Theoretisch ist die „Strafe schwereren Grades" schärfer als die ohne schweren Grad. Beispielsweise ist die Ver-gewaltigung eines Mädchens schärfer zu bestrafen als die einer Frau, falls kein wei-terer besonderer Umstand vorliegt. Aber die Strafzumessung ist in der Praxis kom-pliziert und hängt von spezifischen Umständen ab.

Kapitel 4
Verletzungen der sexuellen Selbstbestimmung

4.1 Grundlagen und Vorbemerkung

4.1.1 Definition der sexuellen Handlung

Während der Großen Strafrechtsreform in Deutschland wurden die Begriffe „unzüchtige Handlung" und „Unzucht" im dtStGB durch das Wort „sexuelle Handlung" ersetzt. Objektiv muss die Handlung nach ihrem äußeren Erscheinungsbild und nach allgemeinem Verständnis einen Sexualbezug aufweisen.[191] Andererseits ist eine subjektive Komponente wie sexuelle Erregung regelmäßig nicht erforderlich – es sei denn, das objektive Geschehen der Handlung ist ambivalent.[192] Sowohl hetero- als auch homosexuelle Handlungen werden erfasst. Nach § 184h dtStGB sind sexuelle Handlungen nur solche, die im Hinblick auf das jeweils geschützte Rechtsgut von einiger Erheblichkeit sind. Diese Vorschrift setzt eine quantitative Schwelle, um den qualifizierten Begriff einzuschränken. Der Umfang der sexuellen Handlung differiert je nach dem Rechtsgut des einzelnen Tatbestands; z.B. ist die Erheblichkeitsschwelle bei Straftaten gegen Minderjährige niedriger als die gegen Erwachsene.[193] Infolgedessen ist Körperkontakt i.d.R. ein notwendiges Merkmal der sexuellen Handlung. Ausnahmsweise wird ihre Vornahme vor einem Kind oder einem Schutzbefohlenen oder das Bestimmen einer solchen Person zur Vornahme einer sexuellen Handlung ohne Körperkontakt nach den §§ 174 und 176 dtStGB auch mit Strafe bedroht.

Der Begriff „sexuelle Handlung" besteht im chStGB nicht, und jedes Delikt hat seine eigenen Begriffe. Vergewaltigung bezieht sich im § 236 chStGB nur auf Beischlaf, nämlich Eindringen des Penis in die Scheide. Bei den unzüchtigen Handlungen nach § 237 chStGB geht es hauptsächlich um sexuelle Handlungen außerhalb des Beischlafs. Unzucht umfasst im § 301 chStGB sowohl Beischlaf als auch andere sexuelle Handlungen. Darüber hinaus schuf die Stellungnahme von 2013 zwei Begriffe, nämlich sexueller Übergriff und sexuelle Beziehung.[194] Sexueller Übergriff betrifft

---

191 S/S-*Perron & Eisele* 2010, § 184g Rn. 6; *Fischer* 2013, S. 1297, § 184g Rn. 3; MK-*Hörnle* 2003, § 184f Rn. 2.

192 *Fischer* 2013, S. 1297, § 184g Rn. 4a; MK-*Hörnle* 2003, S. 1396, § 184f Rn. 5.

193 *Laubenthal* 2012, S. 42.

194 Stellungnahme über die Bestrafung des minderjährigen sexuell übergriffigen Täters (2013).

nicht nur Beischlaf und unzüchtige Handlungen, sondern auch manche Prostitutionsdelikte, während sexuelle Beziehung mit Beischlaf gleichbedeutend ist.

4.1.2   Definition der sexuellen Selbstbestimmung

Sexuelle Selbstbestimmung, die vor der Großen Strafrechtsreform „geschlechtliche
Freiheit" hieß, gehörte damals zur geschlechtlichen Sittlichkeit und bedeutete freie
Selbstbestimmung über den geschlechtlichen Verkehr.[195] Mit der Großen Strafrechtsreform wurde sie das primär geschützte Rechtsgut im deutschen Sexualstrafrecht. Der entsprechende Begriff in China ist sexuelle Freiheit, die das geschützte
Rechtsgut beim Delikt der Vergewaltigung ist. Sexuelle Selbstbestimmung ist
gleichbedeutend mit sexueller Freiheit. In Deutschland bezieht sich sexuelle Selbstbestimmung nicht auf die Freiheit zu, sondern auf die negative Freiheit vor sexuellen
Handlungen.[196] In China geht es auch um die negative Freiheit, nämlich das Recht
auf die Ablehnung der sexuellen Handlungen.[197]

4.1.3   Klassifikation der Verletzungen der sexuellen
Selbstbestimmung

Der Begriff der Verletzung der sexuellen Selbstbestimmung ist i.e.S. zu verstehen.
Der Titel des 13. Abschnitts ist „Straftaten gegen die sexuelle Selbstbestimmung",
aber manche Sexualdelikte beziehen sich auf Rechtsgüter außerhalb der sexuellen
Selbstbestimmung, z.B. Pornographiedelikte und sexuelle Belästigung, deshalb
scheiden sie aus. Straftaten gegen Minderjährige und Prostitutionsdelikte verletzen
zwar manchmal die sexuelle Selbstbestimmung, werden aber wegen ihrer Besonderheit eher nicht von diesem Begriff erfasst. Deshalb befasst er sich ausschließlich mit
den Delikten im Kernbereich des Sexualstrafrechts. In Deutschland werden davon
nur sexuelle Nötigung und manche Missbrauchsdelikte erfasst, während es sich dabei in China um Vergewaltigung und unzüchtige Handlungen handelt.

4.2   Deutschland

4.2.1   Sexuelle Nötigung; Vergewaltigung (§ 177 ff. dtStGB a.F.)

4.2.1.1   Allgemeines

Die §§ 177, 178 und 240 dtStGB wurden am 07.07.2016 vom Bundestag verändert.
Hier wird jedoch die alte Fassung erläutert, während der Streit um die neue Fassung
in einem späteren Abschnitt ausführlich diskutiert wird.

---

195   *Von Liszt* 1905, S. 364.
196   *Maurach* 2009, S. 186.
197   *Wang* 2007, S. 886; *Chen* 2008, S. 682; *Ruan* 2010, S. 549.

Vergewaltigung war bis 1997 ein eigenständiges Delikt und bezog sich nur auf Beischlaf. Im Jahr 1997 wurden dann die Tatbestände der sexuellen Nötigung und der Vergewaltigung durch das 33. StrÄG in einem einheitlichen Tatbestand (§ 177 dtStGB) zusammengefasst. Seither ist Vergewaltigung ausschließlich einer von mehreren Qualifikationstatbeständen der sexuellen Nötigung. Dabei geht es um alle sexuellen Handlungen von einiger Erheblichkeit, während die Neufassung der Vergewaltigung sich auf Beischlaf und beischlafähnliche Handlungen bezieht. Sexuelle Nötigung erfordert bestimmte gravierende Nötigungsmittel, weshalb andere Formen der Nötigung oder die Nötigung unterhalb der Schwelle dagegen nur von § 240 dtStGB (Nötigung) als Auffangklausel erfasst sind.[198] Das Rechtsgut des § 177 dtStGB ist vor allem die sexuelle Selbstbestimmung, ferner werden auch Gesundheit und Leben vor Gefährdung und Verletzung geschützt.[199]

4.2.1.2 Objektiver Tatbestand

§ 177 Abs. 1 dtStGB bezieht sich auf den Grundtatbestand der sexuellen Nötigung. Diese liegt darin, dass der Täter mit bestimmten Mitteln eine andere Person zu sexuellen Handlungen mit ihm oder einem Dritten nötigt. Gleichgültig ist dafür das Geschlecht des Täters oder des Opfers. Ferner ist die sexuelle Nötigung auch in der Ehe strafbar.

4.2.1.2.1 Sexuelle Handlungen mit Körperkontakt

Wegen des Worts „an" ist Körperkontakt für die Tatbestandsverwirklichung erforderlich. Aber ein Haut-zu-Haut-Kontakt ist nicht notwendig, und beispielsweise werden sexueller Kontakt über Kleidung und die Ejakulation auf den Körper des Opfers ebenfalls erfasst.[200] Das Opfer muss solche Handlungen dulden oder vornehmen, und gleichgültig ist, ob dies mit dem Täter oder einem Dritten stattfindet. Aber es genügt nicht, wenn der Täter das Opfer nötigt, die sexuellen Handlungen an sich selbst vorzunehmen. Sie müssen von einiger Erheblichkeit sein. Beischlaf und beischlafähnliche Handlungen wie Oral- und Analverkehr sind davon selbstverständlich erfasst. Aber manche Grenzfälle sind umstritten, und die Dauer des Körperkontakts ist in der Praxis oft wichtig für die Überschreitung der Schwelle; deshalb sind flüchtige Berührung der Brust über Kleidung und kurzzeitiger Zungenkuss ausgeschlossen.[201]

4.2.1.2.2 Nötigungsmittel

Nötigung ist das entscheidende Merkmal des Tatbestands und beschränkt sich auf drei Arten von Mitteln. Das erste Nötigungsmittel ist Gewalt (Nr. 1), was früher die

---

198 *Fischer* 2013, § 177 Rn. 2; S/S-*Perron & Eisele* 2010, S. 1644, § 177 Rn. 2.

199 LK-*Hörnle* 2009, § 177 Rn. 4; M/R-*Eschelbach* 2013, § 177 Rn. 3.

200 LK-*Hörnle* 2009, § 177 Rn. 12.

201 LK-*Hörnle* 2009, § 177 Rn. 10.

88   Kapitel 4   Verletzungen der sexuellen Selbstbestimmung

Anwendung der körperlichen Kraft des Täters bedeutete[202] und heute mehr in der Empfindung der körperlichen Zwangswirkung des Opfers liegt,[203] seit auch die Anwendung von technischen oder Betäubungsmitteln erfasst wird.[204] Aber dieser Begriff kann nicht die rein verbale Einwirkung, Täuschung oder überraschende Sexualhandlung beinhalten. Die Gewalt muss auf das Opfer gerichtet sein, und Gewalt an einem Dritten ist nach Nr. 2 als Drohung möglich. Der Widerstand des Opfers ist nicht erforderlich, und das Ausmaß der Gewalt ist irrelevant, daher werden auch körperliche Misshandlungen erfasst, die der Gesundheit des Opfers nicht schaden.[205]

Das zweite Nötigungsmittel ist Drohung mit gegenwärtiger Gefahr für Leib oder Leben (Nr. 2) und muss von einer gewissen Schwere sein.[206] Deshalb werden andere Formen der Drohung sowie Drohung unterhalb der Erheblichkeitsschwelle nur von § 240 dtStGB (Nötigung) erfasst. Beispielsweise ist eine Ankündigung von heftigen Schlägen qualifiziert, während die einer Ohrfeige nicht genügt.[207] Auch wird erfasst, dass die Drohung mit Gefahr für Leib oder Leben eines Dritten auf das Opfer gerichtet wird.[208] Ein schlüssiges Verhalten, das ausdrücklich oder konkludent auf Gewalt oder Drohung nur hinweist, wird ebenfalls als eine Drohung betrachtet, soweit dadurch eine Zwangswirkung gegen das Opfer entsteht.[209] Die Gefahr muss gegenwärtig sein, aber umstritten ist, ob die Grenze der Gegenwärtigkeit ein Tag[210] oder mehrere Tage[211] ist.

Das dritte Nötigungsmittel ist die Ausnutzung einer Lage, in der das Opfer der Einwirkung des Täters schutzlos ausgeliefert ist (Nr. 3). Diese Tatvariante ist in das 33. StrÄG als Auffangtatbestand eingefügt,[212] um die Strafbarkeitslücken zu schließen, wenn „Frauen vor Schrecken starr oder aus Angst vor der Anwendung von Gewalt durch den Täter dessen sexuelle Handlungen über sich ergehen lassen".[213] Aber die Abgrenzung von Nr. 3 zu Nr. 2 sowie zu § 179 dtStGB wird nicht deutlich erklärt.[214] Die Einwirkung beschränkt sich nach der Rechtsprechung nur auf „körperliche Beeinträchtigung" und umfasst „jede Form von Gewaltanwendung".[215] Eine

---

202   LK-*Hörnle* 2009, § 177 Rn. 30.
203   LK-*Hörnle* 2009, § 177 Rn. 31.
204   M/R-*Eschelbach* 2013, § 177 Rn. 12–14.
205   LK-*Hörnle* 2009, § 177 Rn. 41.
206   *Fischer* 2013, § 177 Rn. 18.
207   M/R-*Eschelbach* 2013, § 177 Rn. 19.
208   LK-*Hörnle* 2009, § 177 Rn. 82.
209   S/S-*Perron & Eisele* 2010, § 177 Rn. 7.
210   M/R-*Eschelbach* 2013, § 177 Rn. 20.
211   LK-*Hörnle* 2009, § 177 Rn. 76.
212   *Fischer* 2013, § 177 Rn. 23.
213   BT-Drs. 13/ 7324, S. 6.
214   *Fischer* 2013, § 177 Rn. 23.
215   LK-*Hörnle* 2009, § 177 Rn. 96–97.

schutzlose Lage ist gegeben, wenn das Opfer weder eigenhändig effektiv abwehren noch sicher fliehen kann,[216] und eine gewisse Zeitdauer ist nach dem Begriff „Lage" erforderlich.[217] Ferner ist das Opfer schutzlos, selbst wenn es um fremde Hilfe bitten kann, es sei denn, „tatsächlich schutzbereite Personen befinden sich in unmittelbarer Nähe".[218] Die Ursache der schutzlosen Lage ist irrelevant, aber das Opfer muss eine solche Lage erkennen.[219] Der Begriff „Ausnutzung" bedeutet ausschließlich „das Verhältnis einer Handlung zu den Bedingungen ihres Vollzugs"[220] und erfordert, dass der Täter die schutzlose Lage des Opfers erkennt.

4.2.1.2.3 Der entgegenstehende Wille des Opfers

Die Tatbestandsverwirklichung der sexuellen Nötigung setzt voraus, dass die sexuellen Handlungen gegen den Willen des Opfers stattfinden. Eine ausdrückliche Äußerung eines solchen entgegenstehenden Willens ist nicht erforderlich.[221] Beim wirksamen Einverständnis der betroffenen Person zu solchen Handlungen liegt keine Nötigung vor, daher sind die einvernehmlichen sado-masochistischen Handlungen mit Gewalt beispielsweise straflos.[222] Aber das Opfer kann das Einverständnis jederzeit widerrufen, sodass die Fortsetzung der sexuellen Handlungen des Täters strafbar ist.[223] Das Einverständnis ist nur dann wirksam, wenn das Opfer ohne Zwangswirkung seinen wirklichen Willen äußern kann. Der Wille des Opfers kann anders sein als die subjektive Wahrnehmung des Täters, und Widerstandslosigkeit oder Sprachlosigkeit ist „kein Indiz für ein tatsächlich vorliegendes Einverständnis".[224] In der Regel gilt der Grundsatz „im Zweifel für den Angeklagten" nicht für die Feststellung des Einverständnisses, weil die betroffene Person nach der allgemeinen Lebenserfahrung in Fällen mit solchen Nötigungsmitteln kaum tatsächlich einwilligt.[225]

4.2.1.3 Subjektiver Tatbestand

Bei § 177 dtStGB genügt bedingter Vorsatz, obwohl der Täter in der Praxis meistens mit Absicht handelt. Vorsatz umfasst Umstände der Nötigungsmittel, die sexuellen Handlungen, die Kausalität zwischen Handeln und Erfolg sowie den entgegenstehenden Willen des Opfers.[226] Beispielsweise muss der Täter in Fällen von Nr. 1 und

---

216 LK-*Hörnle* 2009, § 177 Rn. 99–100.

217 *Fischer* 2013, § 177 Rn. 32.

218 LK-*Hörnle* 2009, § 177 Rn. 103.

219 S/S-*Perron & Eisele* 2010, § 177 Rn. 9.

220 *Fischer* 2013, § 177 Rn. 34a.

221 LK-*Hörnle* 2009, § 177 Rn. 18.

222 M/R-*Eschelbach* 2013, § 177 Rn. 11.

223 MK-*Renzikowski* 2003, § 177 Rn. 50; LK-*Hörnle* 2009, § 177 Rn. 23.

224 LK-*Hörnle* 2009, S. 930, § 177 Rn. 24.

225 LK-*Hörnle* 2009, S. 930, § 177 Rn. 24.

226 M/R-*Eschelbach* 2013, § 177 Rn. 39.

Nr. 2 den Kausalzusammenhang zwischen Nötigungshandlung und Erfolg zumindest für möglich halten und in Fällen von Nr. 3 die Schutzlosigkeit und die Zwangswirkung des Opfers erkennen.[227] Darüber hinaus ist es erforderlich, dass der Täter den entgegenstehenden Willen des Opfers zumindest für möglich hält. Falls er wirklich glaubt, dass das Opfer mit den sexuellen Handlungen einverstanden ist, ist er wegen fehlenden Vorsatzes nach § 16 Abs. 1 dtStGB (Irrtum über Tatumstände) straflos.[228] Allerdings ist die Beweiswürdigung sehr problematisch, wenn der Täter den Irrtum behauptet, weil die Beweissituation bei der sexuellen Nötigung regelmäßig auf „Aussage gegen Aussage" hinausläuft.[229] Zwar ist Gewalt oder Drohung ein deutliches Indiz gegen eine solche Behauptung, aber es ist auch schwierig zu beweisen, dass solche Gewalt oder Drohung wirklich bestand, und die Feststellung der Situation der schutzlosen Lage ist sogar schwieriger. Daher muss der Richter im Einzelfall unter Berücksichtigung verschiedener Aspekte und unter Anwendung der Aussagepsychologie die subjektive Seite des Täters bestimmen.[230]

4.2.1.4   Vergewaltigung als Qualifikationstatbestand (§ 177 Abs. 2 S. 2 Nr. 1 dtStGB)

Vergewaltigung ist seit 1997 nach § 177 Abs. 2 S. 2 Nr. 1 dtStGB eines der zwei Regelbeispiele der besonders schweren Fälle der sexuellen Nötigung und liegt nur im Beischlaf und in vergleichbaren sexuellen Handlungen mit dem Opfer. Eine solche Tat verletzt nicht nur die Intimsphäre und die Menschenwürde, sondern auch die körperliche Integrität und Gesundheit.[231] Gleichgültig ist, ob der Täter die Handlungen selber vornimmt oder vom Opfer an sich vornehmen lässt. Aber erforderlich ist, dass die sexuellen Handlungen mit Körperkontakt zwischen Täter und Opfer stattfinden. Deshalb genügt es nicht, wenn der Täter das Opfer nötigt, solche Handlungen an sich selbst oder einem Dritten vorzunehmen.[232] Beischlaf ist das Eindringen des männlichen Gliedes in die weibliche Scheide, ein Eindringen in den Scheidenvorhof reicht dafür schon aus.[233] Der Beischlaf muss zwischen einem Mann und einer Frau begangen werden, und nicht nur der Mann, sondern auch die Frau kann der Vergewaltiger sein.[234] Beischlafähnliche Handlungen sind solche, die das Opfer besonders erniedrigen; sie liegen hauptsächlich in den mit einem Eindringen in den Körper verbundenen Handlungen. Analverkehr, Oralverkehr, Ejakulation in den Mund sowie Einführen eines Gegenstands oder eines anderen Körperteils in die Scheide oder den

---

227   *Fischer* 2013, § 177 Rn. 54.
228   LK-*Hörnle* 2009, § 177 Rn. 126.
229   *Fischer* 2013, § 177 Rn. 54b; LK-*Hörnle* 2009, § 177 Rn. 126.
230   *Fischer* 2013, § 177 Rn. 54b.
231   LK-*Hörnle* 2009, § 177 Rn. 194.
232   S/S-*Perron & Eisele* 2010, § 177 Rn. 21; *Fischer* 2013, § 177 Rn. 67.
233   LK-*Hörnle* 2009, § 177 Rn. 202.
234   M/R-*Eschelbach* 2013, § 177 Rn. 50.

Anus sind nach den Rechtsprechungen unstreitig erfasst, während ein Zungenkuss sowie das Einführen eines Gegenstands oder Fingers in den Mund in der Praxis regelmäßig zu verneinen sind.[235] Andere beischlafähnliche Handlungen mit besonderer Erniedrigung des Opfers, die jedoch nicht mit einem Eindringen verbunden sind, sind auch von § 177 Abs. 2 S. 2 Nr. 1 dtStGB erfasst, aber nicht als Vergewaltigung zu bezeichnen, z.b. Ejakulation ins Gesicht, sado-masochistische Handlungen oder Nötigung zum Verschlucken vom Sperma.[236]

4.2.1.5 Weitere Qualifikationstatbestände und Strafzumessungsnormen

§ 177 Abs. 2 S. 2 Nr. 2 dtStGB bezieht sich auf ein anderes Regelbeispiel der besonders schweren Fälle, nämlich die von mehreren Personen gemeinschaftlich begangene sexuelle Nötigung. Sie setzt die aktive Zusammenwirkung von mindestens zwei Personen als Mittäter voraus.[237] Nicht erforderlich ist, dass sich alle Täter an den sexuellen Handlungen beteiligen, aber die gleichzeitige Anwesenheit am Tatort zur Zusammenwirkung ist notwendig.[238] Dagegen wird weder Beihilfe noch Unterlassen erfasst, und die Abgrenzung zwischen Beihilfe und Mittäterschaft liegt darin, ob die Abwehrchancen des Opfers durch die Unterstützung verschlechtert werden.[239] Außerhalb der Regelbeispiele sind sonstige unbenannte besonders schwere Fälle von Abs. 2 S. 1 erfasst, z.b. Nötigung des Opfers zum Beischlaf mit einem Dritten oder sexuelle Nötigung gegenüber einem Kind.[240] Diese Vorschrift ist jedoch kein Qualifikationstatbestand, sondern eine Strafzumessungsnorm.

§ 177 Abs. 3 dtStGB enthält drei Qualifikationstatbestände der sexuellen Nötigung oder Vergewaltigung mit einem erhöhten Strafrahmen. Bei Nr. 1 geht es um das Beisichführen einer Waffe oder eines anderen gefährlichen Werkzeugs. Die Definition nach § 1 des Waffengesetzes gilt für den Begriff der Waffe im technischen Sinne, nämlich Schusswaffen oder ihnen gleichgestellte Gegenstände sowie tragbare Gegenstände zur Beseitigung oder Herabsetzung der Angriffs- oder Abwehrfähigkeit von Menschen nach ihrem Wesen oder wegen ihrer Beschaffenheit, z.B. Hieb- und Stoßwaffen. Scheinwaffen und Waffen ohne Gefährlichkeit scheiden aus, z.B. eine ungeladene Schusswaffe.[241] Andere gefährliche Werkzeuge sind bewegliche Gegenstände, die erhebliche Verletzungen herbeiführen können. Beispielsweise zählen

---

235   LK-*Hörnle* 2009, § 177 Rn. 204–211; *Fischer* 2013, § 177 Rn. 67a–68; M/R-*Eschelbach* 2013, § 177 Rn. 52; MK-*Renzikowski* 2003, § 177 Rn. 64.

236   M/R-*Eschelbach* 2013, § 177 Rn. 53; *Fischer* 2013, § 177 Rn. 71; LK-*Hörnle* 2009, § 177 Rn. 221; S/S-*Perron & Eisele* 2010, § 177 Rn. 23.

237   *Fischer* 2013, § 177 Rn. 73; M/R-*Eschelbach* 2013, § 177 Rn. 54.

238   LK-*Hörnle* 2009, § 177 Rn. 224; *Fischer* 2013, § 177 Rn. 73; M/R-*Eschelbach* 2013, § 177 Rn. 54.

239   LK-*Hörnle* 2009, § 177 Rn. 225.

240   S/S-*Perron & Eisele* 2010, § 177 Rn. 18; M/R-*Eschelbach* 2013, § 177 Rn. 45.

241   M/R-*Eschelbach* 2013, § 177 Rn. 57.

Messer, die nicht zu den Waffen gehören, Äxte, Schraubendreher und Baseballschlä-
ger dazu,[242] und Salzsäure und Handgranaten werden nach der Gesetzgebungsab-
sicht auch erfasst.[243] Eine einschränkende Auslegung des gefährlichen Werkzeugs
ist erforderlich, sodass Gegenstände mit einer harmlosen Primärfunktion wie Schlüs-
sel, Kugelschreiber, Krawatten und Gürtel ausgeschlossen werden.[244] Beim Merkmal des Beisichführens reicht „die zufällige Griffnähe am Tatort" schon aus,[245] der
Täter muss die Waffe oder das Werkzeug also nicht am Körper mitbringen.[246] Eine
Verwendungsabsicht ist nicht nötig.

Nr. 2 bezieht sich auf das Beisichführen eines Werkzeugs oder Mittels, das zu Waffen und gefährlichen Werkzeugen in Nr. 1 nicht gehört. Scheinwaffen wie Spiel-
zeugpistolen werden davon erfasst.[247] Die Vorschrift erfüllt eine Auffangfunktion
gegenüber Nr. 1. Im Unterschied zu Nr. 1 ist hier eine Verwendungsabsicht erforderlich, nämlich den Widerstand des Opfers durch Gewalt oder Drohung mit Gewalt
zu verhindern oder zu überwinden. Deshalb scheidet die Verwendung zur Erzielung
einer Täuschungswirkung aus, wenn das Werkzeug oder das Mittel offensichtlich
ungefährlich ist, z.B. einen Lippenstift in den Rücken des Opfers zu bohren.[248] Bei
Nr. 3 handelt es sich um die Herbeiführung der Gefahr einer schweren Gesundheitsschädigung durch die Tat. Schwere Gesundheitsschädigung ist ein weiter Begriff und
bezeichnet einen physischen oder psychischen Krankheitszustand, der die Gesundheit des Betroffenen ernstlich, einschneidend und nachhaltig beeinträchtigt.[249] Beispielsweise werden davon nicht nur ernste langwierige Krankheiten, erhebliche Beeinträchtigungen der Leistungsfähigkeit und ansteckende Krankheiten wie Geschlechtskrankheiten, sondern auch erhebliche psychische Traumata erfasst.[250] Die
Gefahr muss konkret sein,[251] und der Täter muss diese Gefährdung für möglich halten, deshalb scheidet Fahrlässigkeit aus.[252]

§ 177 Abs. 4 dtStGB bezieht sich auf eine weitere Qualifikationsstufe mit einer
schärferen Strafdrohung. Bei Nr. 1 geht es um die Verwendung einer Waffe oder
eines anderen gefährlichen Werkzeugs bei der Tat. Eine Waffe ist hier gleichbedeutend mit jener in § 177 Abs. 3 Nr. 1 dtStGB, während der Begriff des gefährlichen

---

242   *Laubenthal* 2012, S. 107.
243   LK-*Hörnle* 2009, § 177 Rn. 266; BT-Drs. 13/9064, S. 18.
244   LK-*Hörnle* 2009, § 177 Rn. 267.
245   MK-*Renzikowski* 2003, § 177 Rn. 72.
246   M/R-*Eschelbach* 2013, § 177 Rn. 60.
247   *Laubenthal* 2012, S. 109.
248   *Laubenthal* 2012, S. 109.
249   MK-*Renzikowski* 2003, § 177 Rn. 75.
250   *Laubenthal* 2012, S. 111.
251   *Fischer* 2013, § 177 Rn. 82.
252   *Laubenthal* 2012, S. 111.

Werkzeugs hier viel weiter gefasst ist als in Abs. 3 Nr. 1. Es reicht für ein gefährliches Werkzeug aus, dass erhebliche Verletzungen herbeigeführt werden können, deshalb werden hiervon beispielsweise auch Haushaltsschere, Fleischgabel und Kugelschreiber erfasst.[253] Im Gegenteil genügt die Verwendung eines offensichtlich ungefährlichen Gegenstands zur Täuschung nicht;[254] z.B. wird die Verwendung einer ungeladenen Schusswaffe zur Drohung nur von § 177 Abs. 3 Nr. 2 dtStGB erfasst.[255] Der Begriff der Verwendung bedeutet, dass der Täter die Waffe oder das Werkzeug zumindest zur konkreten Drohung einsetzen muss. Nr. 2a bezieht sich auf die körperlich schwere Misshandlung des Opfers bei der Tat. Diese ist eng mit erheblichen Schmerzen verbunden, aber eine tatsächliche Schmerzempfindung ist nicht erforderlich, und es reicht auch aus, wenn das Opfer dabei wegen Gewalt oder Betäubung bewusstlos ist.[256] Erforderlich ist eine gesteigerte Beschädigung der Unversehrtheit, die über das Maß der einfachen Körperverletzung gem. § 223 dtStGB hinausgeht, aber jenes der schweren Körperverletzung gem. § 226 dtStGB nicht erreicht.[257] Beispielsweise werden davon heftige Schläge, das Ausreißen von Haaren und lang andauernde schmerzhafte Fesselung erfasst.[258] Nr. 2b betrifft den Fall, in dem das Opfer durch die Tat in die Gefahr des Todes gebracht wird. Eine konkrete Lebensgefährdung ist hierbei nötig. Der Umfang der Gefahr ist sehr weit definiert, deswegen kann nicht nur die Nötigungs-, sondern auch die sexuelle Handlung die Gefahr herbeiführen, z.B. eine lebensbedrohliche Schwangerschaft, eine konkrete Selbstmordgefahr und eine Übertragung des HIV-Virus.[259] Hinsichtlich der subjektiven Tatseite ist zumindest ein bedingter Vorsatz bezüglich der besonderen Folge in Nr. 2a oder der Lebensgefahr in Nr. 2b erforderlich, und Fahrlässigkeit (inklusive Leichtfertigkeit) scheidet aus.[260]

4.2.1.6 Sexuelle Nötigung und Vergewaltigung mit Todesfolge (§ 178 dtStGB)

Bei § 178 dtStGB geht es darum, dass der Täter durch die sexuelle Nötigung oder Vergewaltigung wenigstens leichtfertig den Tod des Opfers verursacht. Nach h.M. ist diese Vorschrift eine Erfolgsqualifikation der sexuellen Nötigung oder Vergewaltigung gem. § 177 dtStGB. Die Todesfolge muss der Nötigungshandlung oder der sexuellen Handlung zuzurechnen sein. Unproblematisch ist der Fall, in dem die To-

---

253 *Laubenthal* 2012, S. 111.
254 LK-*Hörnle* 2009, § 177 Rn. 289.
255 MK-*Renzikowski* 2003, § 177 Rn. 82.
256 LK-*Hörnle* 2009, § 177 Rn. 299.
257 *Laubenthal* 2012, S. 117.
258 LK-*Hörnle* 2009, § 177 Rn. 298; MK-*Renzikowski* 2003, § 177 Rn. 83.
259 *Laubenthal* 2012, S. 118.
260 *Laubenthal* 2012, S. 118; MK-*Renzikowski* 2003, § 177 Rn. 86.

desfolge durch das Verhalten des Täters verursacht wird, z.b. Gewalt, Verbluten wegen massiver sexueller Handlungen, lebensbedrohliche Schwangerschaft, Übertragung des HIV-Virus.[261] Darüber hinaus wird eine Zurechnung auch dann bejaht, wenn das Opfer seinen Tod selbst verursacht, z.b. panikartige Flucht, Selbstmord wegen psychischer Traumata oder konservativer Fremdkultur.[262] Auf der subjektiven Seite ist es erforderlich, dass zumindest eine Leichtfertigkeit die Todesfolge umfasst. Diese ist eine gesteigerte Form der Fahrlässigkeit.[263] Ein Vorsatz ist ebenfalls qualifiziert, und unter diesem Umstand existiert § 178 dtStGB in Tateinheit mit einem Tötungsdelikt.[264] Allerdings wird der Fall, in dem der Täter nach Beendigung der Tat das Opfer vorsätzlich tötet[265] – oder in dem er zur Befriedigung des Sexualtriebs oder Begehung sexueller Handlungen an der Leiche das Opfer vorsätzlich tötet[266] – nicht erfasst, weil die Todesfolge in diesem Fall nicht „durch die sexuelle Nötigung oder Vergewaltigung" verursacht wird.

4.2.1.7   Rechtsfolgen und andere Bestimmungen

Der Strafrahmen des Grundtatbestands ist Freiheitsstrafe nicht unter einem Jahr (§ 177 Abs. 1 dtStGB). In besonders schweren Fällen wie Vergewaltigung oder gemeinschaftlicher Begehung ist auf Freiheitsstrafe nicht unter zwei Jahren zu erkennen (§ 177 Abs. 2 dtStGB). Wenn der Täter eine Waffe oder ein anderes gefährliches Werkzeug (§ 177 Abs. 3 Nr. 1 dtStGB) oder mit Verwendungsabsicht sonst ein Werkzeug oder Mittel (§ 177 Abs. 3 Nr. 2 dtStGB) bei sich führt oder das Opfer in die Gefahr einer schweren Gesundheitsschädigung bringt (§ 177 Abs. 3 Nr. 3 dtStGB), liegt der Strafrahmen bei Freiheitsstrafe nicht unter drei Jahren. Bei Verwendung der Waffe oder eines anderen gefährlichen Werkzeugs (§ 177 Abs. 4 Nr. 1 dtStGB) oder bei Bestand der körperlichen schweren Misshandlung oder der Gefahr des Todes des Opfers (§ 177 Abs. 4 Nr. 2 dtStGB) ist der Täter mit Freiheitsstrafe nicht unter fünf Jahren zu bestrafen. In minder schweren Fällen des Abs. 1 ist auf Freiheitsstrafe von sechs Monaten bis zu fünf Jahren, in minder schweren Fällen der Abs. 3 und 4 auf Freiheitsstrafe von einem Jahr bis zu zehn Jahren zu erkennen (§ 177 Abs. 5 dtStGB). Verursacht der Täter durch die sexuelle Nötigung wenigstens leichtfertig den Tod des Opfers, so ist die Strafe lebenslange Freiheitsstrafe oder Freiheitsstrafe nicht unter zehn Jahren (§ 178 dtStGB). Weil sexuelle Nötigung ein Verbrechen ist, ist der Versuch einer solchen Tat stets strafbar.

---

261   M/R-*Eschelbach* 2013, § 178 Rn. 3.

262   MK-*Renzikowski* 2003, § 178 Rn. 7; M/R-*Eschelbach* 2013, § 178 Rn. 4.

263   M/R-*Eschelbach* 2013, § 178 Rn. 7.

264   *Laubenthal* 2012, S. 123.

265   S/S-*Perron & Eisele* 2010, § 178 Rn. 2.

266   LK-*Hörnle* 2009, § 178 Rn. 5.

4.2.1.8 § 240 als Auffangklausel

§ 240 bezieht sich auf das Delikt der Nötigung, und Nötigung zu einer sexuellen Handlung (§ 240 Abs. 4 Nr. 1 dtStGB) ist ein besonders schwerer Fall. Die Auffangfunktion des § 240 dtStGB gegenüber § 177 ist eine doppelte. Die erste Auffangklausel ist § 240 Abs. 4 Nr. 1 dtStGB, und § 240 Abs. 1 dtStGB erfüllt ferner eine Auffangfunktion gegenüber § 240 Abs. 4 Nr. 1 und § 177 dtStGB.

Die Auffangfunktion des § 240 Abs. 4 Nr. 1 dtStGB gegenüber § 177 dtStGB spiegelt sich in zwei Aspekten. Erstens kann § 240 Abs. 4 Nr. 1 dtStGB im Unterschied zu § 177 sexuelle Handlungen ohne Körperkontakt erfassen. Aber es ist unverständlich, dass § 240 Abs. 4 Nr. 1 dtStGB ausschließlich das aktive Tun des Opfers betrifft, während die Duldung einer sexuellen Handlung ausgeschlossen wird.[267] Zweitens ist die Reichweite des Nötigungsmittels in § 240 Abs. 4 Nr. 1 dtStGB weiter als in § 177 dtStGB. Es geht bei § 240 dtStGB um zwei Nötigungsmittel. Das eine ist Gewalt, das andere ist Drohung mit einem empfindlichen Übel. Ein solches ist eine nachteilig empfundene Veränderung von Erheblichkeit in der Außenwelt und erscheint geeignet, die bedrohte Person im Sinne des Täterverlangens zu motivieren.[268] Bei der Feststellung ist die subjektive Empfindung der bedrohten Person im einzelnen Fall entscheidend. Offensichtlich ist die Drohung mit einem empfindlichen Übel in § 240 dtStGB viel weiter als die Drohung mit einer gegenwärtigen Gefahr für Leib oder Leben in § 177 dtStGB.

Die Auffangfunktion des § 240 Abs. 1 dtStGB gegenüber § 240 Abs. 4 Nr. 1 dtStGB und § 177 dtStGB spiegelt sich in zwei Aspekten. Erstens wird der Fall, in dem die sexuelle Handlung die Erheblichkeitsschwelle nach § 184h dtStGB nicht übersteigt, nicht von § 240 Abs. 4 Nr. 1 dtStGB, sondern nur von § 240 Abs. 1 dtStGB erfasst. Zweitens kann § 240 Abs. 1 dtStGB über die Nötigung zur Handlung hinaus auch eine Nötigung zur Duldung oder Unterlassung erfassen.

Die Strafe nach § 240 dtStGB ist milder als die nach § 177 dtStGB. Der Strafrahmen in § 240 Abs. 1 dtStGB ist Freiheitsstrafe bis zu drei Jahren oder Geldstrafe. Der Strafrahmen in § 240 Abs. 4 Nr. 1 dtStGB ist Freiheitsstrafe von sechs Monaten bis zu fünf Jahren.

---

267 *Fischer* 2015b, § 240 Rn. 59.
268 *Fischer* 2015b, § 240 Rn. 32, 32a.

4.2.2   Sexueller Missbrauch widerstandsunfähiger Personen (§ 179 dtStGB a.F.)

4.2.2.1   Allgemeines

§ 179 dtStGB wurde am 07.07.2016 vom Bundestag aufgehoben, und sein Tatbestand wurde in § 177 Abs. 2 Nr. 1 und Nr. 2 dtStGB n.F. verschoben. Die neue Regelung wird in einem späteren Abschnitt erläutert, deshalb wird hier die alte Fassung erläutert.

§ 179 dtStGB schützt die sexuelle Selbstbestimmung in einem weiteren Sinn, nämlich die „Freiheit vor Fremdbestimmung auf sexuellem Gebiet", weil in dieser Situation der entgegenstehende Wille des Opfers nicht betätigt werden kann (Abs. 1 Nr. 1) und das Nötigungsmittel zum Überwinden des Widerstands nicht besteht (Abs. 1 Nr. 1 und Nr. 2).[269] Außerdem werden damit Gesundheit, körperliche Integrität und Leben geschützt.[270] Obwohl diese Vorschrift ein Missbrauchsdelikt betrifft, erfüllt sie gegenüber § 177 dtStGB auch eine Auffangfunktion.[271]

4.2.2.2   Objektiver Tatbestand

Die geschützten Personen sind diejenigen, die gegen das sexuelle Ansinnen widerstandsunfähig sind, d.h. sie können den Widerstandswillen nicht bilden, nicht äußern und/oder nicht durchsetzen.[272] Irrelevant ist hierbei das Geschlecht oder das Alter des Opfers. Es ist erforderlich, dass das Opfer zum Widerstand gänzlich unfähig ist,[273] deshalb wird die Fähigkeit auch nur zu einem schwachen Widerstand ausgeschlossen.[274] Die Widerstandsunfähigkeit kann entweder psychisch (Abs. 1 Nr. 1) oder körperlich (Abs. 1 Nr. 2) sein. Die psychische Widerstandsunfähigkeit liegt vor allem in einer geistigen oder seelischen Krankheit oder Behinderung, einschließlich einer Suchtkrankheit. Dieser Begriff weicht von jenem in § 174c ab, weil ein höherer Schweregrad gefordert wird.[275] Geistige Krankheit oder Behinderung bedeutet gravierende Intelligenzminderung, und seelische Krankheit oder Behinderung enthält hirnorganische Defekte sowie Psychosen, Neurosen und Persönlichkeitsstörungen.[276] Unter einer Suchtkrankheit kann man die Abhängigkeit von Alkohol, Drogen

---

269   MK-*Renzikowski* 2003, § 179 Rn. 1.

270   LK-*Hörnle* 2009, § 179 Rn. 2; MK-*Renzikowski* 2003, § 179 Rn. 2.

271   M/R-*Eschelbach* 2013, § 179 Rn. 1; LK-*Hörnle* 2009, § 179 Rn. 6.

272   *Fischer* 2013, § 179 Rn. 8a; M/R-*Eschelbach* 2013, § 179 Rn. 4; S/S-*Perron & Eisele* 2010, § 179 Rn. 3; BGHSt 36, 145, 147.

273   SK-*Wolters* 2012, § 179 Rn. 3.

274   M/R-*Eschelbach* 2013, § 179 Rn. 4.

275   S/S-*Perron & Eisele* 2010, § 179 Rn. 5; *Fischer* 2013, § 179 Rn. 12.

276   M/R-*Eschelbach* 2013, § 179 Rn. 7.

oder Medikamenten verstehen.[277] Darüber hinaus wird eine tiefgreifende Bewusstseinsstörung erfasst, die nach h.M. Ohnmacht, Schlaf, schweren Schock- oder
Rauschzustand und völlige Erschöpfung umfassen kann;[278] nach a.a. ist eine so
weite Auslegung angesichts des Vorliegens von Abs. 1 Nr. 2 nicht notwendig.[279] Die
körperliche Widerstandsunfähigkeit liegt hauptsächlich in körperlichen Gebrechen
wie Lähmung und mechanischen Beschränkungen der körperlichen Mobilität wie
Fesseln, aber die Abgrenzung zu Abs. 1 Nr. 1 ist in manchen Fällen umstritten, in
denen eine psychische Störung einen solchen Zustand verursacht.[280]

Die Abgrenzung von § 179 Abs. 1 Nr. 1 dtStGB zu § 177 Abs. 1 Nr. 3 dtStGB ist
vergleichsweise deutlich. Die sexuelle Handlung mit einer psychisch widerstandsunfähigen Person ist i.d.R. keine sexuelle Nötigung, sondern wird von § 179 Abs. 1
Nr. 1 dtStGB erfasst, weil das Opfer nicht wirksam zustimmen kann. Im Unterschied
zu Abs. 1 Nr. 1 kann die körperlich widerstandsunfähige Person nach Abs. 1 Nr. 2
in die sexuellen Handlungen wirksam einwilligen – dann ist die Tatbestandsverwirklichung regelmäßig ausgeschlossen. Sexuelle Handlungen gegen den Willen des Opfers sind nach § 179 Abs. 1 Nr. 2 dtStGB dann strafbar, wenn das Opfer aus eigenen
Gründen körperlich widerstandsunfähig ist. Fraglich ist der Fall, in dem der Täter
den Unfähigkeitszustand des Opfers herbeigeführt hat. Falls der Zustand vom Täter
herbeigeführt wurde, um den sexuellen Übergriff mit Zwangshandlungen durchzu-
führen, ist § 177 dtStGB unstreitig anzuwenden.[281] Der Fall, in dem der Täter einen
solchen Zustand nicht mit sexueller Motivation verursacht, ist nach der Rechtsprechung des BGH auch von § 177 dtStGB erfasst, aber dies wird in der Literatur viel-
fach kritisiert.[282]

Für die Tatbestandsverwirklichung sind sexuelle Handlungen mit Körperkontakt erforderlich, und aktives Tun sowie passives Dulden vonseiten des Opfers werden
gleichgesetzt. Das Bestimmen des Opfers zu sexuellen Handlungen mit einem Dritten ist nach Abs. 2 ebenso strafbar. Das wichtigste Tatbestandsmerkmal ist das Ausnutzen der Widerstandsunfähigkeit, d.h. diese muss den Sexualkontakt ermöglichen
oder zumindest erleichtern, und der Täter muss eine solche Gelegenheit bewusst ausnutzen.[283] Kein Ausnutzen ist gegeben, wenn die betroffene Person wirksam einwilligt; der wesentliche Maßstab dafür ist die innere Haltung des Täters.[284] Das Opfer
kann in Fällen körperlicher Einschränkung unproblematisch wirksam zustimmen

277   MK-*Renzikowski* 2003, § 179 Rn. 23.
278   *Fischer* 2013, § 179 Rn. 9c; LK-*Hörnle* 2009, § 179 Rn. 13–18;
279   SK-*Wolters* 2012, § 179 Rn. 4.
280   MK-*Renzikowski* 2003, § 179 Rn. 31; LK-*Hörnle* 2009, § 179 Rn. 23–27; *Fischer* 2013, § 179
      Rn. 10.
281   *Fischer* 2013, § 179 Rn. 4e.
282   *Fischer* 2013, § 179 Rn. 4e.
283   M/R-*Eschelbach* 2013, § 179 Rn. 11; LK-*Hörnle* 2009, § 179 Rn. 43.
284   *Fischer* 2013, § 179 Rn. 17; M/R-*Eschelbach* 2013, § 179 Rn. 12.

und vor Eintritt einer tiefgreifenden Bewusstseinsstörung auch einwilligen; aber problematisch ist, ob die Personensorgeberechtigten oder der Betreuer des geistig oder seelisch behinderten Opfers als Vertreter eine wirksame Einwilligung erteilen können.[285] Darüber hinaus übernimmt das Wort „Missbrauch" eine Filterfunktion[286] und schließt manche Fälle aus, in denen eine Strafe nicht gerechtfertigt ist, z.b. wenn miteinander befreundete oder verlobte Partner im Zustand einer tiefgreifenden Bewusstseinsstörung infolge Trunkenheit sexuell miteinander verkehren.[287] Aber die Filterfunktion gilt nicht für fremdbestimmte Sexualkontakte, deshalb hat das Wort „Missbrauch" in Abs. 2 keine weitere Bedeutung.[288]

4.2.2.3   Subjektiver Tatbestand

§ 179 dtStGB setzt zumindest bedingten Vorsatz hinsichtlich der Widerstandsunfähigkeit des Opfers voraus, d.h. der Täter muss darüber wissen oder sie für möglich halten. Umstritten ist der Vorsatz hinsichtlich der Ausnutzung der Widerstandsunfähigkeit. Nach einer Ansicht reicht ein bedingter Vorsatz aus,[289] während nach a.A. ein direkter Vorsatz erforderlich ist.[290]

4.2.2.4   Qualifikationstatbestand, Rechtsfolgen und andere Bestimmungen

Der Strafrahmen des Grundtatbestands ist Freiheitsstrafe von sechs Monaten bis zu zehn Jahren (Abs. 1 und 2). In besonders schweren Fällen ist auf Freiheitsstrafe nicht unter einem Jahr zu erkennen (Abs. 3); diese liegen beispielsweise in erheblichem Erfolgsunrecht, erniedrigenden Praktiken ohne Eindringen in den Körper, sadistischen Handlungen und Verwendung einer Waffe oder eines gefährlichen Werkzeugs.[291] Die Qualifikationstatbestände beziehen sich auf den Beischlaf und die beischlafähnlichen Handlungen, die mit einem Eindringen in den Körper verbunden sind (Abs. 5 Nr. 1), die gemeinschaftliche Tatbegehung (Abs. 5 Nr. 2) und die Gefahr einer schweren Gesundheitsschädigung oder einer erheblichen Schädigung der körperlichen oder seelischen Entwicklung (Abs. 5 Nr. 3); der Strafrahmen hierfür ist Freiheitsstrafe nicht unter zwei Jahren. In minder schweren Fällen eines Qualifikationstatbestands ist auf Freiheitsstrafe von einem Jahr bis zu zehn Jahren zu erkennen (Abs. 6). Wenn der Täter das Opfer durch die Tat in die Gefahr des Todes bringt oder wenigstens leichtfertig den Tod des Opfers verursacht, gilt entsprechend § 177 Abs. 4 Nr. 2 oder § 178 dtStGB (Abs. 7). Der Versuch ist strafbar (Abs. 4).

---

285   LK-*Hörnle* 2009, § 179 Rn. 43; M/R-*Eschelbach* 2013, § 179 Rn. 13.

286   LK-*Hörnle* 2009, § 179 Rn. 54.

287   BT-Drs. VI/3521, S. 41.

288   LK-*Hörnle* 2009, § 179 Rn. 62.

289   *Fischer* 2013, § 179 Rn. 22; LK-*Hörnle* 2009, § 179 Rn. 65.

290   MK-*Renzikowski* 2003, § 179 Rn. 41; M/R-*Eschelbach* 2013, § 179 Rn. 17.

291   LK-*Hörnle* 2009, § 179 Rn. 78.

4.2.3 Sexueller Missbrauch eines Abhängigkeitsverhältnisses oder einer Stellung (§§ 174a, 174b und 174c dtStGB)

4.2.3.1 Allgemeines

Die §§ 174a, 174b und 174c dtStGB sind Sonderdelikte und schützen vor allem die sexuelle Selbstbestimmung der betroffenen Person. Darüber hinaus geht es um weitere Schutzzwecke oder Nebenwirkungen. § 174a dtStGB zielt auf die Gleichbehandlung der Gefangenen, das Vertrauen der Allgemeinheit sowie die Verhinderung sozialer Folgeprobleme;[292] § 174b dtStGB schützt das Ansehen von Gericht oder Behörde;[293] und § 174c dtStGB dient dem Schutz des Vertrauens der Öffentlichkeit.[294]

4.2.3.2 Sexueller Missbrauch von Gefangenen, behördlich Verwahrten oder Kranken und Hilfsbedürftigen in Einrichtungen (§ 174a dtStGB)

§ 174a dtStGB umfasst zwei Tatvarianten, nämlich sexuellen Missbrauch von Gefangenen oder Verwahrten (Abs. 1) und sexuellen Missbrauch von Kranken und Hilfsbedürftigen (Abs. 2). Bei beiden Tatvarianten sind sexuelle Handlungen mit Körperkontakt für die Tatbestandsverwirklichung erforderlich.

§ 174a Abs. 1 dtStGB schützt gefangene und auf behördliche Anordnung hin verwahrte Personen. Gefangene Personen sind wie bei § 120 Abs. 1 dtStGB diejenigen, deren persönliche Freiheit auf Grund richterlicher, polizeilicher oder sonst hoheitlicher Zwangsgewalt zur Sanktionierung von Fehlverhalten oder zur Erzwingung prozessualer Pflichten entzogen ist und die sich deshalb tatsächlich in staatlichem Gewahrsam befinden.[295] Durch eine weite Auslegung endet der Gefangenenstatus „mit der Entlassung aus der Haft oder der faktischen Beendigung des Vollzugsverhältnisses" zur Vermeidung der Schutzlücken.[296] Deshalb umfasst der Begriff „Gefangene" nicht nur Straf- und Untersuchungsgefangene sowie andere in einer Haftanstalt verwahrte Personen, sondern auch diejenigen, die sich nicht zwingend in einer Haftanstalt aufhalten, z.B. im unbeaufsichtigten Freigang oder Ausgang oder im Hafturlaub.[297] Auf behördliche Anordnung hin verwahrte Personen sind wie in § 120 Abs. 4 dtStGB sonstige Personen, die aus anderen Gründen auf behördliche Anordnung hin in einer Anstalt verwahrt werden. Beispielsweise sind davon Sicherungs-

---

292 LK-*Hörnle* 2009, § 174a Rn. 3, 4.

293 M/R-*Eschelbach* 2013, § 174a Rn. 1.

294 M/R-*Eschelbach* 2013, § 174a Rn. 1.

295 MK-*Renzikowski* 2003, § 174a Rn. 10.

296 LK-*Hörnle* 2009, § 174a Rn. 10.

297 LK-*Hörnle* 2009, § 174a Rn. 10; MK-*Renzikowski* 2003, § 174a Rn. 10.

verwahrte, in einem psychiatrischen Krankenhaus oder einer Entziehungsanstalt auf-
gehaltene Personen und aufgrund von Polizeigesetzen in Gewahrsam genommene
Personen erfasst.[298]

Das Opfer muss dem Täter zur Erziehung, Ausbildung, Beaufsichtigung oder Betreuung anvertraut sein. Das Merkmal „Betreuung" ist hier ein weiter Begriff und
erfasst jede Form der „fürsorgerischen Tätigkeit", sogar eine nur vorübergehende
Betreuung.[299] Das Merkmal „Beaufsichtigung" zielt darauf, das reine Bewachungs-
personal zu erfassen.[300] Ferner muss der Täter seine Stellung missbrauchen, weil
„Missbrauch seiner Stellung" laut dem Gesetzgeber wesentlich weiter gefasst ist als
„Missbrauch der Abhängigkeit".[301] Nach einer Ansicht liegt § 174a Abs. 1 dtStGB
grundsätzlich in einem „absoluten Abstinenzgebot", und das Einverständnis des Opfers kann die Tatbestandsverwirklichung i.d.R. nicht ausschließen.[302] Ausnahmsweise sind sexuelle Handlungen jedoch wegen Ehe, Verlobung oder Liebesbeziehung straflos, aber die Feststellung einer echten Liebesbeziehung ist in der Praxis
sehr problematisch.[303] Nach einer anderen Ansicht ist die Aussage über „absolutes
Abstinenzgebot" missverständlich, und ein Missbrauch kann in tatsächlichen Fällen
verneint werden.[304]

§ 174a Abs. 2 dtStGB schützt die in einer Einrichtung für Kranke oder Hilfsbedürftige aufgenommenen Personen. Die Krankheit oder Hilfsbedürftigkeit muss „den sexuellen Übergriff ermöglichen oder wesentlich erleichtern".[305] Das Merkmal „hilfs-
bedürftiger Mensch" ist eng auszulegen, und es kommt auf die besondere körperliche
oder geistige Verfassung der Betroffenen an, deswegen sind hiervon beispielsweise
ältere Menschen in Altenpflegeheimen und behinderte Menschen in Behindertenhei-
men erfasst.[306] Erforderlich ist die Aufnahme in einer Einrichtung, die der Behandlung oder Pflege des geschützten Personenkreises dient; sogar ein kurzzeitiger Besuch in einer Tagesklinik reicht schon aus.[307] Ausgeschlossen sind Personen, die zu
Hause Behandlung oder Pflege bekommen. Der Täter muss dem Opfer zur Beaufsichtigung oder Betreuung anvertraut sein, z.B. Ärzte, Krankenschwestern und Pfle-
gehelfer; Verwaltungspersonal, Hausmeister und Gärtner sind davon nicht erfasst.[308]
Ferner muss der Täter die Krankheit oder Hilfsbedürftigkeit des Opfers ausnutzen,

---

298   LK-*Hörnle* 2009, § 174a Rn. 11.

299   BT-Drs. VI/3521, S. 25.

300   BT-Drs. VI/3521, S. 25.

301   BT-Drs. VI/3521, S. 26.

302   MK-*Renzikowski* 2003, § 174a Rn. 17.

303   M/R-*Eschelbach* 2013, § 174a Rn. 6.

304   LK-*Hörnle* 2009, § 174a Rn. 24.

305   MK-*Renzikowski* 2003, § 174a Rn. 20.

306   LK-*Hörnle* 2009, § 174a Rn. 39.

307   MK-*Renzikowski* 2003, § 174a Rn. 21, 22.

308   M/R-*Eschelbach* 2013, § 174a Rn. 10.

nämlich den physisch oder psychisch geschwächten Zustand des Opfers.[309] Ein Einverständnis ist ungültig, wenn es auf einer Schwächung der Willenskraft durch die Krankheit oder Hilfsbedürftigkeit beruht.[310]

Der Tatbestand erfordert Vorsatz, und bedingter Vorsatz genügt, nämlich ein Für-möglich-Halten beim Wissensmoment und ein billigendes Inkaufnehmen beim Wollensmoment. Geht der Täter tatsächlich davon aus, dass er die Handlungen ohne Missbrauch der Stellung oder der Abhängigkeit begeht, ist er wegen Tatbestandsirrtums straflos.

4.2.3.3 Sexueller Missbrauch unter Ausnutzung einer Amtsstellung (§ 174b dtStGB)

§ 174b dtStGB bestraft Amtsträger, die in einem Verfahren unter Missbrauch einer Abhängigkeit gegen eine Person sexuell übergriffig werden. In der Praxis spielt diese Vorschrift allerdings keine Rolle.[311] Die geschützten Personen sind diejenigen, gegen die sich ein bestimmtes Verfahren richtet. Drei Arten von Verfahren sind erfasst. Das erste ist ein Strafverfahren, nämlich das Ermittlungsverfahren bis zum Wiederaufnahmeverfahren, z.T. sogar ein Strafvollstreckungsverfahren.[312] Das zweite ist ein Verfahren zur Anordnung einer freiheitsentziehenden Maßregel der Besserung und Sicherung. Das dritte Verfahren dient der Anordnung einer behördlichen Verwahrung, z.B. Abschiebungs-, Auslieferungs-, Ordnungs- oder Erzwingungshaft.[313] Der Täter muss ein Amtsträger sein, der zur Mitwirkung an einem solchen Verfahren berufen wird. Amtsträger wie Richter, Staatsanwälte, Steuerfahnder und Polizeibeamte sind nur dann davon erfasst, wenn sie eine entscheidungserhebliche Stellung innehaben,[314] während Amtsträger ohne eine solche Stellung wie Hilfsperonal nach h.M. in der Literatur nicht Täter sein können.[315] Sexuelle Handlungen mit Körperkontakt sind hier erforderlich. Der Täter muss die durch das Verfahren begründete Abhängigkeit missbrauchen, und die Handlungen liegen in der ausdrücklichen oder implizierten Androhung von Nachteilen oder Versprechen von Vorteilen sowie in der Ausnutzung einer bereits vorhandenen Befürchtung des Opfers.[316] Das Opfer muss sich der Vor- oder Nachteile bewusst sein. Sein Einverständnis kann die Tatbestandsverwirklichung i.d.R. nicht ausschließen, es sei denn, dass tatsächlich kein

---

309   S/S-*Perron & Eisele* 2010, § 174a Rn. 10.

310   MK-*Renzikowski* 2003, § 174a Rn. 29.

311   MK-*Renzikowski* 2003, § 174b Rn. 4.

312   M/R-*Eschelbach* 2013, § 174b Rn. 5.

313   M/R-*Eschelbach* 2013, § 174b Rn. 8.

314   MK-*Renzikowski* 2003, § 174b Rn. 13.

315   M/R-*Eschelbach* 2013, § 174b Rn. 9; MK-*Renzikowski* 2003, § 174b Rn. 13; S/S-*Perron & Eisele* 2010, § 174b Rn. 10.

316   LK-*Hörnle* 2009, § 174b Rn. 16; M/R-*Eschelbach* 2013, § 174b Rn. 10.

Zusammenhang mit der Abhängigkeit besteht.[317] In der Literatur genügt die bloße Ausnutzung einer Amtsstellung im Unterschied zu § 174b Abs. 1 dtStGB nicht, aber der Unterschied ist nur ein gradueller.[318]

Der subjektive Tatbestand ist sehr umstritten. Nach einer Ansicht reicht bedingter Vorsatz schon aus,[319] nach einer anderen ist direkter Vorsatz erforderlich.[320] Nach einer dritten Ansicht genügt bedingter Vorsatz für die meisten Merkmale, aber für den Missbrauch der Abhängigkeit kommt nur direkter Vorsatz in Frage.[321]

4.2.3.4   Sexueller Missbrauch unter Ausnutzung eines Beratungs-, Behandlungs- oder Betreuungsverhältnisses (§ 174c dtStGB)

Bei § 174c dtStGB geht es um zwei Tatvarianten: Er schützt Personen, die geistig-seelisch oder körperlich krank oder behindert sind, wovon auch Suchtkrankheiten erfasst sind. Der Begriff der Krankheit bezieht sich regelmäßig auf eine temporäre Einschränkung, während Behinderung eine lang andauernde Beeinträchtigung bedeutet, aber ein trennscharfer Unterschied zwischen den zwei Begriffen ist häufig nicht vorhanden.[322] Geistige Krankheiten oder Behinderungen liegen in angeborenen oder erworbenen Intelligenzdefiziten unterschiedlichen Grades.[323] Seelische Krankheiten oder Behinderungen umfassen alle anerkannten psychiatrischen Krankheitsbilder.[324] Suchtkrankheiten liegen in der psychischen oder körperlichen Abhängigkeit von Drogen, Medikamenten, Alkohol oder sonstigen suchtvermittelnden Stoffen.[325] Bei körperlichen Krankheiten oder Behinderungen geht es um jede vorübergehende oder dauerhafte Beeinträchtigung der körperlichen Unversehrtheit.[326] Das Opfer muss dem Täter zur Beratung, Behandlung oder Betreuung anvertraut sein. Beratung bezieht sich nicht nur auf eine der Behandlung vorausgehende Besprechung, sondern auch auf einzelne Bestandteile der Behandlung wie Unterstützung bei der Lebensbewältigung und ratgebende Begleitung bei einer Therapie.[327] Behandlung umfasst alle erforderlichen Maßnahmen von Diagnose, Therapie und Rehabilitation.[328] Bei Betreuung genügt jede Form der fürsorgerischen Tätigkeit

---

317   LK-*Hörnle* 2009, § 174b Rn. 17.

318   LK-*Hörnle* 2009, § 174b Rn. 15; MK-*Renzikowski* 2003, § 174b Rn. 15; M/R-*Eschelbach* 2013, § 174b Rn. 10.

319   LK-*Hörnle* 2009, § 174b Rn. 18; S/S-*Perron & Eisele* 2010, § 174b Rn. 8.

320   MK-*Renzikowski* 2003, § 174b Rn. 16.

321   M/R-*Eschelbach* 2013, § 174b Rn. 11.

322   LK-*Hörnle* 2009, § 174c Rn. 5; S/S-*Perron & Eisele* 2010, § 174c Rn. 4.

323   MK-*Renzikowski* 2003, § 174c Rn. 14; M/R-*Eschelbach* 2013, § 174c Rn. 7.

324   MK-*Renzikowski* 2003, § 174c Rn. 15; M/R-*Eschelbach* 2013, § 174c Rn. 7.

325   MK-*Renzikowski* 2003, § 174c Rn. 16; M/R-*Eschelbach* 2013, § 174c Rn. 7.

326   *Laubenthal* 2012, S. 144; MK-*Renzikowski* 2003, § 174c Rn. 17.

327   *Laubenthal* 2012, S. 146; S/S-*Perron & Eisele* 2010, § 174c Rn. 5.

328   *Laubenthal* 2012, S. 146; LK-*Hörnle* 2009, § 174c Rn. 11; S/S-*Perron & Eisele* 2010, § 174c Rn. 5; M/R-*Eschelbach* 2013, § 174c Rn. 9; MK-*Renzikowski* 2003, § 174c Rn. 25.

durch Pflegepersonal oder andere Dienstleister mit Verantwortung für das Wohl des Betroffenen.[329] Sobald ein qualifiziertes Beratungs-, Behandlungs- oder Betreuungsverhältnis vorliegt, wird das Anvertrautsein i.S.d. § 174c Abs. 1 dtStGB bejaht und der Abschluss eines entsprechenden Vertrags ist nicht erforderlich.[330] Der Täter muss das Beratungs-, Behandlungs- oder Betreuungsverhältnis missbrauchen. Der Begriff des Missbrauchs liegt in der bewussten Wahrnehmung der Gelegenheit, die das Verhältnis bietet, unter Verletzung der entsprechenden Pflichten.[331] Das Einverständnis des Opfers mit seelischer oder geistiger Behinderung oder Krankheit ist i.d.R. unbeachtlich, und Ausnahmen sind nur unter sehr strengen Bedingungen möglich.[332] Das Einverständnis des Opfers mit körperlicher Behinderung oder Krankheit kann die Tatbestandsverwirklichung grundsätzlich ausschließen, aber unter bestimmten Bedingungen kann ein faktisches Einverständnis sogar unbeachtlich sein.[333]

Bei § 174c Abs. 2 dtStGB handelt sich es um sexuellen Missbrauch unter Ausnutzung eines Verhältnisses der psychotherapeutischen Behandlung. Dieser Begriff ist weit auszulegen und erfasst über den Rahmen des § 1 Abs. 3 PsychThG hinaus alle Fälle von Behandlungen, die auf die Linderung oder Heilung der psychischen oder psychosomatischen Beeinträchtigung zielen, wobei eine entsprechende Qualifikation nicht erforderlich ist.[334]

Bedingter Vorsatz reicht für die Tatbestandsverwirklichung schon aus. Er muss das Anvertrautsein, aber nicht die tatsächliche Behinderung oder Krankheit des Opfers erfassen; deshalb führt sowohl die irrtümliche Annahme, dass das Opfer behindert oder krank ist, als auch die irrtümliche Annahme, dass es *nicht* behindert oder krank ist, nicht zum Versuch, sondern zur Vollendung.[335]

4.2.3.5 Rechtsfolgen und andere Bestimmungen

Der Strafrahmen der §§ 174a, 174b und 174c dtStGB ist Freiheitsstrafe von drei Monaten bis zu fünf Jahren, und es gibt keinen Qualifikationstatbestand oder besonders schwere Fälle wie in den §§ 177 und 179 dtStGB. Der Versuch ist strafbar.

---

329 *Laubenthal* 2012, S. 146.
330 *Laubenthal* 2012, S. 146.
331 S/S-*Perron & Eisele* 2010, § 174c Rn. 6; M/R-*Eschelbach* 2013, § 174c Rn. 17.
332 M/R-*Eschelbach* 2013, § 174c Rn. 18.
333 LK-*Hörnle* 2009, § 174c Rn. 22.
334 MK-*Renzikowski* 2003, § 174c Rn. 21; M/R-*Eschelbach* 2013, § 174c Rn. 14.
335 *Fischer* 2015b, § 174c Rn. 11.

Tabelle 2   *Überblick über Verletzungen der sexuellen Selbstbestimmung im dtStGB a.F.*

	Sexuelle Nötigung; Vergewaltigung (§ 177 dtStGB)	**Sexueller Missbrauch widerstandsunfähiger Personen (§ 179 dtStGB)**	**Sexueller Missbrauch eines Abhängigkeitsverhältnisses oder einer Stellung (§§ 174a, 174b & 174c dtStGB)**
Rechtsgut	sexuelle Selbstbestimmung		sexuelle Selbstbestimmung, Vertrauen der Allgemeinheit, Ansehen von Gericht oder Behörde usw.
Täter	jedermann	jedermann	Verantwortungsträger, Amtsträger, usw.
Opfer	jedermann	widerstandsunfähige Personen	Gefangene, Verwahrte, Kranke, Hilfsbedürftige usw.
Sexualität	sexuelle Handlungen mit Körperkontakt von einiger Erheblichkeit		
Handlungsmittel	Gewalt, Drohung mit gegenwärtiger Gefahr, Ausnutzung einer schutzlosen Lage	Ausnutzung der Widerstandsunfähigkeit	Ausnutzung seiner Stelle, der Krankheit oder Hilfsbedürftigkeit, der Abhängigkeit oder eines bestimmten Verhältnisses
Entgegenstehender Wille	erforderlich	mögl. irrelevant	rglm. irrelevant
Subjektiver Tatbestand	bedingter Vorsatz		
Strafrahmen	1 bis 15 Jahre, 2 bis 15 Jahre, 3 bis 15 Jahre, 5 bis 15 Jahre	6 Monate bis 10 Jahre, 1 bis 15 Jahre, 2 bis 15 Jahre	3 Monate bis 5 Jahre

4.2.4   Zusammenfassung

Verletzungen der sexuellen Selbstbestimmung umfassen in Deutschland zwei Arten von Delikten, nämlich sexuelle Nötigung und sexuellen Missbrauch. Die Abgrenzung ist nicht trennscharf, weil die Missbrauchsdelikte sehr unterschiedlich sind. Unter anderem gibt es folgende drei Unterschiede:

(1) Missbrauchsdelikte beziehen sich auf den besonderen Schutz für bestimmte Personenkreise und setzen ein Abhängigkeitsverhältnis zwischen Täter und Opfer oder einen besonderen Umstand des Opfers selbst voraus; dies ist für die Tatbestandsverwirklichung der sexuellen Nötigung nicht erforderlich.

(2) Sexuelle Nötigung erfordert das Tatbestandsmerkmal „gegen den Willen des Opfers", weshalb es straflos ist, wenn das Opfer damit einverstanden ist. Im Unterschied dazu gilt der Wille des Opfers bei manchen Missbrauchsdelikten normalerweise nicht als wirksames Einverständnis, und bei einigen anderen wird der Wille sogar gar nicht gebildet.[336]

(3) Sexuelle Nötigung erfordert i.d.R. ein „äußeres Nötigungsmittel" wie Gewalt, das die Gesundheit des Opfers gefährdet und eine höhere Sozialschädlichkeit hat; deshalb ist die Strafe hier schärfer. Im Vergleich dazu erfordert sexueller Missbrauch ein „inneres Nötigungsmittel", das die Gesundheit des Opfers nicht gefährden kann und eine niedrigere Sozialschädlichkeit zeigt; deshalb ist die Strafe hier milder.

4.3   China

Im Unterschied zu Deutschland beziehen sich im chinesischen StGB nur zwei Artikel auf Straftaten gegen die sexuelle Selbstbestimmung. Im § 236 Abs. 1 chStGB bedeutet Vergewaltigung Nötigung zum Beischlaf, während die unzüchtigen Handlungen des § 237 Abs. 1 chStGB vielfältige sexuelle Handlungen (außer Beischlaf) gegen den Willen des Opfers umfassen.

4.3.1   Vergewaltigung (§ 236 Abs. 1 chStGB)

4.3.1.1   Allgemeines

§ 236 Abs. 1 chStGB bestraft denjenigen, der mit Gewalt, Nötigung oder anderen Methoden eine Frau vergewaltigt. Nach h.M. schützt diese Vorschrift die sexuelle Freiheit der Frauen;[337] genauer gesagt bestimmt sie das Recht einer Frau auf die Ablehnung des Beischlafs mit einem Mann, mit dem sie keine eheliche Beziehung hat.[338] Der Begriff „sexuelle Freiheit" im chStGB ist im Allgemeinen gleichbedeutend mit der sexuellen Selbstbestimmung im dtStGB.

---

336 LK-*Hörnle* 2009, vor § 174 Rn. 53, 54.
337 *Gao & Ma* 2010, S. 476; *Qu, Xinjiu* 2009, S. 406.
338 *Wang* 2007, S. 886; *Chen* 2008, S. 682; *Ruan* 2010, S. 549.

4.3.1.2   Objektiver Tatbestand

4.3.1.2.1   Täter und Opfer

§ 236 Abs. 1 chStGB schützt ausschließlich Frauen, die das 14. Lebensjahr schon vollendet haben. Weibliche Personen unter 14 Jahren und Männer sind davon ausgeschlossen. Der Täter muss männlich sein, und Frauen können nur Teilnehmerinnen oder Anstifterinnen sein. Weil Vergewaltigung nach § 17 Abs. 2 chStGB eines der acht besonderen Delikte ist, ist ein Täter über 14 Jahren bei diesem Delikt schuldfähig, während das Alter der Schuldfähigkeit bei anderen Delikten 16 Jahre ist. Wörtlich schließt § 236 Abs. 1 chStGB Vergewaltigung in der Ehe nicht aus, aber in der Praxis ist nur Vergewaltigung außerhalb der Ehe strafbar. Der Ehemann des Opfers kann regelmäßig nur Helfer oder Anstifter sein.

Es gibt jedoch zwei Ausnahmen: Die eine ist der Fall, in dem die Tat während des Scheidungsprozesses begangen wird. In der Praxis kam es zur ersten Verurteilung im Jahre 1989.[339] Erforderlich ist, dass der Scheidungsprozess bereits begonnen hat, deshalb kann das getrennte Leben nicht erfasst werden.[340] Nach der Auffassung des Obersten Volksgerichts ist Beischlaf eine Pflicht des Ehepartners, die zwar nicht im Gesetz festgelegt ist, aber auf Sittlichkeit beruht; deshalb ist eine mutmaßliche Einwilligung regelmäßig zu bejahen, aber während des Scheidungsprozesses kann sie nicht mehr vorhanden sein.[341] Das wird allerdings im Schrifttum kritisiert, weil die Ehe noch nicht aufgelöst wurde und die Begründung des Obersten Volksgerichts nicht überzeugend sei.[342] Die andere Ausnahme betrifft den Fall, in dem die Tat in der Öffentlichkeit begangen wird. Bei Beischlaf in der Ehe geht es um die private Lebenssphäre, deshalb kann die mutmaßliche Einwilligung Beischlaf in der Öffentlichkeit nicht umfassen, und die Ehefrau hat das Recht, eine solche Handlung abzulehnen.[343] Aber das ist nur eine Lehre, und in der Praxis konnte dafür keine Rechtsprechung gefunden werden.

4.3.1.2.2   Beischlaf

Für die Tatbestandsverwirklichung ist Beischlaf erforderlich, nämlich das Eindringen des Penis in die Scheide. Deshalb werden Oralverkehr, Analverkehr und andere sexuelle Handlungen ausgeschlossen. Das Eindringen eines Gegenstands oder eines anderen Körperteils in die Scheide scheiden ebenfalls aus.

4.3.1.2.3   Handlungsmittel

Der Tatbestand erfordert „Gewalt, Drohung oder sonstige Methoden". Gewalt liegt dann vor, wenn der Täter das Opfer schlägt, fesselt oder andere Mittel benutzt, die

---

339   *Liu* v. 23.11.2014.
340   Siehe news.sohu.com/20101207/n278137359.shtml [21.09.2019].
341   Oberstes Volksgericht 2000, S. 28–29.
342   *Wang* 2007, S. 897; *Zhang* 2007, S. 652.
343   *Wang* 2007, S. 894.

dessen persönliche Sicherheit und Freiheit gefährden, sodass es keinen Widerstand leisten kann.[344] Drohung bedeutet psychische Nötigung, die dazu führt, dass das Opfer keinen Widerstand wagt; und dieser Begriff umfasst zahlreiche Umstände, z.B. Drohung mit Gefahr für das Opfer oder eine andere Person, Drohung mit Entlarvung eines Skandals, Drohung unter Ausnutzung einer Amtsstellung, eines Erziehungsverhältnisses oder einer schutzlosen Lage des Opfers.[345] Ferner besagt § 259 Abs. 2 chStGB: „Wer unter Ausnutzung von Amtsbefugnissen oder Beziehung zu Untergebenen mit Drohung die Ehefrau eines im aktiven Dienst stehenden Militärangehörigen zum Beischlaf verführt, wird nach § 236 verurteilt und bestraft." Sonstige Methoden sind neben Gewalt und Drohung Mittel, die dazu führen, dass das Opfer keinen Widerstand leisten kann oder dass ihm nicht bewusst ist, dass es Widerstand leisten könnte, und beziehen sich beispielsweise auf die Anwendung von Betäubungsmitteln, Täuschung zum Beischlaf und Ausnutzung einer Widerstandsunfähigkeit des Opfers.[346] Nach § 300 Abs. 3 chStGB gilt es auch als Vergewaltigung, unter Ausnutzung von religiösen Organisationen oder Aberglauben eine Frau zum Beischlaf zu verführen.

Es ist noch umstritten, ob die Nötigung von einer gewissen Schwere sein muss. Nach einer alten Ansicht ist die Schwere der Nötigung gleichgültig, und bereits geringfügige Gewalt oder Drohung ist qualifiziert; nach einer neuen Ansicht ist eine gewisse Schwere für die Nötigung erforderlich, d.h. wegen der Nötigung wagt es das Opfer offensichtlich nicht, Widerstand zu leisten; deshalb wird eine geringfügige Nötigung ausgeschlossen, z.B. ein leichtes Drücken der Hand des Opfers oder eine Drohung mit leichtem Übel.[347]

4.3.1.2.4   Entgegenstehender Wille des Opfers

Obwohl die Formulierung „gegen den Willen des Opfers" im Rechtssatz nicht besteht, ist der entgegenstehende Wille des Opfers nach h.M. die Kerneigenschaft der Vergewaltigung. Die Strafbarkeit hängt davon ab, ob die Handlung gegen den Willen der Frau geschieht. Deshalb ist es gleichgültig, mit welchem Mittel die Handlung begangen wird, und das Tatbestandsmerkmal „Gewalt, Drohung oder sonstige Methode" wird sehr weit ausgelegt und kann in der Realität alle Mittel umfassen. Der Widerstand des Opfers ist i.d.R. ein Symbol von dessen entgegenstehendem Willen, aber das ist nicht notwendig. Nach einer juristischen Auslegung von 1984 ist der Widerstand des Opfers keine Voraussetzung der Tatbestandsverwirklichung, und wenn die Frau keinen oder nur geringfügigen Widerstand leistet, ist eine sorgfältige

---

344 Antwort des Obersten Volksgerichts, der Obersten Volksstaatsanwaltschaft und des Ministeriums für öffentliche Sicherheit auf einige Fragen über die konkrete Rechtsanwendung in aktuellen Fällen der Vergewaltigung (1984).

345 *Lang* 2011, S. 403.

346 *Lang* 2011, S. 403.

347 *Zhang* 2007, S. 654.

Analyse im Einzelfall erforderlich.[348] Einerseits bedeutet Widerstand ggf. keinen tatsächlich entgegenstehenden Willen. Es ist möglich, dass eine Frau den Beischlaf innerlich will oder akzeptiert, aber aus verschiedenen Gründen geringfügigen Widerstand leistet. Daneben ist ein „falscher" Widerstand im echten Leben nicht selten, z.B. in einem Sexspiel. Andererseits liegt möglicherweise auch dann kein Widerstand vor, wenn die Handlung dem Willen der Frau dennoch tatsächlich zuwiderläuft. Zu dieser Widerstandslosigkeit können viele Faktoren führen, z.b. Widerstandsunfähigkeit oder nur schwache Widerstandsfähigkeit, Angst vor Nachteilen, ein wenig selbstbewusster Charakter oder eine besondere Situation. Im Schrifttum sind solche Fälle in folgendem Satz zusammengefasst: Die Frau weiß nicht, kann nicht oder wagt nicht, dem Täter Widerstand (zu) leisten.[349]

4.3.1.2.5   Feststellungsmethode

Theoretisch ist die Abgrenzung deutlich, aber praktisch ist die Feststellung ohne Berücksichtigung der Beweislage schon dann schwierig, wenn das Opfer nicht versucht zu flüchten, zu widerstehen oder Hilfe zu suchen – oder wenn es sogar mündlich sein Einverständnis erklärt. In Fällen, in denen der potenzielle Widerstand und die Möglichkeit einer Flucht des Opfers durch typische Nötigungsmittel wie Gewalt, Drohung und Betäubungsmittel behoben werden, ist die Bestimmung des entgegenstehenden Willens vergleichsweise einfach. Aber noch sind einige Fragen ungeklärt: Ist auch eine Nötigung mit Körperkontakt erfasst, die jedoch geringfügig und für Gewalt noch nicht qualifiziert ist? Ist jede Art von Drohung mit Nachteilen strafbar oder nur die mit Erheblichkeit?

Ferner ist die Situation dann komplizierter, wenn kein typisches Nötigungsmittel vorliegt, und in der Praxis sind manche Fälle problematisch: Ist jede Art von Täuschung zum Beischlaf unbedingt strafbar? Falls die Frau nur wegen ihres furchtsamen Charakters oder aus anderen inneren Gründen nicht flüchtet oder Widerstand leistet, obwohl sie jederzeit flüchten oder den Beischlaf verhindern könnte, ist der Täter dann trotzdem ein Vergewaltiger? Deshalb behauptet ein Kritiker, dass die h.M. sowohl in Literatur als auch in der Praxis Verwirrung stiftet, weil Beischlaf gegen den Willen der Frau in manchen Fällen offensichtlich keine Vergewaltigung ist; die Lösung sei, das Merkmal „gegen den Willen des Opfers" aufzugeben und die Nötigungsmittel als Kerneigenschaft festzulegen.[350] Diese Aussage scheint im Recht zu sein, aber tatsächlich hat dieser Kritiker die Bedeutung des Begriffs „entgegen-

---

348   Antwort des Obersten Volksgerichts, der Obersten Volksstaatsanwaltschaft und des Ministeriums für öffentliche Sicherheit auf einige Fragen über die konkrete Rechtsanwendung in aktuellen Fällen der Vergewaltigung (1984).

349   *Liu* 2008, S. 1369.

350   *Xie* 2007, S. 153–156.

stehender Wille" missverstanden. Um die Strafbarkeit zu begrenzen, wird dieser Begriff eng ausgelegt, und er setzt voraus, dass die Entscheidungsfreiheit der Frau wesentlich beschränkt wird.[351]

Zusammenfassend ist es für einen qualifizierten entgegenstehenden Willen entscheidend, dass das Opfer die Nötigung empfindet, die seine Entscheidungsfreiheit psychisch wesentlich einschränkt. In solchen Fällen ist sogar eine Einwilligung unwirksam. Der Maßstab ist die subjektive Empfindung des Opfers, die allerdings durch objektive Faktoren festgestellt werden muss. Nach der juristischen Auslegung[352] und der Literatur[353] sind vor allem folgende Faktoren zu berücksichtigen:

(1)　In welcher Umgebung und unter welchen Umständen hat die Tat stattgefunden: Wo ist die Tat begangen worden: zu Hause, im Hotel, im Büro oder an einem entfernten Ort? Wann ist die Tat begangen worden: in der Nacht oder während der Tageszeit? War das Opfer in einer schutzlosen Lage? Falls die Tat zu Hause begangen worden ist: Hat das Opfer den Täter eingeladen? Falls die Tat an einem entfernten Ort begangen worden ist: Warum ist das Opfer dorthin gekommen?

(2)　Das Verhältnis zwischen Täter und Opfer: Haben der Täter und das Opfer sich vorher gekannt? Wie lange haben sie sich gekannt? Hatten sie eine gute Beziehung oder sogar eine Liebesbeziehung? War der Täter viel größer und stärker als das Opfer?

(3)　Persönliche Informationen und Zustand des Opfers: Kommt das Opfer aus einer Großstadt oder einem abgeschiedenen Dorf? Ist die sexuelle Kultur in seiner Heimat offen oder konservativ? Wie gut ist das Opfer gebildet? Ist es sexuell aufgeklärt? Ist es jung und ohne soziale Erfahrung? Wie ist der Charakter des Opfers zu beschreiben: furchtsam, schüchtern oder offen? War das Opfer als Prostituierte tätig? War das Opfer in der Vergangenheit eine unkeusche Person?

(4)　Haltung und Verhalten des Opfers nach der Tat: Wie geht es dem Opfer nach der Tat emotional? Hat es Strafanzeige erstattet? Wann hat das Opfer die Anzeige erstattet: sofort oder einige Tage später? In welcher Situation hat das Opfer die Anzeige erstattet?

In einem Musterfall, der vom Obersten Volksgericht im Jahre 2004 veröffentlicht wurde, konnte der entgegenstehende Wille des Opfers nach Berücksichtigung von diesen Faktoren nicht bestätigt werden:

351　*Hu & Qin* 2008, S. 137–138.

352　Antwort des Obersten Volksgerichts, der Obersten Volksstaatsanwaltschaft und des Ministeriums für öffentliche Sicherheit auf einige Fragen über die konkrete Rechtsanwendung in aktuellen Fällen der Vergewaltigung (1984).

353　Siehe roll.sohu.com/20131122/n390587362.shtml [21.09.2019].

(1) Die Tat wurde nach einem Teambuilding-Event in einem Hotelzimmer begangen, niemand war betrunken.

(2) Der Mann und die Frau waren Kollegen und hatten eine intime Beziehung.

(3) Weder Gewalt noch Widerstand konnten bewiesen werden.

(4) Nachdem der Freund der Frau eingetroffen war, stellte die Frau eine Strafanzeige.[354]

Jede Person ist unterschiedlich, und jeder Fall ist anders gelagert als andere. Deshalb müssen alle wichtigen Faktoren im Einzelfall berücksichtigt werden, um ein möglichst zuverlässiges Fazit zu ziehen. Die Tätigkeit von Prostituierten oder die Unkeuschheit des Opfers führen nicht unbedingt zur Verneinung des entgegenstehenden Willens, weil andere Faktoren diesen möglicherweise bestätigen können.[355] Die Feststellung ist grundsätzlich eine Vermutung, denn der absolut echte Wille des Opfers kann unmöglich von Personen außer ihm selbst festgestellt werden. Das ist jedoch anzunehmen, weil eine hundertprozentige Richtigkeit nicht notwendig ist und die Feststellung des subjektiven Tatbestands eigentlich auch eine Annahme zum Willen des Täters ist.

Mit dieser Theorie sowie der Feststellungsmethode können die oben gestellten Fragen beantwortet werden:

(1) Falls ein typisches Nötigungsmittel wie Gewalt oder Drohung vorliegt, setzt ein für die Tatbestandsverwirklichung erforderlicher entgegenstehender Wille voraus, dass die Nötigungsmittel die Entscheidungsfreiheit des Opfers wesentlich eingeschränkt haben. Dagegen ist geringfügige Gewalt oder Drohung regelmäßig nicht qualifiziert, denn das Opfer könnte immer noch frei entscheiden zu flüchten, die Tat zu verhindern oder einzuwilligen. Allerdings gibt es Ausnahmen. Manche Frauen haben einen furchtsamen Charakter, andere verfügen über keine soziale Erfahrung und wieder andere sind von einer konservativen Kultur beeinflusst. Deshalb ist es möglich, dass ein geringfügiges Nötigungsmittel diese Frauen psychisch stark beeinflusst. In solchen Fällen können sie tatsächlich nicht frei entscheiden, und ein entgegenstehender Wille ist zu bejahen.

(2) Falls kein typisches Nötigungsmittel vorliegt, ist ein entgegenstehender Wille in Fällen zu verneinen, in denen die Frau wirksame Entscheidungsfreiheit hat. Vor allem wird die Verlockung einer Frau zum Beischlaf durch Versprechen von Vorteilen erfasst, selbst wenn die Versprechung eine Lüge ist. Derjenige, der sich beispielsweise als eine reiche Person ausgibt, ist auch straflos. Ebenfalls wird die Einwilligung aus Dankbarkeit oder ähnlichen Gründen erfasst. Hier ist ein Fall aus der Praxis zu nennen: Ein Arzt

---

354   Oberstes Volksgericht 2006, S. 19–27.
355   *Wang* 2007, S. 887.

bat die Ehefrau eines armen Patienten, den er kostenfrei kuriert hatte, um Beischlaf. Die Frau wollte das ablehnen, aber willigte unter Tränen schließlich aus Dankbarkeit für die Behandlung ein.[356] In diesem Fall wollte die Frau den Beischlaf eigentlich nicht, aber ihre Entscheidungsfreiheit wurde nicht wesentlich eingeschränkt, sodass sie den Beischlaf wirksam hätte ablehnen und verhindern können; deshalb war ihr Wille kein qualifizierter „entgegenstehender Wille". Manche Arten von Täuschung zum Beischlaf führen nicht zu Vergewaltigungen. Im Jahr 2005 wurde folgender Fall in der Zeitung vom Volksgericht bekanntgemacht: Ein Mann gab sich als Polizeibeamter aus und täuschte so eine Frau zum Beischlaf.[357] Danach diskutierten viele Richter über diesen Fall, und nach nun h.M. war die Handlung keine Vergewaltigung, weil „Wissen und Kontrolle der Frau im Hinblick auf den Beischlaf nicht beeinflusst wurden".[358] Das gilt auch für Fälle, in denen sich der Täter als reiche Person ausgibt und somit Frauen zum Beischlaf verführt.

(3)   Falls kein typisches Nötigungsmittel vorhanden ist, ist der entgegenstehende Wille in Fällen zu bejahen, in denen die Entscheidungsfreiheit des Opfers wesentlich beschränkt wird. Die Frau weiß in solchen Fällen nicht, kann nicht oder wagt es nicht, dem Täter Widerstand (zu) leisten oder (zu) flüchten. Irrelevant ist dafür, welcher Faktor die Entscheidungsfreiheitsbeschränkung verursacht, d.h. rein innerliche Faktoren wie ein furchtsamer Charakter werden auch erfasst. „[S]ich der Widerstandsmöglichkeit nicht bewusst sein" erfasst hauptsächlich Bewusstlosigkeit, tiefen Schlaf, geistige Behinderung und Irrtum. Der Irrtum des Opfers wird regelmäßig durch eine Täuschung des Täters verursacht. Wie oben erwähnt, ist Täuschung zum Beischlaf normalerweise nicht strafbar, unter bestimmten Umständen aber doch; d.h. wenn der Täter sich als Ehemann des Opfers ausgibt oder wenn das Opfer aufgrund der Täuschung den Beischlaf für eine medizinische Behandlung oder religiöse Zeremonie hält, wird ein entgegenstehender Wille bejaht. „Keinen Widerstand leisten können" erfasst u.a. körperliche Gebrechen wie Lähmung, völlige Erschöpfung und mechanische Beschränkung der körperlichen Mobilität wie Fesseln. „Widerstand nicht wagen" ist vergleichsweise weit zu interpretieren und umfasst u.a. Angst vor Gewalt, anderen Nachteilen oder Ansehensverlust. Fälle, in denen eine Frau es wegen ihres furchtsamen Charakters nicht wagt, Widerstand gegen einen sexuellen Übergriff zu leisten, werden auch als Entscheidungsfreiheitsbeschränkung eingeordnet, ein qualifizierter entgegenstehender Wille ist dann zu bejahen.

---

356   *Chen* 1992, S. 328–329.
357   *Liu* v. 13.04.2005.
358   *Du* v. 01.06.2005.

Tabelle 3   Klassifikation von Grenzfällen der Vergewaltigung

	Qualifizierte Fälle	Unqualifizierte Fälle
Versprechen von Vorteilen	Nein	Ja
Einwilligung aus Dankbarkeit oder ähnlichen Gründen	Nein	Ja
Täuschung	Sich als Ehemann des Opfers ausgeben	Sich als eine reiche Person ausgeben
	Das Opfer hält den Beischlaf irrtümlich für eine medizinische Behandlung oder religiöse Zeremonie.	Versprechen von Vorteilen
Geringfügige Gewalt oder Drohung	Das hängt davon ab, ob die Entscheidungsfreiheit des Opfers wesentlich beschränkt wird. Irrelevant ist, welcher Faktor die Beschränkung verursacht (Angst vor Gewalt, Ansehensverlust oder andere Nachteile, unselbstständiger Charakter, konservative Kultur usw.).	
Unterwerfung trotz objektiv möglichen Auswegs und ohne Gewalt oder Drohung		

4.3.1.3   Subjektiver Tatbestand

Nach h.M. im Schrifttum erfordert die Tatbestandsverwirklichung einen direkten Vorsatz sowie Absicht, d.h. der Täter muss in der Absicht handeln, Beischlaf mit einer Frau zu vollziehen, und gleichzeitig wissen, dass dieser ihrem Willen entgegensteht.[359] Im Vergleich dazu reicht ein mittelbarer Vorsatz nach a.A. schon aus,[360] aber eine solche Ansicht wird von der Rechtsprechung kaum unterstützt, und nur in einem Fall ist ein Helfer wegen mittelbaren Vorsatzes bestraft worden.[361] Falls der Täter den entgegenstehenden Willen des Opfers tatsächlich nicht (er)kannte, ist er wegen Tatbestandsirrtums straflos.

---

359   *Zhou & Zhang* 2013, S. 530; *Chen* 2008, S. 684; *Ma* 2003, S. 485; *Gao & Ma* 2010, S. 477; *Ruan* 2010, S. 551; *Liu* 2008, S. 1372.

360   *Wang* 2007, S. 896.

361   Strafrechtliches Urteil des Bezirksgerichts Fengxian, Shanghai (2011), Feng Xing Chu Zi Nr. 879.

4.3.1.4 Nachtatverhalten als Ausschluss der Strafbarkeit

Eine alte juristische Auslegung besagt: „Falls der erste Beischlaf gegen den Willen der Frau ist, aber die Frau danach keine Anzeige erstattet, sondern freiwillig mehrmals Beischlaf mit dem Mann vollzieht, wird der (erste) Beischlaf regelmäßig nicht wie Vergewaltigung behandelt."[362] Diese Auslegung schließt tatsächlich die Strafbarkeit der Vergewaltigung aus und ist bis heute gültig. Allerdings ist diese Regelung auch sehr umstritten. Auf der theoretischen Ebene liegt keine überzeugende Erläuterung vor. Das Einverständnis des Opfers wird selbstverständlich verneint, weil die Frau dieses während des ersten Beischlafs nicht erklärt hat.[363] Hinsichtlich der Strafrechtspolitik können eine verminderte Sozialschädlichkeit und die soziale Stabilität ein Grund für diese Regelung sein,[364] aber das Argument einer verminderten Sozialschädlichkeit ist auch nicht überzeugend.[365] In der Praxis gibt es ein Problem: Falls die Tat von mehreren Personen gemeinschaftlich begangen wird und die Frau später freiwillig Beischlaf mit einer dieser Personen vollzieht, ist die Strafbarkeit dann auch auszuschließen?[366] In einem solchen Fall wurde der Täter, mit dem die Frau später freiwillig Beischlaf vollzog, nicht angeklagt, während die anderen Täter zu zeitiger Freiheitsstrafe verurteilt wurden.[367] Aber auch diese Rechtsprechung wird stark kritisiert.[368] Daher wird schon lange eine Abschaffung dieser Regelung verlangt.

4.3.1.5 Qualifikationstatbestände und Strafzumessungsnormen

§ 236 Abs. 3 chStGB bezieht sich auf fünf Qualifikationstatbestände und Strafzumessungsnormen:

- Nr. 1 ist eine Strafzumessungsnorm und hebt auf *verwerfliche Tatumstände* ab. Diese umfassen u.a. grausame Zwangsmittel, langfristige und wiederholte Tatbegehungen, Taten gegen Schwangere sowie eine verwerfliche Auswirkung auf die Gesellschaft. Eine solche Vorschrift ist zu offen und entspricht nicht dem Bestimmtheitsgebot, denn die Richter haben hier einen großen Auslegungsspielraum.

- Nr. 2 betrifft den Fall, in dem der *Täter mehrere Frauen vergewaltigt*. Mehrere Frauen bedeuten zumindest drei Frauen, und außerdem ist erfasst, dass der Täter zu unterschiedlichen Zeiten mehrere Frauen vergewaltigt.

362 Antwort des Obersten Volksgerichts, der Obersten Volksstaatsanwaltschaft und des Ministeriums für öffentliche Sicherheit auf einige Fragen über die konkrete Rechtsanwendung in aktuellen Fällen der Vergewaltigung (1984).
363 *Chen* 2010, S. 27.
364 *Wang* 2007, S. 899.
365 *Gao & Ma* 2005, S. 1604.
366 *Fang, Peizhi* 2005, S. 33.
367 Siehe news.xinhuanet.com/legal/2007-11/03/content_7003249.htm [21.09.2019].
368 *Chen* 2010, S. 27.

- Nr. 3 bezieht sich auf eine Vergewaltigung, die *an einem öffentlichen Ort und vor der Öffentlichkeit* begangen wird. Erforderlich ist, dass die Tat von zumindest drei Personen wahrgenommen wird.[369] Aber wenn das Opfer minderjährig ist, erfordert die Verwirklichung nur die Anwesenheit anderer Personen, während deren tatsächliche Wahrnehmung der Tat nicht erforderlich ist.[370]

- Bei Nr. 4 geht es um die so genannte *Gruppenvergewaltigung*, was bedeutet, dass mindestens zwei Täter Beischlaf mit dem Opfer vollziehen. Der Begriff „Gruppe" bezieht sich auf die zeitliche Kontinuität, d.h. der Beischlaf mit einem Täter folgt auf jenen mit einem anderen Täter, aber eine kurze Zeitdauer ist hier nicht immer erforderlich.[371]

- Nr. 5 bezieht sich darauf, dass der Täter durch die Vergewaltigung eine *schwere Körperverletzung, den Tod oder andere schwerwiegende Folgen des Opfers* verursacht. Der Täter muss im Hinblick auf Körperverletzung und Tod mit Fahrlässigkeit handeln, und bei Vorsatz kommt § 234 chStGB (Körperverletzung) oder § 234 chStGB (Totschlag) in Betracht. Andere schwerwiegende Folgen umfassen u.a. psychische Störungen oder den Selbstmord des Opfers.

4.3.1.6   Rechtsfolgen

Der Strafrahmen des Grundtatbestands nach § 236 Abs. 1 chStGB ist zeitige Freiheitsstrafe von drei bis zu zehn Jahren. Bei Qualifikationstatbeständen und Strafzumessungsnormen nach § 236 Abs. 3 chStGB wird der Täter mit zeitiger Freiheitsstrafe von mindestens zehn Jahren, lebenslanger Freiheitsstrafe oder mit dem Tod bestraft.

4.3.2   Unzüchtige Handlungen gegen eine andere Person oder Beleidigung einer Frau mit Nötigung (§ 237 Abs. 1 chStGB und Ordnungswidrigkeit)

4.3.2.1   Allgemeines

§ 237 Abs. 1 chStGB schützte in der Vergangenheit nur Frauen. Die Regelung wurde durch das 9. StrÄG von 2015 verändert, sodass nun auch Männer als Opfer von unzüchtigen Handlungen angesehen werden können. Wer mit Gewalt, Drohung oder sonstigen Methoden durch Nötigung unzüchtige Handlungen gegen eine andere Person begeht oder eine Frau beleidigt, ist nach dieser Vorschrift strafbar. Das Delikt entstammt jenem des Hooliganismus, und das Rechtsgut ist sehr umstritten. Nach

---

369   *Gao & Ma* 2005, S. 1606.
370   Stellungnahme über die Bestrafung eines minderjährigen sexuell übergriffigen Täters (2013).
371   *Wang* 2007, S. 903.

einer alten Ansicht werden die Menschenwürde und das Persönlichkeitsrecht[372] sowie die körperliche Freiheit[373] geschützt, während nach einer neuen Ansicht die sexuelle Selbstbestimmung das geschützte Rechtsgut ist.[374]

4.3.2.2 Objektiver Tatbestand

4.3.2.2.1 Tatvariante 1: Unzüchtige Handlungen gegen eine andere Person

§ 237 Abs. 1 chStGB umfasst zwei Tatvarianten. Die erste betrifft unzüchtige Handlungen gegen eine andere Person, wobei heute auch männliche Personen geschützt werden. Bei unzüchtigen Handlungen geht es normalerweise um sexuelle Handlungen außerhalb des Beischlafs. Weil das Delikt jenem des Hooliganismus entstammt, werden die in den 1980er Jahren verkündeten juristischen Auslegungen zum Hooliganismus bis heute noch häufig im Schrifttum angeführt. Das führt zu einem sehr weit gefassten Tatbestand, der zahlreiche Handlungen erfassen kann, z.b. Verfolgung einer Frau, Zerschneiden ihrer Kleidung oder Abschneiden ihrer Haare.[375] Dies ist falsch, weil diese juristischen Auslegungen im speziellen Rahmen der Kampagne „Schlage hart zu" verkündet wurden und das Delikt Hooliganismus im Jahr 1997 aufgehoben wurde.[376] Heute widerspricht diese Auffassung der Kriminalpolitik „Nachgiebigkeit mit Strenge verbinden", nach der viele Handlungen die Schwelle der Strafbarkeit oder des Sexualbezugs nicht erreichen können. In der Praxis wurden Analverkehr,[377] Einführen eines Fingers in die Scheide,[378] Bestimmen des Opfers zur Vornahme der Masturbation[379] oder des Oralverkehrs[380] an sich selbst und Berührung der Scheidenöffnung oder der weiblichen Brust[381] regelmäßig erfasst.

Hinsichtlich des männlichen Opfers gibt es noch keine Rechtsprechung oder juristische Auslegung, deshalb ist noch nicht klar, welche sexuellen Handlungen in diesen Fällen erfasst werden. Ferner ist der Fall problematisch, in dem eine Frau einen Mann

---

372 *Wang* 2007, S. 904; *Ruan* 2010, S. 554.

373 *Liu* 2008, S. 1384; *Gao & Ma* 2010, S. 480.

374 *Gao & Ma* 2005, S. 1612; *Chen* 2008, S. 688; *Zhang* 2000, S. 227.

375 *Wang* 2007, S. 906; *Gao & Ma* 2010, S. 480.

376 *Gao & Ma* 2005, S. 1617.

377 Strafrechtliches Urteil des Bezirksgerichts Linyi, Yuncheng, Shanxi (2014), Lin Xing Er Chu Zi Nr. 147.

378 Strafrechtliches Urteil des Bezirksgerichts Baota, Yanan, Shaanxi (2015), Bao Xing Chu Zi Nr. 00174.

379 Strafrechtliches Urteil des Bezirksgerichts Longhu, Shaoyang, Hunan (2011), Long Xing Chu Zi Nr. 152.

380 Strafrechtliches Urteil des Bezirksgerichts Jianxi, Luoyang, Henan (2015), Jian Xing Gong Chu Zi Nr. 60; Strafrechtliches Urteil des Bezirksgerichts Xinzheng, Zhengzhou, Henan (2015), Xin Xing Chu Zi Nr. 174.

381 Strafrechtliches Urteil des Bezirksgerichts Huaining, Anqing, Anhui (2015), Huai Xing Chu Zi Nr. 00078; Strafrechtliches Urteil des Bezirksgerichts Tianchang, Chuzhou, Anhui (2015), Tian Xing Chu Zi Nr. 00226.

zum Beischlaf nötigt. Nach der hier vertretenen Meinung ist die Tatbestandsschwelle höher, wenn das Opfer ein Mann ist, deshalb ist eine Berührung i.d.R. nicht strafbar. Aber andere sexuelle Handlungen mit Erheblichkeit sind erfasst, nämlich nicht nur Nötigung zum Anal- oder Oralverkehr, sondern auch zum Beischlaf mit einer Täterin.

4.3.2.2.2   Tatvariante 2: Beleidigung einer Frau mit Nötigung

Die zweite Tatvariante ist die sexuelle Beleidigung einer Frau. Eine Frau ist eine weibliche Person, die das 14. Lebensjahr schon vollendet hat. Aber außer dem Geschlecht des Opfers ist die Abgrenzung dieser Tatvariante zur ersten sehr umstritten. Manche sind der Meinung, dass die zwei Begriffe „unzüchtige Handlung" und „sexuelle Beleidigung" gleichbedeutend sind.[382] Sie gehen davon aus, dass eine unzüchtige Handlung Körperkontakt erfordert, während sexuelle Beleidigung ohne einen solchen stattfindet.[383] Andere erläutern, dass sich eine unzüchtige Handlung nur auf Körperkontakt mit Geschlechtsorganen oder weiblichen Brüsten bezieht, während die sexuelle Beleidigung andere Handlungen erfasst.[384] Allerdings entsprechen solche Auffassungen nicht der Praxis. In der Praxis bezieht sich sexuelle Beleidigung hauptsächlich auf Fälle, in denen der Täter den Körper des Opfers öffentlich entblößt.[385] Hüfte und Oberschenkel einer Frau mit einer Ahle zu ritzen, wird im Einzelfall auch als sexuelle Beleidigung behandelt,[386] aber diese Einordnung ist sehr fraglich. Im Vergleich dazu ist der Begriff „unzüchtige Handlung" viel weiter gefasst. Anal- und Oralverkehr, Berührung des Geschlechtsorgans oder der Brüste und andere schwerwiegende sexuelle Handlungen sind selbstverständlich davon erfasst, und Küssen, Umarmen und Streicheln des Körpers unter Umständen ebenfalls.[387]

4.3.2.2.3   Nötigungsmittel und entgegenstehender Wille

Die Tatbestandsverwirklichung erfordert wörtlich „Gewalt, Drohung oder sonstige Methoden" und „Nötigung", aber in Wirklichkeit ist sie ganz vom entgegenstehenden Willen des Opfers abhängig, weil das Merkmal „gegen den Willen des Opfers" nach h.M. den tatsächlichen Kern des Delikts darstellt.[388] Die weite Auslegung von

---

382   *Zhang* 2007, S. 659; *Gao & Ma* 2005, S. 1615.

383   *Wang* 2007, S. 906.

384   *Gao & Ma* 2010, S. 480.

385   Strafrechtliches Urteil des Bezirksgerichts Chengjiao, Sanya, Hainan (2014), Cheng Xing Chu Zi Nr. 505; Strafrechtliches Urteil des Bezirksgerichts Hanshan, Maanshan, Anhui (2014), Han Xing Chu Zi Nr. 00081; Strafrechtliches Urteil des Bezirksgerichts Anyi, Nanchang, Jiangxi (2014), An Xing Chu Zi Nr. 44.

386   Strafrechtliches Urteil des Bezirksgerichts Qingpu, Shanghai (2008), Qing Xing Chu Zi Nr. 504.

387   Strafrechtliches Urteil des Bezirksgerichts Wuzhong, Suzhou, Jiangsu (2014), Wu Xing Chu Zi Nr. 0488; Strafrechtliches Urteil des Bezirksgerichts Gulou, Nanjing, Jiangsu (2013), Gu Chu Zi Nr. 146.

388   *Wang* 2007, S. 905.

§ 236 Abs. 1 chStGB, wonach der Begriff „sonstige Methode" alle möglichen Mittel
erfassen kann, gilt nach h.M. auch für § 237 Abs. 1 chStGB,[389] und darüber hinaus
ist eine überraschende Sexualhandlung, die unmöglich unter § 236 Abs. 1 chStGB
fallen kann, ebenfalls von § 237 Abs. 1 chStGB erfasst.[390] Das kommt in der Praxis
auch so zur Anwendung, z.b. sind unzüchtige Handlungen gegen eine schlafende[391]
oder geistig behinderte Frau[392] ohne Nötigungsmittel strafbar. Aber nach a.A. ist ein
Nötigungsmittel für die Tatbestandsverwirklichung erforderlich, sonst wäre das
Wort „Nötigung" im Rechtssatz sinnlos.[393]

4.3.2.2.4 Tathandlung in der Ehe

Die Tat, die vom Ehemann gegen seine Ehefrau begangen wird, ist normalerweise
straflos, es sei denn, sie findet in der Öffentlichkeit statt. Nach einer Ansicht wird
die Vergewaltigung in der Ehe in der Öffentlichkeit nicht als Vergewaltigung, sondern als unzüchtige Handlung bestraft.[394]

4.3.2.3 Subjektiver Tatbestand

Nach h.M. im Schrifttum ist direkter Vorsatz erforderlich, und die Tatbestandsverwirklichung erfordert darüber hinaus regelmäßig die Absicht (Motivation), den Geschlechtstrieb zu befriedigen oder zu erregen oder die Menschenwürde zu verletzen.[395] Nach a.A. genügt mittelbarer Vorsatz, eine Absicht ist dann nicht notwendig.[396] Nach manchen Urteilen wird die Tat ohne eine solche Absicht nicht von
§ 236 Abs. 1 chStGB, sondern von § 246 chStGB (Beleidigung) erfasst;[397] aber nach
den meisten Urteilen ist eine solche Absicht nicht erforderlich. Ferner erwähnt die
Rechtsprechung „direkten Vorsatz" oder „mittelbaren Vorsatz" nicht, sondern nur
das Wort „Vorsatz". Der Täter muss die Tat vorsätzlich begehen, d.h. er muss um
den entgegenstehenden Willen des Opfers wissen und die unzüchtigen Handlungen
oder die sexuelle Beleidigung wollen.

---

389 *Zhang* 2007, S. 659.
390 *Wang* 2007, S. 905.
391 Strafrechtliches Urteil des Bezirksgerichts Linan, Hangzhou, Zhejiang (2015), Hang Lin Xing
Chu Zi Nr. 90; Strafrechtliches Urteil des Bezirksgerichts Xunyang, Jiujiang, Jiangxi (2015),
Xun Xing Yi Chu Zi Nr. 15.
392 Strafrechtliches Urteil des Bezirksgerichts Xigu, Lanzhou, Gansu (2014), Xi Xing Chu Zi
Nr. 414; Strafrechtliches Urteil des Bezirksgerichts Tonghua, Tonghua, Jilin (2014), Tong
Xing Chu Zi Nr. 87.
393 *Gao & Ma* 2005, S. 1616.
394 Jiao 2013, S. 11.
395 *Gao & Ma* 2010, S. 480–481; *Ma* 2003, S. 48; *Chen* 2008, S. 690; *Qu* 2009, S. 409; *Zhou &
Zhang* 2013, S. 537; *Wang* 2007, S. 906.
396 *Gao & Ma* 2005, S. 1619–1622; *Zhang* 2007, S. 659–660.
397 Strafrechtliches Urteil des Bezirksgerichts Xinping, Yuxi, Yunan (2000), Xin Xing Chu Zi
Nr. 15.

Fraglich ist die Abgrenzung zwischen unzüchtigen Handlungen und dem Versuch einer Vergewaltigung. Nach einer Ansicht ist der Täter nach § 236 Abs. 1 chStGB als Vergewaltiger strafbar, wenn er den Beischlaf mit dem Opfer beabsichtigt. Aber nach a.A. ist er in einem solchen Fall kein Vergewaltiger, soweit er eine solche Absicht nicht mit Nötigungsmitteln durchsetzt.[398] Unumstritten wird der Täter nur nach § 237 Abs. 1 bestraft, wenn seine Absicht nicht festgestellt werden kann.[399]

4.3.2.4   Qualifikationstatbestände und Rechtsfolgen

§ 237 Abs. 2 chStGB umfasste vor der Gesetzesänderung zwei Qualifikationstatbestände. Der eine ist eine Tat, die aus einer Menschenmenge heraus begangen wird, der andere eine Tat, die an einem öffentlichen Ort und vor der Öffentlichkeit stattfindet. § 23 der Stellungnahme von 2013 gilt auch hier, d.h. wenn das Opfer minderjährig ist, erfordert die Verwirklichung nur die Anwesenheit anderer Personen, während deren tatsächliche Wahrnehmung nicht mehr erforderlich ist.[400] Das 9. StRÄG von 2015 fügte die Wörter „oder sonstige verwerfliche Tatumstände" ein. Deren Umfang ist unbestimmt und offen, sodass viele Umstände in der Praxis durch Auslegung erfasst werden können. Der Gesetzgeber möchte auf diese Weise die Strafe verschärfen und einen stärkeren Schutz schaffen, aber zugleich wurde dadurch der Bestimmtheitsgrundsatz unterlaufen.

Der Strafrahmen des Grundtatbestands ist zeitige Freiheitsstrafe bis zu fünf Jahren oder Gewahrsam. Bei Qualifikationstatbeständen wird der Täter mit zeitiger Freiheitsstrafe von mindestens fünf Jahren bestraft.

4.3.2.5   Unzüchtige Handlungen als Ordnungswidrigkeit

Nach § 44 SOWiG ist eine unzüchtige Handlung auch eine Ordnungswidrigkeit. Zwar ist die sexuelle Beleidigung nach dem Rechtssatz davon nicht erfasst, aber die Entblößung einer Frau wird in der Praxis auch für eine ordnungswidrige unzüchtige Handlung gehalten, normalerweise, wenn die Tat nicht öffentlich begangen wird.[401] Im Unterschied zu § 237 Abs. 1 chStGB erfordert der Rechtssatz das Merkmal „Nötigung" nicht, während das Merkmal „verwerfliche Umstände" erforderlich ist. Theoretisch ist jede unzüchtige Handlung eine Ordnungswidrigkeit, wenn der Schweregrad für eine Tat nach § 237 Abs. 1 chStGB nicht genügt, und in der Praxis ist vor allem die Berührung der weiblichen Brust erfasst.[402] Eine deutliche Abgrenzung zur Straftat liegt allerdings nicht vor, deshalb hat der Richter in der Praxis einen großen

---

398   *Wang* 2007, S. 909; *Gao & Ma* 2005, S. 1624.

399   *Gao & Ma* 2010, S. 481.

400   Stellungnahme über die Bestrafung eines minderjährigen sexuell übergriffigen Täters (2013).

401   Verwaltungsrechtliches Urteil des Bezirksgerichts Yuhuan, Taizhou, Zhejiang (2013), Tai Yu Xing Chu Zi Nr. 5.

402   Verwaltungsrechtliches Urteil des Stadtgerichts Suzhou, Anhui (2014), Su Zhong Xing Zhong Zi Nr. 00096.

Spielraum. Beim subjektiven Tatbestand ist die Absicht, den Geschlechtstrieb zu befriedigen oder erregen, regelmäßig vorhanden.[403] Allerdings ist auch umstritten, ob eine solche Absicht erforderlich ist. Das Erfordernis wird in manchen Fällen bejaht,[404] aber manchmal auch verneint.[405]

Die Verwaltungssanktion ist Gewahrsam von fünf bis zu zehn Tagen. Gewahrsam von zehn bis zu fünfzehn Tagen wird verhängt, wenn die unzüchtigen Handlungen sich gegen eine körperlich oder geistig behinderte Person richten oder sonstige schwerwiegende Tatumstände vorhanden sind.

4.3.3 Zusammenfassung

Der Unterschied zwischen den Tatbeständen von § 236 Abs. 1 chStGB und § 237 Abs. 1 chStGB liegt hauptsächlich in der Art der sexuellen Handlung. Bei den Handlungsmitteln gibt es keinen deutlichen Unterschied. Der Schutzbereich des § 236 Abs. 1 chStGB ist enger, deshalb erfüllt § 237 Abs. 1 chStGB tatsächlich eine Auffangfunktion gegenüber § 236 Abs. 1 chStGB.

Tabelle 4   *Vergleich zwischen § 236 Abs. 1 und § 237 Abs. 1 chStGB*

	Vergewaltigung (§ 236 Abs. 1 chStGB)	**Unzüchtige Handlungen gegen eine andere Person oder Beleidigung einer Frau mit Nötigung (§ 237 Abs. 1 chStGB)**
Rechtsgut	Sexuelle Freiheit (sexuelle Selbstbestimmung)	
Täter	Männlich, über 14 Jahre	Männlich oder weiblich, über 16 Jahre
Opfer	Weiblich, über 14 Jahre	Männlich oder weiblich, über 14 Jahre
Sexualität	Beischlaf	Andere sexuelle Handlungen
Handlungsmittel	Gewalt, Drohung oder sonstige Mittel	
Kerneigenschaft	Gegen den Willen des Opfers	

---

403 Büro zur Strafrechtsforschung des Rechtsordnungsarbeitsausschusses des Nationalen Volkskongresses, S. 132.

404 Verwaltungsrechtliches Urteil des Bezirksgerichts Xiushan, Chongqing (2013), Xiu Fa Xing Chu Zi Nr. 00001.

405 Verwaltungsrechtliches Urteil des Bezirksgerichts Yuhuan, Taizhou, Zhejiang (2013), Tai Yu Xing Chu Zi Nr. 5.

	Vergewaltigung (§ 236 Abs. 1 chStGB)	Unzüchtige Handlungen gegen eine andere Person oder Beleidigung einer Frau mit Nötigung (§ 237 Abs. 1 chStGB)
Subjektiver Tatbestand	Vorsatz	
Strafrahmen	3 bis 10 Jahre, 10 Jahre bis Todesstrafe	Unter 5 Jahre, 5 bis 15 Jahre

4.4   Vergleich

4.4.1   Gesetzgebungssystematik

Hinsichtlich der Gesetzgebungssystematik ist der Unterschied zwischen Deutschland und China erheblich:

- Erstens werden Sexualdelikte in Deutschland im speziellen Abschnitt „Straftaten gegen die sexuelle Selbstbestimmung" im dtStGB geregelt, während die einschlägigen Delikte in China im Kapitel „Straftaten, die persönliche Rechte oder demokratische Rechte der Bürger verletzen" des chStGB geregelt werden, wo sich auch andere Delikte wie Totschlag, Körperverletzung und Entführung befinden.

- Zweitens ist ein sexueller Übergriff in China unter Umständen eine Ordnungswidrigkeit, die nach SOWiG sanktioniert wird, wenn die Strafbarkeitsschwelle nicht erreicht wird, während ein sexueller Übergriff in Deutschland keinesfalls eine Ordnungswidrigkeit ist.

- Drittens sind die Klassifikationskriterien für Delikte in Deutschland das Handlungsmittel, nämlich Nötigung oder Missbrauch, während die Art der sexuellen Handlung in China das hauptsächliche Klassifikationskriterium ist, nämlich Beischlaf oder andere sexuelle Handlungen.

- Viertens sind als sexueller Übergriff eingeordnete Delikte in Deutschland meistens Missbrauchsdelikte, während der Begriff „sexueller Missbrauch" in China nicht vorliegt; aber die Tatbestände der §§ 236 Abs. 1 und 237 Abs. 1 chStGB können manche Tatumstände der Missbrauchsdelikte erfassen.

4.4.2   Geschützte Rechtsgüter

Die Sittlichkeit ist heute weder in Deutschland noch in China ein geschütztes Rechtsgut. Vor allem in Deutschland wird die sexuelle Selbstbestimmung geschützt, darüber hinaus werden bei Sonderdelikten auch Rechtsgüter in der Öffentlichkeitsphäre geschützt, z.B. das Vertrauen der Allgemeinheit (§§ 174a und 174c dtStGB) sowie das Ansehen von Gerichten oder Behörden (§ 174b dtStGB). In China beziehen sich die einschlägigen Delikte ausschließlich auf die Rechtsgüter in der Privatsphäre. In den §§ 236 und 237 chStGB wird vor allem die sexuelle Freiheit geschützt, worunter man die sexuelle Selbstbestimmung verstehen kann. Daneben schützt § 237 chStGB weitere Rechtsgüter wie Menschenwürde und Persönlichkeitsrechte. Gesundheit und Leben sind in beiden Ländern in manchen Qualifikationstatbeständen auch Rechtsgüter.

4.4.3 Täter und Opfer

Bei keinem einschlägigen Sexualdelikt in Deutschland kommt es auf das Geschlecht von Täter und Opfer an, also werden männliche und weibliche Personen gleich behandelt. Jedermann kann nach den §§ 177 und 179 dtStGB als Täter strafbar sein, soweit die Schuldfähigkeit nach dem allgemeinen Teil vorliegt, während nur ein bestimmter Täterkreis die Tatbestände der §§ 174a, 174b und 174c dtStGB verwirklichen kann, z.B. Amtsträger in § 174b dtStGB. Das Alter des Opfers ist ebenfalls gleichgültig, und eine Konkurrenz mit anderen Artikeln wie den §§ 174, 176 und 182 dtStGB ist möglich, wenn sich der sexuelle Übergriff an ein Kind oder einen Jugendlichen richtet. Ein besonderes persönliches Merkmal des Opfers wird für die Tatbestandsverwirklichung der §§ 174a, 174b, 174c und 179 dtStGB vorausgesetzt. Darüber hinaus ist die eheliche Beziehung zwischen Täter und Opfer ebenfalls irrelevant, und eine Person kann gegenüber ihrem Ehepartner Täter sein.

Im Unterschied zur deutschen Rechtsordnung sind ein bestimmtes Geschlecht oder Alter von Täter und Opfer in China erforderliche Tatbestandsmerkmale. Ein Vergewaltiger nach § 236 Abs. 1 chStGB muss eine männliche Person über 14 Jahren sein, und Frauen können sich nur wegen Beihilfe oder Anstiftung strafbar machen. Bei unzüchtigen Handlungen nach § 236 Abs. 2 chStGB ist das Geschlecht des Täters dagegen gleichgültig. Kinder unter 14 Jahren werden als Opfer ausgeschlossen, weil sie nicht von den §§ 236 Abs. 1 und 237 Abs. 1 chStGB, sondern von den §§ 236 Abs. 2 und 237 Abs. 3 chStGB geschützt werden, was im folgenden Abschnitt erläutert wird. Das Opfer einer Vergewaltigung muss weiblich sein, während es seit dem 9. StrÄG von 2015 auf sein Geschlecht bei unzüchtigen Handlungen nicht mehr ankommt. Daher liegt eine geschlechtliche Ungleichheit vor, weil der Strafrahmen bei Vergewaltigung höher ist als der bei unzüchtigen Handlungen. Es gibt kein Sonderdelikt in China, deshalb erfordert die Tatbestandsverwirklichung kein weiteres persönliches Merkmal des Täters oder des Opfers. Im Gegensatz zu Deutschland kann die eheliche Beziehung zwischen Täter und Opfer in China i.d.R. eine Strafbarkeit ausschließen.

4.4.4   Sexuelle Handlungen

Im deutschen System sind sexuelle Handlungen „Beischlaf und beischlafähnliche Handlungen und sexuelle Handlungen"; d.h. Beischlaf und beischlafähnliche Handlungen sind ein schwerwiegender Fall der sexuellen Handlungen und betreffen den Qualifikationstatbestand in den §§ 177 und 179 dtStGB. Beischlaf und beischlafähnliche Handlungen werden hier gleichsetzt. Der Begriff der beischlafähnlichen Handlung liegt hauptsächlich im Eindringen in den Körper und umfasst vor allem Anal- und Oralverkehr. Im Unterschied dazu werden im chinesischen System „Beischlaf und Unzucht (unzüchtige Handlung)" erfasst. § 236 chStGB bestraft Nötigung zum Beischlaf (Vergewaltigung), und § 237 chStGB bestraft Nötigung zu unzüchtigen Handlungen. Unzüchtige Handlungen sind i.d.R. sexuelle Handlungen außerhalb des Beischlafs, wozu beispielsweise Anal- und Oralverkehr gehören. Anhand dieses Vergleichs kann man sagen, dass der Schutz vor Anal- und Oralverkehr in China schwächer ausfällt als in Deutschland.

4.4.5   Handlungsmittel

Nötigung und Missbrauch sind zwei Typen des Handlungsmittels in Deutschland. § 177 dtStGB umfasst drei Nötigungsmittel, nämlich Gewalt, Drohung mit persönlicher Gefahr und Ausnutzung einer schutzlosen Lage. § 240 dtStGB bezieht sich auf zwei Nötigungsmittel, nämlich Gewalt und Drohung mit einem empfindlichen Übel; dies erfüllt zu einem gewissen Grad eine Auffangfunktion gegenüber § 177 dtStGB, aber die Reichweite der Strafbarkeit wird noch wesentlich eingeschränkt. Bei Missbrauchsdelikten geht es um die Ausnutzung einer besonderen Lage des Opfers, einer bestimmten Stellung oder eines bestimmten Abhängigkeitsverhältnisses.

Bei den §§ 236 Abs. 1 und 237 Abs. 1 chStGB geht es um Gewalt, Drohung und sonstige Mittel. Der Begriff der Gewalt ist im chStGB enger definiert als im dtStGB, weil der Begriff „sonstige Mittel" im chStGB eine Auffangfunktion erfüllen kann. Beispielsweise zählt die Anwendung eines Betäubungsmittels im dtStGB zur Gewalt, aber im chStGB zu einem „sonstigen Mittel". Der Begriff der Drohung ist im chStGB dagegen weiter gefasst als in den §§ 177 und 240 dtStGB; z.B. gehört die Ausnutzung einer Stellung oder eines Abhängigkeitsverhältnisses im chStGB möglicherweise zu einer Drohung. Der Begriff „sonstige Mittel" kann zahlreiche Umstände erfassen, z.B. die Ausnutzung der Widerstandsunfähigkeit des Opfers. Das chStGB kennt zwar kein Missbrauchsdelikt, aber kann dennoch aufgrund der weit ausgelegten Begriffe „Drohung" und „sonstige Mittel" die Tatbestände mancher Missbrauchsdelikte umfassen.

4.4.6 Entgegenstehender Wille des Opfers

Der entgegenstehende Wille des Opfers ist die Kerneigenschaft der Tatbestände in den §§ 236 Abs. 1 und 237 Abs. 1 chStGB. Einerseits wird normalerweise eine Entscheidungsfreiheit vorausgesetzt, um die Strafbarkeit zu begrenzen. Andererseits wird der Wille weit ausgelegt und erfasst den mutmaßlich entgegenstehenden Willen in Fällen wie Täuschung sowie Ausnutzung der Widerstandsunfähigkeit und eines Abhängigkeitsverhältnisses. In Deutschland ist der entgegenstehende Wille des Opfers für die sexuelle Nötigung, aber nicht unbedingt für den sexuellen Missbrauch erforderlich. In den §§ 174a und 174b dtStGB wird der Wille des Opfers kaum berücksichtigt, und eine Einwilligung kann i.d.R. die Strafbarkeit ausschließen. In § 174c dtStGB ist ein Strafbarkeitsausschluss wegen Einwilligung nur unter sehr strengen Bedingungen möglich.

4.4.7 Schutzbereich

Der Schutzbereich ist im dtStGB nicht derselbe wie im chStGB. Einerseits sind viele Fälle in Deutschland straflos, aber in China strafbar, z.B. Täuschung, Ausnutzung eines Überraschungsmoments, Unterwerfung trotz eines objektiv möglichen Auswegs, Ausnutzung eines Abhängigkeitsverhältnisses mit Ausnahme der §§ 174a, 174b und 174c dtStGB. Andererseits sind einige Fälle in China straflos, aber in Deutschland strafbar. Dies sind wiederum hauptsächlich die Fälle nach den §§ 174a, 174b und 174c dtStGB, in denen das Opfer wirksam einwilligt und kein entgegenstehender Wille des Opfers vorliegt. Darüber hinaus ist ein sexueller Übergriff in der Ehe i.d.R. in China straffrei.

4.4.8 Qualifikationstatbestände

Die Qualifikationstatbestände zwischen beiden Ländern unterscheiden sich voneinander. Deutschland hält das Beisichführen einer Waffe oder eines Werkzeugs bereits für eine Qualifikation, weil eine solche Tat die körperliche oder Lebensgefahr des Opfers betrifft. Im Vergleich dazu legt der chinesische Gesetzgeber den Schwerpunkt auf die Sozialschädlichkeit, insbesondere die sozialen Auswirkungen, weshalb eine Tat gegen mehrere Opfer und eine Tat an einem öffentlichen Ort zu den Qualifikationen zählen.

Manche Tatbestände scheinen in beiden Ländern ähnlich zu sein, aber auch diese Unterschiede sind erheblich. Die von mehreren Personen gemeinschaftlich begangene sexuelle Nötigung im dtStGB ist anders gelagert als die abwechselnde Vergewaltigung im chStGB. Letztere erfordert, dass mehrfach Beischlaf mit der Frau vollzogen wurde. In Deutschland verlangt der Qualifikationstatbestand nicht den Beischlaf, sondern zur Zusammenwirkung nur die gleichzeitige Anwesenheit am Tatort. Die Schwelle ist somit in Deutschland deutlich niedriger.

4.4.9   Rechtsfolgen

Der Spielraum bei der Strafzumessung in Deutschland ist viel größer als der in China, weil der Abstand von der Mindest- zur Höchststrafe sehr weit ist. Beispielsweise sind die Mindest- und die Höchststrafe in § 177 Abs. 1 dtStGB jeweils zeitige Freiheitsstrafen von einem Jahr und fünfzehn Jahren, während sie in § 236 Abs. 1 chStGB jeweils zeitige Freiheitsstrafen von drei Jahren und zehn Jahren sind. Das Phänomen besteht auch in Qualifikationstatbeständen und Strafzumessungsnormen. Ein weiterer Unterschied ist, dass der Grundstrafrahmen und der Strafrahmen des Qualifikationstatbestands in Deutschland sich zu einem gewissen Grad überlappen, während das in China unmöglich ist. Deshalb ist es üblich, dass der Grundstrafrahmen in Deutschland höher als in China, aber der erhöhte Strafrahmen normalerweise niedriger ist.

Tabelle 5   Zusammenfassung der Strafrahmen in China und Deutschland

		Grundstrafrahmen	**Erhöhter Strafrahmen**
China	§ 236	Freiheitsstrafe zwischen 3 und 10 Jahren	Freiheitsstrafe zwischen 10 und 15 Jahren, lebenslange Strafe oder Todesstrafe
	§ 237	Freiheitsstrafe unter 5 Jahren oder Gewahrsam	Freiheitsstrafe zwischen 5 und 15 Jahren
Deutschland	§ 177	Freiheitsstrafe zwischen 1 Jahr und 15 Jahren	Freiheitsstrafe zwischen 2 und 15 Jahren; Freiheitsstrafe zwischen 3 und 15 Jahren; Freiheitsstrafe zwischen 5 und 15 Jahren
	§ 179	Freiheitsstrafe zwischen 6 Monaten und 10 Jahren	Freiheitsstrafe zwischen 1 Jahr und 15 Jahren; Freiheitsstrafe zwischen 2 und 15 Jahren
	§ 174a, § 174b, § 174c	Freiheitsstrafe zwischen 3 Monaten und 5 Jahren	

4.4.10   Zusammenfassung

Die Unterschiede zwischen den Regelungen in Deutschland und China werden in *Tabelle 6* zusammengefasst:

Tabelle 6   *Unterschiede zwischen den gesamten Regelungen in Deutschland und China*

	Deutschland	China
Klassifikationskriterium	Handlungsmittel	Sexualität
Rechtsgut	Vor allem sexuelle Selbstbestimmung	Hauptsächlich sexuelle Freiheit
Täter	Geschlecht gleichgültig	Vergewaltiger nur männlich
Opfer	Geschlecht gleichgültig	Bei Vergewaltigung nur weiblich
Sexualität	Sexuelle Handlungen	Beischlaf und unzüchtige Handlungen
Handlungsmittel	Bestimmte Mittel	Jedes Mittel
Gegen den Willen	Nötigung: erforderlich Missbrauch: nicht immer erforderlich	erforderlich
Subjektiver Tatbestand	Bedingter Vorsatz	Vorsatz
Rechtsfolge	Freiheitsstrafe	Freiheitsstrafe, Todesstrafe

4.5   Reformdiskussion im Hinblick auf den Vergewaltigungstatbestand in Deutschland

4.5.1   Hintergrund der Reform

Der Tatbestand der sexuellen Nötigung (§ 177 dtStGB) erfordert in Deutschland nicht nur eine sexuelle Handlung und einen dieser entgegenstehenden Willen, sondern auch bestimmte Nötigungsmittel, nämlich Gewalt, Drohung mit gegenwärtiger Gefahr für Leib oder Leben sowie die Ausnutzung einer schutzlosen Lage des Opfers. Das Erfordernis beschränkt jedoch wesentlich den Tatbestand, und eine Ausweitung des Tatbestands wurde schon oft gefordert. Das einzige Ergebnis der Debatten war bislang das Einfügen der Tatvariante „Ausnutzung einer schutzlosen Lage des Opfers" im Jahr 1997,[406] um Strafbarkeitslücken in Fällen zu schließen, in denen „weder Gewalt ausgeübt noch mit gegenwärtiger Gefahr für Leben und körperliche

---

406   33. StrÄndG vom 01.07.1997.

Unversehrtheit des Opfers gedroht wird und dieses die Tat aus Angst vor Körperver-
letzungs- oder gar Tötungshandlungen des Täters über sich ergehen lässt".[407] Aber
diese Änderung reicht offenbar noch nicht aus, und die neue Tatvariante spielte wegen der engen Auslegung ohnehin kaum eine Rolle. Einige Urteile führten im Jahr
2012 sogar zu einer heftigen Debatte. Darunter sind zwei Fälle von großer Bedeutung, die später als typische Beispiele zur Bestätigung von Schutzlücken herangezo-
gen werden.

Fall 1:[408] Das Opfer (Zeugin) A. N. war die Ehefrau des Angeklagten und hatte zwei
Kinder. Der Angeklagte beging häufig häusliche Gewalt gegen A. N., „wenn sich
A. N. dem Willen des Angeklagten widersetzte oder eine abweichende Meinung äußerte". Am Tag der Tat äußerte der Angeklagte den Wunsch, mit A. N. Analverkehr
auszuüben. Aber A. N. lehnte die Aufforderung zweimal deutlich ab und „fügte
hinzu, dass eine Ausübung des Analverkehrs gegen ihren Willen eine Vergewaltigung sei. Der Angeklagte gab A. N. daraufhin zu verstehen, dass sie sich nicht so
anstellen solle, und zog ihr die Schlafanzughose herunter. A. N. sah in dieser Situation keine Möglichkeit mehr, sich dem Willen des Angeklagten zu widersetzen. Für
den Fall einer Gegenwehr rechnete sie mit Schlägen. Außerdem befürchtete sie, dass
dann die beiden gemeinsamen Kinder erwachen und ebenfalls Opfer von Tätlichkei-
ten des Angeklagten werden könnten. Der Angeklagte vollzog nun mit der weinen-
den und sich vor Schmerzen windenden A. N. den Analverkehr bis zum Samener-
guss." Nach wenigen Monaten forderte der Angeklagte noch einmal den Analverkehr ein; A. N. lehnte das zwar ab, aber verzichtete auch auf Gegenwehr. Das
Landgericht Essen verurteilte nach § 177 Abs. 1 Nr. 3 dtStGB den Angeklagten, aber
die Verurteilung wurde später vom BGH aufgehoben. Dieser ging davon aus, dass
sich A. N. nicht in einer schutzlosen Lage im Sinne des § 177 Abs. 1 Nr. 3 dtStGB
befand, weil sie tatsächlich Fluchtmöglichkeit und Erreichbarkeit fremder Hilfe
durch Schreien hatte. Aber der BGH wies ferner für die neue Verhandlung darauf
hin, dass eine Drohung im Sinne des § 177 Abs. 1 Nr. 2 dtStGB vorgelegen habe.

Fall 2:[409] Das Opfer (Zeugin) T war zur Tatzeit eine 15-jährige weibliche Person.
Sie besuchte eine Frau, die eine Freundin ihrer Mutter war. Der Angeklagte, der mit
der Frau zusammenlebte, forderte T auf, sich auszuziehen, und beabsichtigte, mit ihr
den Beischlaf zu vollzuziehen. „Sie sagte zunächst: ‚Nein, mache ich nicht.' […]
Was dann im Einzelnen geschah, konnte die Kammer nicht in allen Einzelheiten auf-
klären. Es konnte nicht ausgeschlossen werden, dass die Zeugin ihre zunächst ab-
wehrende Haltung aufgab und sich freiwillig und selbständig und ohne weitere Einflussnahme des Angeklagten entkleidete. […] Anschließend legte sie sich rücklings
auf die Matratze und hob ihre Beine hoch, um dem Angeklagten ein Eindringen seines Penis in ihre Scheide zu ermöglichen. Der Angeklagte vollzog dann mit ihr den

---

407   BT-Drs. 13/7324, S. 2.
408   BGH-Beschluss vom 20.03.2012, 4 StR 561/11.
409   Urteil des Landgerichts Essen vom 10.09.2012, 25 KLs 10/12.

vaginalen Geschlechtsverkehr. [...] [S]ie verhielt sich während des Geschlechtsakts leise, weil sie nicht wollte, dass Nachbarn durch Geräusche auf den Geschlechtsverkehr aufmerksam wurden." Zuständig war auch hier das Landgericht Essen, aber es zog in diesem Fall die Rechtsprechung des BGH aus Fall 1 heran und fällte eine Freispruchsentscheidung. Nach den Feststellungen lag weder Gewalt noch Drohung vor, und eine schutzlose Lage nach § 177 Abs. 1 Nr. 3 dtStGB wurde vom Landgericht Essen auch verneint, weil das Vorliegen einer Fluchtmöglichkeit wegen der unabgeschlossenen Wohnungstür nicht ausgeschlossen wurde und das Opfer zu jeder Zeit um Hilfe hätte rufen können. Darüber hinaus konnte der Vergewaltigungsvorsatz des Angeklagten nicht festgestellt werden. Dass T zunächst „Nein" sagte, rechtfertige auch keine andere Beurteilung, weil diese Äußerung möglicherweise aus Sicht des Angeklagten vom folgenden Verhalten überholt war.

Das zweite Urteil sorgte bundesweit für Empörung[410] und wurde zahlreich kritisiert. Für viele Menschen war diese Rechtsprechung ein Skandal.[411] Der Pressesprecher des Landgerichts Essen verstand die Empörung der Bürger und sagte: „Aus moralischer Sicht war das eine Vergewaltigung."[412] Danach erhielten die Schutzlücken des geltenden Gesetzes mehr Aufmerksamkeit; z.B. hielt Prof. *Hörnle* das Urteil für richtig, aber die Vorschriften im dtStGB für zweifelhaft.[413] Der Bundesverband Frauenberatungsstellen und Frauennotrufe (bff) sah den Tatbestand des § 177 dtStGB als das eigentliche Problem an und fordert seither eine Gesetzesänderung.[414]

4.5.2   Istanbul-Konvention als direkte Ursache der Reform

Ein anderer Anlass der Reform ist die im Jahr 2011 ausgearbeitete und am 1. August 2014 in Kraft getretene Istanbul-Konvention.[415] Nach § 36 der Istanbul-Konvention bezieht sich „sexual violence" auf „non-consensual acts of a sexual nature". Ein Nötigungsmittel ist für die Tatbestandsverwirklichung nicht erforderlich, und jede sexuelle Handlung ohne wirksames Einverständnis des Opfers wird davon erfasst. Die Strafbarkeit geht offensichtlich über die im dtStGB hinaus. Es sollte auch angemerkt werden, dass eine Rechtsprechung des Europäischen Gerichtshofs für Menschenrechte (EGMR) aus dem Jahr 2003 schon deutlich darauf hingewiesen hat, dass die

---

410   Siehe bild.de/news/inland/vergewaltigung/richterin-spricht-mann-in-essen-frei-26185232.bild.html [21.09.2019]

411   Siehe welt.de/vermischtes/weltgeschehen/article109223030/Wann-ist-eine-Vergewaltigung-eine-Vergewaltigung.html [21.09.2019].

412   Siehe welt.de/vermischtes/weltgeschehen/article109223030/Wann-ist-eine-Vergewaltigung-eine-Vergewaltigung.html [21.09.2019].

413   Siehe spiegel.de/panorama/justiz/vorwurf-der-vergewaltigung-landgericht-essen-spricht-angeklagten-frei-a-855639.html [21.09.2019].

414   Siehe frauen-gegen-gewalt.de/tl_files/downloads/pressemitteilungen/Pressemitteilungen%20bff%20allgemein/PM_bff_Nein_heisst_Nein.pdf [21.09.2019].

415   Übereinkommen des Europarats zur Verhütung und Bekämpfung von Gewalt gegen Frauen und häuslicher Gewalt.

fehlende Zustimmung des Opfers die zentrale Voraussetzung einer Vergewaltigung ist.[416] „Diese Forderung nach einer effektiven Strafverfolgung nicht-einverständlicher Sexualkontakte hat der EGMR in mehreren Folgeentscheidungen bekräftigt."[417]

Anlässlich der Rechtsprechung des EGMR forderten einige Frauenorganisationen den deutschen Gesetzgeber zu einer Reform des Sexualstrafrechts auf. Der bff veröffentlichte eine Broschüre und benannte durch Analyse von Fällen schwerer sexueller Übergriffe darin viele Defizite des § 177 dtStGB.[418] Der Verein Frauenhauskoordinierung e.V. wies auf die Schutzlücke des § 177 dtStGB hin und schlug die Einführung des folgenden Grundtatbestandes vor: „Wer sexuelle Handlungen an einer Person ohne deren Einwilligung vornimmt oder von dieser ohne deren Einwilligung an sich oder einem Dritten vornehmen lässt, wird mit Freiheitsstrafe nicht unter einem Jahr bestraft".[419] Der Deutsche Juristinnenbund e.V. veröffentlichte einen Diskussionsentwurf für eine umfassende Reform des Sexualstrafrechts, wonach die geltenden §§ 174 bis 180 und 182 bis 183a dtStGB durch neue Vorschriften zu ersetzen seien, sodass jede sexuelle Handlung ohne wirksames Einverständnis des Opfers strafbar sein könne.[420]

Mit Unterstützung von Frauenorganisationen stellt die Fraktion Bündnis 90/Die Grünen im Juli 2014 einen Antrag im Bundestag zur Schließung der Strafbarkeitslücke durch eine Gesetzesänderung[421] und legte ferner im Juli 2015 einen entsprechenden Gesetzentwurf vor.[422] Im Unterschied zur weitgehenden Reform nach dem Entwurf des Deutschen Juristinnenbundes e.V. bezog sich dieser Entwurf nur auf die Änderung einiger Vorschriften: Die §§ 179 und 240 Abs. 4 Nr. 1 dtStGB werden gestrichen, während § 177 dtStGB zur sexuellen Misshandlung verändert und wesentlich erweitert wird, sodass nicht nur sexuelle Handlungen mit Nötigungsmittel, sondern auch jene unter Ausnutzung der Arg- oder Wehrlosigkeit des Opfers oder Fälle erfasst werden können, in denen der entgegenstehende Wille des Opfers erkennbar zum Ausdruck gebracht worden ist.

Der Bundesrat forderte „die Bundesregierung auf, nach Abschluss der Prüfung erkannte Strafbarkeitslücken bei nicht einvernehmlichen sexuellen Handlungen rasch zu schließen",[423] und nach den Empfehlungen des federführenden Rechtsausschusses, des Ausschusses für Frauen und Jugend und des Ausschusses für Innere Angelegenheiten war § 177 Abs. 1 dtStGB wie folgt zu fassen: „Wer eine andere Person gegen ihren Willen dazu bringt, sexuelle Handlungen des Täters oder eines Dritten

---

416   EGMR 04.12.2003 – 39272/98 (M.C. gegen Bulgarien).
417   *Renzikowski* 2015, S. 3.
418   *Grieger, Clemm, Eckhard & Hartmann* 2014, S. 10–26.
419   *Bemb* 2014, S. 3.
420   Deutsche Juristinnenbund e.V. 2014, S. 3–8.
421   BT-Drs. 18/1969.
422   BT-Drs. 18/5384.
423   BR-Drs. 422/14, S. 2.

an sich zu dulden oder an dem Täter oder einem Dritten vorzunehmen, wird mit Freiheitsstrafe nicht unter einem Jahr bestraft."[424]

Der damalige Bundesjustizminister (BMJV) *Heiko Maas*, der zuvor noch keinen Änderungsbedarf gesehen hatte,[425] hielt später die geltende Vorschrift für lückenhaft.[426] Zunächst identifizierten *Maas'* Beamte folgende vier Fallkategorien als Schutzlücken und wollten durch Einfügung der neuen Tatvarianten die Lücke schließen: „Opfer, die aus Angst vor dem Täter keinen Widerstand gegen sexuelle Übergriffe leisten; Frauen, die Vergewaltigungen in Schockstarre über sich ergehen lassen, weil der Täter sie überrumpelt hat; Fälle, in denen der Vergewaltiger zwar gewalttätig war, aber diesen Zwang nicht gezielt einsetzte, um den Sex zu ermöglichen; geregelt werden sollen schließlich zudem Fälle, in denen das Opfer nur dachte, es sei in einer schutzlosen Lage, tatsächlich aber Hilfe erreichbar war."[427] Aber schließlich entschied sich der BMJV für eine „kleine Lösung"[428] und legte im Juli 2015 einen Referentenentwurf vor. Demnach wird § 177 Abs. 1 Nr. 3 dtStGB gestrichen, während § 179 dtStGB (neue Überschrift: „Sexueller Missbrauch unter Ausnutzung besonderer Umstände") durch Neuformulierung wesentlich erweitert wird: Sexuelle Handlungen mit der Betroffenen sind nicht nur dann strafbar, wenn die Widerstandsunfähigkeit aufgrund ihres körperlichen oder psychischen Zustandes oder der überraschenden Begehungsweise vorliegt, sondern auch, wenn die Betroffene aufgrund von Furcht vor empfindlichem Nachteil keinen Widerstand leistet; zu einem besonders schweren Fall gehört Ausnutzung einer die Gewalteinwirkung des Täters verursachenden schutzlosen Lage oder das Vorliegen der Widerstandsunfähigkeit aufgrund einer Behinderung.[429] Verwunderlich ist, dass das Kanzleramt im September 2015 im Vorgang der Ressortabstimmung der Bundesregierung diesen Entwurf ablehnte, weil es keinen Reformbedarf sah[430] und Falschverdächtigungen fürchtete.[431] Die Blockierung dauerte bis Ende 2015. Kurz vor Weihnachten 2015 wurde ohne Begründung grünes Licht vom Kanzleramt gegeben, danach wurde der Entwurf an Länder und Verbände verschickt.[432]

---

424 BR-Drs. 422/1/14, S. 4.

425 Siehe taz.de/!5040380/ [21.09.2019].

426 Siehe zeit.de/politik/deutschland/2014-11/vergewaltigung-maas-gesetz-justizminister [21.09.2019].

427 Siehe spiegel.de/spiegel/vorab/maas-will-vergewaltigungsparagrafen-ausweiten-a-1027041.html [21.09.2019].

428 Siehe faz.net/aktuell/politik/inland/vergewaltigung-und-strafrecht-nein-soll-nein-heissen-13677870.html [21.09.2019].

429 Deutsches Institut für Menschenrechte 2015, S. 1–2.

430 Siehe taz.de/!5226622/ [21.09.2019].

431 Siehe spiegel.de/politik/deutschland/vergewaltigungsparagraf-manuela-schwesig-unterstuetzt-heiko-maas-a-1059456.html [21.09.2019].

432 Siehe taz.de/Verschaerfung-des-Strafrechts/!5263352/ [21.09.2019].

Nur wenige Tage später erregten die sexuellen Übergriffe auf Frauen in der Silvesternacht 2015/16 in Köln öffentliches Aufsehen in ganz Deutschland, und die Debatte über die Reform des Sexualstrafrechts entbrannte von neuem.[433] Manche kritisierten den Stillstand der Reform – beispielsweise behauptete *Eva Kühne Hörmann*, Abgeordnete des Hessischen Landtags: „Die Reform des Vergewaltigungsparagrafen ist überfällig."[434] Andere wiesen sogar auf weitere Schutzlücken hin und forderten daher eine weitere Reform. *Uta-Maria Kuder*,[435] Justizministerin in der Landesregierung Mecklenburg-Vorpommerns, und Prof. *Hörnle*[436] behaupteten, dass „unsittliche Berührung" oder „Betatschen" nach dem geltenden Gesetz nicht strafbar seien, und forderten, ein neues Vergehen „tätliche sexuelle Belästigung" zu schaffen, um diese Schutzlücke zu schließen. Ein solcher Bagatellfall kann in China als Ordnungswidrigkeit sanktioniert werden, aber in Deutschland ist die Strafwürdigkeit sehr fraglich. Das ist jedoch ein anderes Thema und wird nicht in dieser Arbeit untersucht.

4.5.3   Debatte über die Reform

Während des Verlaufs der Reformbemühungen fand eine heftige Debatte über den Reformbedarf statt. Verschiedene Lösungsansätze wurden von Gelehrten aufgestellt, während viele Richter und Staatsanwälte sich gegen eine Reform aussprachen.

4.5.3.1   Meinungen der Befürworter

4.5.3.1.1   Bejahung des Vorliegens der Schutzlücken

Das Vorliegen der Schutzlücken wurde weitgehend bejaht. Prof. *Isfen* fasste u.a. folgende Fallgruppen als Beleg für die Lückenhaftigkeit zusammen:

(1) Ausnutzung des Überraschungsmoments;

(2) fehlende finale Verknüpfung zwischen eingesetztem Nötigungsmittel und sexuellen Handlungen;

(3) Vornahme oder Duldung der sexuellen Handlung aus Scham, Resignation oder Irrtum über die Anwesenheit hilfsbereiter Dritter etc.;

---

433 Siehe morgenpost.de/politik/article206902109/Gesetze-So-wird-sexuelle-Gewalt-in-Deutschl and-bestraft.html [21.09.2019].

434 Siehe bundesjustizportal.de/hessen/10-hessen/kritik-an-bundesjustizminister-maas-zur-refor m-des-sexualstrafrechts-gerechtfertigt-eva-kuehne-hoermann-ueber-ein-jahr-auf-den-entwurf -des-bundesjustizministers-gewartet.html [21.09.2019].

435 Siehe bundesjustizportal.de/mecklenburg-vorpommern/11-mecklenburg-vorpomm ern/silvest ernacht-offenbart-grosse-luecken-in-sexualstrafrecht-und-strafprozessordnung-justizministeri n-uta-maria-kuder-cdu-fordert-eine-umfassende-verschaerfung-des-177-stgb-und-wirkungsv ollere-moeglichkeiten-zur-taeterermittlung.html [21.09.2019].

436 Siehe faz.net/aktuell/politik/inland/sexualstrafrecht-betatschen-ist-nicht-immer-strafbar-1400 7043.html [21.09.2019].

(4)   nicht-qualifizierte Drohung, insbesondere mit einem empfindlichen Übel;

(5)   Gewalt unterhalb der Schwelle des § 177 Abs. 1 Nr. 1 dtStGB.[437]

Aber die Fallgruppen 4 und 5 werden möglicherweise vom Auffangtatbestand des § 240 erfasst, weshalb es dabei nicht um eine echte Lücke geht. Dagegen werden die erste und die dritte Fallgruppe – Ausnutzung eines Überraschungsmoments und Unterwerfung trotz objektiv möglichen Auswegs – häufig erwähnt, und es wird bestätigt, dass keine Vorschrift im dtStGB diese zwei Fallgruppen regeln kann.[438]

Zusammenfassend kann davon ausgegangen werden, dass bei Vergewaltigung tatsächlich Schutzlücken vorliegen. Danach folgt eine wichtige und schwierige Frage: Wie sollen die einschlägigen Vorschriften verändert werden? Es gibt verschiedene Lösungsansätze, aber manche erhalten kaum Unterstützung, z.B. das Modell „Gegen den Willen" des Bundesrats. Es geht hauptsächlich um drei Arten von Lösungsansätzen.

4.5.3.1.2   Lösungsansatz 1: Modell „Nur Ja heißt Ja"

Ein Lösungsansatz ist die direkte Übersetzung des englischen Begriffs „non-consensual" in § 36 der Istanbul-Konvention in die deutsche Sprache. In der deutschen Version auf der Webseite des Europarats wurde „non-consensual" in „nicht einverständlich" übersetzt,[439] deshalb scheint das Modell „ohne Einverständnis", das der Deutsche Juristinnen-Bund vorgeschlagen hat, am geeignetsten zu sein. Allerdings hat das Modell zwei Probleme. Das erste Problem ist, dass das Einverständnis der Betroffenen die Funktion zur Tatbestandsausschließung eigentlich erfüllt. Das zweite Problem ist, dass noch unklar ist, zu welcher Art der Erklärung das Modell gehört.[440] Es wird in der Praxis zu Verwirrung führen und ist daher dem Gesetzgeber nicht zu empfehlen.[441]

Im Unterschied dazu zählen die Formulierungen „ohne Einwilligung" und „ohne Zustimmung" deutlich zu einem Modell „Nur Ja heißt Ja" („Yes means Yes"). Es stammt aus einer Lehre in den USA[442] und wurde in Kanada durch die Rechtsprechung des Obersten Gerichtshofs in die Praxis umgesetzt.[443] „Yes means Yes" ist auch ein Slogan von Feministinnen geworden und wird in den USA weitgehend unterstützt.[444] Immer mehr Hochschulen in den USA halten „Yes means Yes" für einen

---

437   *Isfen* 2015, S. 218–220.

438   *Blume & Wegner* 2014, S. 359.

439   Siehe rm.coe.int/CoERMPublicCommonSearchServices/DisplayDCTMContent?documentId =0900001680462535 [21.09.2019].

440   *Hörnle* 2015c, S. 14.

441   *Hörnle* 2015b, S. 318.

442   *Schulhofer* 1998, S. 283.

443   *R. v. Ewanchuk*, [1999] 1 S.C.R. 330.

444   *Friedman & Valenti* 2008.

Maßstab bei der Feststellung eines sexuellen Übergriffs,[445] nämlich den „affirmative consent standard", was im Jahr 2014 sogar in den Education Code von Kalifornien aufgenommen wurde.[446] Nach diesem Modell ist die Vornahme von sexuellen Handlungen nur bei bejahender Mitteilung („affirmative communication") der Betroffenen rechtmäßig, d.h. die Betroffene muss durch Worte oder ihr Verhalten ihre Zustimmung ausdrücklich erklärt haben, eine konkludente Erklärung ist nicht zugelassen. Im Gegensatz zu den Ansätzen in Kanada und den USA erhält das Modell in Deutschland jedoch kaum Unterstützung, weil es laut Prof. *Hörnle* zwei Nachteile hat: Der erste ist, dass die Pflichten des Mannes überfordert werden. Er muss kontinuierlich die Reaktionen der Betroffenen beobachten, um ihre Zustimmung sicherzustellen. Das entspricht nicht der Realität und widerspricht dem Ziel der sexuellen Selbstbestimmung.[447] Der zweite Nachteil ist die Schwierigkeit bei der Beweiserhebung, insbesondere wenn der Täter einen Irrtum behauptet.[448]

4.5.3.1.3   Lösungsansatz 2: Modell „Nein heißt Nein"

Ein anderer Lösungsansatz ist das Modell „Nein heißt Nein" („No means No"), das auch aus den USA stammt. Laut Prof. *Estrich* muss der Begriff „consent" in „No means No" liegen, weil eine vernünftige Person die Bedeutung von „Nein" kennen sollte und für die Ignorierung verantwortlich sein muss; das Modell dient ferner der Ermutigung der Frau zur Ablehnung.[449] Vor der Verbreitung von „Yes means Yes" war „No means No" für eine lange Zeit der Slogan der Feministinnen in den USA. Nach diesem Modell ist der Täter in einem Fall strafbar, in dem er die Vornahme der sexuellen Handlungen fortsetzt, nachdem die Betroffene ihren entgegenstehenden Willen erklärt hat. Im Unterschied zum Modell „Nur Ja heißt Ja" erhält das Modell „Nein heißt Nein" in Deutschland viel Unterstützung. Im Jahr 2012 war „Nein heißt Nein" schon ein weit verbreiteter Slogan der Feministinnen im bff als Reaktion auf das oben erwähnte Urteil des Landgerichts Essen (Fall 2).[450] Aber dieses Modell kann die Schutzlücken des geltenden Strafgesetzbuchs auch nicht schließen. Deshalb legte Prof. *Hörnle*, die für das Modell ist, einen veränderten Entwurf vor, wonach die §§ 240 Abs. 4 Nr. 1 und 179 dtStGB zu streichen sind[451] und § 177 dtStGB wie folgt neu gefasst werden sollte: „Wer gegen den erklärten Willen einer anderen Per-

---

445   Siehe prnewswire.com/news-releases/the-ncherm-group-continues-to-advocate-for-affirmativ e-consent-policies-in-colleges-and-schools-across-the-nation-278778841.html [21.09.2019].

446   Siehe leginfo.legislature.ca.gov/faces/billNavClient.xhtml?bill_id=201320140SB967 [21.09. 2019].

447   *Hörnle* 2015b, S. 320.

448   *Hörnle* 2015c, S. 17.

449   *Estrich* 1987, S. 102–103.

450   Siehe frauen-gegen-gewalt.de/pm/nein-heisst-nein-leider-nein.html [21.09.2019].

451   *Hörnle* 2015c, S. 22.

son oder unter Umständen, in denen ihr fehlender Wille offensichtlich ist, oder wissend, dass dies ihrem Willen widerspricht [...]".[452] Dieser Vorschlag wird von *Christina Clemm*, einer Verfasserin der oben erwähnten Broschüre, bevorzugt, „da er am besten auf die Schwierigkeit der Erkennbarkeit des Willens für den Täter eines sexuellen Übergriffs eingeht"; sie äußerte ihre Zustimmung auch in der Anhörung vor dem Rechtsausschuss des Bundestags.[453] Der Entwurf der Grünen[454] zählt grundsätzlich zu diesem Modell und ist dem Entwurf von Prof. *Hörnle* vergleichbar.

4.5.3.1.4   Lösungsansatz 3: Positive Regelung der strafbaren Handlungen

Der dritte Lösungsansatz ist die positive Regelung der strafbaren Handlungen, und Prof. *Eisele* ist der Vertreter ihrer Befürworter. Sein Reformplan ist, § 179 dtStGB abzuschaffen und § 177 dtStGB wie folgt zu fassen: „Wer unter Ausnutzung einer Lage, in der Widerstand für das Opfer nicht möglich ist, oder einer Lage, in der dem Opfer ein erheblicher Nachteil droht oder das Opfer einen erheblichen Nachteil befürchtet [...]".[455] Prof. *Isfen* hielt die positive Normierung auch für den richtigen Lösungsvorschlag und gab zu bedenken, dass der Mangel der Modelle „Nur Ja heißt Ja" und „Nein heißt Nein" u.a. in der „Aufstellung lebensfremder Verhaltensmaximen zur menschlichen Sexualität oder [im] Beschreiten von Sonderwegen im subjektiven Tatbestand" liege.[456]

4.5.3.2   Meinungen der Gegner

Prof. *Frommel* ist grundsätzlich gegen eine Reform. Nach ihrer Ansicht liegt das Problem nicht in der Formulierung der Vorschriften, sondern in der Feststellung in der Praxis: „Man kann den Text des StGB weit fassen, aber die Rechtsprechung wird dann in Grenzfällen auch Beweisprobleme konstruieren, die in der Konsequenz dazu führen werden, dass es immer wieder zu Einstellungen und/oder Freisprüchen kommt [...] Der Ruf nach dem Gesetzgeber ist oft hilflos und wenig hilfreich."[457] Sie hält eine Gesetzesänderung für schwer umsetzbar und fordert zu einer Wende in der Rechtsprechung auf: „Die Gerichte bis hin zum Bundesgerichtshof müssen also den feststellbar entgegenstehenden Willen einer sexuell genötigten oder missbrauchten Person wieder stärker beachten."[458]

Neben Prof. *Frommel* sind Richter und Staatsanwälte die hauptsächlichen Gegner der Reform. Bei der Anhörung im Ausschuss für Recht und Verbraucherschutz am 28. Januar 2015 sprachen sich *Birgit Cirullies*, Leitende Oberstaatsanwältin der

---

452   *Hörnle* 2015b, S. 326.
453   *Clemm* 2015, S. 13.
454   BT-Drs. 18/5384.
455   *Eisele* 2015, S. 11.
456   *Isfen* 2015, S. 232.
457   *Frommel* 2014.
458   *Frommel* 2015.

Staatsanwaltschaft Dortmund, und *Thomas Fischer*, Vorsitzender Richter am BGH, gegen eine Reform aus, während *Gregor Eisenhuth*, Oberstaatsanwalt bei der Staatsanwaltschaft München, zwar die Lücke bejaht, aber Schwierigkeiten bei der Feststellung des „entgegenstehenden Willens" in Fällen von „Aussage gegen Aussage" befürchtet.[459]

Thomas Fischer ist der Vertreter der Gegner. Er hat nicht nur Aufsätze in Fachzeitschriften, sondern auch online und in Zeitungen veröffentlicht, was einen großen Einfluss hat. Seine Ansichten können wie folgt zusammengefasst werden:

(1)   Es gibt keine wirkliche Schutzlücke im geltenden System, und „non-consensual acts of a sexual nature" nach § 36 der Istanbul-Konvention sind im deutschen Strafrecht schon in sehr weitgehendem Maß (§§ 177 und 240 dtStGB sowie Missbrauchsdelikte) mit Strafe bedroht.[460]

(2)   Ein bloßes „Grabschen" sollte nicht als sexuelle Nötigung strafbar sein, sondern möglicherweise „strafbar als Beleidigung oder als Störung der öffentlichen Ordnung";[461] sonst sei diese Handlung bagatellhaft, und eine Bestrafung sei nicht erforderlich.[462]

(3)   Das Urteil des Landgerichts Essen und viele andere Beispielfälle, die von den Befürwortern der Reform erwähnt wurden, seien keine Fehlurteile[463] und in einem Fall gehe es nicht um eine Schutzlücke, sondern um eine Fehlentscheidung, weil § 240 dtStGB eine Auffangfunktion erfüllen könne.[464]

(4)   Hinsichtlich des materiellen Rechts sei „Objektivierung" im Tatbestand wegen Art. 103 Abs. 2 GG erforderlich, deshalb müsse „eine Ausdehnung in einen allein subjektiven Bereich" verhindert werden.[465]

(5)   Die Beweisschwierigkeit im Bereich der Sexualität sei viel größer als die bei anderen Delikten wie Raub und Diebstahl, weil der Tatbestand sich manchmal auf ein bloßes inneres „Gefühl" beziehe; deshalb könne ein „allgemeiner Missbrauchstatbestand" die Anzahl der Verurteilungen kaum steigern.[466]

---

459   Siehe bundestag.de/dokumente/textarchiv/2015/kw05_pa_recht/356430 [21.09.2019].
460   *Fischer* 2015a, S. 318; 2014, S. 493.
461   Siehe zeit.de/2014/42/strafrecht-vergewaltigung-missbrauch/seite-2 [21.09.2019].
462   *Fischer* 2014, S. 491.
463   Siehe   zeit.de/gesellschaft/zeitgeschehen/2015-02/sexuelle-gewalt-sexualstrafrecht/seite-3 [21.09.2019].
464   Siehe   zeit.de/gesellschaft/zeitgeschehen/2015-02/sexuelle-gewalt-sexualstrafrecht/seite-3 [21.09.2019].
465   *Fischer* 2014, S. 488.
466   Siehe zeit.de/gesellschaft/zeitgeschehen/2015-02/sexuelle-gewalt-sexualstrafrecht-schutzluecke/seite-3 [21.09.2019].

(6)   Eine Ausweitung des Tatbestands könne nichts ändern, weil ein Freispruch gefällt werde, falls der Vorsatz des Täters nicht bestätigt werden kann.[467]

4.5.4   Sicht des Autors auf die Reform

Nach der vom Autor vertretenen Meinung ist es für den deutschen Gesetzgeber notwendig, die Schutzlücke durch Ausweitung des Tatbestands der Vergewaltigung zu schließen, aber diese Ausweitung muss begrenzt werden.

4.5.4.1   Notwendigkeit der Schließung der Schutzlücke

Im Vergleich zum chStGB gibt es tatsächlich Schutzlücken im dtStGB. In China ist das Handlungsmittel für die Tatbestandsverwirklichung keine entscheidende Voraussetzung, die Strafbarkeit ist daher wesentlich weiter gefasst. Im Gegenteil bestraft das dtStGB nur sexuelle Handlungen mit einem bestimmten Nötigungsmittel, deshalb sind manche sexuellen Handlungen ohne ein solches Nötigungsmittel in der Praxis straffrei, obwohl auch in diesen Fällen die sexuelle Selbstbestimmung der betroffenen Person verletzt wird. § 240 dtStGB erfüllt theoretisch eine Auffangfunktion, spielt aber in der Praxis kaum eine Rolle, weil Richter ihn häufig ignorieren und dann Fehlentscheidungen fällen. Wichtiger ist, dass manche typischen Fälle wie die Ausnutzung eines Überraschungsmoments oder die Unterwerfung trotz eines objektiv möglichen Auswegs nur schwer von einer Vorschrift geregelt werden können. Die Ausnutzung eines Überraschungsmoments ist nicht immer bagatellhaft und kann in der Praxis kaum als Beleidigung verurteilt werden. Das Beweisproblem bei Unterwerfung trotz eines objektiv möglichen Auswegs ist eine Tatsache, gilt aber nicht als ein überzeugendes Argument gegen die Schutzlückenschließung. „Beweisschwierigkeiten sind bei den Sexualdelikten, wenn Aussage gegen Aussage steht, die Regel.“[468] Die Feststellung der anderen Sachverhalte in Fällen von sexuellen Übergriffen ist auch sehr schwierig, also Tatbestandsmerkmale wie sexuelle Handlung, Gewalt, Drohung, schutzlose Lage und Vorsatz des Täters.

4.5.4.2   Schwierigkeit der Rechtsrezeption der anglo-amerikanischen Modelle

Die Modelle „Nur Ja heißt Ja“ und „Nein heißt Nein“ stammen aus dem anglo-amerikanischen Rechtskreis. Eine Rechtsrezeption ist hierbei sehr schwierig, weil die Lehre des subjektiven Tatbestands dort (insbesondere die Lehre des Irrtums) sich von der in Deutschland wesentlich unterscheidet.

Im bekannten „Morgan“-Fall von 1975 in England vergewaltigten drei Männer eine Frau, nachdem ihr Ehemann ihnen gesagt hatte, dass sie Vergewaltigungen möge

---

467   *Fischer* 2014, S. 493.
468   *Renzikowski* 2015, S. 13.

und ein Widerstand ihr viel Spaß mache; während der Vergewaltigung glaubten die Täter daher, dass die Frau, die heftig Widerstand leistete, in Wirklichkeit eingewilligt habe. Der Richter hielt diesen Glauben der Täter zwar für einfältig, aber ehrlich („honest"), deshalb riet er den Geschworenen zu einem Freispruch. Trotzdem sprachen sich die Geschworenen schließlich für eine Verurteilung aus; das House of Lords bejahte zwar die Ansicht des Richters, hob die Verurteilung aber aus anderen Gründen nicht auf.[469] Aus der Perspektive Deutschlands war die Ansicht des Richters richtig, aber sie erhielt in England viel Kritik, was später zu einer Gesetzesänderung führte. Nach § 1 des nun geltenden „Sexual Offences Act" entfällt die Tatbestandsverwirklichung einer Vergewaltigung nur dann, wenn der Täter vernünftigerweise („reasonably") glaubt, dass das Opfer in die sexuellen Handlungen eingewilligt hat. Seither ist ein einfältiger, aber ehrlicher Glaube nicht mehr ein wirksamer Verteidigungsgrund in England. Eine ähnliche Regelung findet sich in § 273.3 des kanadischen StGB: „It is not a defence to a charge under section 271, 272 or 273 that the accused believed that the complainant consented to the activity that forms the subject-matter of the charge, where the accused's belief arose from the accused's (i) self-induced intoxication, or (ii) recklessness or wilful blindness; or (b) the accused did not take reasonable steps, in the circumstances known to the accused at the time, to ascertain that the complainant was consenting."

Aus diesen zwei Vorschriften kann man schließen, dass die Schwelle der Tatbestandsverwirklichung hinsichtlich des Vorsatzes in England und Kanada wesentlich abgesenkt wird. Das führt dazu, dass sexuelle Handlungen, die auf einem Irrtum beruhen, i.d.R. auch strafbar sind. In den USA geht man sogar noch weiter, sodass Richter im Fall einer Vergewaltigung in der Praxis kaum den subjektiven Tatbestand berücksichtigen.[470] In den 1980er Jahren wurde dieser an manchen Gerichten durch Rechtsprechung deutlich unterstrichen.[471] Der Tatbestand gilt bereits als verwirklicht, soweit eine Fahrlässigkeit oder Leichtfertigkeit erwiesen ist.[472]

Zusammenfassend kann man sagen, dass der Vorsatz in der Tatbestandsverwirklichung der Vergewaltigung im anglo-amerikanischen Rechtskreis keine große Rolle spielt. Sowohl das Modell „Nein heißt Nein" als auch das Modell „Nur Ja heißt Ja", die auf einer solchen Lehre beruhen, ist nicht kompatibel mit der deutschen Lehre, insbesondere in Fällen, in denen ein Irrtum vorliegt. In Deutschland ist ein Vorsatz für die Tatbestandsverwirklichung der Vergewaltigung unbedingt erforderlich, und bei einem Irrtum über die Tatumstände wird der Vorsatz nach § 16 dtStGB verneint. Der Irrtum verlangt auch keine Vernunft – ein einfältiger, aber ehrlicher Glaube

---

469   *Director of Public Prosecutions v. Morgan* [1975], 2 WLR 913.

470   *Estrich* 1987, S. 94.

471   Siehe *State v. Reed*, 479 A.2d 1291 (1984); *Commonwealth v. Williams*, 439 A.2d 765 (Pa. Super. Ct. 1982).

472   Siehe *Reynolds v. State*, 664 P.2d 621; *People v. Mayberry*, 15 Cal.3d 143, 542 P.2d 1337, 15 Cal. 3d 143, 125 Cal. Rptr. 745.

reicht schon aus. Ignorierung des Vorsatzes und des Irrtums widerspricht der deutschen Verbrechenslehre und ist daher in Deutschland nicht erlaubt.

4.5.4.3 Ungeeignetheit des Modells „gegen den Willen"

Neben den anglo-amerikanischen Modellen ist das Modell „gegen den Willen", das vom deutschen Bundesrat vorgeschlagen wird, auch keine geeignete Lösung. Vor allem entspricht eine solche Formulierung nicht dem Bestimmtheitsgrundsatz in Deutschland. China ist noch kein Rechtsstaat, sein Rechtsprinzip ist nicht „rule of law", sondern „rule by law", d.h. das Strafrecht dient eher der Bekämpfung der Kriminalität als dem Menschenrechtsschutz. Infolgedessen entsprechen die Vorschriften nicht immer dem Bestimmtheitsgrundsatz, und manche Tatbestände werden zur Vermeidung von Schutzlücken nur undeutlich formuliert. Im Gegensatz dazu ist Deutschland ein Rechtsstaat und hat hohe Anforderungen an die Bestimmtheit des Gesetzes. Ein Modell „gegen den Willen" macht die Formulierung unbestimmt und die Strafbarkeit erheblich weit. Ferner kann der entgegenstehende Wille nicht das einzige Kriterium sein. Sogar in China wird das Modell „gegen den Willen" durch verschiedene Voraussetzungen beschränkt und ist nicht mehr ein reines Modell „gegen den Willen", wie weiter oben erläutert wurde.

4.5.4.4 Das Modell „erhebliche Furcht" als geeignete Lösung

Meines Erachtens ist die positive Normierung der strafbaren Handlungen die am besten geeignete Lösung. Die Entwürfe des BMJV und von Prof. *Eisele* sind einander ähnlich. Erstens wird die Schutzlücke bei Ausnutzung eines Überraschungsmoments durch das Einfügen einer neuen Tatvariante geschlossen. Zweitens kommt es für die Strafbarkeit hauptsächlich darauf an, dass die Furcht des Opfers vor einem empfindlichen Nachteil vorliegt. Der entscheidende Unterschied ist, dass die Entwürfe des BMJV und von Prof. *Eisele* jeweils einen „empfindlichen Nachteil" bzw. einen „erheblichen Nachteil" erfordern. Aber sie wurden wegen folgenden Probleme kritisiert: Erstens sei die Schutzlücke in den Fällen immer noch vorhanden, „in denen sexuelle Handlungen gegen den ausdrücklich erklärten Willen der Betroffenen straflos bleiben".[473] Zweitens sei es problematisch, dass die Strafbarkeit von der subjektiven Wahrnehmung der Betroffenen abhängig ist.[474] Drittens verursache der Begriff „erheblicher Nachteil" im Entwurf von Prof. *Eisele* eine Straflosigkeit des kleinen Übels, was eine Schutzlücke verursache.[475]

Die ersten zwei Einwände sind nicht überzeugend. Wie oben erwähnt, bedeutet „Nein" nicht immer „Nein", und bei einem Irrtum ist es gemäß der deutschen Strafrechtsdogmatik nicht möglich, den Täter zu verurteilen. Subjektive Empfindungen

---

473 Deutsches Institut für Menschenrechte 2015, S. 3.
474 Deutsches Institut für Menschenrechte 2015, S. 3.
475 *Hörnle* 2015b, S. 316.

der Betroffenen können durch objektive Faktoren und weitere Beweise festgestellt werden, wie die Feststellung des Vorsatzes des Täters. Aber meines Erachtens ist weder „empfindlicher Nachteil" noch „erheblicher Nachteil" ein geeignetes Kriterium. „Empfindlicher Nachteil" ist zu weit, während „erheblicher Nachteil" zu eng gefasst ist. Dagegen wäre „erhebliche Furcht" eine bessere Formulierung, sodass auch das Verursachen eines kleinen Nachteils strafbar ist, der zu einer erheblichen Furcht des Opfers führt. Dieses Modell kann als „Erhebliche Furcht"-Modell bezeichnet werden.

Weil sich das Modell auf ein so genanntes „Befindlichkeitsdelikt" bezieht, gibt es selbstverständlich, wie Prof. *Frommel* und Prof. *Fischer* einwenden, Feststellungsprobleme, eine Verurteilung ist in der Praxis daher schwierig. Aber wie oben erwähnt, ist das niemals ein überzeugendes Argument gegen eine Schutzlückenschließung. Die heutige Statistik zeigt, dass jedes Jahr ca. 8.000 Vergewaltigungen angezeigt, aber nur ca. 1.300 Personen angeklagt und ca. 980 Personen verurteilt werden.[476] Das bedeutet, dass eine Verurteilung schon heute sehr schwierig ist. Kann das tatsächlich ein Grund für die Abschaffung des § 177 dtStGB sein?

4.5.5   Folgen der Reform und von § 177 n.F. dtStGB

Trotz des heftigen Streits wurde das Sexualstrafrecht noch im Jahre 2016 durch das 50. Strafänderungsgesetz umfassend geändert. Die §§ 240 Abs. 4 Nr. 1 und 179 a.F. dtStGB wurden aufgehoben. § 177 n.F. dtStGB mit neuer Überschrift „Sexueller Übergriff; sexuelle Nötigung; Vergewaltigung" umfasst verschiedene Tatbestände. Darunter übernimmt § 177 Abs. 5 und 6 dtStGB den Tatbestand in § 177 a.F. dtStGB; daher ist es in diesem Teil nur erforderlich, § 177 Abs. 1 bis 4 dtStGB zu erläutern.

§ 177 Abs. 1 dtStGB bezieht sich auf sexuellen Übergriff, dabei geht es um das Modell „Nein heißt Nein". Das wichtigste Merkmal dieses Tatbestands liegt darin, dass die sexuelle Handlung „gegen den erkennbaren Willen" des Opfers stattfindet. Im objektiven Tatbestand ist diese Erkennbarkeit aus Sicht eines objektiven Dritten zu beurteilen, wenn sich ein solcher Wille entweder ausdrücklich oder konkludent zeigt.[477] Im subjektiven Tatbestand muss der Täter den entgegenstehenden Willen zumindest billigend in Kauf nehmen. Falls dieser bedingte Vorsatz nicht nachgewiesen werden kann, ist der Täter straffrei, auch wenn der entgegenstehende Wille aus Sicht eines objektiven Dritten erkennbar war. Eine solche Regelung widerspricht der deutschen Strafrechtsdogmatik nicht, deshalb ist es zweifelhaft, ob dieser Tatbestand ein echtes Modell „Nein heißt Nein" ist.

---

476   *Grieger, Clemm, Eckhard & Hartmann* 2014, S. 5.
477   BT-Drs. 18/9097, S. 22–23.

§ 177 Abs. 2 dtStGB bestraft fünf Tatumstände, in denen der entgegenstehende Wille nicht erkennbar ist. Im subjektiven Tatbestand ist bei allen Tatvarianten ein Vorsatz erforderlich.

Bei § 177 Abs. 2 Nr. 1 dtStGB geht es um die Situation, in der das Opfer nicht in der Lage ist, einen entgegenstehenden Willen zu bilden oder zu äußern. Diese Vorschrift übernimmt § 179 a.F. dtStGB, deshalb kann die Willens- oder Äußerungsunfähigkeit sowohl verschiedene geistige, seelische oder körperliche Krankheiten und Behinderungen als auch tiefgreifende Bewusstseinsstörungen umfassen.[478] Wenn die Willens- oder Äußerungsunfähigkeit auf einer Krankheit oder Behinderung des Opfers beruht, ist auch der qualifizierende Tatbestand nach § 177 Abs. 4 dtStGB erfüllt.

Während § 177 Abs. 2 Nr. 1 dtStGB eine absolute Unfähigkeit erfordert, setzt § 177 Abs. 2 Nr. 2 dtStGB eine eingeschränkte Willens- oder Äußerungsfähigkeit voraus, aber die Abgrenzung zwischen diesen Begriffen ist noch nicht klargestellt.[479] Nach dem Gesetzgeber muss die Einschränkung die Erheblichkeitsschwelle erreichen, ein entsprechender Zustand umfasst u.a. eine erhebliche Intelligenzminderung, einen hohen Trunkenheitsgrad und eine partielle Lähmung.[480] Im Unterschied zu Nr. 1 liegt in Nr. 2 eine Ausnahme vor, d.h. wenn sich der Täter der Zustimmung dieser Person versichert hat, wird die Strafbarkeit ausgeschlossen.

Die dritte Tatvariante nach § 177 Abs. 2 Nr. 3 dtStGB ist Ausnutzung eines Überraschungsmoments. Bei einem überraschenden sexuellen Übergriff des Täters kann ein entgegenstehender Wille des Opfers möglicherweise nicht rechtzeitig gebildet oder geäußert werden, deshalb ist eine positive Regelung für die Schließung dieser Schutzlücke erforderlich.

§ 177 Abs. 2 Nr. 4 dtStGB bezieht sich auf die Ausnutzung einer Lage, in der dem Opfer bei Widerstand ein empfindliches Übel droht. Dieses muss objektiv vorliegen, aber der Täter muss das Opfer damit nicht tatsächlich bedrohen; deshalb zielt diese Vorschrift vor allem auf „Klima der Gewalt"-Fälle ab.[481] Allerdings ist umstritten, was ein empfindliches Übel ist. Nach dem Gesetzgeber kann dieser Begriff weit ausgelegt,[482] aber nach einer anderen Meinung müssen allgemeine Lebenssituationen ausgeschlossen werden.[483]

§ 177 Abs. 2 Nr. 5 dtStGB übernimmt § 240 Abs. 4 Nr. 1 a.F. dtStGB und wird dadurch erweitert. Diese Vorschrift setzt eine Nötigung durch Drohung mit einem empfindlichen Übel voraus. Die Angst des Opfers vor Übel führt dazu, dass es in

---

478   *Fischer* 2017, § 177 Rn. 21–22.

479   *Fischer* 2017, § 177 Rn. 29.

480   BT-Drs. 18/9097, S. 24.

481   BT-Drs. 18/9097, S. 26.

482   BT-Drs. 18/9097, S. 25.

483   *Fischer* 2017, § 177 Rn. 46.

dieser Situation nicht wagt, seinen entgegenstehenden Willen zu äußern. Im Unterschied zu Nr. 4 muss der Täter das Opfer in diesem Fall tatsächlich bedrohen.[484]

Der Strafrahmen des § 177 Abs. 1 und 2 dtStGB ist Freiheitsstrafe von sechs Monaten bis zu fünf Jahren, und nach § 177 Abs. 3 dtStGB ist der Versuch strafbar. Der Strafrahmen des § 177 Abs. 4 und 5 dtStGB ist Freiheitsstrafe nicht unter einem Jahr. Bei § 177 Abs. 6 dtStGB ist der Strafrahmen Freiheitsstrafe nicht unter zwei Jahren.

4.6   Reform des Modells der Vergewaltigung in China

4.6.1   Vorschlag für das Modell „Nur Ja heißt Ja"

Das Modell „Gegen den Willen" wird in China kritisiert. Nach Ansicht der Kritiker ist die Strafbarkeit hier zu weit und die Feststellung schwierig. Die Rechtsrezeption des Modells „Nötigungsmittel" aus Deutschland ist selbstverständlich auch nicht geeignet. Deshalb wurde in China ein Vorschlag zur Rechtsrezeption des Modells „Nur Ja heißt Ja" aus den USA eingebracht. Nach Ansicht der Befürworter hat dieses Modell viele Vorteile wie Respekt vor der sexuellen Selbstbestimmung und eine einfache Anwendung durch den Richter.[485]

4.6.2   Schwierigkeit der Rechtsrezeption der angloamerikanischen Modelle

Die Rechtsrezeption des Modells „Nur Ja heißt Ja" ist aus Sicht des Autors für China auch nicht geeignet. Vor allem ist die sexuelle Kultur in manchen Regionen noch konservativ geprägt. Frauen gehen noch nicht souverän damit um, ihre Einwilligung zum Sex mündlich zu äußern. Das Modell ist daher für die Praxis nicht gut geeignet. Darüber hinaus entspricht es nicht der chinesischen Strafrechtslehre. Aus Zeiten der Rechtsrezeption aus der Sowjetunion ist das so genannte „Prinzip der Einheit von Subjekt und Objekt" (主客观相一致原则) noch immer der wichtigste Grundsatz in der chinesischen Strafrechtslehre. Es ist zwar nicht ganz gleichbedeutend mit dem Schuldprinzip in Deutschland, kann aber einen Teil dessen darstellen.[486] Der subjektive Tatbestand spielt eine sehr wichtige Rolle bei der Tatbestandsverwirklichung. Man kann sogar sagen, dass diese überwiegend vom subjektiven Tatbestand abhängig ist. Deshalb ist die Behandlung des Irrtums ähnlich wie in Deutschland: Falls der Täter den Willen des Opfers irrtümlicherweise nicht erkennt – d.h. er hält den Beischlaf für freiwillig, der tatsächlich dem Willen des Opfers entgegensteht –, kann der Tatbestand nicht verwirklicht werden. Das Modell „Nur Ja heißt Ja" aus den USA

---

484   *Fischer* 2017, § 177 Rn. 50.
485   *Wei* 2012, S. 128–129.
486   *Wang* 2015, S. 104.

beruht dagegen auf einer Lehre, in welcher der subjektive Tatbestand kaum berücksichtigt wird, und ist ein rein objektives Kriterium; deshalb wird dieses Modell selbstverständlich schnell zu einer Verurteilung führen. Eine solche Behandlung widerspricht jedoch offensichtlich dem „Prinzip der Einheit von Subjekt und Objekt". In diesem Kontext ist die Lehre in China jener in Deutschland ähnlich und unterscheidet sich stark von der im anglo-amerikanischen Rechtskreis.

4.6.3 Neues theoretisches anstatt eines gesetzgeberischen Modells

Die Rechtsrezeption eines ausländischen Modells kann nur durch Gesetzesänderung erfolgen. Jedoch wäre eine solche in China schwierig und nach Ansicht des Autors auch unnötig. Vor allem gibt es auch im Ausland kein perfektes Modell: Das deutsche hat offensichtliche Schutzlücken, und die anglo-amerikanischen Modelle sind aus rechtstheoretischen Gründen nicht geeignet für China.

Die geltenden Vorschriften im chStGB sind unklar formuliert, ihre Auslegung bietet einen großen Spielraum. „Gegen den Willen" ist gerade ein theoretisches Modell, das mit einer weiten Auslegung eng verbunden ist, weil die Formulierung „gegen den Willen" im Rechtssatz nicht besteht. Deshalb wäre es eine praktischere Lösung, ein neues theoretisches Modell zu schaffen, um das alte zu ersetzen.

Das Modell „Gegen den Willen" ist also zu reformieren, sodass die große Reichweite der Strafbarkeit in § 236 chStGB keine Kritik mehr nach sich zieht. Wie oben erwähnt, ist die Strafbarkeit in der Praxis schon dadurch wesentlich eingeschränkt, dass eine begrenzte Entscheidungsfreiheit des Opfers als Merkmal vorausgesetzt wird. Schon jetzt ist es nicht mehr ein reines „Gegen den Willen"-Modell, sondern in ein neues Modell umgestaltet worden. Verschiedene chinesische Gelehrte haben den Wandel schon bemerkt, aber niemand hat das neue Modell systematisch und gründlich analysiert. Deshalb nimmt sich die vorliegende Arbeit der Umgestaltung an.

4.6.4 Umgestaltung des Modells „Gegen den Willen" in das Modell „Psychologischer Zwang und entgegenstehender Wille"

Das neue Modell heißt „Psychologischer Zwang und entgegenstehender Wille"-Modell. Nach diesem Modell erfordert die Tatbestandsverwirklichung nicht nur den entgegenstehenden Willen, sondern auch einen psychologischen Zwang des Opfers. Es gibt dabei folgende Punkte zu berücksichtigen:

(1) Die Ursache des psychologischen Zwangs ist gleichgültig. Neben Gewalt und Drohung können ihn auch andere Faktoren wie furchtsamer Charakter und bestimmte Umstände verursachen. Beispielsweise kann das Auftreten des Täters während der Nacht das Opfer schon erheblich einschüchtern, hier

wäre ein psychologischer Zwang zu bejahen. Ferner ist es nicht erforderlich, dass der Täter den psychologischen Zwang hervorruft.

(2)   Der psychologische Zwang muss eine Schwelle übersteigen, d.h. seinetwegen kann das Opfer nur schwer Widerstand leisten, weshalb geringfügiger psychologischer Zwang ausscheidet. Ob ein psychologischer Zwang qualifiziert ist, muss im Einzelfall festgestellt werden. Beispielsweise kann man ihn nicht zweifellos in einem Fall bejahen, in dem ein Chef eine Arbeitnehmerin mit der Drohung der Entlassung zum Beischlaf drängt.

(3)   Das Wissen des Täters muss zwei Aspekte umfassen. Der eine betrifft den entgegenstehenden Willen, der andere den psychologischen Zwang des Opfers. Falls der zweite Aspekt vorliegt, ist der erste evident zu bejahen. Umgekehrt kann der zweite Aspekt nicht selbstverständlich bejaht werden, wenn der erste vorliegt.

(4)   Der Täter muss den psychologischen Zwang des Opfers vorsätzlich ausnutzen. Normalerweise wird eine Ausnutzung bejaht, wenn dieses Wissen vorliegt.

Mit diesem neuen Modell kann die Strafbarkeit des § 236 chStGB auf einen angemessenen Bereich beschränkt werden. Viele Fälle werden sofort ausgeschlossen, z.B. das Versprechen von Vorteilen, Prostitution, Bestechung durch Sex. Der Unterschied zum Modell „Gegen den Willen" kann durch folgendes Beispiel illustriert werden: A nötigt B zum Beischlaf mit C, aber C weiß nichts über die Existenz von A sowie dessen Handlung; während des Beischlafs bemerkt C, dass B nicht freiwillig handelt, setzt den Beischlaf aber noch fort; A ist selbstverständlich strafbar, aber die Strafbarkeit von C ist fraglich. Nach einem reinen Modell „Gegen den Willen" wäre C strafbar, weil er den entgegenstehenden Willen von B bemerkt hat. Aber nach dem neuen Modell kann die Strafbarkeit ausgeschlossen werden, weil er den psychologischen Zwang von B weder bemerkt noch ausnutzt.

Das neue Modell unterscheidet sich auch vom „Nötigungsmittel"-Modell, denn die Tatbestandsverwirklichung hängt nicht von äußerlichen Nötigungshandlungen des Täters, sondern von der subjektiven Empfindung des Opfers ab. In der Vergangenheit beachteten chinesische Gelehrte nur das Ausmaß des Nötigungsmittels; z.B. behauptete *Zhang Mingkai*, dass eine geringfügige Nötigung nicht qualifiziert sei.[487] Aber das objektive Kriterium ist nicht geeignet, denn unter bestimmten Umständen kann eine geringfügige Nötigung zu einem erheblichen psychologischen Zwang führen, sodass das Opfer es nicht wagt, Widerstand zu leisten. Die subjektive Empfindung des Opfers, nämlich der psychologische Zwang, kann als Kriterium die Schutzlücke perfekt schließen.

Das Modell „Psychologischer Zwang und entgegenstehender Wille" deckt sich fast vollständig mit dem Modell „Erhebliche Furcht", das bereits für die Reform in

---

487   *Zhang* 2007, S. 654.

Deutschland vorgeschlagen wurde. Ein solches Modell kann einerseits die meisten strafwürdigen Handlungen bestrafen und andererseits die Strafbarkeit effektiv beschränken; deshalb ist es für beide Staaten geeignet.

4.6.5 Zwei Ausnahmen des Modells „Psychologischer Zwang und entgegenstehender Wille"

Das Modell „Psychologischer Zwang und entgegenstehender Wille" lässt sich in den meisten Fällen von Vergewaltigung anwenden, aber zwei Fallgruppen können davon nur schwer erfasst werden, nämlich Beischlaf mit einer widerstandsunfähigen Person und Täuschung zum Beischlaf. Wenn das Opfer körperlich widerstandsunfähig ist, nutzt der Täter seinen psychologischen Zwang nicht aus; bei psychischer Widerstandsunfähigkeit wie geistiger Krankheit und Bewusstlosigkeit hat sich der Wille des Opfers gar nicht erst gebildet. Bei Täuschung zum Beischlaf liegen weder entgegenstehender Wille noch psychologischer Zwang vor. In der Praxis sind Beischlaf mit einer widerstandsunfähigen Person und manche Fälle der Täuschung zum Beischlaf strafbar, weil die undeutliche Formulierung „sonstige Methode" weit ausgelegt werden kann. Aber auf der theoretischen Ebene gibt es keine treffende Lehre zur Erklärung. Darüber hinaus ist die Grenze der Strafbarkeit bei Täuschung zum Beischlaf schwer zu bestimmen. Es wäre denkbar, diese zwei Fallgruppen durch neue Vorschriften zu regeln.

Kapitel 5

Sexualstraftaten gegen Minderjährige

5.1   Vorbemerkungen

5.1.1   Besonderer Schutz von Minderjährigen

Sexualstraftaten gegen Minderjährige zählen zu einer besonderen Art des sexuellen Übergriffs. Sowohl in Deutschland als auch in China genießen Minderjährige einen stärkeren strafrechtlichen Schutz als Erwachsene. In Deutschland ist die Verstärkung dieses Schutzes der Schwerpunkt des deutschen Sexualstrafrechts geworden, die meisten Gesetzesänderungen in den vergangenen Jahrzehnten betreffen ihn. In China stellt sich eine ähnliche Tendenz dar, aber der besondere Schutz wurde hauptsächlich durch juristische Auslegungen verstärkt. Das primär geschützte Rechtsgut ist hierbei i.d.R. nicht die sexuelle Selbstbestimmung, sondern die Entwicklung der Minderjährigen. Die Tatbestände sind auch wesentlich unterschiedlich von allgemeinen Sexualdelikten wie Vergewaltigung. Infolgedessen ist es geeigneter, Sexualstraftaten gegen Minderjährige in einem eigenständigen Teil zu untersuchen.

5.1.2   Systemischer Unterschied zwischen Deutschland und China

Im dtStGB geht es um folgende drei Delikte: § 176 ff. Sexueller Missbrauch von Kindern, § 182 Sexueller Missbrauch von Jugendlichen und § 174 Sexueller Missbrauch von Schutzbefohlenen. Eine Konkurrenz zwischen diesen Delikten oder zwischen einem dieser Delikte und einem anderen Delikt ist möglich. Im chStGB befinden sich die Vorschriften über Sexualstraftaten gegen Minderjährige nicht in einem eigenständigen Artikel, sondern in den Abs. 2 oder 3 eines Artikels. Beischlaf mit einem Mädchen nach § 236 Abs. 2 ist ausschließlich eine Tatvariante des Delikts der Vergewaltigung; dagegen beziehen sich unzüchtige Handlungen gegen Kinder nach § 237 Abs. 3 und Verlockung einer Minderjährigen zur Unzucht mit mehreren Personen nach § 301 Abs. 2 jeweils auf einen eigenständigen Tatbestand.

5.1.3   Klassifikation der Sexualdelikte

Ein(e) Minderjährige(r) ist in Deutschland und China eine Person unter achtzehn Jahren. Es geht dabei um zwei Altersgruppen, nämlich Kinder (unter 14 Jahren) und

Jugendliche (zwischen 14 und 18 Jahren). Darüber hinaus verdienen auch Schutzbefohlene einen besonderen Schutz. Deshalb können Sexualstraftaten gegen Minderjährige in drei Arten unterteilt werden, nämlich Sexualstraftaten gegen Kinder, Sexualstraftaten gegen Schutzbefohlene und Sexualstraftaten gegen Jugendliche. Dabei bilden Sexualstraftaten gegen Kinder den Schwerpunkt.

5.2   Sexualstraftaten gegen Kinder

5.2.1   Deutschland: Sexueller Missbrauch von Kindern (§ 176 ff. dtStGB)

5.2.1.1   Allgemeines

Das Rechtsgut von § 176 dtStGB ist nach h.M. die ungestörte sexuelle Entwicklung
von Kindern[488] und ferner der Schutz vor einer Beeinträchtigung ihrer Gesamtentwicklung.[489] Nach a.A. wird hiervon auch die sexuelle Selbstbestimmung von Kindern erfasst.[490] In wissenschaftlichen Untersuchungen wurden die negativen Auswirkungen sexueller Handlungen mit einem Kind auf dessen sexuelle Entwicklung
wie auch auf seine Gesamtentwicklung immer wieder bestätigt.[491] Im Vergleich zu
anderen Delikten ist die Tat als abstraktes Gefährdungsdelikt[492] bedingungslos verboten, selbst wenn sie ohne Körperkontakt geschieht. Ein Kind ist eine Person unter
14 Jahren, und es ist gleichgültig, ob es weiblich oder männlich ist. Das Geschlecht
des Täters ist ebenso irrelevant.

5.2.1.2   Objektiver Tatbestand

5.2.1.2.1   Tathandlungen mit Körperkontakt

5.2.1.2.1.1   *Handlungen an Kindern oder von Kindern am Täter (Abs. 1)*

§ 176 Abs. 1 dtStGB bezieht sich darauf, dass sexuelle Handlungen an einem Kind
oder von einem Kind am Täter vorgenommen werden. Dabei handelt es sich um ein
eigenhändiges Delikt,[493] ein körperlicher Kontakt ist für die Vollendung erforderlich. Die Erheblichkeitsschwelle bei einer sexuellen Handlung gegenüber einem
Kind ist niedriger als diejenige gegenüber einem Erwachsenen, und es reicht aus, die
Genitalien über die Kleidung oder die bekleidete Brust eines Mädchens zu streichen.[494] Ein kurzer Griff über der Kleidung an Brust oder Gesäß oder ein Kuss auf

---

488   BGHSt 38, 68, 69.
489   BT-Drs. VI/3521, S. 34.
490   MK-*Renzikowski* 2003, § 176 Rn. 1.
491   LK-*Hörnle* 2009, § 176 Rn. 1, 2.
492   BGH 38, 69.
493   S/S-*Perron & Eisele* 2010, § 176 Rn. 3.
494   LK-*Hörnle* 2009, § 176 Rn. 9.

die Wange genügt für die Tatvollendung nicht.[495] Für dessen Verwirklichung ist es nicht erforderlich, dass das Kind die sexuelle Bedeutung versteht oder den sexuellen Vorgang wahrnimmt oder bemerkt.[496] Strafbar ist die Handlung auch mit dem Willen des Kindes.[497] Während die erste Modalität „Vornahme von sexuellen Handlungen an einem Kind" ein aktives Tun voraussetzt, ist die zweite Modalität „Vornehmenlassen von sexuellen Handlungen an sich von einem Kind" ein passives Verhalten; eine aktive Einwirkung oder implizite Ermunterung zum Weitermachen durch den Täter ist hierfür erforderlich.[498]

5.2.1.2.1.2 Bestimmen zu sexuellen Handlungen mit Dritten (Abs. 2)

§ 176 Abs. 2 dtStGB erfasst, ein Kind dazu zu bestimmen, dass es sexuelle Handlungen an einem Dritten vornimmt oder von diesem an sich vornehmen lässt. Aktives Tun und passives Dulden des Kindes werden hier gleichgesetzt. Die Strafbarkeit des Dritten ist irrelevant, er kann selber auch ein Kind sein.[499] Für die Tatvollendung ist auch ein die Erheblichkeitsschwelle übersteigender Körperkontakt erforderlich,[500] und der Täter muss bei der sexuellen Handlung nicht anwesend sein.[501] Das Bestimmen, das mit Anstiftung (§ 26 dtStGB) gleichbedeutend ist, liegt normalerweise nur darin, dass der Täter durch Überreden, Geschenke, Drohung, Täuschung oder auf andere Weise auf das Kind einwirkt,[502] aber in der Praxis geht es darüber hinaus, d.h. es genügt jedes Mittel, sodass auch Kleinkinder ohne eigenen Willen von dieser Vorschrift geschützt werden können.[503] Umstritten ist die Strafbarkeit einer „Kettenbestimmung" nach dieser Vorschrift,[504] aber diese Handlung kann unter Umständen als Anstiftung nach Abs. 1 bestraft werden, falls sie aus dem Anwendungsbereich dieser Vorschrift herausfällt.

5.2.1.2.2 Tathandlungen ohne Körperkontakt

5.2.1.2.2.1 Sexuelle Handlungen vor einem Kind (Abs. 4 Nr. 1)

§ 176 Abs. 4 Nr. 1 dtStGB bestraft sexuelle Handlungen vor einem Kind, die vom Täter entweder an sich selbst oder an einem Dritten vorgenommen werden.[505] Um-

---

495 Fischer 2013, § 176 Rn. 5.
496 BGHSt 38, 68, 69.
497 LK-Hörnle 2009, § 176 Rn. 10.
498 LK-Hörnle 2009, § 176 Rn. 11.
499 Fischer 2013, § 176 Rn. 7.
500 LK-Hörnle 2009, § 176 Rn. 13.
501 BGH 29, 30.
502 LK-Hörnle 2009, § 176 Rn. 15.
503 BGHSt 41, 242; LK-Hörnle 2009, § 176 Rn. 7.
504 Fischer 2013, § 176 Rn. 7; LK-Hörnle 2009, § 176 Rn. 16.
505 S/S-Perron & Eisele 2010, § 176 Rn. 12.

stritten ist, ob davon auch erfasst wird, einen Dritten vor einem Kind sexuelle Handlungen am Täter vornehmen zu lassen.[506] Das Kind muss den Vorgang visuell oder akustisch wahrnehmen, aber es ist nicht erforderlich, dass es die Bedeutung versteht.[507] Eine räumliche Nähe ist ebenfalls nicht erforderlich, deshalb genügt z.B. die Wahrnehmung durch Bildübertragung per Internet.[508] Im Unterschied zu anderen Delikten muss der Täter mit direktem Vorsatz aktiv handeln, sonst ist eine unverhältnismäßige Ausweitung der Strafdrohung möglich; daher reicht eine gelegentliche Wahrnehmung des Kindes nicht aus.[509] Darüber hinaus ist die Vornahme von sexuellen Handlungen durch Eltern vor ihren Kleinkindern wegen Sozialadäquanz in der Regel straflos.[510]

5.2.1.2.2.2   Bestimmen zu sexuellen Handlungen (Abs. 4 Nr. 2)

Nach § 176 Abs. 4 Nr. 2 dtStGB ist es strafbar, ein Kind zur Vornahme sexueller Handlungen zu bestimmen, soweit die Tat nicht schon nach Abs. 1 oder 2 mit Strafe bedroht ist. Diese Vorschrift wurde in den Jahren 1998 und 2008 verändert, um Gesetzeslücken zu schließen und entsprechenden Entscheidungen des BGH Rechnung zu tragen.[511] Im Gegensatz zu Abs. 1 und 2 wird ein körperlicher Kontakt hier nicht verlangt, daher sind sexuelle Handlungen jeder Art erfasst (z.B. Posing und Masturbation), aber sozialadäquate Handlungen sind wegen der Erheblichkeitsschwelle ausgenommen.[512] Eine räumliche Nähe oder die Wahrnehmung sexueller Handlungen durch den Täter oder eine dritte Person ist nicht erforderlich.[513] Wie in anderen Absätzen des § 176 dtStGB muss das Kind die sexuelle Bedeutung nicht als solche erkennen.[514]

5.2.1.2.2.3   Einwirkung durch Schriften (Abs. 4 Nr. 3)

§ 176 Abs. 4 Nr. 3 dtStGB wurde im Jahr 2003 eingefügt, um der Gefahr der Pädophilie in Internet-Chaträumen zu begegnen,[515] und wurde 2015 neu gefasst. Die neue Fassung bezieht sich auf die Einwirkung auf ein Kind mittels Schriften bzw. Informations- oder Kommunikationstechnologie. Die neu eingefügten Wörter „Informations- oder Kommunikationstechnologie" umfassen das, was von „Schriften" nicht erfasst werden kann, z.B. Echtzeitübertragung. Für die Erfüllung des Tatbestands ist

---

506   *Fischer* 2013, § 176 Rn. 9.

507   LK-*Hörnle* 2009, § 176 Rn. 74.

508   M/R-*Eschelbach* 2013, § 176 Rn. 18; S/S-*Perron & Eisele* 2010, § 176 Rn. 12; BGH NJW 09, 1892.

509   M/R-*Eschelbach* 2013, § 176 Rn. 18.

510   LK-*Hörnle* 2009, § 176 Rn. 76.

511   *Fischer* 2013, § 176 Rn. 10; LK-*Hörnle* 2009, § 176 Rn. 79, 80; BGHSt 41, 285; BGHSt 50, 370; BT-Drs. 16/9646, S. 17.

512   *Fischer* 2013, § 176 Rn. 10, 12.

513   S/S-*Perron & Eisele* 2010, § 176 Rn. 13b.

514   S/S-*Perron & Eisele* 2010, § 176 Rn. 13b.

515   BT-Drs. 15/350, S. 17, 18.

eine besondere Absicht erforderlich, nämlich entweder das Kind zu sexuellen Handlungen mit dem Täter oder einer dritten Person zu bewegen oder eine kinderpornographische Schrift herzustellen, zu erwerben oder zu besitzen.

5.2.1.2.2.4 Einwirkung durch Pornographie (Abs. 4 Nr. 4)

Eine Einwirkung auf ein Kind durch das Vorzeigen pornographischer Abbildungen oder Darstellungen, das Abspielen von Tonträgern pornographischen Inhalts oder das Zugänglichmachen pornographischer Inhalte mittels Informations- und Kommunikationstechnologie ist nach § 176 Abs. 4 Nr. 4 dtStGB strafbar. Andere Schriften wie Texte werden dagegen ausgeschlossen. Der Pornographiebegriff in § 174 dtStGB gilt dementsprechend. Ferner wird auch das Reden erfasst, das in einer mündlichen Äußerung liegt,[516] die einer pornographischen Darstellung vergleichbar ist, während bloßes sexualbezogenes Reden nicht genügt.[517] Die Tat muss durch Tun begangen werden, deshalb scheidet Täterschaft durch Unterlassen aus.[518] Die Schwelle der Strafbarkeit liegt in einer sexuellen Motivation, aber eine besondere Absicht wie in Abs. 4 Nr. 3 ist nach h.M. in dieser Vorschrift nicht erforderlich;[519] deshalb reicht schon die Wahrnehmung des Kindes aus.

5.2.1.2.2.5 Anbieten; Nachweisversprechen; Verabreden (Abs. 5)

§ 176 Abs. 5 dtStGB wurde im Jahr 2003 eingefügt und erfasst drei abstrakte Gefährdungstatbestände,[520] die Vorbereitungshandlungen einer Tat nach den Abs. 1 bis 4 unter Strafe stellen.[521] Deswegen ist § 30 (Versuch der Beteiligung) bei den Vergehenstatbeständen des § 176 nicht anwendbar,[522] während die allgemeine Regelung für das Verbrechen nach § 176a noch gilt.[523] Die erste Tatvariante erfasst das Anbieten eines bestimmten Kindes für eine solche Tat. Es geht dabei um eine Sonderform der versuchten Beteiligung,[524] und vorgetäuschte Beteiligung ist auch strafbar.[525] Die zweite Tatvariante bezieht sich auf das Versprechen des Nachweises, wofür ein individualisiertes Kind im Unterschied zur ersten Tatvariante nicht erforderlich ist.[526] Umstritten ist, ob das Versprechen bei der erfolgreichen Vermittlung des

---

516 *Fischer* 2013, § 176 Rn. 19.
517 *Laubenthal* 2012, S. 191.
518 LK-*Hörnle* 2009, § 176 Rn. 98.
519 *Laubenthal* 2012, S. 190–191.
520 *Fischer* 2013, § 176 Rn. 20.
521 S/S-*Perron & Eisele* 2010, § 176 Rn. 19.
522 BT-Drs. 15/350, S. 18.
523 SK-*Wolters* 2012, § 176 Rn. 34.
524 SK-*Wolters* 2012, § 176 Rn. 30.
525 *Fischer* 2013, § 176 Rn. 21.
526 *Fischer* 2013, § 176 Rn. 25.

Kontaktes zu einem Kind oder beim Bemühen darum erfolgt.[527] Bei diesen zwei Tatvarianten genügt für die Tatbestandsverwirklichung die Äußerung oder Bekundung, wonach der Täter willens und in der Lage ist, eine solche Tat zu tun.[528] Nach der dritten Tatvariante ist es auch strafbar, sich mit einem anderen zu einer solchen Tat zu verabreden, was auch eine Sonderform der versuchten Beteiligung ist, aber nur die ernsthafte Verabredung ist hier erfasst.[529]

5.2.1.3   Subjektiver Tatbestand

Eine Motivation oder Sexualtendenz ist nicht erforderlich. Hinsichtlich des Alters des Kindes reicht bedingter Vorsatz schon aus, d.h. der Täter muss wissen oder es zumindest für möglich halten, dass die betreffende Person ein Kind ist.[530] Falls der Angeklagte den Vorsatz bestreitet, sind die körperliche Entwicklung und das äußere Erscheinungsbild des Opfers zur Feststellung des subjektiven Tatbestands zu berücksichtigen.[531] Die irrtümliche Annahme, dass die betreffende Person über 14 Jahre alt ist, schließt wegen des Tatbestandsirrtums die Tatbestandsverwirklichung aus, aber die Handlung ist ggf. nach § 182 oder § 174 dtStGB strafbar.[532] Hinsichtlich weiterer Merkmale wie sexuellen Handlungen ist es noch umstritten, ob Absicht oder sicheres Wissen erforderlich ist[533] oder bedingter Vorsatz genügt.[534] Der Vorsatz erstreckt sich bei Tathandlungen ohne Körperkontakt (Abs. 4 und 5) auf zusätzliche Merkmale, wobei ein bedingter Vorsatz unumstritten ausreichend ist.[535] Eine besondere Absicht wird nur in Abs. 4 Nr. 3 verlangt. In Abs. 5 ist es fraglich, ob die Erklärung ernstlich gemeint sein muss.[536]

5.2.1.4   Qualifikationstatbestände (§§ 176a, 176b dtStGB)

Während § 176b dtStGB sich ausschließlich auf die Todesfolge bezieht, erfasst § 176a dtStGB folgende Qualifikationstatbestände: Rückfälligkeit mit einigen Voraussetzungen (Abs. 1), den von einer Person über 18 Jahren vollzogenen Beischlaf oder ähnliche sexuelle Handlungen (Abs. 2 Nr. 1), die von mehreren gemeinschaftlich begangene Tat (Abs. 2 Nr. 2), die das Kind in die Gefahr einer schweren Ge-

---

527   LK-*Hörnle* 2009, § 176 Rn. 105; *Fischer* 2013, § 176 Rn. 26; S/S-*Perron & Eisele* 2010, § 176 Rn. 21.

528   *Fischer* 2013, § 176 Rn. 22, 25; BT-Drs. 15/350, S. 18.

529   LK-*Hörnle* 2009, § 176 Rn. 106.

530   LK-*Hörnle* 2009, § 176 Rn. 19, 108; *Fischer* 2013, § 176 Rn. 30.

531   LK-*Hörnle* 2009, § 176 Rn. 19.

532   LK-*Hörnle* 2009, § 176 Rn. 20; *Fischer* 2013, § 176 Rn. 30.

533   LK-*Hörnle* 2009, § 176 Rn. 22.

534   *Fischer* 2013, § 176 Rn. 30.

535   LK-*Hörnle* 2009, § 176 Rn. 108.

536   MK-*Renzikowski* 2003, § 176 Rn. 54.

sundheitsschädigung oder einer erheblichen Schädigung der körperlichen oder seelischen Entwicklung bringende Tat (Abs. 2 Nr. 3), die zum Gegenstand einer kinderpornographischen Schrift zur Verbreitung gemachte Tat (Abs. 3), die das Kind körperlich schwer misshandelnde oder in die Gefahr des Todes bringende Tat (Abs. 5).

5.2.1.5 Rechtsfolgen und andere Bestimmungen

Der sexuelle Missbrauch mit Körperkontakt wird mit Freiheitsstrafe von sechs Monaten bis zu zehn Jahren bestraft (§ 176 Abs. 1 und 2 dtStGB) und ist in besonders
schweren Fällen auf Freiheitsstrafe nicht unter einem Jahr zu erkennen (§ 176 Abs. 3
dtStGB). Falls kein Körperkontakt vorliegt, ist der Strafrahmen Freiheitsstrafe von
drei Monaten bis zu fünf Jahren (§ 176 Abs. 4 dtStGB). Die Vorbereitungshandlungen (Anbieten; Nachweisversprechen; Verabreden) sind mit Freiheitsstrafe von drei
Monaten bis zu fünf Jahren zu bestrafen (§ 176 Abs. 5 dtStGB). Bei Rückfälligkeit
ist die Freiheitsstrafe nicht unter einem Jahr (§ 176a Abs. 1 dtStGB) und in minder
schweren Fällen drei Monate bis zu fünf Jahre (§ 176a Abs. 4 dtStGB). Der Strafrahmen für anderen schweren sexuellen Missbrauch ist Freiheitsstrafe nicht unter
zwei Jahren (§ 176a Abs. 2 und 3 dtStGB); in minder schweren Fällen des § 176a
Abs. 2 dtStGB ist auf Freiheitsstrafe von einem Jahr bis zu zehn Jahren zu erkennen
(§ 176a Abs. 4 dtStGB). Während der Strafrahmen bei der schweren körperlichen
Misshandlung oder bei Lebensgefahr Freiheitsstrafe nicht unter fünf Jahren ist
(§ 176a Abs. 5 dtStGB), ist die Strafe bei Todesfolge des Kindes lebenslange Freiheitsstrafe oder Freiheitsstrafe nicht unter zehn Jahren (§ 176b dtStGB). Darüber
hinaus ist der Versuch strafbar, aber dies gilt nicht für Taten nach § 176 Abs. 4 Nr. 3
und 4 sowie Abs. 5 dtStGB.

5.2.2 China

5.2.2.1 Beischlaf mit einem Mädchen (§ 236 Abs. 2 chStGB)

5.2.2.1.1 Allgemeines

§ 236 Abs. 2 chStGB besagt: „Beischlaf mit einem Mädchen unter 14 Jahren auszuüben, ist wie Vergewaltigung zu behandeln und mit einer Strafe schwereren Grades
zu belegen". Nach einer alten juristischen Auslegung geht es dabei um das eigenständige Delikt „Beischlaf mit einem Mädchen",[537] aber die Eigenständigkeit wurde
im Jahr 2002 durch eine neue juristische Auslegung aufgehoben.[538] Seitdem ist eine
solche Handlung nur eine Tatvariante des Delikts der Vergewaltigung (§ 236
chStGB). Allerdings ist das fraglich, weil das Rechtsgut des § 236 Abs. 2 chStGB

---

537 Verordnung des Obersten Volksgerichts über die Festlegung der Überschriften im Strafgesetzbuch der Volksrepublik China (1997).

538 Ergänzende Verordnung des Obersten Volksgerichts und der Obersten Volksstaatsanwaltschaft über die Festlegung der Überschriften im Strafgesetzbuch der Volksrepublik China
(2002).

nicht wie Abs. 1 die sexuelle Selbstbestimmung der Frauen ist, sondern die körperliche und seelische Gesundheit des Mädchens.[539]

5.2.2.1.2   Objektiver Tatbestand

§ 236 Abs. 2 chStGB schützt ausschließlich Mädchen, also weibliche Personen, die das 14. Lebensjahr noch nicht vollendet haben. Weibliche Personen über 14 Jahren und Jungen werden hiervon nicht erfasst. Der Täter muss männlich sein, und Frauen können nur Teilnehmerinnen sein. Weil Vergewaltigung nach § 17 Abs. 2 eines der acht besonderen Delikte ist, ist ein Täter über 14 Jahren bei diesem Delikt schon schuldfähig. Wie § 236 Abs. 1 chStGB ist nur der Beischlaf erfasst, also der Geschlechtsverkehr zwischen dem Täter und dem Opfer; deshalb sind Oral- und Analverkehr oder andere sexuelle Handlungen ausgeschlossen. Im Unterschied zu § 236 Abs. 1 chStGB ist die Tat beim körperlichen Kontakt von Geschlechtsorganen schon vollendet, das Eindringen des Penis in die Scheide ist nicht erforderlich. Nach § 24 der Stellungnahme von 2013 wird Vermittlung oder Beihilfe wie Teilnahme an der Tat bestraft. Das Merkmal „gegen den Willen des Opfers" in § 236 Abs. 1 chStGB ist bei der Tatbestandsverwirklichung des § 236 Abs. 2 chStGB nicht erforderlich; deswegen ist es gleichgültig, ob das Mädchen damit einverstanden ist oder nicht. Allerdings gibt es eine Ausnahme, d.h. wenn der Täter zwischen 14 und 16 Jahren alt ist, gelten gelegentliche Handlungen ohne schwerwiegende Folgen unter geringfügigen Tatumständen nicht als Straftat.[540] Nach Ansicht des Obersten Volksgerichts liegen zwei Voraussetzungen für einen Strafbarkeitsausschluss vor: Die eine ist, dass das Mädchen während einer Liebesbeziehung zum Täter freiwillig in den Beischlaf einwilligt; falls der Täter das Mädchen zum Beischlaf nötigt, wird der Strafbarkeitsausschluss verneint. Die andere Voraussetzung ist, dass der Altersunterschied zwischen Täter und Opfer nicht zu groß ist; normalerweise darf er maximal vier Jahre sein.[541]

In der Vergangenheit war das Verhältnis dieser Vorschrift zum Delikt der Nachfrage einer weiblichen Kinderprostituierten in § 360 Abs. 2 chStGB sehr umstritten. Nach der Abschaffung dieses Paragraphen durch das 9. StrÄG von 2015 wurde das Problem endgültig gelöst. Seitdem ist Beischlaf mit einem Mädchen unter 14 Jahren nach dieser Vorschrift unbedingt zu bestrafen; gleichgültig ist, ob das Mädchen Prostitution betreibt.

5.2.2.1.3   Subjektiver Tatbestand

Es ist seit langer Zeit umstritten, ob ein subjektiver Tatbestand erforderlich ist. Vor 2003 wurde er in der Praxis i.d.R. nicht berücksichtigt, Beischlaf mit einem Mädchen war also unbedingt strafbar. Im Jahr 2003 verkündete das Oberste Volksgericht eine

---

539   *Gao & Ma* 2010, S. 521.
540   Stellungnahme über die Bestrafung eines minderjährigen, sexuell übergriffigen Täters (2013).
541   *Huang* 2014, S. 230.

juristische Auslegung: Falls der Täter weiß, dass das Mädchen unter 14 Jahren alt ist, ist er wie ein Vergewaltiger zu bestrafen, auch wenn das Mädchen freiwillig handelt; falls er dies tatsächlich nicht weiß und beide den Beischlaf freiwillig vollziehen, ist die Handlung ohne schwerwiegende Folgen und unter besonders geringfügigen Tatumständen keine Straftat.[542] Nach dieser juristischen Auslegung ist ein Vorsatz für die Tatbestandsverwirklichung erforderlich, was der Verbrechenslehre[543] und dem „Prinzip der Einheit von Subjekt und Objekt" in China entspricht.

Diese juristische Auslegung wurde von den meisten Juristen befürwortet, aber von einigen anderen auch stark kritisiert. Der Vertreter der Gegner ist Prof. *Su Li*, ein sehr bekannter Gelehrter. Er behauptete, dass der Rechtssatz wörtlich keinen Vorsatz verlange und für diesen Tatbestand im anglo-amerikanischen Rechtskreis „strict liability" gelte.[544] Wegen des heftigen Streits verkündete das Oberste Volksgericht später eine nichtöffentliche Vorschrift, um die Durchsetzung der juristischen Auslegung auszusetzen.[545] Aber diese Vorschrift ist nicht nur dem Publikum, sondern auch vielen Richtern, Staatsanwälten und Polizisten unbekannt, deshalb spielte die juristische Auslegung auch in der Praxis bis zur Verkündung der Stellungnahme von 2013 eine Rolle.[546] Nach § 19 dieser Stellungnahme ist es erforderlich, dass der Täter weiß oder wissen sollte, dass das Opfer unter 14 Jahren alt ist. Hier kann der Begriff „Wissen" auch die Bedeutung von „Fürmöglichhalten" umfassen. „Wissen sollen" ist kein Typ des kognitiven Elements, sondern bedeutet, dass aus objektiven tatsächlichen Umständen auf Vorsatz geschlossen werden kann.[547] Nach § 19 der Stellungnahme von 2013 kann der Vorsatz auf folgende Weise festgestellt werden: (1) Falls das Opfer unter zwölf Jahren alt ist, soll „Wissen" bejaht werden; (2) falls das Opfer zwischen zwölf und 14 Jahren alt ist, ist „Wissen" dann zu bejahen, wenn man aufgrund der körperlichen Entwicklung, Äußerungen, Benehmen, Bekleidung oder Tagesablauf des Opfers das für möglich halten kann.[548] Bei dieser Regelung geht es nicht um „strict liability", weil der Vorsatz gefordert wird, aber die Beweisführung wird wesentlich erleichtert. Beim ersten Fall wird direkt auf Vorsatz geschlossen. Beim zweiten Fall kann auf Vorsatz aus objektiven Umständen geschlossen werden, und es ist nur zu beweisen, dass der Täter das minderjährige Alter für möglich ge-

---

542 Auskunft des Obersten Volksgerichts darüber, ob ein freiwilliger Beischlaf den Tatbestand der Vergewaltigung verwirklicht, wenn der Täter das Alter des Mädchens unter 14 Jahren nicht kennt (2003).

543 *Liang* 2014, S. 743–774.

544 *Su* 2003, S. 9.

545 Mitteilung des Obersten Volksgerichts über die Aufschiebung der Durchsetzung der „Auskunft darüber, ob ein freiwilliger Beischlaf den Tatbestand der Vergewaltigung verwirklicht, wenn der Täter das Alter des Mädchens unter 14 Jahren nicht kennt" (2003).

546 Siehe flzx.com/changshi/xingshi/changjian/201209/375431.html [21.9.2019].

547 *Yu* 2008, S. 102.

548 Stellungnahme über die Bestrafung eines minderjährigen sexuell übergriffigen Täters (2013).

halten hat. Überzeugende Gegenbeweise können Vorsatz im zweiten Fall ausschließen, aber es ist fraglich, ob sie ihn im ersten Fall auch ausschließen können. Im Schrifttum wird der Ausschluss bejaht,[549] aber nach Ansicht des Obersten Volksgerichts spielen die Gegenbeweise keine Rolle,[550] deshalb ist Beischlaf mit einem unter 12-jährigen Mädchen in der Praxis unbedingt strafbar.

5.2.2.1.4   Qualifikationstatbestände und Rechtsfolgen

Der Strafrahmen in § 236 Abs. 2 chStGB ist derselbe wie in § 236 Abs. 1 chStGB (Vergewaltigung), nämlich zeitige Freiheitsstrafe von drei bis zu zehn Jahren. Fünf Qualifikationstatbestände und Strafzumessungsnormen der Vergewaltigung nach § 236 Abs. 3 chStGB gelten auch für diese Vorschrift, der erhöhte Strafrahmen ist zeitige Freiheitsstrafe von mindestens zehn Jahren, lebenslange Freiheitsstrafe oder Todesstrafe.

Im Unterschied zu § 236 Abs. 1 chStGB ist der Täter nach § 236 Abs. 2 chStGB mit einer Strafe schwereren Grades zu belegen. Nach § 25 der Stellungnahme von 2013 ist er damit insbesondere dann zu bestrafen, wenn einer der folgenden Umstände vorliegt:

(1)   Die Tat wurde von einer Person begangen, die eine besondere Verantwortung für das Opfer hatte, ein gemeinsames Familienleben mit ihm hatte, ein Mitarbeiter des Staates war oder sich als ein solcher ausgab.

(2)   Der Täter beging die Tat durch Eintritt in die Wohnung oder das Wohnheim des Opfers.

(3)   Die Tat wurde mit Nötigungsmitteln wie Gewalt, Drohung oder Anwendung von Betäubungsmitteln begangen.

(4)   Die Tat wurde gegen ein „nestkaltes Kind" auf dem Land,[551] ein körperlich schwer behindertes oder ein geistig behindertes Opfer begangen.

(5)   Der Täter beging die Tat mehrmals.

(6)   Die Tat verursachte eine Körperverletzung, Schwangerschaft, Geschlechtskrankheit oder sonstige körperliche Nachteile für das Opfer.

(7)   Der Täter beging bereits in der Vergangenheit Vergewaltigung oder unzüchtige Handlung und hat entsprechende Vorstrafen.

---

549   *Liu* 2014, S. 11.

550   Siehe legal.people.com.cn/n/2014/0307/c42510-24565111.html [21.09.2019].

551   Ein „nestkaltes Kind" ist ein Kind, dessen Eltern in einem anderen Ort als dem Heimatort arbeiten und mit ihm selten zusammenleben. Normalerweise lebt ein „nestkaltes Kind" auf dem Land und wird von seinen Großeltern betreut. Sexualkriminalität gegen ein „nestkaltes Kind" ist in China ein großes soziales Problem geworden.

5.2.2.2   Unzüchtige Handlungen gegen Kinder (§ 237 Abs. 3 chStGB und Ordnungswidrigkeit)

5.2.2.2.1   Allgemeines

Die Anzahl der Fälle von unzüchtigen Handlungen gegen Kinder zeigt eine steigende Tendenz. 1.381, 1.721 und 2.300 Fälle wurden jeweils in den Jahren 2008, 2010 und 2013 von den Gerichten verhandelt.[552] Das Rechtsgut des § 237 Abs. 3 chStGB ist die körperliche und seelische Gesundheit des Kindes. Im Unterschied zu § 236 Abs. 2 chStGB ist dieser Absatz nicht eine Tatvariante von § 237 Abs. 1 chStGB, sondern ein eigenständiges Delikt.

5.2.2.2.2   Objektiver Tatbestand

Kinder, die das 14. Lebensjahr noch nicht vollendet haben, werden von dieser Vorschrift geschützt. Gleichgültig ist das Geschlecht des Kindes und des Täters. Im Unterschied zu § 236 Abs. 2 chStGB ist ein Täter hierbei nur dann schuldfähig, wenn er über 16 Jahre alt ist. Im Normalfall sind unzüchtige Handlungen sexuelle Handlungen außer Beischlaf, z.B. Anal- und Oralverkehr sowie Küssen. Um eine Gesetzeslücke zu vermeiden, wird allerdings auch der Fall erfasst, in dem eine Täterin ein männliches Kind zum Beischlaf verführt.[553] Im Unterschied zu § 237 Abs. 1 chStGB erfordert § 237 Abs. 3 chStGB nicht das Merkmal der Nötigung, deshalb sind auch Handlungen ohne Gewalt, Drohung oder sonstige Nötigungsmittel strafbar. Nach § 24 der Stellungnahme von 2013 wird Vermittlung oder Beihilfe wie eine Teilnahme an der Tat bestraft.

5.2.2.2.3   Subjektiver Tatbestand

Im Schrifttum ist nicht nur ein direkter Vorsatz, sondern auch eine Absicht erforderlich, durch diese Handlungen sexuelle Stimulation zu erreichen oder den eigenen Geschlechtstrieb zu befriedigen.[554] Ohne diese Absicht sind solche Handlungen straflos, z.B. Küssen oder Berührung eines Kindes aus anderen Gründen. Hinsichtlich der Kenntnis des Alters gilt § 19 der Stellungnahme von 2013 auch für diese Tat: (1) Falls das Opfer unter zwölf Jahren alt ist, soll „Wissen" ausnahmslos bejaht werden; (2) falls das Opfer zwischen zwölf und 14 Jahren alt ist, ist „Wissen" dann zu bejahen, wenn man aufgrund der körperlichen Entwicklung, Äußerungen, Benehmen, Bekleidung, Tagesablauf des Opfer das für möglich halten kann.

5.2.2.2.4   Qualifikationstatbestände, Rechtsfolgen und andere Bestimmungen

Der Strafrahmen von § 237 Abs. 3 chStGB entspricht demjenigen von § 237 Abs. 1 chStGB, und der Täter wird mit einer Strafe schwereren Grades belegt. Der Straf-

---

552   Siehe legal.people.com.cn/n/2014/0307/c42510-24565111.html [21.09.2019].
553   *Wang* 2007, S. 910.
554   *Wang* 2007, S. 911.

rahmen des Grundtatbestands ist zeitige Freiheitsstrafe bis zu fünf Jahren oder Gewahrsam. Die Qualifikationstatbestände in § 237 Abs. 2 chStGB gelten auch für
diese Tat. Beim ersten Qualifikationstatbestand geht es um die Tat, die aus einer
Menschenmenge heraus begangen wird. Es ist erforderlich, dass mindestens drei Personen daran teilnehmen. Beim zweiten Qualifikationstatbestand geht es um die Tat,
die an einem öffentlichen Ort und vor der Öffentlichkeit begangen wird. Nach § 23
der Stellungnahme von 2013 erfordert die Verwirklichung nur die Anwesenheit anderer Personen, während deren tatsächliche Wahrnehmung nicht mehr erforderlich
ist.[555] Beispielsweise wird auch eine heimliche unzüchtige Handlung gegen ein Kind
im Bus in der Praxis für qualifiziert gehalten.[556] Ferner bekommt auch die Tat unter
sonstigen verwerflichen Tatumständen eine erhöhte Strafe, und diese Tatumstände
können weit ausgelegt werden. Bei Qualifikationstatbeständen wird der Täter mit
zeitiger Freiheitsstrafe von mindestens fünf Jahren bestraft.

5.2.2.2.5   Unzüchtige Handlungen gegen Kinder als Ordnungswidrigkeit

Nach § 44 SOWiG ist die unzüchtige Handlung gegen Kinder auch eine Ordnungswidrigkeit. Aber die Abgrenzung zur Straftat ist unklar, weil keine juristische Auslegung eine Schwelle setzt. In der Praxis gibt es verschiedene Kriterien. Nach Ansicht eines Richters ist die Sexualtendenz das Kriterium, und die unzüchtige Handlung ohne Sexualtendenz kann eine Ordnungswidrigkeit sein, z.B. wenn der Täter
die Handlung wegen Trunkenheit begeht.[557] Im Gegensatz dazu wendet ein Staatsanwalt ein objektives Kriterium an, nämlich die Häufigkeit der Tat, die Anzahl der
Opfer, das oder die Nötigungsmittel, eine Körperverletzung oder andere schwerwiegende Folgen.[558]

Diese Situation führte jedoch zu Willkürlichkeit. Im Jahr 2012 küsste und berührte
ein Beamter die Brust eines Mädchen im Alter von zwölf Jahren unter Ausnutzung
eines Überraschungsmoments und berührte sogar ihre Vulva mit seiner Hand, aber
seine Handlung wurde nur als Ordnungswidrigkeit eingestuft, weil nach Ansicht der
Polizei keine schwerwiegenden Folgen vorlagen.[559] Nach Berichterstattung in den
Massenmedien erregte dieser Fall öffentliches Aufsehen.

Im Vergleich zur unzüchtigen Handlung gegen Erwachsene ist die Verwaltungssanktion hier schärfer, nämlich Gewahrsam von zehn bis zu fünfzehn Tagen.

---

555 Stellungnahme über die Bestrafung eines minderjährigen sexuell übergriffigen Täters (2013).
556 Strafrechtliches Urteil des Bezirksgerichts Xiangshan, Ningbo, Zhejiang (2015), Yong Xiang
     Xing Chu Zi Nr. 426.
557 Siehe fqxfy.hncourt.gov.cn/public/detail.php?id=892 [21.09.2019].
558 Siehe rongchang.cqjcy.cn/Information/InformationDisplay.asp?NewsID=7143 [21.09. 2019].
559 Siehe news.xinhuanet.com/legal/2012-07/31/c_123497645.htm [21.09.2019].

5.2.3 Vergleich

5.2.3.1 Geschützte Rechtsgüter

Die Rechtsgüter in Deutschland und China sind miteinander vergleichbar. In Deutschland werden die ungestörte sexuelle Entwicklung und die Gesamtentwicklung von Kindern geschützt. In China ist das Rechtsgut die körperliche und seelische Gesundheit des Kindes. Deutschland bezieht sich auf die zukünftige Entwicklung und China auf den gegenwärtigen Zustand. Jedoch gibt es hier keinen wesentlichen Unterschied.

5.2.3.2 Täter und Opfer

In Deutschland ist das Geschlecht des Täters immer gleichgültig, ein Täter über 14 Jahre ist schon schuldfähig. Die Situation in China ist anders. Wer Beischlaf mit einem Mädchen vollzieht, muss männlich sein, und das Mindestalter der Schuldfähigkeit ist 14 Jahre. Im Gegensatz dazu kann derjenige, der unzüchtige Handlungen gegen ein Kind begeht, auch weiblich sein, das Mindestalter der Schuldfähigkeit ist dann 16 Jahre.

Sowohl in Deutschland als auch in China sind Kinder diejenigen, die unter 14 Jahre alt sind. Männliche und weibliche Kinder werden in Deutschland gleich behandelt, während Mädchen in China einen besseren Schutz genießen. Das Opfer einer Vergewaltigung (§ 236 Abs. 2 chStGB) muss hier ein Mädchen sein, und Mädchen können auch Opfer von unzüchtigen Handlungen (§ 237 Abs. 3 chStGB) sein. Sexuelle Handlungen an einem männlichen Kind sind zwar strafbar, aber das gilt nur bei § 237 Abs. 3 chStGB. Die Strafe des § 236 Abs. 2 chStGB ist viel schärfer als die des § 237 Abs. 3 chStGB.

5.2.3.3 Tathandlungen

In Deutschland sind viele Arten von Tathandlungen strafbar. Nicht nur sexuelle Handlungen mit, sondern auch solche ohne Körperkontakt werden erfasst. Darüber hinaus sind manche Formen der Einwirkung und manche Vorbereitungshandlungen als Tatvarianten strafbar. Im Vergleich dazu ist für die Tatbestandsverwirklichung in China der Körperkontakt erforderlich. Die Vorbereitung ist nach § 22 chStGB strafbar, deshalb können Vorbereitungshandlungen unter Umständen auch unter Strafe gestellt werden. Alles zusammengenommen kann man sagen, dass der Schutz in Deutschland umfassender ist.

5.2.3.4 Subjektiver Tatbestand

Für die Tatbestandsverwirklichung ist der Wille des Kindes gleichgültig, deshalb ist es im Unterschied zur Vergewaltigung auch irrelevant, ob der Täter den Willen des Kindes kennt. Hinsichtlich des subjektiven Tatbestands ist der Fall umstritten, in dem der Täter das wahre Alter des Opfers nicht kennt oder sogar nicht für möglich hält. In Deutschland wird die Tatbestandsverwirklichung in diesem Fall verneint, aber in China i.d.R. bejaht. Die Behandlung eines solchen Falles in China widerspricht dem Schuldprinzip, ist aber in der Praxis sehr sinnvoll. In Deutschland erfüllt § 182 (sexueller Missbrauch von Jugendlichen) eine Auffangfunktion, falls § 176 ausfällt, während eine solche Auffangklausel in China fehlt. Falls der subjektive Tatbestand entfällt, muss der Täter freigesprochen werden, was chinesische Richter aus diversen Gründen unbedingt vermeiden wollen.

5.2.3.5   Strafbarkeitsausschluss bei einer Liebesbeziehung zwischen Minderjährigen

Beischlaf mit einem Kind durch einen Jugendlichen und aus einer Liebesbeziehung heraus wird in China und Deutschland unterschiedlich behandelt. In China gilt eine solche Handlung nach juristischer Auslegung unter bestimmten Umständen nicht als Straftat. Im Vergleich dazu kann die Strafbarkeit im materiellen Recht in Deutschland nicht ausgeschlossen werden. Man kann nur eine prozedurale Lösung finden, nämlich Absehen von der Verfolgung durch den Staatsanwalt (§ 45 JGG) oder Einstellung des Verfahrens durch den Richter (§ 47 JGG).[560]

5.2.3.6   Rechtsfolgen

Sexualstraftaten gegen Kinder werden in beiden Ländern scharf bestraft. In allgemeinen Fällen ist die Strafe in Deutschland sogar schärfer. Die Höchststrafe für Beischlaf mit einem Mädchen ist in China zeitige Freiheitsstrafe von zehn Jahren und in Deutschland zeitige Freiheitsstrafe von 15 Jahren. Die Höchststrafe für unzüchtige Handlungen ist in China zeitige Freiheitsstrafe von fünf Jahren und in Deutschland zeitige Freiheitsstrafe von zehn Jahren. Aber in schwerwiegenden Fällen ist der Strafrahmen, insbesondere die Mindeststrafe, in China höher, wo auch die Todesstrafe möglich ist.

5.3   Sexualstraftaten gegen Schutzbefohlene

5.3.1   Deutschland: Sexueller Missbrauch von Schutzbefohlenen (§ 174 dtStGB)

5.3.1.1   Allgemeines

§ 174 dtStGB schützt sowohl die sexuelle Selbstbestimmung als auch die ungestörte sexuelle Entwicklung von Minderjährigen.[561] Darüber hinaus wird die bestimmte schutzwürdige Beziehung um ihre soziale Funktion wegen des erheblichen negativen

---

560   LK-*Hörnle* 2009, § 176 Rn 5.
561   LK-*Hörnle* 2009, § 174 Rn. 1, 2; M/R-*Eschelbach* 2013, § 174 Rn. 1; S/S-*Perron & Eisele* 2010, § 174 Rn. 1.

Einflusses in Rechtsprechungen ebenfalls als Rechtsgut betrachtet.[562] § 174 dtStGB erfasst drei Tatbestände. Für die Abs. 1 und 2 ist Körperkontakt erforderlich. Erfasst werden sowohl die Vornahme sexueller Handlungen am Opfer als auch deren Vornehmenlassen vom Opfer an sich selbst. Im Unterschied dazu bezieht sich Abs. 3 nur auf sexuelle Handlungen ohne Körperkontakt.

5.3.1.2 Sexueller Missbrauch von Schutzbefohlenen im konkreten Obhutsverhältnis (Abs. 1)

5.3.1.2.1 Sexueller Missbrauch von Schutzbefohlenen unter 16 Jahren (Abs. 1 Nr. 1)

§ 174 Abs. 1 dtStGB erfasst drei Tatvarianten im konkreten Obhutsverhältnis. Nr. 1 bestraft sexuelle Handlungen an einer Person unter 16 Jahren, die dem Täter zur Erziehung, Ausbildung oder Betreuung in der Lebensführung anvertraut ist. Merkmale wie „missbrauchen" oder „ausnutzen" sind bei Abs. 1 Nr. 1 nicht notwendig, weil der Gesetzgeber schon die Verletzung des Obhutsverhältnisses durch sexuelle Handlungen für missbräuchlich hält.[563]

(1) Der Begriff der Erziehung liegt in der langfristigen Überwachung und Anleitung der Lebensführung des Minderjährigen und seiner körperlichen, psychischen und moralischen Entwicklung.[564] Der Täter muss das Personensorgerecht des Minderjährigen haben oder zumindest die Erziehungsaufgaben mit Einvernehmen der sorgeberechtigten Person(en) übernehmen.[565] Eltern, Adoptiveltern, Pfleger und Vormund sind qualifiziert, soweit das Personensorgerecht bei ihnen vorliegt. Im Gegensatz dazu sind Stiefeltern ohne Personensorgerecht nicht qualifiziert, auch wenn ein obhutsähnliches Verhältnis wegen der häuslichen Gemeinschaft vorliegt.[566] Personen nach SGB VIII (wie Tagespflegepersonen und Heimerzieher, Schulleiter sowie Lehrer, die den Minderjährigen unterrichten) zählen auch zu Erziehern. Nach der Rechtsprechung reicht die Handlung nicht aus, wenn der Täter kein Klassen- oder Fachlehrer des Opfers ist.[567]

(2) Die Abgrenzung von Ausbildung zu Erziehung ist fließend. Erforderlich ist zudem ein gewisses Über- und Unterordnungsverhältnis sowie ein gewisses

---

562 LK-*Hörnle* 2009, § 174 Rn. 5; BGH NStZ 2001, 194.

563 *Laubenthal* 2012, S. 219.

564 LK-*Hörnle* 2009, § 174 Rn. 11; MK-*Renzikowski* 2003, § 174 Rn. 15; BGH NStZ 1989, 21.

565 *Laubenthal* 2012, S. 220; LK-*Hörnle* 2009, § 174 Rn. 12.

566 BGH NStZ 1989, 21.

567 BGH-Beschluss vom 25. April 2012 (Az.: 4 StR 74/2012).

mit der Persönlichkeitsentwicklung verbundenes Erziehungselement erforderlich.[568] Ein typisches Beispiel ist das Obhutsverhältnis zwischen Ausbilder und Auszubildendem, weil ein Ausbilder nach § 14 Abs. 1 Nr. 5 des Berufsbildungsgesetzes für die charakterliche, sittliche und körperliche Entwicklung des Auszubildenden verantwortlich ist, während das Verhältnis in einer einfachen beruflichen Anleitung oder Freizeitaktivität ausscheidet.[569]

(3)   Bei Betreuung in der Lebensführung handelt es sich wie beim Erziehungsverhältnis um eine Mitverantwortung des Täters für das geistige und sittliche Wohl des Minderjährigen sowie eine entsprechende Einwirkungsmöglichkeit.[570] Für das Betreuungsverhältnis ist ein gewisser Zeitraum erforderlich, deshalb wird eine kurzzeitige Betreuung ausgeschlossen, aber diesbezüglich ist der Unterschied zwischen Betreuung und Erziehung fließend.[571] Bejaht wird beispielsweise das Verhältnis zwischen Leitern und Teilnehmern eines Zeltlagers, Reisebegleitern und Jugendlichen, Gastgebern und Ferienkindern oder Trainern und Mitgliedern einer Jugendmannschaft.[572]

5.3.1.2.2 Missbrauch von Abhängigkeit (Abs. 1 Nr. 2)

§ 174 Abs. 1 Nr. 2 dtStGB schützt Personen unter 18 Jahren und umfasst neben den in Nr. 1 erwähnten Obhutsverhältnissen ein zusätzliches Verhältnis, nämlich das Dienst- oder Arbeitsverhältnis. Hierbei ist Unterordnung erforderlich, deshalb ist eine nur gelegentliche Tätigkeit ausgeschlossen.[573] Ein Missbrauch von Abhängigkeit ist erforderlich, d.h. der Täter muss diese sowie den Zusammenhang zwischen der Abhängigkeit und dem sexuellen Kontakt erkennen und die Abhängigkeit zum sexuellen Kontakt bewusst ausnutzen.[574] Ein wirksames Einverständnis kann den Tatbestand in Nr. 1 und 3 nicht ausschließen, jedoch den in Nr. 2.[575]

5.3.1.2.3 Sexueller Missbrauch von Abkömmlingen (Abs. 1 Nr. 3)

§ 174 Abs. 1 Nr. 3 dtStGB schützt auch Personen unter 18 Jahren. Der Schutzbereich wurde im Jahr 2015 zu Gunsten der Minderjährigen und zur Schließung von Schutzlücken wesentlich erweitert.[576] Das Opfer kann nicht nur ein leiblicher oder rechtli-

---

568   S/S-*Perron & Eisele* 2010, § 174 Rn. 7.
569   LK-*Hörnle* 2009, § 174 Rn. 18, 19.
570   BGH 05.11.1985 – 1 StR 491/85.
571   LK-*Hörnle* 2009, § 174 Rn. 21.
572   MK-*Renzikowski* 2003, § 174 Rn. 21.
573   NStZ-RR 2001, S. 201.
574   *Laubenthal* 2012, S. 229.
575   LK-*Hörnle* 2009, § 174 Rn. 3.
576   BT-Drs. 18/2601, S. 26.

cher Abkömmling des Täters sein, sondern auch ein leiblicher oder rechtlicher Abkömmling seines Ehegatten, seines Lebenspartners oder einer Person, mit der er in ehe- oder lebenspartnerschaftsähnlicher Gemeinschaft lebt.

5.3.1.3 Sexueller Missbrauch von Schutzbefohlenen im mittelbaren Obhutsverhältnis (Abs. 2)

§ 174 Abs. 2 dtStGB wurde im Jahr 2015 eingefügt, um Gesetzeslücken zu schließen, weil das Obhutsverhältnis nach Abs. 1 durch die Rechtsprechung zu eng ausgelegt wurde.[577] Beispielsweise wird das Verhältnis zwischen Täter und Opfer in dem Fall, in dem der Täter nicht der Klassen- oder Fachlehrer des Opfers ist, sondern einen freiwilligen Sanitätskurs unterrichtet, vom BGH nicht als ein qualifiziertes Obhutsverhältnis nach Abs. 1 betrachtet.[578] Die Schutzlücke führte zur Einfügung dieser Vorschrift. Im Unterschied zu Abs. 1 geht es in Abs. 2 nicht um ein konkretes, sondern um ein mittelbares Obhutsverhältnis durch eine Einrichtung, die der Erziehung, Ausbildung oder Betreuung in der Lebensführung von Minderjährigen dient. Wenn das Opfer eine Person unter 16 Jahren ist, reicht es schon aus, dass der Täter der Einrichtung anvertraut ist (Nr. 1). Wenn das Opfer eine Person zwischen 16 und 18 Jahren ist, wird eine Ausnutzung der Stellung als zusätzliches Merkmal gefordert (Nr. 2).

5.3.1.4 Sexueller Missbrauch von Schutzbefohlenen ohne Körperkontakt (Abs. 3)

§ 174 Abs. 3 dtStGB erfasst unter den Voraussetzungen der Abs. 1 oder 2 sexuelle Handlungen ohne Körperkontakt, also solche vor dem Opfer oder bei denen das Opfer zur Vornahme solcher Handlungen vor dem Täter bestimmt wird. Zusätzlich ist hier die Absicht des Täters erforderlich, sich selbst oder den Schutzbefohlenen hierdurch sexuell zu erregen;[579] deswegen kann beispielsweise eine Handlung zum Zweck der Herstellung von Pornographie nicht von dieser Vorschrift erfasst werden.[580] Nicht erfasst wird ebenfalls die Absicht, eine dritte Person sexuell zu erregen.[581]

---

577   BT-Drs. 18/2601, S. 27.

578   BGH-Beschluss des 4. Strafsenats vom 25.04.2012 – 4 StR 74/12.

579   *Laubenthal* 2012, S. 235; LK-*Hörnle* 2009, § 174 Rn. 48.

580   M/R-*Eschelbach* 2013, S. 1299 Rn. 30; S/S-*Perron & Eisele* 2010, S. 1618 Rn. 18; BGH StV 2007, 184 ff.

581   LK-*Hörnle* 2009, § 174 Rn. 48.

Tabelle 7   *Sexueller Missbrauch von Schutzbefohlenen (§ 174 dtStGB)*

Tatvariante mit Körperkontakt		Alter des Opfers	Verhältnis zwischen Täter und Opfer	Missbrauch oder Ausnutzung	Tatvariante ohne Körper-kontakt
Abs. 1	Nr. 1	unter 16	Anvertraut-Sein zur Erziehung, Ausbildung oder Be-treuung in der Lebensführung		Abs. 3 (sexuelle Erre-gungsabsicht erforderlich)
	Nr. 2	unter 18	Anvertraut-Sein zur Erziehung, Ausbildung oder Be-treuung in der Lebensführung oder Unterordnung im Rah-men eines Dienst- oder Arbeitsverhältnisses	Missbrauch der Abhän-gigkeit	
	Nr. 3	unter 18	Leiblicher oder rechtli-cher Abkömmling des Täters oder seines Ehegatten, seines Lebenspartners usw.		
Abs. 2	Nr. 1	unter 16	Anvertraut-Sein in einer Einrichtung zur Erziehung, Ausbildung oder Betreuung in der Lebensführung von Minderjährigen		
	Nr. 2	unter 18		Ausnutzung der Stellung	

5.3.1.5   Rechtsfolge und andere Bestimmungen

Hinsichtlich des Alters, des Obhutsverhältnisses, der sexuellen Bedeutung der Handlung und anderer Merkmale reicht bedingter Vorsatz aus.[582] Falls der Täter behauptet, dass die Handlung aus anderen Gründen als persönlicher Attraktivität und echter
Liebe begangen wurde, ist eine kritische Beweiswürdigung erforderlich.[583] Bei sexuellem Missbrauch mit Körperkontakt ist auf Freiheitsstrafe von drei Monaten bis
zu fünf Jahren zu erkennen. Eine Tat ohne Körperkontakt wird mit Freiheitsstrafe
bis zu drei Jahren oder mit Geldstrafe bestraft. Auch der Versuch ist strafbar. Ein

---

582   MK-*Renzikowski* 2003, § 174 Rn. 35; S/S-*Perron & Eisele* 2010, § 174 Rn. 18.
583   LK-*Hörnle* 2009, § 174 Rn. 47.

Absehen von Strafe ist in Fällen der Abs. 1 Nr. 1, 2 Nr. 1 oder 3 möglich, wenn das Unrecht der Tat gering ist.

5.3.2 China: Beischlaf mit einer weiblichen Jugendlichen unter Ausnutzung einer Abhängigkeit (§ 21 Abs. 2 der Stellungnahme von 2013 i.V.m. § 236 Abs. 1 chStGB)

§ 21 Abs. 2 der Stellungnahme von 2013 besagt: „Wer eine weibliche Minderjährige über 14 Jahre, für die er besondere Verantwortung hat, unter Ausnutzung der dominanten Stellung oder der isolierten und hilflosen Lage des Opfers zur sexuellen Beziehung nötigt, wird wie ein Vergewaltiger verurteilt und bestraft." Diese juristische Auslegung bezieht sich nicht darauf, einen neuen Tatbestand zu schaffen oder den bestehenden zu erweitern. Nach einer alten juristischen Auslegung von 1984 wird schon die Ausnutzung eines Abhängigkeitsverhältnisses, einer Stellung oder einer Schwächesituation als Drohung betrachtet.[584] Obwohl diese juristische Auslegung seit langem außer Kraft ist, findet die Regelung in der Praxis noch Anwendung; deshalb ist § 21 Abs. 2 der Stellungnahme von 2013 keine neue Regelung, sondern eine Verdeutlichung der alten. Aber die Tatbestandsschwelle bei dieser Tat ist im Vergleich zu anderen Handlungen nach § 236 Abs. 1 chStGB deutlich niedriger, was einen besonderen Schutz für weibliche Jugendliche darstellt.[585] Das ist eine „Rechtsrezeption" aus Ländern wie Italien, Deutschland, England und Russland.[586] Das Rechtsgut ist vor allem die sexuelle Selbstbestimmung, während die körperliche und seelische Gesundheit der weiblichen Jugendlichen auch geschützt ist.

Der besondere Schutz dient nur weiblichen Jugendlichen zwischen 14 und 18 Jahren. Der Täter muss männlich sein und eine besondere Verantwortung für das Opfer haben, also ein Abhängigkeitsverhältnis in Erziehung, Ausbildung, Betreuung, medizinischer Behandlung, Sozialhilfe usw. Darunter fallen vor allem Vormunde, Lehrer und Ärzte.[587] Die sexuelle Beziehung bedeutet ausschließlich Beischlaf, und die Vollendung der Tat erfordert im Gegensatz zu § 236 Abs. 2 chStGB das Eindringen des Penis in die Scheide. Die Schwelle der Strafbarkeit von „Nötigung" ist bei einem jugendlichen Opfer vergleichsweise niedrig, d.h. schon eine geringfügige Nötigung ist strafbar.[588] Der Grund liegt in der körperlichen und seelischen Unreife weiblicher Jugendlicher. Erforderlich ist, dass der Täter seine dominante Stellung oder die isolierte und hilflose Lage des Opfers ausnutzt. Die dominante Stellung ist jene des

---

584 Antwort des Obersten Volksgerichts, der Obersten Volksstaatsanwaltschaft und des Ministeriums für öffentliche Sicherheit auf einige Fragen über die konkrete Rechtsanwendung in aktuellen Fällen von Vergewaltigung (1984).

585 *Huang* 2014, S. 216.

586 *Huang* 2014, S. 215.

587 *Huang* 2014, S. 216.

588 *Zhou, Xue, Zhao & Xiao* 2014, S. 35.

Täters im Abhängigkeitsverhältnis mit dem Opfer, in dem er auf das Opfer wesentlich einwirken kann. Die isolierte und hilflose Lage ist eine Situation, in der das Opfer z.B. bei schwerer Krankheit oder Obdachlosigkeit wegen dieser Abhängigkeit nur den Täter um Hilfe bitten kann.[589] Im Unterschied zum Beischlaf mit einem Kind ist hier ein entgegenstehender Wille des Opfers für die Tatbestandsverwirklichung erforderlich. Falls die Minderjährige freiwillig in den Beischlaf einwilligt, wird die Verwirklichung verneint.

Hinsichtlich des subjektiven Tatbestands ist ein Vorsatz erforderlich. Der Täter muss wissen oder es für möglich halten, dass das Opfer unter 18 Jahre alt ist. Aber in der Praxis wird die Einrede des Irrtums über das Alter i.d.R. nicht vom Richter akzeptiert, wenn der Täter wegen seiner Identität das Opfer gut gekannt hat oder ausreichend Möglichkeiten hatte, das Alter des Opfers zu erkennen.

Weil solche Handlungen zum Delikt Vergewaltigung gehören, gelten der Strafrahmen und die Qualifikationstatbestände in § 236 Abs. 1 und 3 chStGB. Die einzige Besonderheit ist, dass der Täter mit einer Strafe schwereren Grades belegt werden soll. § 25 der Stellungnahme von 2013 gilt ebenfalls.

5.3.3   Vergleich

Der Schutz ist in Deutschland offensichtlich weitgehender als in China.

- Erstens gibt es ein eigenständiges Delikt im dtStGB, während China die Tat ausschließlich durch eine juristische Auslegung als Vergewaltigung betrachtet.

- Zweitens ist das Geschlecht des Opfers oder des Täters in Deutschland gleichgültig, während es in China nur um männliche Täter und weibliche Opfer geht.

- Drittens ist die Reichweite des Abhängigkeitsverhältnisses in Deutschland weiter als in China, z.B. bei einem Dienst- oder Arbeitsverhältnis.

- Viertens geht es in Deutschland um alle sexuellen Handlungen, während sich die besondere Regelung in China nur auf Beischlaf bezieht.

- Fünftens ist eine Ausnutzung in China erforderlich, während sie unter manchen Umständen in Deutschland für die Tatbestandsverwirklichung gleichgültig ist.

---

589   *Huang* 2014, S. 217.

5.4 Sexualstraftaten gegen Jugendliche

5.4.1 Deutschland: Sexueller Missbrauch von Jugendlichen (§ 182 dtStGB)

5.4.1.1 Allgemeines

Nach h.M. ist das Rechtsgut des § 182 dtStGB im Unterschied zum § 176 dtStGB die sexuelle Selbstbestimmung Jugendlicher,[590] aber im Schrifttum und in den Rechtsprechungen ist auch die ungestörte sexuelle Entwicklung der Schutzzweck (kein eigenständiges Rechtsgut).[591] Der Grund des besonderen Schutzes liegt darin, dass die Entwicklung sexueller Reife für Jugendliche typischerweise noch nicht abgeschlossen ist.[592] Allerdings ist der Schutz im Vergleich zum § 176 dtStGB schwächer, was durch die Forderung von mehr Tatbestandsmerkmalen (Alter des Täters, Körperkontakt, Ausnutzung) gespiegelt wird. Bei den sexuellen Handlungen unter Ausnutzung einer Zwangslage (Abs. 1) oder gegen Entgelt (Abs. 2) wurde die Schutzaltersgrenze im Jahr 2008 von 16 auf 18 Jahre angehoben, während sie beim sexuellen Missbrauch unter Ausnutzung der fehlenden Fähigkeit zu sexueller Selbstbestimmung (Abs. 3) noch bei 16 Jahren liegt. Gleichgültig ist, ob der Täter bzw. das Opfer männlich oder weiblich ist.

5.4.1.2 Objektiver Tatbestand

§ 176 Abs. 1 dtStGB liegt in der sexuellen Handlung mit einem Jugendlichen unter Ausnutzung einer Zwangslage. Das Opfer muss unter 18 Jahre alt sein, während keine besondere Anforderung an das Alter des Täters vorliegt (ab 14 Jahre). Erfasst ist, einen Jugendlichen die sexuellen Handlungen mit dem Täter oder einem Dritten vornehmen oder dulden zu lassen. Körperkontakt ist für die Tatbestandsverwirklichung erforderlich, deshalb ist die Handlung vor dem Täter oder dem Opfer straffrei. Das Merkmal „Zwangslage" ist „eine ernste persönliche oder wirtschaftliche Bedrängnis des Opfers"[593] und „setzt Umstände von Gewicht voraus, denen die spezifische Gefahr anhaftet, sexuellen Übergriffen gegenüber einem Jugendlichen in einer Weise Vorschub zu leisten, dass sich der Jugendliche ihnen gegenüber nicht ohne weiteres entziehen kann".[594] Das Merkmal „Ausnutzung" ist hier wie in § 177 dtStGB zu verstehen, und das Wort „Missbrauch" beinhaltet keine weitere Eingrenzung.[595]

---

590 LK-*Hörnle* 2009, § 182 Rn. 1; S/S-*Perron & Eisele* 2010, § 182 Rn. 2.

591 LK-*Hörnle* 2009, § 182 Rn. 2; *Fischer* 2013, § 182 Rn. 2.

592 BT-Drs. 12/4584, S. 8.

593 BT-Drs. 12/4584, S. 8.

594 BGHSt 42, 399.

595 LK-*Hörnle* 2009, § 182 Rn. 23, 25.

Abs. 2 ist ein eigenhändiges Delikt und bestraft ausschließlich sexuelle Handlungen mit Köperkontakt zwischen Täter und Opfer gegen Entgelt.[596] Nicht von dieser Vorschrift, sondern von § 180 dtStGB wird das Bestimmen eines Jugendlichen zur Vornahme sexueller Handlungen mit einem Dritten gegen Entgelt erfasst. Der Täter muss über 18 Jahre alt sein, das Opfer unter 18 Jahre. Das Merkmal „Entgelt" umfasst nach § 11 Abs. 1 Nr. 9 jede in einem Vermögensvorteil bestehende Gegenleistung, deren Größe gleichgültig ist, z.B. Geschenke, Reisen, Drogen, Einladung zum Essen.[597] Aber immaterielle Vorteile sind ausgeschlossen, sonst wäre die Regelung unvertretbar weit und würde dem abgestuften Schutz nach zunehmender Reife widersprechen.[598]

Abs. 3 bezieht sich auf sexuelle Handlungen mit einem Jugendlichen unter Ausnutzung der fehlenden Fähigkeit zur sexuellen Selbstbestimmung. Wie in Abs. 1 werden sowohl sexuelle Handlungen mit dem Täter als auch solche mit einem Dritten erfasst, und Körperkontakt ist für die Tatbestandsverwirklichung ebenfalls erforderlich. Der Täter muss über 21 und das Opfer unter 16 Jahre alt sein, aber es gibt keine Altersvoraussetzung für den Dritten.[599] Im Unterschied zum sexuellen Missbrauch von Kindern muss die fehlende Fähigkeit im Einzelfall festgestellt werden,[600] wo die psychologische Reife des Opfers, die Persönlichkeit des Täters, das Verhältnis zwischen Täter und Opfer sowie andere Faktoren zu berücksichtigen sind.[601]

5.4.1.3 Subjektiver Tatbestand

§ 182 dtStGB setzt bedingten Vorsatz voraus, welcher das Schutzalter und die sexuelle Handlung umfassen muss. In Abs. 1 wird davon auch die Zwangslage des Opfers erfasst, und in Abs. 3 erstreckt sich § 182 auf dessen fehlende Fähigkeit. Allerdings ist umstritten, ob ein direkter Vorsatz in Bezug auf die Ausnutzung erforderlich ist.[602] Falls der Täter einen Jugendlichen für ein Kind hält, sodass die Vollendung des § 182 dtStGB und der Versuch des § 176 dtStGB zugleich vorliegen, ist diese Vorschrift anzuwenden.[603]

5.4.1.4 Rechtsfolgen und andere Bestimmungen

Taten nach den Abs. 1 und 2 sind mit Freiheitsstrafe bis zu fünf Jahren oder mit Geldstrafe zu bestrafen, und Taten nach Abs. 3 sind mit Freiheitsstrafe bis zu drei

---

596   *Fischer* 2013, § 182 Rn. 10, 10a.

597   S/S-*Perron & Eisele* 2010, § 182 Rn. 9.

598   BT-Drs. 16/3439, S. 13.

599   LK-*Hörnle* 2009, § 182 Rn. 56.

600   S/S-*Perron & Eisele* 2010, § 182 Rn. 13; SK-*Wolters* 2012, § 182 Rn. 20.

601   *Fischer* 2013, § 182 Rn. 13.

602   M/R-*Eschelbach* 2013, § 182 Rn. 19.

603   M/R-*Eschelbach* 2013, § 182 Rn. 19.

Jahren oder mit Geldstrafe zu bestrafen. Bei Berücksichtigung des Verhaltens des Opfers kann das Gericht von einer Strafe absehen, wenn das Unrecht der Tat gering ist (Abs. 6). Der Versuch ist auch strafbar (Abs. 4). Ohne besonderes öffentliches Interesse kann die Tat in Fällen des Abs. 3 nur auf Antrag verfolgt werden (Abs. 5).

5.4.2 China: Verlockung einer Minderjährigen zur Unzucht zwischen mehreren Personen (§ 301 Abs. 2 chStGB)

§ 301 Abs. 2 chStGB ist keine Tatvariante der Unzucht zwischen mehreren Personen nach § 301 Abs. 1, sondern ein eigenständiges Delikt. Im Vergleich zu § 301 Abs. 1 chStGB schützt diese Vorschrift nicht nur die öffentliche Ordnung, sondern auch die körperliche und seelische Gesundheit der Minderjährigen.[604]

Der Begriff „Unzucht" bezieht sich nicht nur auf Beischlaf, sondern auch auf andere sexuelle Handlungen, wovon auch homosexuelle Handlungen erfasst werden. Die Tatbestandsverwirklichung erfordert, dass zumindest drei Personen zur gleichen Zeit am selben Ort sexuelle Handlungen vornehmen. Taten in unterschiedlichen Zimmern einer Wohnung können jedoch nicht als am selben Ort qualifiziert werden. Die Teilnehmer müssen freiwillig mitmachen, sonst ist die Tat eher eine Vergewaltigung. Die strafbare Handlung ist Verlockung, welche darin liegt, eine minderjährige Person, die vorher keine dahingehende Absicht hatte, durch Reden, mit Vorteilen oder durch das Vorführen pornographischer Inhalte oder auf sonstige Weise auf sie einzuwirken, sodass die minderjährige Person freiwillig an der Unzucht teilnimmt.[605] Der Tatbestand erfordert, dass diese an der Unzucht teilnimmt. Nach h.M. im Schrifttum ist der Begriff „Teilnehmen" zum besonderen Schutz der Minderjährigen weit auszulegen, und es reicht im Unterschied zu § 301 Abs. 1 chStGB schon aus, dass sie dort die Unzucht wahrnimmt.[606]

Der Strafrahmen von § 301 Abs. 2 chStGB ist, wie in § 301 Abs. 1 chStGB, zeitige Freiheitsstrafe bis zu fünf Jahren, Gewahrsam oder Überwachung. Zusätzlich wird eine Strafe schwereren Grades gefordert.

5.4.3 Vergleich

In Deutschland ist der Schutz von Jugendlichen viel schwächer als der von Kindern, weil das vor allem geschützte Rechtsgut nicht die ungestörte sexuelle Entwicklung, sondern die sexuelle Selbstbestimmung ist. In China gibt es gar keine spezifische Vorschrift zum Schutz von Jugendlichen, und § 301 Abs. 2 chStGB ist eher ein Sittlichkeitsdelikt. Wer sexuelle Handlungen an einem Jugendlichen vollzieht, kann nach den §§ 326 Abs. 2 oder 327 Abs. 3 chStGB nur dann verurteilt werden, wenn

---

604 *Chen* 2008, S. 111; *Wang* 2007, S. 1327.

605 *Wang* 2007, S. 1328.

606 *Chen* 2008, S. 112; *Gao & Ma* 2005, S. 2079–2080; *Wang* 2007, S. 1328.

psychologischer Zwang und der entgegenstehende Wille des Opfers vorliegen. Beispielsweise sind sexuelle Handlungen mit einer Jugendlichen gegen Entgelt in
Deutschland strafbar, aber in China straflos.

5.5   Zusammenfassung und Schlussbetrachtung

Im Allgemeinen ist der Schutz von Minderjährigen in Deutschland umfassender als
in China, weil es hier viel mehr Tatvarianten gibt. Die Verhaltensweise ist in
Deutschland somit weiter als in China. In China kann der Schutz selbstverständlich
anhand der weiten Auslegungen der undeutlich formulierten Rechtssätze erweitert
werden, aber im Vergleich zu Deutschland besteht dort noch Nachholbedarf. Die
deutschen Regelungen haben darüber hinaus den weiteren Vorteil, dass männliche
und weibliche Minderjährige gleichbehandelt werden.

Kapitel 6

Prostitutionsdelikte

6.1 Grundlagen und Vorbemerkungen

6.1.1 Definition der Prostitution

6.1.1.1 Definition der Prostitution in Deutschland

Nach § 1 des Prostitutionsgesetzes liegt der Begriff der Prostitution in der Vornahme von sexuellen Handlungen gegen ein vorher vereinbartes Entgelt. Im Schrifttum wird Prostitution als gewerbsmäßige, wiederholte und entgeltliche Vornahme von sexuellen Handlungen mit wechselnden Partnern bezeichnet.[607] Emotionale Indifferenz und entgeltliche Dienstleistungsbeziehung sind i.d.R. ihre Merkmale.[608] Es genügt auch, wenn die Prostitution sich nur auf einen festen Kundenstamm richtet,[609] während die sexuelle Preisgabe ausscheidet, die sich gegen eine bestimmte Person richtet.[610] Das Geschlecht der Prostituierten oder des Freiers ist gleichgültig, und sowohl hetero- als auch homosexuelle Handlungen werden erfasst.[611] Ein direkter Kontakt zwischen der Prostituierten und dem Freier ist notwendig, deshalb scheiden Telefon- und Webcamsex aus.[612] Es geht dabei nicht nur um Beischlaf und beischlafähnliche Handlungen, sondern auch um andere sexuelle Handlungen von einiger Erheblichkeit im Sinne von § 184h dtStGB. Körperkontakt ist folglich nicht erforderlich, und die Vornahme von sexuellen Handlungen vor einem Freier wie Striptease und Live-Show wird auch erfasst, es sei denn, die sexuellen Handlungen werden vor einem unbestimmten Kreis von Personen vorgenommen.[613] Irrelevant ist, wer ein Entgelt erlangt und wer kassiert, aber die Prostituierte muss die Entgeltlichkeit kennen.[614]

---

607 *Fischer* 2013, § 180a Rn. 3; MK-*Renzikowski* 2003, § 180a Rn. 19; SK-*Wolters* 2012, § 180a Rn. 4; S/S-*Perron & Eisele* 2010, § 180a Rn. 5.

608 S/S-*Perron & Eisele* 2010, § 180a Rn. 5.

609 S/S-*Perron & Eisele* 2010, § 180a Rn. 5.

610 LK-*Laufhütte & Roggenbuck* 2009, § 180a Rn. 4; BGHSt 6 98, 99.

611 S/S-*Perron & Eisele* 2010, § 180a Rn. 5.

612 *Fischer* 2013, § 180a Rn. 3.

613 *Fischer* 2013, § 180a Rn. 3.

614 S/S-*Perron & Eisele* 2010, § 180a Rn. 5; *Fischer* 2013, § 180a Rn. 3.

Gewerbsmäßigkeit und Wiederholung werden gefordert, weshalb die gelegentliche Vornahme aus Neugier trotz eines Entgelts ausgeschlossen wird.[615]

6.1.1.2   Definition der Prostitution in China

Es gibt in China keine einheitliche offizielle Definition von Prostitution. Nach einer juristischen Auslegung von 1992 kann sie nicht nur von einer weiblichen, sondern auch von einer männlichen Person ausgeübt werden,[616] aber diese Auslegung ist heute außer Kraft. Nach einem offiziellen Dokument des Ministeriums für öffentliche Sicherheit liegt Prostitution in der Vornahme unzüchtiger hetero- oder homosexueller Handlungen gegen Entgelt oder Vermögen, was auch Oralverkehr, Masturbation, Analverkehr und andere Handlungen umfassen kann.[617] Aber das Ministerium hat keine Befugnis, den Begriff im chStGB auszulegen, deshalb gilt diese Definition eher auf der Ordnungswidrigkeitsebene. Ferner ist die Definition von Prostitution in verschiedenen Regionen unterschiedlich. In Chongqing und Jiangsu wird sie weit definiert, nämlich als Vornahme unzüchtiger sexueller Handlungen gegen Entgelt;[618] in Guizhou wird Prostitution eng definiert, d.h. die Prostituierte muss weiblich und ein Freier männlich sein.[619]

In der Praxis verursacht das viele Probleme. Im Jahr 2004 kam es zu einem ersten Fall von entgeltlichen homosexuellen Handlungen zwischen Männern, was zu großem Streit führte. Der Richter hielt schließlich diese Handlungen für Prostitution, nachdem er eine inoffizielle Antwort vom Ständigen Ausschuss des Nationalen Volkskongresses erhalten hatte.[620] Seither ist das Geschlechtsproblem nicht mehr umstritten. Aber ein anderes Problem ist bis heute in der Praxis noch vorhanden: Werden auch Oralverkehr, Masturbation, Mammalverkehr und andere sexuelle Handlungen von Prostitution erfasst? Das wird in manchen Regionen bejaht, aber in anderen verneint. Ein Fall in Guangdong erregte im Jahr 2013 öffentliche Aufmerksamkeit. Dort wurde die Vornahme der Masturbation in der ersten Instanz für Prostitution gehalten, aber in der zweiten Instanz nicht.[621] Das Obergericht Guangdong behauptete, dass weder das chStGB noch juristische Auslegungen Masturbation ausdrücklich unter Strafe stellen, deshalb sei eine solche Handlung nach dem Grundsatz

---

615   MK-*Renzikowski* 2003, § 180a Rn. 20.

616   Antwort des Obersten Volksgerichts und der Obersten Volksstaatsanwaltschaft auf einige Fragen über die Durchsetzung „der Entscheidung des Ständigen Ausschusses des Nationalen Volkskongresses über das Verbot der Prostitution" (1992).

617   Auskunft des Ministeriums für öffentliche Sicherheit über die Behandlung von Fällen von homosexuellen Handlungen gegen Entgelt (2001)

618   Verordnung der Stadt Chongqing über das Verbot der Prostitution (2006); anleitende Stellungnahme der Provinz Jiangsu über die Behandlung von Fällen von Prostitution (2006).

619   Verordnung der Provinz Guizhou über das Verbot der Prostitution (2004).

620   Siehe news.xinhuanet.com/legal/2004-02/18/content_1319070.htm [21.09.2019].

621   Siehe news.xinhuanet.com/legal/2013-06/26/c_124911393.htm [21.09.2019].

„keine Strafe ohne Gesetz" straflos, aber Verwaltungssanktionen wegen einer Ordnungswidrigkeit seien möglich.[622]

Zusammenfassend liegt der Begriff der Prostitution in China in entgeltlichen sexuellen Handlungen, die sowohl hetero- als auch homosexuelle Handlungen umfassen, und das Geschlecht der Prostituierten oder des Freiers ist dafür gleichgültig. Bei Prostitution geht es unstrittig um Beischlaf und Analverkehr. Auch andere sexuelle Handlungen von einiger Erheblichkeit wie Oralverkehr, Masturbation und Mammalverkehr werden auf der Ordnungswidrigkeitsebene von Prostitution erfasst, aber es ist noch umstritten, ob solche Handlungen auf der strafrechtlichen Ebene strafbar sind. Im Unterschied dazu sind sexuelle Handlungen ohne Körperkontakt und geringfügige sexuelle Handlungen wie Berührung und Küssen ausschließlich erotische Dienstleistungen und werden nicht von Prostitution erfasst.

6.1.1.3 Vergleich

Die Definition der Prostitution ist in China im Wesentlichen ähnlich wie in Deutschland. Es handelt sich um die Vornahme von hetero- oder homosexuellen Handlungen gegen Entgelt, und sowohl Frauen als auch Männer können Prostitution ausüben. Aber die in Deutschland erfassten sexuellen Handlungen sind viel weiter angelegt als diejenigen in China. In Deutschland werden alle sexuellen Handlungen von Erheblichkeit erfasst. Im Vergleich dazu sind Oralverkehr, Masturbation und Mammalverkehr in China noch umstritten, und sexuelle Handlungen ohne Körperkontakt werden strikt ausgeschlossen.

6.1.2 Politik der Prostitution

6.1.2.1 Politik der Prostitution in Deutschland

In Deutschland war Prostitution zwar eine lange Zeit nicht rechtswidrig, wurde aber als eine sittenwidrige Tätigkeit betrachtet, was zu vielen nachteiligen Folgen für die Prostituierten führte: Sie konnten ihren Lohn wegen der Nichtigkeit der Verträge nicht einklagen; sie waren zwar einkommensteuerpflichtig, konnten aber nicht sozialversicherungspflichtig sein.[623] Durch das Prostitutionsgesetz von 2002 erfolgte schließlich eine liberalere Regulierung zu Gunsten von Prostituierten. Seither kann eine Vereinbarung über Prostitution zu einer rechtswirksamen Forderung führen. Zugleich wurde die Aufnahme in die Sozialversicherung erleichtert. Die Förderung der Prostitution durch Gewährung von Wohnung, Unterkunft oder Aufenthalt und gewerbsmäßiger Vermittlung der Prostitutionsausübung sind nicht mehr strafbar, es sei

---

622 Siehe infzm.com/content/92201 [21.09.2019].
623 *Euchner* 2015, S. 13–14.

denn, eine Ausbeutung der Prostituierten liegt vor. Im Jahr 2016 verkündete der Gesetzgeber das Prostituiertenschutzgesetz, um durch neue Maßnahmen wie Anmelde-
und Kondompflicht die Situation für Prostituierte zu verbessern.

6.1.2.2   Politik der Prostitution in China

Prostitution war in China immer rechtswidrig und verboten, seitdem die Kommunistische Partei im Jahr 1949 die Volksrepublik gründete. Das Verbot basiert auf der
Betonung der sozialistischen Sittlichkeit, die mit der politischen Ideologie eng verbunden ist. Eine Legalisierung der Prostitution ist daher in naher Zukunft nicht denkbar, obwohl ein solcher Appell für eine lange Zeit bestanden hat.[624] Allerdings ist
Prostitution in der Realität bereits allgegenwärtig. Die lokalen Regierungen tolerie-
ren sie einerseits aufgrund von Korruption oder aus anderen Gründen und rufen andererseits aus politischen Erwägungen wiederholt Bewegungen dagegen ins Leben.
Im Februar 2014 startete die Zentralregierung verstärkt Razzien gegen Prostitution
in ganz China, in deren Zuge zahlreiche Prostituierte, Freier und Zuhälter sanktioniert wurden.

6.1.3   Klassifikation der Prostitutionsdelikte

Für einen ausführlichen und gründlichen Vergleich sind Prostitutionsdelikte zu klas-
sifizieren. Allerdings ist das Rechtsgut kein geeignetes Klassifizierungskriterium,
weil sich die geschützten Rechtsgüter in China sehr stark von jenen in Deutschland
unterscheiden. In China wird vor allem die sozialistische Sittlichkeit geschützt, während es in Deutschland hauptsächlich um Jugendschutz und sexuelle Selbstbestimmung geht. Der Täter ist dagegen ein passendes Klassifizierungskriterium, nach dem
die Prostitutionsdelikte zunächst in zwei Arten unterteilt werden, nämlich die von
der Prostituierten oder dem Freier und die von einem Dritten begangenen Straftaten.
Letztere beinhalten eine besondere Fallgruppe, nämlich Menschenhandelsdelikte. Es
ist erforderlich, diese Fallgruppe in einem eigenständigen Teil zu untersuchen.

Für China sind Ordnungswidrigkeiten in Verbindung mit Prostitution auch zu erläutern. Angebot oder Nachfrage der Prostitution ist keine Straftat und wird nur vom
SOWiG geregelt. Im Unterschied dazu sind Verlockung zur, Räumlichkeitgewährung für und Vermittlung von Prostitution sowohl vom chStGB als auch vom SO-
WiG geregelt.

6.1.4   Abschaffung des § 360 Abs. 2 chStGB im Jahr 2015:
Nachfrage nach weiblichen Kinderprostituierten

§ 360 Abs. 2 chStGB stand in der Vergangenheit im Mittelpunkt der Forschung zum
Sexualstrafrecht. Das Verhältnis zur Vergewaltigung war sehr problematisch und

---

624   *Xia* 2009, S. 80.

umstritten. Die Frage, ob § 360 Abs. 2 chStGB abzuschaffen ist, führte zu einem heftigen Streit – nicht nur in wissenschaftlichen und juristischen Kreisen, sondern auch in der Öffentlichkeit. Nach Meinung derjenigen, die für die Abschaffung sind, soll die Nachfrage der Kinderprostitution eher wie Vergewaltigung nach § 236 Abs. 2 chStGB bestraft werden. In der Praxis spielt diese Vorschrift keine Rolle, und die Anzahl der Verhandlungen ist sehr gering.[625] Das Oberste Volksgericht befürwortet auch die Abschaffung und hat durch eine juristische Auslegung diese Vorschrift eingefroren: Nach der Stellungnahme von 2013 kann sie in der Praxis nur schwer in Anwendung gebracht werden.[626] In der Datenbank der Rechtsprechung findet sich nur ein Fall aus dem Jahr 2014.[627] Schließlich wurde diese Vorschrift durch das 9. StrÄG von 2015 ganz abgeschafft.

Ein wichtiger Grund für die Abschaffung war, dass diese Vorschrift keinen Qualifikationstatbestand besitzt, deshalb ist die Höchststrafe nur zeitige Freiheitsstrafe von 15 Jahren. Im Gegensatz dazu kann ein Vergewaltiger unter Umständen mit dem Tode belegt werden, soweit ein Qualifikationstatbestand gegeben ist. Aber die Abschaffung verursacht nun ein anderes Problem: dass nämlich Anal- und Oralverkehr oder sonstige sexuelle Dienstleistungen dann nach § 237 chStGB als unzüchtige Handlungen bestraft werden und die Strafe hierfür relativ mild ist.

6.2 Straftaten, die von der Prostituierten oder dem Freier begangen werden

6.2.1 Deutschland

6.2.1.1 Ausübung der verbotenen Prostitution (§ 184f dtStGB)

Einem Prostitutionsverbot beharrlich zuwiderzuhandeln ist nach § 184f dtStGB strafbar. Nach h.M. ist das Rechtsgut das Interesse der Allgemeinheit, genauer gesagt der Schutz der Allgemeinheit vor den mit Prostitution verbundenen Belästigungen und Gefahren.[628] Die Legitimation dieser Vorschrift ist jedoch fraglich. Nach einer Ansicht geht es nicht um Kriminal-, sondern um Verwaltungsunrecht, deshalb sei der Straftatbestand zu streichen.[629]

---

625 37 Fälle im Jahr 2010, 30 Fälle im Jahr 2011 und 41 Fälle im Jahr 2012, siehe zqb.cyol.com/html/2014-01/09/nw.D110000zgqnb_20140109_3-03.htm [21.09.2019].

626 Siehe newspaper.jcrb.com/html/2015-03/04/content_180246.htm [21.09.2019].

627 Strafrechtliches Urteil des Bezirksgerichts Linwei, Weinan, Shaanxi (2013), Lin Xing Chu Zi Nr. 00437.

628 MK-*Hörnle* 2003, § 184f Rn. 2; *Fischer* 2013, § 184f Rn. 2; S/S-*Perron & Eisele* 2010, § 184f Rn. 1; LK-*Laufhütte & Roggenbuck* 2009, § 184f Rn. 1.

629 *Fischer* 2013, § 184f Rn. 2.

§ 184f dtStGB ist eine Blankettstrafnorm und setzt ein durch Rechtsverordnung erlassenes Verbot voraus. Landesregierungen und ermächtigte Behörden können gemäß Art. 297 EGStGB durch eine Rechtsverordnung verbieten, der Prostitution an bestimmten Orten oder zu bestimmten Tageszeiten nachzugehen. Ein einfacher Verstoß ist ausschließlich eine Ordnungswidrigkeit nach § 120 OwiG.[630] Im Vergleich dazu erfordert die Tatbestandsverwirklichung des § 184f dtStGB die Beharrlichkeit, die eine wiederholte Tatbegehung voraussetzt, jedoch ist die Bedeutung der Wiederholung umstritten. Nach h.M. reicht eine vorherige Abmahnung schon aus;[631] nach a.A. ist es notwendig, dass die Begehung schon mindestens zweimal nach § 120 O-WiG sanktioniert worden ist.[632] Darüber hinaus muss die Tat „eine besondere Hartnäckigkeit und eine gesteigerte Gleichgültigkeit" offenbaren.[633] Ohne ein solches persönliches Merkmal ist sie nur noch eine Ordnungswidrigkeit.[634]

Die Tat ist ein eigenhändiges Delikt, d.h. der Täter kann nur eine Prostituierte sein, und andere Personen können nur Teilnehmer sein. Nach h.M. ist der Freier als ein „notwendiger Teilnehmer" weder strafbar noch handelt er ordnungswidrig.[635] Nach a.A. ist die Straflosigkeit sowohl kriminalpolitisch als auch dogmatisch zweifelhaft, weil der Freier kein Opfer ist, und auch ohne Beharrlichkeit sei eine Ordnungswidrigkeit möglich.[636] Die Gewährung einer Wohnung für die Prostitution ist keine Beihilfe zu dieser Tat, weil sie von § 180a Abs. 2 dtStGB geregelt wird.

Für den subjektiven Tatbestand reicht bedingter Vorsatz schon aus. Der Täter muss das Verbot zumindest für möglich halten. Bei einem Irrtum über Ort oder Tageszeit fehlt es nach § 16 dtStGB am Vorsatz. Ferner muss dieser die Umstände der Beharrlichkeit umfassen, d.h. der Täter hat die vorherige Abmahnung[637] oder Geldbuße[638] zur Kenntnis genommen.

Der Strafrahmen ist Freiheitsstrafe bis zu sechs Monaten oder Geldstrafe bis zu 180 Tagessätzen. Es gibt keine Qualifikationstatbestände. Der Versuch ist nicht strafbar.

6.2.1.2 Jugendgefährdende Prostitution (§ 184g dtStGB)

§ 184g dtStGB bestraft Prostitution, die Minderjährige sittlich gefährdet. Die Vorschrift dient dem Jugendschutz i.V.m. Sittlichkeit, nämlich nach einer Ansicht dem

630   M/R-*Eschelbach* 2013, § 184f Rn. 4.
631   SK-*Wolters* 2012, § 184f Rn. 3.
632   MK-*Hörnle* 2003, § 184f Rn. 5.
633   LK-*Laufhütte & Roggenbuck* 2009, § 184f Rn. 4; MK-*Hörnle* 2003, § 184f Rn. 5; M/R-*Eschelbach* 2013, § 184f Rn. 4; SK-*Wolters* 2012, § 184f Rn. 3.
634   *Fischer* 2013, § 184f Rn. 5.
635   MK-*Hörnle* 2003, § 184f Rn. 8; SK-*Wolters* 2012, § 184f Rn. 5.
636   *Fischer* 2013, § 184f Rn. 7.
637   SK-*Wolters* 2012, § 184f Rn. 4.
638   MK-*Hörnle* 2003, § 184f Rn. 6.

Schutz der sittlichen Wertvorstellungen von Minderjährigen vor der negativen Beeinflussung der Prostitutionsausübung[639] – oder nach einer anderen Ansicht dem Schutz der psychischen und sozialen Entwicklung von Minderjährigen.[640] Aber die Legitimation der Strafnorm ist zweifelhaft. Die Gefährdung der psychosexuellen Entwicklung ist empirisch unbestätigt, und in der Praxis wird diese Norm selten angewendet.[641] Darüber hinaus ist es heute nicht mehr angemessen, Sittlichkeit als Rechtsgut zu schützen.[642]

§ 184g dtStGB ist ein abstraktes Gefährdungsdelikt, das die Prostitutionsausübung an zwei Arten von Örtlichkeiten verbietet. Hierbei handelt es sich um die Prostitutionsausübung in der Nähe einer Schule oder von anderen Örtlichkeiten, die zum Besuch durch Personen unter 18 Jahren bestimmt sind. Diese umfassen nicht nur Gebäude wie Kindergärten, Kinderkrankenhäuser und Jugendheime, sondern auch offene Einrichtungen wie Spielplätze, Sportplätze sowie vorübergehende Zeltlager.[643] Ausgeschlossen davon sind Bildungseinrichtungen für Erwachsene und Orte, die nicht speziell der Nutzung durch Minderjährige gewidmet sind.[644] Eine unmittelbare Nachbarschaft ist erforderlich, d.h. die Prostitutionsausübung findet in Sichtweite der betreffenden Örtlichkeit statt, während jene Örtlichkeiten ausscheiden, die von Minderjährigen nur passiert werden.[645] Auch die Tat, die *in* einer solchen Einrichtung begangen wird, wird vom Merkmal „in der Nähe" erfasst.[646] § 184g Nr. 2 dtStGB bezieht sich auf die Prostitutionsausübung in einem Haus, in dem Personen unter 18 Jahren wohnen (Nr. 2). Ein Haus ist dafür qualifiziert, wenn zumindest eine Minderjährige dort wohnt. Es geht beim Merkmal „Wohnen" nur um längeren Gebrauch, deshalb werden kurzzeitige Unterkunft und vorübergehender Aufenthalt davon nicht erfasst.[647]

Die Tatbestandsverwirklichung erfordert ferner, dass der Prostitution in einer Weise nachgegangen wird, die die Minderjährigen sittlich gefährdet. Deshalb muss deren Wahrnehmungsmöglichkeit vorliegen. Beispielsweise ist die Tat, die in der Nacht oder in den Schulferien in der Nähe einer Schule begangen wird, nicht tatbestandsmäßig. Die Prostitutionsausübung mit Vorkehrungen gegen Beobachtungsmöglichkeiten scheidet auch aus, selbst wenn ein Minderjähriger zufällig die Tat entdeckt.[648]

---

639 LK-*Laufhütte & Roggenbuck* 2009, § 184g Rn. 1.
640 *Fischer* 2013, § 184g Rn. 2.
641 MK-*Hörnle* 2003, § 184g Rn. 1.
642 M/R-*Eschelbach* 2013, § 184g Rn. 1.
643 LK-*Laufhütte & Roggenbuck* 2009, § 184g Rn. 3.
644 LK-*Laufhütte & Roggenbuck* 2009, § 184g Rn. 2.
645 M/R-*Eschelbach* 2013, § 184g Rn. 5; LK-*Laufhütte & Roggenbuck* 2009, § 184g Rn. 3.
646 LK-*Laufhütte & Roggenbuck* 2009, § 184g Rn. 3.
647 LK-*Laufhütte & Roggenbuck* 2009, § 184g Rn. 4.
648 *Fischer* 2013, § 184g Rn. 4; M/R-*Eschelbach* 2013, § 184g Rn. 2.

Zumindest ein konkreter Minderjähriger muss die Prostitutionsausübung wahrneh-
men, und seine ethischen Wertvorstellungen müssen davon beeinträchtigt werden.[649]
Diese Beeinträchtigung verursacht die Gefahr einer psychischen Fehlentwicklung;
Beispielsfälle dafür sind ein krimineller Lebenswandel und eigenes Nachgehen der
Prostitution.[650] Umstritten ist, ob auch ein Fall den Tatbestand verwirklichen kann,
in dem der Minderjährige bereits sittlich verdorben ist.[651]

Die Tat ist ein eigenhändiges Delikt und muss von der Prostituierten begangen werden. Vermittler können Teilnehmer sein, während Freier als „notwendige Teilnehmer" straflos sind. Das Gewähren einer Wohnung für die Prostitution wird dagegen
von § 180a Abs. 2 dtStGB geregelt.

Bedingter Vorsatz genügt für die Tatbestandsverwirklichung. Er muss die Besonderheit der Örtlichkeit und die Wahrnehmungs- sowie Gefährdungsmöglichkeit der
Minderjährigen umfassen.[652]

Der Strafrahmen ist Freiheitsstrafe bis zu einem Jahr oder Geldstrafe. Es gibt keine
Qualifikationstatbestände. Der Versuch ist nicht strafbar.

6.2.2   China

6.2.2.1   Verbreitung der Geschlechtskrankheit (§ 360 Abs. 1 chStGB)

§ 360 Abs. 1 chStGB bestraft die Verbreitung von Geschlechtskrankheiten bei Prostitutionsausübung und Nachfrage. Nach h.M. sind Rechtsgüter die sozialistische Sittlichkeit und die persönliche Gesundheit.[653]

Der Täter muss eine Prostituierte oder ein Freier mit Syphilis, Gonorrhoe oder einer
anderen schweren Geschlechtskrankheit sein. Eine Geschlechtskrankheit außer Syphilis und Gonorrhoe muss schwer sein, aber der geforderte Schweregrad ist unklar
und im Schrifttum sehr umstritten.[654] In der Praxis werden vor allem die Geschlechtskrankheiten erfasst, die in der Verwaltungsmaßnahme des Ministeriums für
Gesundheit zur Verhütung und Behandlung von Geschlechtskrankheiten von 2012
aufgezählt werden, nämlich Infektion mit Chlamydia Trachomatis, Condyloma A-
cuminatum, Herpes genitalis sowie AIDS. Aber die Verwaltungsmaßnahme lässt das
offen, deshalb werden möglicherweise auch andere Geschlechtskrankheiten erfasst.
Es ist auch erforderlich, dass der Täter Prostitution ausübt oder zu einer Prostituierten geht. Sexuelle Handlungen ohne Entgelt scheiden aus. Gleichgültig ist, ob die

---

649   M/R-*Eschelbach* 2013, § 184g Rn. 3.

650   LK-*Laufhütte & Roggenbuck* 2009, § 184g Rn. 6.

651   M/R-*Eschelbach* 2013, § 184g Rn. 3; SK-*Wolters* 2012, § 184g Rn. 6; MK-*Hörnle* 2003,
       § 184g Rn. 3.

652   M/R-*Eschelbach* 2013, § 184g Rn. 7.

653   *Gao & Ma* 2010, S. 604; *Wang* 2007, S. 1719; *Bao* 1999, S. 207.

654   *Bao* 1999, S. 209; *Gao & Ma* 2005, S. 2538.

Krankheit tatsächlich verbreitet wird, und Maßnahmen zur Verhütung der Verbreitung zu ergreifen, kann die Tatbestandsverwirklichung nicht ausschließen. Falls der Täter seine Geschlechtskrankheit dem Opfer mitteilt und das Opfer dennoch in die sexuelle Handlung einwilligt, ist der Täter immer noch strafbar.[655]

Mittelbarer Vorsatz reicht aus. Der Täter muss wissen oder es für möglich halten, dass er an einer Geschlechtskrankheit leidet. Zugleich muss er die entgeltliche sexuelle Handlung wollen oder billigend in Kauf nehmen. Auch wird erfasst, dass der Täter weiß, dass er in der Vergangenheit an einer Geschlechtskrankheit gelitten hat.[656] Nicht erforderlich ist, dass er deren Schweregrad erkennt.[657] Bei Zwangsprostitution hängt der Vorsatz davon ab, ob die Prostituierte noch Entscheidungsfreiheit hat.[658] Im Gegensatz dazu ist es irrelevant, ob der Täter die Geschlechtskrankheit verbreiten will.

Der Strafrahmen ist zeitige Freiheitsstrafe bis zu fünf Jahren, Gewahrsam oder Überwachung, und zugleich ist auf Geldstrafe zu erkennen. Qualifikationstatbestände gibt es nicht.

6.2.2.2 Angebot und Nachfrage der Prostitution als Ordnungswidrigkeit

Nach § 66 SOWiG werden Angebot und Nachfrage der Prostitution als Ordnungswidrigkeiten mit Gewahrsam von zehn bis 15 Tagen oder Geldbuße bis zu 5.000 Yuan sanktioniert. Der Versuch ist auch zu sanktionieren, soweit die sexuelle Handlung bereits angefangen hat.[659] Bei geringfügigen Umständen ist Gewahrsam bis zu fünf Tagen oder Geldbuße bis zu 500 Yuan zu verhängen. Prostituierte, die an öffentlichen Orten Kunden gewinnen, werden mit Gewahrsam bis zu fünf Tagen oder Geldbuße bis zu 500 Yuan sanktioniert. Neben dieser Verwaltungssanktion werden Prostituierte und Freier nach einer Verordnung[660] vom Staatsrat möglicherweise mit Haft zur Umerziehung von sechs Monaten bis zu zwei Jahren belegt, insbesondere wenn die Handlung wiederholt begangen wird.[661] Im Jahr 2014 wurde *Huang Haibo*, ein bekannter Schauspieler, wegen der Nachfrage von Prostitution mit Haft zur Umerziehung von sechs Monaten sanktioniert. Danach beantragten viele Juristen, Poli-

---

655 *Gao & Ma* 2005, S. 2539.

656 *Gao & Ma* 2005, S. 2541.

657 *Gao & Ma* 2005, S. 2541.

658 *Wang* 2007, S. 1721; *Bao* 1999, S. 232.

659 Anleitende Stellungnahme der Provinz Jiangsu über die Behandlung von Fällen von Prostitution (2006).

660 Verordnung über die Inhaftierung von Prostituierten und Freiern zur Umerziehung (1993).

661 Anleitende Stellungnahme der Provinz Jiangsu über die Behandlung von Fällen von Prostitution (2006).

tiker und berühmte Personen die Aufhebung dieser Verordnung, weil sie offensichtlich der Verfassung und anderen Gesetze widerspreche.[662] Im Jahr 2019 wurde diese Verordnung schließlich aufgehoben.

6.2.2.3   Vergleich

Wegen des erheblichen Unterschiedes im Deliktsystem ist ein detaillierter Vergleich der Tatbestandsmerkmale zwischen Deutschland und China schwierig und weitgehend ohne Mehrwert. Daher reicht ein allgemeiner Vergleich bereits aus. In Deutschland regelt keine strafrechtliche Vorschrift das Verhalten von Freiern, und Prostituierte sind nur dann strafbar, wenn sie an verbotenen Orten oder zu verbotenen Tageszeiten Prostitution ausüben. In China werden Prostituierte und Freier gleich behandelt. Angebot und Nachfrage der Prostitution werden mit Verwaltungssanktionen belegt, während eine Strafe nur bei der Verbreitung von Geschlechtskrankheiten möglich ist.

6.3   Straftaten, die Menschenhandel betreffen

6.3.1   Deutschland

Am 07.06.2016 beschloss der Bundestag das Gesetz zur Verbesserung der Bekämpfung des Menschenhandels und zur Änderung des Bundeszentralregistergesetzes sowie des Achten Buches Sozialgesetzbuch, um die Richtlinie 2011/36/EU und den Rahmenbeschluss 2002/629/JI des Europäischen Rates umzusetzen.[663] Menschenhandelstatbestände wurden dadurch wesentlich verändert. Bei Prostitutionsdelikten, die sich auf Menschenhandel beziehen, ging es vorher nur um § 232 a.F. dtStGB, aber seither sowohl um § 232 n.F. dtStGB als auch um § 232a dtStGB. Diese drei Vorschriften werden hier erläutert.

6.3.1.1   Menschenhandel zum Zweck sexueller Ausbeutung (§ 232 a.F. dtStGB)

Menschenhandel zum Zweck sexueller Ausbeutung wurde im Jahr 2005 vom 13. in den 18. Abschnitt verschoben, sodass in erster Linie die persönliche Freiheit geschützt wird; daneben sind die sexuelle Selbstbestimmung und der besondere Schutz junger Menschen Rechtsgüter des Delikts.[664]

§ 232 Abs. 1 dtStGB umfasst zwei Tatvarianten. Die erste ist Ausnutzung einer Schwächesituation des Opfers, nämlich das Bringen einer anderen Person zur Auf-

---

662   Siehe china.caixin.com/2015-03-04/100788026.html [21.09.2019].
663   BT-Drs. 18/9095.
664   *Laubenthal* 2012, S. 291.

nahme oder Fortsetzung der Prostitution oder zu ausgebeuteten sexuellen Handlungen – unter Ausnutzung einer Zwangslage oder auslandsspezifischer Hilflosigkeit. Beim Begriff des Bringens handelt es sich um das tatsächliche Herbeiführen des tatbestandlichen Erfolgs; deswegen ist das Delikt ein Erfolgsdelikt,[665] und im Vergleich zum alten Begriff „bestimmen" kann das Wort „Bringen" auch den Fall der Täuschung erfassen.[666] Ausgebeutete sexuelle Handlungen außer Prostitution bezeichnen die Ausbeutung des Opfers, beispielsweise in Peepshows, im Heiratshandel oder bei der Herstellung pornographischer Darstellungen.[667] Der Begriff der Zwangslage ist weit gefasst und liegt in „einer ernsten, nicht unbedingt existenzbedrohenden Not oder Bedrängnis persönlicher oder wirtschaftlicher Art".[668] Die Hilflosigkeit muss mit dem Aufenthalt des Opfers in einem fremden Land verbunden sein; dabei geht es nicht um die Staatsangehörigkeit,[669] sondern u.a. um Sprach- oder Kontaktschwierigkeiten, spezielle finanzielle Schwierigkeiten, Unkenntnis der Lebensverhältnisse und Wegnahme des Passes.[670]

Die zweite Tatvariante des § 232 Abs. 1 dtStGB betrifft die Ausnutzung des bestimmten Alters des Opfers und bezieht sich auf einen besonderen Schutz von Minderjährigen und Heranwachsenden. Strafbar ist es, eine Person unter 21 Jahren zur Aufnahme oder Fortsetzung der Prostitution oder zu ausgebeuteten sexuellen Handlungen zu bringen. Im Vergleich zur ersten Tatvariante ist es hierbei nicht erforderlich, die Zwangslage oder Hilflosigkeit des Opfers auszunutzen.

§ 232 Abs. 4 dtStGB ist nach h.M. nicht ein Qualifikationstatbestand des § 232 Abs. 1 dtStGB, sondern ein eigenständiger Tatbestand.[671] Es geht darum, eine Person mit Gewalt, durch Drohung mit einem empfindlichen Übel oder durch List zur Prostitution oder zu ausgebeuteten sexuellen Handlungen zu bringen oder sich mit dieser Absicht des Opfers zu bemächtigen. Der Begriff der List wird eng ausgelegt und betrifft hauptsächlich die Verschleierung des Ziels der Prostitutionsausübung durch Ausnutzung eines Defekts der freien Selbstbestimmung; deshalb wird die Tatbestandsverwirklichung normalerweise verneint, wenn die betroffene Person frei entscheiden kann.[672] Wenn das Opfer zu einer hinreichend konkretisierten sexuellen Handlung genötigt wird, gilt nicht § 232 Abs. 4 dtStGB, sondern § 177 oder § 240 dtStGB.[673] Aber die Abgrenzung zwischen § 232 Abs. 4 dtStGB und den §§ 240 und 177 dtStGB ist nicht trennscharf, und im Grenzfall ist die Feststellung umstritten.

665 *Fischer* 2015b, § 232 Rn. 12; *Laubenthal* 2012, S. 295.
666 BT-Drs. 15/3045, S. 8.
667 BT-Drs. 15/3045, S. 8.
668 S/S-*Eisele* 2010, § 232 Rn. 10. *Laubenthal* 2012, S. 292.
669 S/S-*Eisele* 2010, § 232 Rn. 11.
670 *Laubenthal* 2012, S. 294.
671 *Fischer* 2015b, § 232 Rn. 25.
672 S/S-*Eisele* 2010, § 232 Rn. 32.
673 *Fischer* 2015b, § 232 Rn. 25.

Der Strafrahmen des § 232 Abs. 1 ist Freiheitsstrafe von sechs Monaten bis zu zehn Jahren. § 232 Abs. 3 umfasst drei Qualifikationstatbestände des § 232 Abs. 1, nämlich kindliches Opfer, schwere körperliche Misshandlung oder Gefahr des Todes sowie eine gewerbsmäßige Tat oder die Mitgliedschaft in einer Bande. Sein Strafrahmen sowie jener des § 232 Abs. 4 sind gleich, nämlich Freiheitsstrafe von einem bis zu zehn Jahren. Der Versuch ist strafbar.

6.3.1.2   Menschenhandel (§ 232 Abs. 1 Nr. 1 Buchstabe a n.F. dtStGB)

Im Jahr 2016 wurde § 232 dtStGB neu gefasst, der Tatbestand erweiterte sich dadurch zum Menschenhandel zu anderen Zwecken wie Ausübung der Bettelei oder Begehung von mit Strafe bedrohten Handlungen. Es geht nur bei Abs. 1 Nr. 1 Buchstabe a um Menschenhandel zum Zweck der sexuellen Ausbeutung, wobei die Voraussetzungen gegenüber jenen in § 232 a.F. dtStGB auch verändert wurden.

Die Vorschrift umfasst ebenfalls zwei Tatvarianten. Die erste ist nach wie vor die Ausnutzung einer persönlichen oder wirtschaftlichen Zwangslage oder einer auslandsspezifischen Hilflosigkeit des Opfers. Die zweite Tatvariante, die den Tatbestand des § 233a a.F. dtStGB übernimmt, ist die Förderung einer Person unter 21 Jahren zur Prostitutionsausübung oder zur Vornahme sexueller Handlungen.[674] Bei Förderung geht es um Anwerben, Befördern, Weitergeben, Beherbergen oder Aufnehmen, die als Beihilfehandlungen zur Tathandlung in § 232a dtStGB betrachtet werden können.[675]

Im Vergleich zu § 232 a.F. dtStGB ist die Strafdrohung wesentlich milder. Der Strafrahmen ist Freiheitsstrafe von sechs Monaten bis zu fünf Jahren. Nur bei Qualifikationstatbeständen wird die Höchststrafe auf zehn Jahre erhöht.

6.3.1.3   Zwangsprostitution (§ 232a dtStGB)

§ 232a dtStGB ist ein im Jahr 2016 neu eingefügter Tatbestand. Der Grundtatbestand des § 232a dtStGB ist ähnlich wie der in § 232 Abs. 1 Nr. 1 Buchstabe a n.F. dtStGB und umfasst ebenfalls zwei Arten des Opfers. Aber im Unterschied zu § 232 Abs. 1 Nr. 1 Buchstabe a n.F. dtStGB erfordert § 232a dtStGB, dass der Täter das Opfer zur Prostitutionsausübung oder zur Vornahme sexueller Handlungen nicht fördert, sondern veranlasst; deshalb prägt ein größerer Unrechtsgehalt diesen Tatbestand. Infolgedessen ist die Strafe auch schärfer, nämlich Freiheitsstrafe von sechs Monaten bis zu zehn Jahren bei Grundtatbestand.

---

674   *Fischer* 2017, § 232 Rn. 24.
675   *Fischer* 2017, § 232 Rn. 24.

6.3.2 China

6.3.2.1 Nötigung zur Prostitutionsausübung (§ 358 Abs. 1 chStGB)

§ 358 Abs. 1 chStGB umfasst zwei Tatvarianten, wovon eine Nötigung zur Prostitutionsausübung ist. Ihre Rechtsgüter sind die sozialistische Sittlichkeit und die persönliche Freiheit.[676] Die Reichweite des Nötigungsmittels ist sehr groß, beispielsweise werden davon Gewalt, Drohung sowie Ausnutzung eines Abhängigkeitsverhältnisses und einer hilflosen Lage des Opfers erfasst.[677] Erforderlich ist, dass die Ausübung der Prostitution dem Willen des Opfers entgegensteht. Hinsichtlich des subjektiven Tatbestands ist ein Vorsatz erforderlich, aber es ist umstritten, ob mittelbarer Vorsatz genügt.[678]

Vor dem 9. StrÄG von 2015 wurden folgende vier Qualifikationstatbestände in § 358 Abs. 1 festgelegt:

(1) Nötigung eines Mädchens unter 14 Jahren zur Ausübung von Prostitution;

(2) Nötigung mehrerer Personen oder mehrmalige Nötigung einer anderen Person zur Ausübung von Prostitution;

(3) Nötigung einer anderen Person zur Ausübung von Prostitution nach Vergewaltigung;

(4) Verursachung schwerer Verletzung, des Todes oder sonstiger schwerwiegender Folgen der genötigten Person.

Aber nach dem 9. StrÄG von 2015 wurden diese Qualifikationstatbestände durch die Wörter „schwerwiegende Tatumstände" ersetzt. Der Gesetzgeber nahm diese Änderung vor, um die Reichweite der Qualifikation auszuweiten, aber das zeigt einen Rückschritt hinsichtlich des Bestimmtheitsgrundsatzes. Es ist daher erforderlich, die Umstände durch eine juristische Auslegung zu verdeutlichen. Denkbar ist, dass auch die vier oben erwähnten Fälle zur Qualifikation gehören.

Beim Grundtatbestand geht es um eine zeitige Freiheitsstrafe von fünf bis zu zehn Jahren, und zugleich muss eine Geldstrafe verhängt werden. Bei schwerwiegenden Tatumständen ist der Strafrahmen zeitige Freiheitsstrafe von mindestens zehn Jahren oder lebenslange Freiheitsstrafe, und zugleich muss eine Geldstrafe oder die Einziehung des Vermögens verhängt werden. Nach § 358 Abs. 2 wird der Täter mit einer Strafe schwereren Grades belegt, wenn das Opfer minderjährig ist. Die Todesstrafe wurde erst vor kurzem nach dem 9. StrÄG von 2015 aufgehoben.

---

676 *Gao & Ma* 2010, S. 672.

677 *Wang* 2007, S. 1683–1684.

678 *Bao* 1999, S. 79, 111; *Wang* 2007, S. 1676, 1686; *Zhou & Zhang* 2013, S. 947, 950; *Chen* 2008, S. 491, 494.

6.3.2.2   Frauenraub zur Prostitutionsausübung (§ 240 Abs. 1 Nr. 4 chStGB)

§ 240 chStGB bezieht sich auf das Delikt des Menschenraubs, wobei das Opfer eine Frau oder ein Kind sein kann. Die vor allem geschützten Rechtsgüter sind die persönliche Freiheit und die Menschenwürde.[679] Das Handlungsmittel umfasst nicht nur Täuschung, Entführung, Verkauf und Zwischenhandel, sondern auch Transport, Verbergen, Überwachung und sonstige Beihilfehandlungen.[680] Frauenraub zur Prostitutionsausübung nach § 240 Abs. 1 Nr. 4 chStGB ist einer der acht Qualifikationstatbestände. Dabei geht es um zwei Tatvarianten. Die eine ist, die Frau durch List oder Nötigung Prostitution ausüben zu lassen, die andere ist der Verkauf der Frau an eine andere Person, die sie dann zur Ausübung der Prostitution nötigt.

Die Tatbestandsverwirklichung erfordert Vorsatz. Mittelbarer Vorsatz ist normalerweise erforderlich, und der Tatbestand ist schon gegeben, wenn die Person, die Beihilfehandlungen begeht, den Menschenhandel für möglich hält. Die Absicht, die Frau zu verkaufen, ist i.d.R. notwendig und kann dieses Delikt von anderen abgrenzen. Bei § 240 Abs. 1 Nr. 4 chStGB ist die Situation anders als der Grundtatbestand. Die erste Tatvariante benötigt die Absicht zum Verkauf der Frau eigentlich nicht, denn der Täter will die Frau in diesem Fall nicht verkaufen, sondern erreichen, dass sie eine Prostituierte wird. Die zweite Tatvariante erfordert dagegen die Absicht zum Verkauf der Frau, und darüber hinaus muss der Täter wissen, dass der Ankäufer sie zur Prostitution nötigen wird.[681]

Bei Frauenraub zur Prostitutionsausübung wird der Täter mit zeitiger Freiheitsstrafe von mindestens zehn Jahren, lebenslanger Freiheitsstrafe und Geldstrafe oder Einziehung des Vermögens belegt. Unter besonders schwerwiegenden Tatumständen sind Todesstrafe und Einziehung des Vermögens zu verhängen, z.B. bei Verlockung oder Nötigung mehrerer Frauen zur Prostitutionsausübung.

6.3.3   Vergleich

Menschenhandel ist die schwerwiegendste Fallgruppe in Prostitutionsdelikten und wird daher mit schärferen Strafen belegt als andere Delikte. China bestraft zwar ausschließlich Nötigung und Menschenraub, aber der Begriff der Nötigung kann weit ausgelegt werden und beispielsweise auch die Ausnutzung einer Zwangslage erfassen. Deshalb ist die Reichweite der Strafbarkeit nicht enger als diejenige in Deutschland. Ferner ist die Bestrafung in China im Vergleich zu Deutschland viel schärfer, die Höchststrafe ist sogar lebenslange Freiheits- oder Todesstrafe.

---

679   *Wang* 2007, S. 930.
680   *Wang* 2007, S. 931.
681   *Wang* 2007, S. 939.

6.4 Straftaten, die von einem Dritten begangen werden

6.4.1 Deutschland

6.4.1.1 Förderung sexueller Handlungen Minderjähriger (§ 180 dtStGB)

§ 180 dtStGB stammt aus dem alten Delikt „Kuppelei"[682] und ist seit 1973 nicht verändert worden. Ob er sich auf ein Prostitutionsdelikt bezieht, ist umstritten, weil das Merkmal der Entgeltlichkeit in den Abs. 1 und 3 fehlt. Nach hier vertretener Meinung zählt er zu den Prostitutionsdelikten i.w.S. Diese Vorschrift bestraft die Förderung sexueller Handlungen zwischen einem Minderjährigen und einem Dritten, weshalb sexuelle Handlungen mit dem Täter davon nicht erfasst werden. Das Rechtsgut sind vor allem die sexuelle Selbstbestimmung[683] und der Schutz der ungestörten sexuellen Entwicklung von Minderjährigen.[684]

Tabelle 8   Förderung sexueller Handlungen Minderjähriger (§ 180 dtStGB)

	Abs. 1		**Abs. 2**		**Abs. 3**
Alter des Opfers	Unter 16 Jahren		Unter 18 Jahren		
Tathand-lungen	Vorschub leisten		Gegen Entgelt		Missbrauch eines Abhängigkeitsver-hältnisses
	Vermitt-lung	Gewähren oder Ver-schaffen von Gelegenheit	Bestim-men	Vorschub leisten durch Ver-mittlung	
Körper-kontakt	Erforderlich		Nicht erforderlich		
Erzieher-privileg	Ja		Nein		
Höchst-strafe	Freiheitsstrafe von drei Jahren		Freiheitsstrafe von fünf Jahren		
Versuch	Straflos		Strafbar		

§ 180 dtStGB umfasst drei Tatvarianten. Abs. 1 schützt ausschließlich Personen unter 16 Jahren und bestraft zwei Formen des Vorschubleistens: Vermittlung und die Gewährung oder Verschaffung einer Gelegenheit. Hier gibt es ein Erzieherprivileg,

682   LK-*Hörnle* 2009, § 180 Rn. 1.
683   *Fischer* 2013, § 180 Rn. 2; LK-*Hörnle* 2009, § 180 Rn. 3.
684   S/S-*Perron & Eisele* 2010, § 180 Rn. 1; LK-*Hörnle* 2009, § 180 Rn. 1.

aber dieses gilt bei gröblicher Verletzung der Erziehungspflicht nicht. Die Abs. 2 und 3 schützen Personen unter 18 Jahren. Bei Abs. 2 geht es um die Förderung von entgeltlichen sexuellen Handlungen, und zwei Tathandlungen sind strafbar: Bestimmen der Handlung und Vorschubleisten durch Vermittlung. Abs. 3 bestraft die Förderung unter Ausnutzung einer mit einem Erziehungs-, Ausbildungs-, Betreuungs-, Dienst- oder Arbeitsverhältnis verbundenen Abhängigkeit. Körperkontakt ist in Abs. 1 erforderlich, aber in den Abs. 2 und 3 werden auch sexuelle Handlungen ohne Körperkontakt erfasst.

Abs. 1 wird von den Abs. 2 und 3 verdrängt, während die Abs. 2 und 3 in Tateinheit stehen können.[685] Bei Abs. 1 ist auf Freiheitsstrafe von bis zu drei Jahren oder Geldstrafe zu erkennen. Bei den Abs. 2 und 3 wird der Täter mit Freiheitsstrafe bis zu fünf Jahren oder mit Geldstrafe bestraft. Der Versuch ist nur in Fällen der Abs. 2 und 3 strafbar.

6.4.1.2 Ausbeutung von Prostituierten (§ 180a dtStGB)

§ 180a dtStGB schützt die persönliche Freiheit und wirtschaftliche Unabhängigkeit der Prostituierten, um ihre sexuelle Selbstbestimmung zu bewahren.[686] Darüber hinaus dient § 180a Abs. 2 Nr. 1 dtStGB dem besonderen Schutz Minderjähriger. § 180a dtStGB umfasst zwei Tatvarianten: Ausbeutung durch Unterhalten oder Leiten eines Prostitutionsbetriebs (Abs. 1) und Ausbeutung durch Gewähren von Räumlichkeit (Abs. 2).

Nach § 180a Abs. 1 dtStGB ist gewerbsmäßiges Unterhalten oder Leiten eines Bordellbetriebs strafbar, soweit Prostituierte dort in einer persönlichen oder wirtschaftlichen Abhängigkeit gehalten werden. Ein Betrieb erfordert sowohl organisatorische als auch räumliche Komponenten[687] und beschäftigt zumindest zwei Prostituierte. Unterhalten oder Leiten bedeutet, dass der Täter Verantwortung für den Betrieb trägt.[688] Gewerbsmäßigkeit liegt in der wiederholten Tatbegehung zu einer fortlaufenden Einnahmequelle.[689] Der Begriff der persönlichen Abhängigkeit ist umstritten: Nach einer Ansicht muss die Lebensführung der Prostituierten der Disposition einer anderen Person unterworfen sein;[690] nach einer anderen Ansicht reicht es schon aus, wenn die Ausübung der Beschäftigung entscheidend vom Betrieb bestimmt wird.[691] Wirtschaftliche Abhängigkeit bezieht sich insbesondere auf den Fall, in dem

685 *Fischer* 2013, § 180 Rn. 24.
686 MK-*Renzikowski* 2003, § 180 Rn. 1.
687 LK-*Laufhütte & Roggenbuck* 2009, § 180 Rn. 6; S/S-*Perron & Eisele* 2010, § 180 Rn. 4; *Laubenthal* 2012, S. 299.
688 *Laubenthal* 2012, S. 299.
689 *Laubenthal* 2012, S. 300.
690 LK-*Laufhütte & Roggenbuck* 2009, § 180 Rn. 9; *Laubenthal* 2012, S. 303.
691 S/S-*Perron & Eisele* 2010, § 180 Rn. 8.

„die Prostituierte in Schulden verstrickt ist oder ihr Arbeitsentgelt vorenthalten wird",[692] sodass sie den Betrieb nicht oder nur schwer verlassen kann. Bei § 180a Abs. 2 dtStGB geht es um zwei Alternativen. Die eine ist Gewährung von Wohnung, gewerbsmäßige Gewährung von Unterkunft oder Aufenthalt für eine minderjährige Prostituierte zur Prostitutionsausübung (Nr. 1). Unterkunft ist eine Räumlichkeit, die nur für einen kurzen Zeitraum geeignet ist, und Aufenthalt ist eine im Freien befindliche Räumlichkeit.[693] Die andere ist Anhalten der Prostituierten zur Prostitution oder ihre Ausbeutung durch Wohnungsgewährung (Nr. 2). Nach h.M. ist der Begriff der Ausbeutung gleichbedeutend mit dem in § 181a Abs. 1 Nr. 1 dtStGB, nämlich ein planmäßiges und eigensüchtiges Ausnützen der Prostitutionsausübung als Erwerbsquelle, das zu einer spürbaren Verschlechterung der wirtschaftlichen Lage der Prostituierten führt; aber diese Ansicht hat viele Gegner.[694]

Der Strafrahmen ist Freiheitsstrafe von bis zu drei Jahren oder Geldstrafe, und es gibt keinen erhöhten Strafrahmen. Der Versuch ist straffrei.

6.4.1.3   Zuhälterei (§ 181a dtStGB)

Nach h.M. schützt § 181a dtStGB die persönliche und wirtschaftliche Unabhängigkeit der Prostituierten.[695] Im Gegensatz dazu ist das geschützte Rechtsgut nach a.A. die Freiheit der Prostituierten, über ihre Sexualkontakte zu entscheiden, während die so genannte Unabhängigkeit demgegenüber nur ein Reflex ist.[696] Die Vorschrift bezieht sich auf ausbeuterische Zuhälterei (Abs. 1 Nr. 1), dirigierende Zuhälterei (Abs. 1 Nr. 2) und kupplerische Zuhälterei (Abs. 2), und bei Abs. 3 geht es auch um Ehegattenkuppelei.[697] Es handelt sich sowohl um ein Dauerdelikt als auch (nach einer verbreiteten Ansicht) um ein abstraktes Gefährdungsdelikt, aber nach einer anderen Ansicht geht es bei Abs. 1 Nr. 1 und Abs. 2 eher um ein Erfolgsdelikt.[698]

Eine gemeinsame Voraussetzung aller Tatvarianten ist das Unterhalten von Beziehungen über den Einzelfall hinaus. Eine persönliche Beziehung ist nicht erforderlich, eine rein geschäftlich-wirtschaftliche Beziehung reicht schon aus. Das Opfer braucht den Täter nicht persönlich zu kennen, wenn der Täter die Beziehung über Dritte unterhält (mittelbarer Kontakt); im Gegensatz dazu genügt eine einseitige „Beziehung" nicht, was bedeutet, dass das Opfer die Existenz des Täters nicht kennt.[699]

---

692   S/S-*Perron & Eisele* 2010, § 180 Rn. 8.
693   *Laubenthal* 2012, S. 306.
694   LK-*Laufhütte & Roggenbuck* 2009, § 180 Rn. 16.
695   S/S-*Perron & Eisele* 2010, § 180 Rn. 1; BGH 42, 183; NStZ 96, 188.
696   MK-*Renzikowski* 2003, § 181a Rn. 1; *Fischer* 2013, § 181a Rn. 3.
697   MK-*Renzikowski* 2003, § 181a Rn. 7–10.
698   M/R-*Eschelbach* 2013, § 181a Rn. 2.
699   *Fischer* 2013, § 181a Rn. 21.

Ausbeuterische Zuhälterei (Abs. 1 Nr. 1) liegt in einem planmäßigen und eigennützigen Ausnützen der Prostitutionsausübung als Erwerbsquelle, das zu einer spürbaren Verschlechterung der wirtschaftlichen Lage der Prostituierten führt.[700] Hinsichtlich des subjektiven Tatbestands ist eine besonders verwerfliche Motivation des Täters erforderlich.[701] Dirigierende Zuhälterei (Abs. 1 Nr. 2) liegt in der bestimmten Einflussnahme auf die Prostitutionsausübung[702] und umfasst drei Alternativen, nämlich Überwachung der Prostitutionsausübung, Bestimmung der Umstände der Prostitutionsausübung und Maßnahmen zur Abhaltung vom Ausstieg aus der Prostitution. Hinsichtlich des subjektiven Tatbestands muss der Täter durch die Handlung seinen Vermögensvorteil beabsichtigen. Kupplerische Zuhälterei (Abs. 2) bezieht sich auf die Beeinträchtigung der persönlichen oder wirtschaftlichen Unabhängigkeit der Prostituierten, d.h. ihre Freiheit in der Aufnahme oder Fortsetzung der Prostitutionsausübung wird vom Täter erheblich eingeschränkt.[703] Die Beeinträchtigung muss durch gewerbsmäßige Förderung der Prostitutionsausübung durch Vermittlung zur Unterhaltung der Beziehung zur Prostituierten verwirklicht werden.

Der Strafrahmen des § 181a Abs. 1 dtStGB ist Freiheitsstrafe von sechs Monaten bis zu fünf Jahren. Wer die Tat nach § 181a Abs. 2 begeht, wird mit Freiheitsstrafe bis zu drei Jahren oder mit Geldstrafe bestraft. Diese zwei Vorschriften gelten auch für die Fälle, in denen die betroffene Person der Ehegatte oder Lebenspartner des Täters ist (Abs. 3).

6.4.2　China

Die Gesamtzahl der vor Gericht verhandelten Fälle von Organisierung der Prostitution, Nötigung oder Verlockung zur Prostitution, Räumlichkeitgewährung für Prostitution und Vermittlung von Prostitution lag im Jahr 2014 bei etwa 11.000. Das war ein Anstieg von 19,9 % gegenüber 2013.[704]

6.4.2.1　Organisierung von Prostitution (§ 358 Abs. 1 chStGB)

Die Organisierung von Prostitution wird auch in § 358 Abs. 1 chStGB festgelegt, ist aber ein eigenständiges Delikt gegenüber der Nötigung zur Prostitutionsausübung. Das Rechtsgut des Delikts ist nicht die persönliche Freiheit, sondern die sozialistische Sittlichkeit.[705] Nach einer alten juristischen Auslegung liegt die Organisierung von Prostitution in der Kontrolle mehrerer Personen für die Ausübung der Prostitution durch Rekrutierung, Einstellung, Nötigung, Verlockung, Obdachgewähren oder

---

700　*Laubenthal* 2012, S. 312.

701　S/S-*Perron & Eisele* 2010, § 181a Rn. 5.

702　*Laubenthal* 2012, S. 315.

703　S/S-*Perron & Eisele* 2010, § 181a Rn. 16; *Laubenthal* 2012, S. 321.

704　*Yuan* v. 07.05.2015.

705　*Gao & Ma* 2010, S. 672.

sonstige Mittel.[706] Obwohl diese juristische Auslegung inzwischen außer Kraft getreten ist, ist diese Definition bis heute noch weit akzeptiert; deshalb wird Nötigung zur Prostitution innerhalb der Organisation auch von diesem Delikt erfasst. Nach einer neuen Ansicht ist Nötigung keine Handlungsvariante der Organisierung von Prostitution, und die Prostituierten in der Organisation müssen freiwillig tätig sein.[707] Diese neue Ansicht ist zur h.M. geworden. Eine organisatorische Komponente ist erforderlich, während die räumliche Komponente keine Rolle spielt.[708] Diese Vorschrift bestraft nur die Person, die die Prostitution organisiert, ausheckt oder leitet.[709] Die Tatbestandsverwirklichung erfordert Vorsatz. In der Praxis wird die Tat häufig aus Gewinnsucht begangen, aber diese Absicht ist nach h.M. kein erforderliches Merkmal.[710]

Organisierung von und Nötigung zur Prostitution haben denselben Strafrahmen. Beim Grundtatbestand geht es um zeitige Freiheitsstrafe von fünf bis zu zehn Jahren, und zugleich muss eine Geldstrafe verhängt werden. Unter schwerwiegenden Umständen ist der Strafrahmen zeitige Freiheitsstrafe von mindestens zehn Jahren oder lebenslange Freiheitsstrafe, und zugleich muss Geldstrafe oder Einziehung des Vermögens verhängt werden. Schwerwiegende Tatumstände umfassen nach dem Schrifttum vor allem mehrmalige Taten, Kinderprostitution und schwerwiegende Folgen,[711] aber eine klare Aufzählung durch eine juristische Auslegung ist noch erforderlich. Nach § 358 Abs. 2 chStGB wird der Täter mit einer Strafe schwereren Grades belegt, wenn es um minderjährige Prostituierte geht.

6.4.2.2 Beihilfe zur Organisierung von Prostitution (§ 358 Abs. 3 chStGB)

Das Rechtsgut des § 358 Abs. 3 chStGB ist ebenfalls die sozialistische Sittlichkeit. Der Gesetzgeber hat diese Vorschrift geschaffen, um Beihilfehandlungen als eigenständigen Tatbestand festzulegen. Der Täter ist nach § 358 Abs. 1 chStGB Gehilfe der Organisierung von Prostitution. Die Beihilfehandlung liegt vor allem in der Beihilfe bei der Rekrutierung und beim Transport der Prostituierten zur Ausübung der Prostitution.[712] Auch weitere Gehilfen bei der Organisierung der Prostitution werden umfasst, z.B. Pförtner, Leibwächter und Buchhalter. Hinsichtlich des subjektiven Tatbestands reicht mittelbarer Vorsatz aus. Im Vergleich zu § 358 Abs. 1 chStGB ist

---

706 Antwort des Obersten Volksgerichts und der Obersten Volksstaatsanwaltschaft auf einige Fragen über die Durchsetzung „der Entscheidung vom Ständigen Ausschuss des Nationalen Volkskongresses über das Verbot der Prostitution" (1992).

707 *Gao & Ma* 2010, S. 671.

708 *Ma* 2003, S. 629; *Zhou & Zhang* 2013, S. 947; *Lang* 2011, S. 623.

709 *Wang* 2007, S. 1671–1672; *Gao & Ma* 2005, S. 2524.

710 *Bao* 1999, S. 81, 112.

711 *Bao* 1999, S. 91; *Wang* 2007, S. 1682.

712 *Lang* 2011, S. 625.

die Strafe in § 358 Abs. 3 chStGB viel milder. Der Strafrahmen ist zeitige Freiheitsstrafe bis zu fünf Jahren und Geldstrafe. Bei schwerwiegenden Tatumständen wird der Täter mit zeitiger Freiheitsstrafe von fünf bis zu zehn Jahren und einer Geldstrafe belegt.

6.4.2.3   Verlockung zur Räumlichkeitgewährung für oder Vermittlung von Prostitution (§ 359 Abs. 1 chStGB und Ordnungswidrigkeit)

§ 359 Abs. 1 chStGB schützt die sozialistische Sittlichkeit. Diese Vorschrift umfasst drei Tatvarianten, nämlich Verlockung einer anderen Person zur Ausübung der Prostitution, Räumlichkeitgewährung für die Ausübung der Prostituierten und Vermittlung der Prostitution.

Verlockung liegt in der Verführung einer anderen Person mit Geld, Vermögen oder anderen Vorteilen oder durch sonstige Mittel zur Ausübung der Prostitution, und „sonstige Mittel" umfasst beispielsweise die Indoktrination mit der unmoralischen Idee.[713] Bei der Räumlichkeitgewährung bezieht sich „Räumlichkeit" nicht nur auf Wohnung und Zimmer, sondern auch auf Verkehrsmittel wie Auto und Schiff.[714] „Vermittlung" ist die so genannte „Zuhälterei" und liegt vor allem darin, die Prostitution dadurch zu fördern, dass für die Prostituierte Kunden oder – umgekehrt – für die Freier Angebote der Prostitution ermittelt werden. Es wird auch erfasst, wenn der Prostituierten ausschließlich die entsprechenden Informationen zur Verfügung gestellt werden, sodass sie ihre Kunden selbst sucht.[715] Ein erforderliches Merkmal des Tatbestands ist Vorsatz. Nach h.M. ist nur direkter Vorsatz qualifiziert, d.h. der Täter muss um die Prostitutionsausübung wissen und den Erfolg wollen.[716] Nach a.A. reicht mittelbarer Vorsatz schon aus.[717] Die Tat wird i.d.R. aus Gewinnsucht begangen, aber Absicht oder Motive sind für die Tatbestandsverwirklichung nicht notwendig.

Der Strafrahmen ist zeitige Freiheitsstrafe bis zu fünf Jahren, Gewahrsam oder Überwachung und zugleich Geldstrafe. Unter schwerwiegenden Tatumständen ist auf zeitige Freiheitsstrafe von mindestens fünf Jahren und Geldstrafe zu erkennen. Schwerwiegende Tatumstände liegen nach der alten juristischen Auslegung vor allem in einer mehrmaligen Tatbegehung, mehreren Prostituierten, schwerer Geschlechts-

---

713   *Bao* 1999, S. 148.
714   *Lang* 2011, S. 626.
715   *Bao* 1999, S. 150.
716   *Bao* 1999, S. 161; *Wang* 2007, S. 1696.
717   *Liu* 2008, S. 2431.

krankheit der Prostituierten und Kinderprostituierten.[718] Weitere Fälle werden möglicherweise auch erfasst, z.B. schwerwiegende Folgen,[719] Ausnutzung eines Abhängigkeitsverhältnisses, geistig behinderte oder minderjährige Prostituierte, schwangere Prostituierte, niedere Beweggründe.[720] Die Vorschrift über die Strafe schwereren Grades bei minderjähriger Prostitution gilt nach der juristischen Auslegung auch für dieses Delikt.[721]

Die mit Prostitution verbundene Verlockung, Räumlichkeitgewährung oder Vermittlung ist nach § 67 SOWiG auch eine Ordnungswidrigkeit. Die Abgrenzung zu Straftaten ist jedoch unklar, weil keine auf der Anzahl beruhende Schwelle vorliegt. In der Praxis werden die Sozialschädlichkeit, die Umstände des Täters, Handlungsmittel, Häufigkeit, die Anzahl der Prostituierten, Folgen, das Motiv und viele weitere Faktoren zur Feststellung berücksichtigt, und regelmäßig werden die erstmalige Tatbegehung und Handlungen ohne Gewinnsucht nur als Ordnungswidrigkeit eingestuft, wenn ehrliche Reue gezeigt wird und keine schwerwiegenden Folgen vorliegen.[722] Die Verwaltungssanktion ist Gewahrsam von zehn bis zu fünfzehn Tagen, und zugleich kann eine Geldbuße in Höhe von bis zu 5.000 Yuan verhängt werden. Unter geringfügigen Tatumständen ist auf Gewahrsam von bis zu fünf Tagen oder eine Geldbuße in Höhe von bis zu 500 Yuan zu erkennen.

6.4.2.4 Verlockung eines Mädchens zur Prostitutionsausübung (§ 359 Abs. 2 chStGB)

Neben der sozialistischen Sittlichkeit dient § 359 Abs. 2 chStGB dem besonderen Schutz von Mädchen, nämlich ihrer körperlichen und seelischen Gesundheit. Das ist ein eigenständiger Tatbestand, der gegenüber der Verlockungstatvariante nach § 359 Abs. 1 chStGB eine lex specialis ist. Im Vergleich dazu werden Räumlichkeitgewährung oder Vermittlung immer von § 359 Abs. 1 chStGB geregelt. Die verführte Person muss eine weibliche Person unter 14 Jahren sein, und die Verführung eines Jungen zur Prostitutionsausübung wird von § 359 Abs. 1 chStGB erfasst. Der Strafrahmen ist zeitige Freiheitsstrafe von mindestens fünf Jahren und Geldstrafe. Eine Strafe schwereren Grades ist zu verhängen, wenn die Tat von einer Person begangen wurde, die eine besondere Verantwortung für das Mädchen hatte, ein gemeinsames Familienleben mit dem Mädchen hatte oder ein Angestellter des Staates ist.[723]

---

718   Antwort des Obersten Volksgerichts und der Obersten Volksstaatsanwaltschaft auf einige Fragen über die Durchsetzung „der Entscheidung vom Ständigen Ausschuss des Nationalen Volkskongresses über das Verbot der Prostitution" (1992).

719   *Chen* 2008, S. 59.

720   *Bao* 1999, S. 182.

721   Stellungnahme über die Bestrafung von minderjährigen sexuell übergriffigen Tätern (2013).

722   *Bao* 1999, S. 163; *Wang* 2007, S. 1696.

723   Stellungnahme über die Bestrafung von minderjährigen sexuell übergriffigen Tätern (2013).

6.4.3   Vergleich

Der deutsche Gesetzgeber stellt ausschließlich die Ausbeutung von Prostituierten, die Verletzung der persönlichen Freiheit und die Förderung sexueller Handlungen von Minderjährigen unter Strafe. Die Leitung eines Prostitutionsbetriebs, die Gewährung einer Wohnung, die Vermittlung von Prostitution sowie sonstige Förderungs- und Beihilfehandlungen sind dagegen normalerweise straflos, weil Prostitution in Deutschland rechtmäßig ist. Im Gegensatz dazu ist sie in China grundsätzlich rechtswidrig, und fast jede Förderungshandlung ist dort strafbar oder zumindest ordnungswidrig. Die Strafbarkeit in China ist somit offensichtlich viel weiter gefasst als die in Deutschland.

Der Jugendschutz greift allerdings in Deutschland stärker als in China. In China ist die Förderung der Prostitution zwar strafbar, aber wenn die sexuelle Handlung nicht entgeltlich ist, ist die Förderungshandlung straffrei. Die Förderung der sexuellen Handlungen eines Kindes ohne Entgelt kann als Beihilfe zur Vergewaltigung betrachtet werden, aber die Regelung gilt nicht für Jugendliche. In Deutschland ist die Förderung sexueller Handlungen Jugendlicher, insbesondere unter 16 Jahren, unter bestimmten Umständen strafbar, selbst wenn die sexuelle Handlung nicht entgeltlich ist. Darüber hinaus ist die Gewährung einer Räumlichkeit für eine minderjährige Prostituierte in China möglicherweise nur eine Ordnungswidrigkeit, soweit die Tatbestandsschwelle nicht überschritten wird, während eine solche Handlung in Deutschland eine Straftat ist.

6.5   Zusammenfassung und Schlussbetrachtung

Die verschiedenen Politiken gegenüber der Prostitution führen zu einem erheblichen Unterschied der strafrechtlichen Regelungen zwischen Deutschland und China. Die Reichweite der Prostitutionsdelikte ist in Deutschland wesentlich beschränkt, während jede Handlung, die Prostitution betrifft, in China entweder strafbar oder ordnungswidrig ist. Ferner ist auch die Bestrafung in China härter als in Deutschland. Obwohl eine Legalisierung der Prostitution und die Entkriminalisierung mancher Prostitutionsdelikte in China schwierig sind, ist es denkbar, die Sanktionen zu einem gewissen Grad zu mildern. Im Jahr 2015 wurde die Todesstrafe in § 358 Abs. 1 chStGB aufgehoben, was eine dahingehende Tendenz zeigte. Prostitutionsdelikte – insbesondere jene, die die sexuelle Selbstbestimmung nicht verletzen – bedürfen einer weitgehenden Strafmilderung.

Kapitel 7

Pornographiedelikte

7.1 Grundlagen und Vorbemerkungen

7.1.1 Definition von Pornographie

7.1.1.1 Definition von pornographischen Schriften in Deutschland

Pornographie wird im dtStGB als „Pornographische Schriften" bezeichnet. Nach § 11 Abs. 3 sind Ton- und Bildträger, Datenspeicher, Abbildungen und andere Darstellungen den Schriften gleichgestellt. Im dtStGB gibt es keine Definition von „pornographisch", der Gesetzgeber und der BGH definieren das unterschiedlich: Der BGH definiert „unzüchtig" im Fall von „Fanny Hill" so, dass „sexuelle Vorgänge in übersteigerter, anreißerischer Weise ohne Sinnzusammenhang mit anderen Lebensäußerungen geschildert werden" – „aus einer aufdringlichen, verzerrenden, unrealistischen Darstellung geschlechtlicher Vorgänge, aus der Verherrlichung von Ausschweifungen oder Perversitäten und aus der obszönen Ausdrucksweise".[724] Im Gegensatz dazu definiert der Strafreformausschuss pornographische Darstellungen in seiner Begründung wie folgt: „zum Ausdruck bringen, dass sie ausschließlich oder überwiegend auf die Erregung eines sexuellen Reizes bei dem Betrachter abzielen" und dabei „die im Einklang mit allgemeinen gesellschaftlichen Wertvorstellungen gezogenen Grenzen des sexuellen Anstandes eindeutig übersteigen".[725]

Das Defizit der ersten Begriffsbestimmung war aufgrund ihrer Forderung nach einer verzerrenden und unrealistischen Darstellung die übermäßige Beschränkung des Umfangs der Pornographie. Der Umfang der zweiten Begriffsbestimmung ist viel weiter, aber die Bedeutung von „allgemeinen gesellschaftlichen Wertvorstellungen" und „sexuellem Anstand" bleibt hier unklar. Es gibt heute verschiedene Ansichten: eine Kombination der beiden Definitionen,[726] die Umgestaltung einer der Definitionen[727] oder die Formulierung einer ganz neuen Definition.[728] In der Praxis obliegen

---

724 BGHSt 23, 40.
725 BT-Drs. VI/3521, S. 60.
726 S/S-*Perron & Eisele* 2010, § 184 Rn. 4.
727 SK-*Wolters* 2012, § 184, S. 6.
728 *Fischer* 2013, § 184 Rn. 6.

die Feststellung, die Auslegung und die Würdigung von Pornographie dem Richter, wobei eine Beratung durch einen Sachverständigen möglich ist.[729]

Hinsichtlich der Beziehung zwischen Pornographie und Kunst war die alte h.M., dass ein Kunstwerk keine Pornographie sei. Allerdings fällten der BGH und das Bundesverfassungsgericht seit den 1990er Jahren eine Reihe von Urteilen,[730] nach denen es keine trennscharfe Abgrenzung zwischen Pornographie und Kunst gibt – deshalb kann ein Kunstwerk auch als pornographische Schrift eingestuft werden. Die Verbreitung eines pornographischen Kunstwerks ist zwar nach dem Pornographiedelikt tatbestandsmäßig, aber auf der Ebene der Rechtswidrigkeit muss der Richter die Rechtsgüter gegeneinander abwägen, denn Kunstfreiheit ist ein Verfassungsrecht nach § 5 Abs. 3 GG. Die Abwägung ist kompliziert und das Ergebnis unbestimmt, weil die jeweilige Art der Pornographie, die Schwere der Gefährdung von Minderjährigen, der Grad der Akzeptanz in der Öffentlichkeit und sonstige Faktoren umfassend berücksichtigt werden müssen.[731]

7.1.1.2   Definition von pornographischen Sachen in China

Nach § 367 Abs. 1 chStGB liegt eine pornographische Sache in den Sexualtrieb erregenden Büchern, Filmen, Videokassetten, Audiokassetten, Bildern und sonstigen Sachen, die sexuelle Handlungen konkret darstellen oder Erotik anschaulich propagieren. Wegen der Formulierung „sonstige Sachen" ist die pornographische Sache in China ein weiter Begriff und umfasst auch pornographische elektronische Informationen, die nach einer juristischen Auslegung u.a. Videodaten, Audiodaten, e-Books, e-Bilder, Texte und SMS erfassen.[732] Jedoch ist umstritten, ob davon auch eine pornographische „Liveshow" im Internet erfasst werden kann. In der Praxis gehört eine „Liveshow" üblicherweise nicht zu pornographischen Sachen, und eine Strafbarkeit ist nur schwer zu begründen.[733] Jedoch hielt zum ersten Mal im Jahr 2008 ein Richter in Zhejiang eine „Liveshow" für eine pornographische Sache und verurteilte die Angeklagte.[734] Diese Rechtsprechung führte zu viel Kritik und einem heftigen Streit.[735]

Die Formulierung „sexuelle Handlungen konkret darstellen oder Erotik anschaulich propagieren" ist keine klare Definition von Pornographie. Ein vergleichsweise deutlicher Maßstab ist eine vom Nationalen Amt für Presse und Publikation im Jahr 1989

---

729   MK-*Hörnle* 2003, § 184 Rn. 21.

730   BGH 37, 55 ff.; BverfGE 83, 130 ff.

731   S/S-*Perron & Eisele* 2010, § 184 Rn. 5a.

732   Auslegung des Obersten Volksgerichts und der Obersten Volksstaatsanwaltschaft über einige Fragen zur konkreten Rechtsanwendung in Kriminalfällen der Herstel-lung, Vervielfältigung, Herausgabe, des Verkaufs oder der Verbreitung von porno-graphischen Informationen über Internet, Mobilkommunikationsterminal oder Hot-line-Stelle (2004)

733   Siehe news.xinhuanet.com/legal/2007-04/17/content_5988115.htm [21.09.2019].

734   Siehe china.com.cn/news/txt/2008-04/03/content_14172528.htm [21.9.2019].

735   *Zheng* v. 10.4.2008.

verkündete Regelung zur Beurteilung pornographischer Publikationen.[736] Diese Regelung gilt in der Praxis bis heute für alle pornographischen Sachen inklusive pornographischer Informationen. Pornographie liegt nach dieser Regelung in Sachen vor, die den Sexualtrieb der Öffentlichkeit erregen, zum Verderben von gewöhnlichen Personen genügen und keinen Kunst- oder wissenschaftlichen Wert enthalten. Folgende Inhalte zählen demnach zur Pornographie:

(1) Konkrete Darstellung der sexuellen Handlung, des Beischlafs sowie des einschlägigen Gefühls auf eine obszöne Weise;

(2) Darstellung einer erotischen und obszönen Gestalt;

(3) Darstellung sexueller Techniken auf eine obszöne Weise;

(4) konkrete Darstellung des Mittels, des Verlaufs oder der Einzelheiten von Blutschande, Vergewaltigung oder einer anderen Sexualstraftat, sodass die Beschreibung zur Auslösung einer Straftat führen kann;

(5) konkrete Darstellung der sexuellen Handlung von Jugendlichen oder Kindern;

(6) konkrete Darstellung der homosexuellen Handlung oder einer anderen anormalen sexuellen Handlung auf eine obszöne Weise;

(7) sonstige Darstellungen der sexuellen Handlung auf eine obszöne Weise, die sich gewöhnliche Personen nicht gefallen lassen.

Im Jahr 2005 verkündete das Nationale Amt für Presse und Publikation eine weitere Regelung zur Beurteilung von Pornographie und fügte zwei neue Situationen ein, nämlich die Darstellung des Geschlechtsorgans auf eine obszöne Weise und die akustische Übermittlung von sexuellen Handlungen.[737]

Diese zwei Regelungen unterscheiden darüber hinaus pornographische und erotische Sachen. Erotische Sachen sind solche, die zwar im Ganzen nicht pornographisch sind, aber z.T. pornographische Inhalte enthalten. Sie gefährden die körperliche und seelische Gesundheit von gewöhnlichen Personen, besonders von Minderjährigen, und enthalten weder einen Kunst- noch einen wissenschaftlichen Wert. Erotische Sachen gehören zur Pornographie i.w.S., aber zählen auf der strafrechtlichen Ebene nicht dazu.[738]

Nach § 367 Abs. 2 chStGB sind wissenschaftliche Werke, welche Kenntnisse vom menschlichen Körper oder von Medizin vermitteln, keine Pornographie, und § 367 Abs. 3 chStGB schließt literarische Werke und Kunstwerke mit Kunstwert, die einen erotischen Inhalt haben, ebenfalls aus.

---

736 Provisorische Verordnung des Nationalen Amtes für Presse und Publikation über die Feststellung von der pornographischen und erotischen Publikationen (1988).

737 Provisorische Verordnung des Nationalen Amtes für Presse und Publikation über die Feststellung von pornographischen und erotischen Geräuschen (2005)

738 *Wang* 2007, S. 1781.

Nach einer Vorschrift des Ministeriums für öffentliche Sicherheit ist eine Abteilung der Polizeibehörde zuständig für die Feststellung von Pornographie, während andere Behörden, zum Beispiel die Behörde für Presse und Publikation, unter bestimmtem Umständen an der Feststellung mitwirken können.[739] In der Praxis liegt zwar ein ausführlicher Standard für die Feststellung von Pornographie vor, aber dieser Standard ist nicht veröffentlicht. Der Richter nimmt den polizeilichen Gutachterbericht an und braucht nicht die Pornographie selbst zu beurteilen.

7.1.2   Politik der Pornographie

7.1.2.1   Politik der Pornographie in Deutschland

Während der Großen Strafrechtsreform in den 1970er Jahren wurde das umfassende Verbot der Pornographie aufgehoben;[740] seither ist Pornographie in Deutschland nur eingeschränkt verboten. Die Politik gegenüber einfacher Pornographie unterscheidet sich deutlich von jener gegenüber der harten Pornographie, zu welcher Kinder-, Jugend-, Gewalt- und Tierpornographie gehören. In Bezug zu einfacher Pornographie wird das Hauptziel verfolgt, den Kontakt von Minderjährigen mit Pornographie zu verhindern. Deshalb sind Herstellung, Verkauf, Besitz oder Verbreitung von einfacher Pornographie i.d.R. rechtmäßig, soweit wirksame Maßnahmen getroffen werden. Im Gegensatz dazu ist harte Pornographie in Deutschland ganz verboten, und ihre Verbreitung, Herstellung, Anbieten und sonstige ähnliche Handlungen sind immer strafbar. Bei Kinder- oder Jugendpornographie werden sogar Besitz und Erwerb mit Strafe bedroht. Auch in der Sanktion spiegelt sich diese Unterscheidung wider, und die Strafe für Kinderpornographiedelikte ist hier viel schärfer. Die Richtlinie 2011/93/EU und die Lanzarote-Konvention fordern die Ausweitung und Verschärfung der Strafen, und infolge der Edathy-Affäre im Jahr 2014 gab es weitere unmittelbare Änderungen.[741]

7.1.2.2   Politik der Pornographie in China

Seit 1949 ist Pornographie in China wegen der Betonung der sozialistischen Sittlichkeit ganz verboten. Alle pornographischen Sachen sind rechtswidrig, deshalb ist der Unterschied zwischen einfacher und harter Pornographie hier gleichgültig. Seit den 1980er Jahren kämpft die Regierung durch Kampagnen gegen Pornographie, wofür das so genannte „Staatliche Amt gegen Pornographie und rechtswidrige Publikationen" eingerichtet wurde. Heute wird diese Politik fortgeführt, der Schwerpunkt liegt

---

739   Auskunft des Ministeriums für öffentliche Sicherheit über einige Frage zum Be-fund von pornographischen Sachen (1998)

740   *Albrecht* 2011, S. 151.

741   Siehe zeit.de/politik/deutschland/2014-11/kinderpornografie-missbrauch-gesetz-edathy [21. 09.2019].

nun auf Pornographie im Internet. Auf der einen Seite baut die chinesische Regierung die so genannte „Great Firewall" auf, um ausländische Webseiten zu sperren, sodass auch der Besuch ausländischer Pornowebseiten von China aus schwierig wird. Auf der anderen Seite hat die Regierung seit 2004[742] mehrmals Kampagnen zur Bekämpfung der Pornographie im inländischen Internet eingeleitet.[743] Zwei juristische Auslegungen wurden in den Jahren 2004 und 2010 verkündet, um Pornographiedelikte im Internet umfassend zu regeln. In den letzten Jahren wird die Regulierung des Internets aus politischen Gründen in China immer strenger, die Bekämpfung von Pornographie bildet hierbei einen Schwerpunkt. Die „Reinigung des Internets 2014" war die schärfste Kampagne gegen Pornographie in der chinesischen Geschichte. Mehr als 2.000 Webseiten und 20 Millionen Konten wurden geschlossen, und viele der davon betroffenen Personen wurden sanktioniert.[744] Die „Reinigung des Internets 2015" schloss sich unmittelbar daran an.

7.1.3 Strafbarkeit von juristischen Personen in China

In Deutschland kann eine Straftat nur von natürlichen Personen begangen werden, eine Strafbarkeit der juristischen Person wird verneint. Im Unterschied dazu können auch juristische Personen und andere Organisationen in China bei bestimmten Delikten Täter sein. Nach § 30 chStGB sind Handelsgesellschaften, Unternehmen, öffentliche Institutionen, Behörden und Körperschaften für die von ihnen vorgenommenen sozialschädlichen Handlungen strafrechtlich verantwortlich, soweit diese nach den gesetzlichen Bestimmungen als Straftaten gelten.[745] Solche Straftaten werden nicht Straftaten der juristischen Person, sondern Straftaten der Einheit genannt, weil der Begriff „Einheit" auch Organisationen außerhalb juristischer Personen umfassen kann. Nach § 31 chStGB wird die Einheit mit Geldstrafe belegt, und die entsprechende Strafe wird gegen die für die Tat unmittelbar verantwortlichen leitenden Personalangehörigen und sonstige unmittelbar haftende Personalangehörige der Einheit verhängt, es sei denn, anderweitige Bestimmungen sind im besonderen Teil des chStGB oder in anderen Gesetzen vorgesehen.

Im Sexualstrafrecht liegt die Strafbarkeit der Einheit nur bei Pornographiedelikten vor; andere Sexualdelikte können auf keinen Fall von einer Einheit begangen werden. Nach § 366 chStGB wird eine Einheit mit Geldstrafe belegt, wenn sie eine Straftat nach den §§ 363, 364 oder 365 chStGB begeht, und die für die Tat unmittelbar verantwortlichen leitenden Personalangehörigen und sonstige unmittelbar haftende

---

742 *Cheng, Bin* 2004, S. 13–14.
743 Siehe news.ifeng.com/a/20140530/40529662_0.shtml [21.09.2019].
744 Siehe infzm.com/content/107308 [21.09.2019].
745 *Strupp* 1998, S. 112.

Personalangehörige der Einheit werden nach dem Strafrahmen im jeweils einschlägigen Paragraphen bestraft. Ähnliche Bestimmungen in § 152 Abs. 3 chStGB gelten
für den Schmuggel von pornographischen Sachen nach § 152 Abs. 1 chStGB.

7.1.4   Klassifikation

Im Vergleich zu anderen Sexualdelikten ist der systematische Unterschied bei Pornographiedelikten zwischen China und Deutschland erheblich. Das Klassifikationskriterium hierfür ist in Deutschland die Art der Pornographie, in China hauptsächlich
die Art der Handlung. Deshalb ist es schwierig, Pornographiedelikte anhand der
Klassifizierung miteinander zu vergleichen. Der einzig mögliche Weg ist hier ein
allgemeiner Vergleich aller Delikte.

7.2   Deutschland

7.2.1   Verbreitung pornographischer Schriften (§ 184 dtStGB)

7.2.1.1   Allgemeines

§ 184 Abs. 1 umfasst mehrere Tatbestände und schützt auch mehrere Rechtsgüter.
Abs. 1 Nr. 1–5 dient ausschließlich dem Jugendschutz, also dem Schutz Minderjähriger vor Beeinträchtigungen ihrer psychischen Entwicklung.[746] Nr. 6 schützt den
Einzelnen vor ungewollter Konfrontation mit Pornographie; Nr. 7 dient gleichzeitig
dem Jugendschutz und dem Schutz vor ungewollter Konfrontation mit Pornographie;
Nr. 8 befasst sich mit Vorbereitungshandlungen zu Nr. 1–7; und Nr. 9 schützt aus
außenpolitischen Gründen die Beziehung zu den betreffenden Ländern.[747] Der Gegenstand des § 184 dtStGB bezieht sich nicht nur auf einfache, sondern auch auf
harte Pornographie, soweit § 184 nicht von den §§ 184a, 184b oder 184c verdrängt
wird.

7.2.1.2   Zugänglichmachen für bestimmte Minderjährige (§ 184 Abs. 1 Nr. 1 dtStGB)

Pornographische Schriften wenigstens einem individuell bestimmten Minderjährigen[748] oder einer Mehrzahl von bestimmten Minderjährigen[749] anzubieten, zu überlassen oder zugänglich zu machen, ist nach § 184 Abs. 1 Nr. 1 strafbar. Anbieten
bedeutet hier die einseitige Bereiterklärung des Überlassens, während dieses in der

---

746   *Fischer* 2013, § 184 Rn. 2.
747   LK-*Laufhütte & Roggenbuck* 2009, § 184 Rn. 1; S/S-*Perron & Eisele* 2010, § 184 Rn. 3.
748   SK-*Wolters* 2012, § 184 Rn. 17.
749   M/R-*Eschelbach* 2013, § 184 Rn. 19.

tatsächlichen Übertragung des Gewahrsams liegt.[750] Ein Oberbegriff für Anbieten und Überlassen ist Zugänglichmachen; dabei geht es nicht nur um das Bewirken der unmittelbaren Zugriffsmöglichkeit der Minderjährigen auf Pornographie, sondern auch um das Bewirken der Möglichkeit, dass Minderjährige den pornographischen Inhalt zur Kenntnis nehmen können, z.B. durch Vorlesen, Vorzeigen und Abspielen.[751] Erfasst wird das Zugänglichmachen im Internet für bestimmte Minderjährige, z.B. als Live-Chat und durch Versenden einer E-Mail. Im Vergleich dazu wird das Zugänglichmachen mittels Telemedien für unbestimmte Personen nach h.m. ausgeschlossen, weil eine solche Handlung unter § 184 Abs. 1 Nr. 2 fällt,[752] aber nach a.A. auch erfasst ist.[753] Nach § 184 Abs. 2 gibt es ein Erzieherprivileg, d.h. der Sorgeberechtigte des Minderjährigen ist straflos, wenn er ihm Pornographie zugänglich macht, es sei denn, er verletzt damit seine Erziehungspflicht gröblich.

7.2.1.3 Zugänglichmachen für unbestimmte Minderjährige (§ 184 Abs. 1 Nr. 2 dtStGB)

Strafbar ist das Zugänglichmachen (Ausstellen, Anschlagen, Vorführen usw.) von pornographischen Schriften an einem Ort, der Minderjährigen zugänglich ist oder von ihnen eingesehen werden kann. Im Unterschied zu Nr. 1 richtet sich das Zugänglichmachen nach dieser Vorschrift gegen unbestimmte Minderjährige; deshalb ist der Tatbestand schon dann erfüllt, wenn eine abstrakte Gefährdung durch die Zugänglichkeit des Ortes vorhanden ist.[754] Zugänglichkeit liegt darin, dass Minderjährige diesen Ort ohne Überwindung tatsächlicher oder rechtlicher Hindernisse betreten können.[755] Auch ist erfasst, dass Minderjährige diesen Ort einsehen können. Allerdings ist es umstritten, ob die bloße akustische Wahrnehmung schon ausreicht.[756] Das Zugänglichmachen pornographischer Schriften für unbestimmte Personen im Internet ist tatbestandsmäßig, es sei denn, Minderjährige werden durch technische oder sonstige Vorkehrungen wirksam daran gehindert. Hier versteht man unter dem Ort nicht das Datennetz selbst, sondern eine Örtlichkeit, an der Pornographie zur Verfügung steht, z.B. Schule, Internet-Café, Privatwohnung.[757] Trotz des Mangels an „Schrift" kann die Vorführung einer pornographischen „Liveshow" mittels Telemedien von dieser Vorschrift in Verbindung mit § 184d bestraft werden.

---

750 LK-*Laufhütte & Roggenbuck* 2009, § 184 Rn. 17, 18.

751 M/R-*Eschelbach* 2013, § 184 Rn. 9.

752 *Fischer* 2013, § 184 Rn. 10; MK-*Hörnle* 2003, § 184 Rn. 29.

753 M/R-*Eschelbach* 2013, § 184 Rn. 9.

754 *Fischer* 2013, § 184 Rn. 11.

755 M/R-*Eschelbach* 2013, § 184 Rn. 11.

756 LK-*Laufhütte & Roggenbuck* 2009, § 184 Rn. 20; SK-*Wolters* 2012, § 184 Rn. 29; S/S-*Perron & Eisele* 2010, § 184 Rn. 14.

757 *Fischer* 2013, § 184 Rn. 11a.

7.2.1.4   Gewerblicher Vertrieb (§ 184 Abs. 1 Nr. 3 dtStGB)

Verboten ist das Anbieten oder Überlassen pornographischer Schriften in folgenden gewerblichen Vertriebsformen:

(1)   im Einzelhandel außerhalb von Geschäftsräumen;

(2)   in Kiosken oder anderen Verkaufsstellen, die der Kunde nicht zu betreten pflegt;

(3)   im Versandhandel;

(4)   in gewerblichen Leihbüchereien oder Lesezirkeln.

Dagegen sind andere Vertriebsformen rechtmäßig, z.B. Groß- oder Zwischenhandel sowie Einzelhandel in Buchläden oder Sexshops. Diese Beschränkung zielt darauf ab, die Aufgabe der Kontrolle zu erleichtern; deshalb ist es gleichgültig, ob die Empfänger minderjährig oder erwachsen sind.[758] Nach h.M. ist „Anbieten" in Nr. 3 gleichbedeutend mit Anbieten in Nr. 1, und ein Werbeangebot fällt unter Nr. 5.[759] Nach a.A. muss sich „Anbieten" nicht an individualisierte Personen richten, und eine Bereitstellung zur Auswahl oder eine allgemeine Werbung reicht schon aus.[760]

7.2.1.5   Gewerbliche Gebrauchsgewährung (§ 184 Abs. 1 Nr. 3a dtStGB)

Anbieten oder Überlassen von Pornographie im Wege von gewerblicher Vermietung oder vergleichbarer gewerblicher Gewährung des Gebrauchs ist nach § 184 Abs. 1 Nr. 3a dtStGB strafbar. Die Vorschrift ist ein Zusatz zu Nr. 3 und bezieht sich hauptsächlich auf Videotheken, die dort nicht erfasst werden können.[761] Im Unterschied zu Nr. 3 kann die Tatbestandsverwirklichung von Nr. 3a ausgeschlossen werden, wenn eine Zugangsbarriere den Zugriff Minderjähriger wirksam verhindern kann. Nach § 184 Abs. 2 gilt diese Vorschrift nicht, wenn die Handlung im Geschäftsverkehr mit gewerblichen Entleihern erfolgt.

7.2.1.6   Einführen durch Versandhandel (§ 184 Abs. 1 Nr. 4 dtStGB)

Einführen durch Versandhandel bezieht sich auf den unmittelbaren Versand aus dem Ausland an den Letztabnehmer im Inland.[762] Erforderlich dafür ist, dass der Letztabnehmer ein Verbraucher und dem Versandhändler nicht persönlich bekannt ist.[763]

---

758   SSW-*Hilgendorf* 2014, § 184 Rn. 32.

759   LK-*Laufhütte & Roggenbuck* 2009, S. 1173 Rn. 26.

760   *Fischer* 2013, § 184 Rn. 12.

761   *Fischer* 2013, § 184 Rn. 13; MK-*Hörnle* 2003, § 184 Rn. 61.

762   S/S-*Perron & Eisele* 2010, § 184 Rn. 27.

763   SK-*Wolters* 2012, § 184 Rn. 42.

Nicht der inländische Besteller (Verbraucher), sondern der ausländische Versandhändler ist nach dieser Vorschrift strafbar.[764] Falls der Empfänger ein inländischer
Händler ist, ist eine Strafbarkeit nach Nr. 8 möglich.[765]

7.2.1.7   Werbung (§ 184 Abs. 1 Nr. 5 dtStGB)

§ 184 Abs. 1 Nr. 5 dtStGB verbietet bestimmte Arten von Werbung für pornographische Schriften. Anbieten und Bewerben sind hier die strafbaren Handlungsformen.
Im Unterschied zu Nr. 1 muss sich das Anbieten nicht an bestimmte Personen richten, und auch eine Bereiterklärung für unbestimmt viele Personen ist qualifiziert.[766]
Durch die Gesetzesänderung im Jahr 2015 wurden die alten Begriffe „Ankündigen"
und „Anpreisen" durch den Oberbegriff „Bewerben" ersetzt, was bedeutet, Werbung
für Pornographie zu machen. Die Vorschrift umfasst zwei Modalitäten der Werbung:
Die eine ist das öffentliche Zugänglichmachen der Werbung an einem Ort für Minderjährige, die andere die Verbreitung der Schriften außerhalb des Geschäftsverkehrs
mit dem einschlägigen Handel. Schriften sind solche, die Angebot oder Bewerbung
enthalten und nicht auf § 11 Abs. 3 verweisen; deshalb werden Ton- und Bildträger,
Datenspeicher, Abbildungen und andere Darstellungen davon nicht erfasst.[767] Die
Strafbarkeit von Werbung innerhalb des Geschäftsverkehrs mit dem einschlägigen
Handel wird dagegen ausgeschlossen, z.B. der Versand von Prospekten an Buch-
händler.[768] Der Begriff des Verbreitens ist gleichbedeutend mit jenem in den
§§ 184a, 184b und 184c und wird unten erläutert.

7.2.1.8   Unaufgefordertes Gelangenlassen (§ 184 Abs. 1 Nr. 6 dtStGB)

§ 184 Abs. 1 Nr. 6 dtStGB bestraft das Gelangenlassen von Pornographie an eine
andere Person ohne deren Aufforderung. Dabei geht es sowohl um Erwachsene als
auch um Minderjährige. Die Tatbestandsverwirklichung erfolgt, wenn eine andere
Person eigenen Gewahrsam an der Schrift hat und vom Inhalt Kenntnis nehmen
kann, und erforderlich ist, dass der pornographische Inhalt tatsächlich wahrgenommen wird.[769] Das Versenden einer E-Mail wird erfasst, wenn der Text oder der An-
hang pornographisch ist, während das Versenden eines Hyperlinks zur Pornographie
per E-Mail ausgeschlossen wird.[770]

---

764 MK-*Hörnle* 2003, § 184 Rn. 67; LK-*Laufhütte & Roggenbuck* 2009, § 184 Rn. 30.

765 MK-*Hörnle* 2003, § 184 Rn. 66.

766 LK-*Laufhütte & Roggenbuck* 2009, § 184 Rn. 32; S/S-*Perron & Eisele* 2010, § 184 Rn. 30;
     M/R-*Eschelbach* 2013, § 184 Rn. 51.

767 MK-*Hörnle* 2003, § 184 Rn. 75; S/S-*Perron & Eisele* 2010, § 184 Rn. 34.

768 S/S-*Perron & Eisele* 2010, § 184 Rn. 35.

769 SK-*Wolters* 2012, § 184 Rn. 57.

770 *Fischer* 2013, § 184 Rn. 17.

7.2.1.9　Öffentliche Filmvorführung (§ 184 Abs. 1 Nr. 7 dtStGB)

Die Vorführung pornographischer Filme ist nach § 184 Abs. 1 Nr. 7 dtStGB nur dann strafbar, wenn die Tat öffentlich begangen wird, d.h. der Film muss unbestimmt vielen Personen gleichzeitig zugänglich sein.[771] Bei Telemedien wird in der Regel auch Pay-per-View erfasst, weil zahlreiche Empfänger an unterschiedlichen Orten den Inhalt gleichzeitig wahrnehmen können, aber Video-on-Demand-Verfahren werden wegen ihres Mangels an Öffentlichkeit ausgeschlossen.[772] Neben dem Jugendschutz verfolgt diese Vorschrift auch das Ziel, Erwachsene vor ungewollter Konfrontation mit Pornographie zu schützen. Deshalb ist es irrelevant, ob hierbei wirksame Maßnahmen gegen die Zugriffsmöglichkeiten von Minderjährigen vorliegen. Eine weitere Voraussetzung ist ein Entgelt, das ganz oder überwiegend für diese Vorführung verlangt wird. Eine unentgeltliche Vorführung ist deswegen straflos, solange minderjährige Zuschauer durch entsprechende Maßnahmen effektiv verhindert werden.

7.2.1.10　Vorbereitungshandlungen (§ 184 Abs. 1 Nr. 8 dtStGB)

Bei § 184 Abs. 1 Nr. 8 dtStGB geht es um Vorbereitungshandlungen zu Nr. 1–7. Herstellen umfasst hier nicht nur typische Handlungsformen wie Verfassen, Drucken, Photographieren und Filmen, sondern auch Vervielfältigung,[773] Verwandlung nichtdigitalisierter Schriften in pornographische Daten und das Kopieren von Daten.[774] Beziehen ist die entgeltliche oder unentgeltliche Erlangung tatsächlicher eigener Verfügungsgewalt aufgrund eines Einverständnisses mit dem früheren Gewahrsamsinhaber.[775] Liefern liegt in der Übergabe der Schriften zum Gewahrsamswechsel. Vorrätighalten bedeutet das Verwahren zumindest eines Stücks von Pornographie mit eigener Verfügungsgewalt zur Disposition; davon werden auch Datenspeicher im Computer erfasst, aber ein bloßes Verwahren ohne Verfügungsgewalt reicht nicht aus.[776] Unternehmen der Einfuhr bezieht sich auf die Lieferung über die Grenze an inländische Zwischenhändler oder Endverbraucher, aber die Strafbarkeit der inländischen Zwischenhändler[777] und der Endverbraucher[778] ist noch umstritten. Diese Handlungen sind nur dann strafbar, wenn die Absicht vorliegt, pornographische Schriften für Straftaten von Nr. 1 bis 7 zu verwenden oder einer anderen Person eine solche Verwendung zu ermöglichen.

771　M/R-*Eschelbach* 2013, § 184 Rn. 58.

772　MK-*Hörnle* 2003, § 184 Rn. 90.

773　*Fischer* 2013, § 184 Rn. 21.

774　MK-*Hörnle* 2003, § 184 Rn. 92.

775　S/S-*Perron & Eisele* 2010, § 184 Rn. 44; LK-*Laufhütte & Roggenbuck* 2009, § 184 Rn. 42.

776　MK-*Hörnle* 2003, § 184 Rn. 93; S/S-*Perron & Eisele* 2010, § 184 Rn. 46.

777　MK-*Hörnle* 2003, § 184 Rn. 94; S/S-*Perron & Eisele* 2010, § 184 Rn. 47.

778　M/R-*Eschelbach* 2013, § 184 Rn. 69.

7.2.1.11 Ausführen zum Verbreiten (§ 184 Abs. 1 Nr. 9 dtStGB)

Die Strafbarkeit des Ausführens von pornographischen Schriften setzt vor allem die Absicht zum Verbreiten, Zugänglichmachen für die Öffentlichkeit oder Ermöglichen einer solchen Verwendung im betreffenden Staat voraus. Darüber hinaus müssen diese Verbreitungshandlungen gegen die geltenden Strafvorschriften des betreffenden Staats verstoßen.

7.2.1.12 Rechtsfolge

Der Strafrahmen ist Freiheitsstrafe bis zu einem Jahr oder Geldstrafe. Es liegt kein erhöhter Strafrahmen vor.

7.2.2 Straftaten, die sich auf harte Pornographie beziehen (§§ 184a, 184b, 184c dtStGB)

7.2.2.1 Allgemeines

Gewalt-, Tier-, Kinder- und Jugendpornographie werden „harte Pornographie" genannt. Für sie gelten eigene Vorschriften mit strengeren Regelungen als bei einfacher Pornographie. § 184a dtStGB bezieht sich auf Gewalt- oder Tierpornographie, während es bei den §§ 184b und 184c dtStGB um Kinder- bzw. Jugendpornographie geht.

7.2.2.2 Verbreitung gewalt- oder tierpornographischer Schriften (§ 184a dtStGB)

Das Verbot von Gewaltpornographie dient zum einen der Verhütung der Nachahmung, zum anderen der Abwendung eines negativen Einflusses auf die Entwicklung von Minderjährigen.[779] Im Vergleich dazu ist das Rechtsgut des Verbots von Tierpornographie sehr fraglich. Weder der Tierschutz noch der Schutz der Minderjährigen ist überzeugend.[780] Eine schlüssige, aber umstrittene Begründung ist, dass solche Handlungen gegen sexualethische Grundanschauungen verstoßen.[781]

Gewaltpornographie umfasst Darstellungen, die Gewalttätigkeiten zum Gegenstand haben. Der Begriff der „Gewalttätigkeit" ist enger gefasst als der Begriff der Gewalt und erfordert „die Entfaltung physischer Kraft unmittelbar gegen die Person in einem aggressiven Handeln".[782] Die einvernehmliche oder fiktive Gewalt wird nach h.M. ebenfalls erfasst.[783] Die Gewalttätigkeit muss mit der sexuellen Handlung eng verbunden sein. Falls sie unabhängig von pornographischen Elementen ist, zählt die

---

779 MK-*Hörnle* 2003, § 184a Rn. 1.
780 S/S-*Perron & Eisele* 2010, § 184a Rn. 1.
781 MK-*Hörnle* 2003, § 184a Rn. 2.
782 BGH, 18.07.1979 – 2 StR 114/79.
783 M/R-*Eschelbach* 2013, § 184a Rn. 10–11.

Schrift ausschließlich zur einfachen Pornographie.[784] Tierpornographie hat sexuelle Handlungen von Menschen mit Tieren zum Gegenstand. Dabei wird die sexuelle Handlung eng ausgelegt und bezieht sich nur auf Beischlaf.[785] Auch fiktives Geschehen wird erfasst.

§ 184a dtStGB enthält zwei Tatvarianten. Bei Nr. 1 geht es um Verbreiten und öffentliches Zugänglichmachen. Der Begriff des Verbreitens liegt in der „mit einer körperlichen Weitergabe der Schrift verbundenen Tätigkeit, die darauf gerichtet ist, die Schrift ihrer Substanz nach einem größeren Personenkreis zugänglich zu machen, wobei dieser nach Zahl und Individualität so groß sein muss, dass er für den Täter nicht mehr kontrollierbar ist".[786] Aber nach der Rechtsprechung des BGH kann schon die Übergabe einer Schrift an eine bestimmte Person Verbreiten sein, wenn damit gerechnet wird, dass diese Person die Schrift ihrerseits weiteren Personen zugänglich machen wird.[787] Während Verbreiten eine aktive Weitergabe ist, liegt das öffentliche Zugänglichmachen in der bloßen Eröffnung von Zugriffsmöglichkeiten wie Ausstellen, Anschlagen und Vorführen.[788] Im Internetzeitalter ist der Unterschied zwischen Verbreiten und öffentlichem Zugänglichmachen nicht trennscharf, und der BGH hat in einem Fall folgendes Kriterium aufgestellt: „Ein Verbreiten (...) im Internet liegt vor, wenn die Datei auf dem Rechner des Internetnutzers angekommen ist. Dabei ist es unerheblich, ob dieser die Möglichkeit des Zugriffs auf die Daten genutzt oder ob der Anbieter die Daten übermittelt hat. Ein Zugänglichmachen (...) im Internet liegt vor, wenn eine Datei zum Lesezugriff ins Internet gestellt und dem Internetnutzer so die Möglichkeit des Zugriffs auf die Datei eröffnet wird. Nicht erforderlich ist, dass auch ein Zugriff das Internetnutzers erfolgt."[789]

Nr. 2 bestraft die so genannten Vorbereitungshandlungen, nämlich Herstellung, Bezug, Lieferung, Vorrätighalten, Anbieten, Bewerbung und Ein- oder Ausfuhr. Diese Vorschrift ist eine „lex specialis gegenüber § 184 Abs. 1 Nr. 5, 8, 9".[790]

7.2.2.3 Verbreitung, Erwerb und Besitz kinderpornographischer Schriften (§ 184b dtStGB)

§ 184b dtStGB dient auf zwei Ebenen dem Schutz von Kindern: Die eine Ebene ist der Schutz der Kinder davor, zu Darstellern von Pornographie zu werden; die andere ist, eine Nachnahmungswirkung durch Zuschauen zu verhindern.[791]

---

784 *Fischer* 2013, § 184a Rn. 3; MK-*Hörnle* 2003, § 184a Rn. 6.

785 S/S-*Perron & Eisele* 2010, § 184a Rn 4.

786 BGH 2 StR 365/04 – Urteil vom 22. Dezember 2004 (LG Erfurt).

787 BGH, 25.07.1963 – 3 StR 4/63.

788 SSW-*Hilgendorf* 2014, § 184a Rn. 10.

789 BGH 1 StR 66/01 – Urteil v. 27. Juni 2001 (LG Würzburg).

790 M/R-*Eschelbach* 2013, § 184a Rn. 16.

791 *Fischer* 2013, § 184b Rn 2.

Kinder sind die diejenigen, die das 14. Lebensjahr noch nicht vollendet haben. Kinderpornographie wird vom Gesetzgeber weit ausgelegt: Hält ein durchschnittlicher, nicht-sachverständiger Beobachter den Darsteller für kindlich, so ist die Kinderpornographie zu bejahen, selbst wenn der Darsteller tatsächlich über 14 Jahre alt ist. Der umgekehrte Fall wird ebenfalls erfasst, d.h. der kindliche Darsteller wird vom Zuschauer für einen Jugendlichen oder einen Erwachsenen gehalten.

Nach Abs. 1 Nr. 1 bezieht sich Kinderpornographie auf drei Arten von Inhalten:

(1)   sexuelle Handlungen von, an oder vor einem Kind;

(2)   die Wiedergabe eines ganz oder teilweise unbekleideten Kindes in unnatürlich geschlechtsbetonter Körperhaltung;

(3)   die sexuell aufreizende Wiedergabe der unbekleideten Genitalien oder des unbekleideten Gesäßes eines Kindes.

Die Körperhaltung in Punkt (2) wurde in der Vergangenheit nach der Rechtsprechung für eine sexuelle Handlung gehalten,[792] das 49. SträG vom 21.01.2015 machte sie zu einem eigenständigen Typ.[793] Auch Punkt (3) wurde durch das 49. SträG neu eingefügt, um die Vorschriften der Richtlinie 2011/91/EU und der Lanzarote-Konvention umzusetzen.[794] Nicht jedes Nacktfoto eines Kindes ist demnach eine pornographische Schrift, und der Richter muss entscheiden, ob eine solche Schrift die Schwellen „Erheblichkeit", „unnatürliche geschlechtsbetonte Körperhaltung" oder „sexuell aufreizende Wiedergabe" übersteigt.

Nach der Wirklichkeit des Inhalts können kinderpornographische Schriften in drei Typen unterteilt werden. Der erste Typ gibt ein tatsächliches Geschehen wieder, der zweite ein wirklichkeitsnahes Geschehen (Scheinpose, digitale Bildbearbeitung, Fotomontage), und der dritte Typ ist Fiktivpornographie (Cartoon, Roman usw.).[795] Der Unterschied zwischen wirklichkeitsnaher und fiktiver Pornographie ist nicht trennscharf – es kommt darauf an, ob ein durchschnittlicher, nicht sachverständiger Beobachter das Erscheinungsbild für wirklich hält.[796] Deshalb gehören pornographische Schriften, die zwar komplett durch computer-generated imagery (CGI) hergestellt, aber von einem normalen Beobachter für wirklich gehalten werden, noch zur wirklichkeitsnahen Pornographie. Die Kategorisierung von Pornographie ist sehr wichtig, weil unterschiedliche Tathandlungen unterschiedliche Gegenstände erfordern. Bei Verbreitung und öffentlichem Zugänglichmachen (Abs. 1 Nr. 1) sowie Vorbereitungshandlungen (Abs. 1 Nr. 4) geht es um alle Typen von Kinderporno-

---

792   BGHSt 43, 366, 368.

793   BT-Drs. 18/2601, S. 30.

794   BT-Drs. 18/3202, S. 27.

795   S/S-*Perron & Eisele* 2010, § 184b Rn. 11.

796   MK-*Hörnle* 2003, § 184b Rn. 19.

graphie. Beim Verschaffen für eine andere Person (Abs. 1 Nr. 2) sowie Sichverschaffen und Besitz (Abs. 3) geht es nur um den ersten und zweiten Typ der Kinderpornographie. Bei Herstellung ohne Verbreitungsabsicht (Abs. 1 Nr. 3) geht es ausschließlich um den ersten Typ der Kinderpornographie.

Abs. 2 ist ein qualifizierter Tatbestand gegenüber Abs. 1. Es geht dabei um gewerbsmäßige Handlung oder Mitgliedschaft in einer Bande, und die Pornographie muss
zumindest ein wirklichkeitsnahes Geschehen wiedergeben.

7.2.2.4   Verbreitung, Erwerb und Besitz jugendpornographischer Schriften (§ 184c dtStGB)

§ 184c dtStGB dient dem Jugendschutz, um die sexuelle Ausbeutung von Jugendlichen zu verhindern. Jugendliche sind diejenigen, die zwischen 14 und 18 Jahre alt
sind. Jugendpornographie ist auch dann zu bejahen, wenn ein erwachsener Darsteller
vom Zuschauer für jugendlich gehalten wird. Der umgekehrte Fall wird auch erfasst.

Der Tatbestand sowie der qualifizierte Tatbestand des § 184c ist ähnlich wie der in
§ 184b dtStGB, aber einige Unterschiede liegen vor. Jugendpornographie umfasst
im Vergleich zur Kinderpornographie nur zwei Arten von Inhalten, nämlich sexuelle
Handlungen und die unnatürlich geschlechtsbetonte Körperhaltung. Die unbekleideten Genitalien oder das unbekleidete Gesäß werden dagegen ausgeschlossen.

Es gibt nach der Wirklichkeit des Inhalts auch drei Typen von pornographischen
Schriften wie Kinderpornographie, die jeweils ein tatsächliches, wirklichkeitsnahes
oder fiktives Geschehen wiedergeben. Im Unterschied zur Kinderpornographie geht
es beim Sichverschaffen und Besitz (Abs. 3) ausschließlich um die erste Art der Jugendpornographie.

Abs. 4 ist eine besondere Vorschrift; demnach ist es straflos, Jugendpornographie
herzustellen und zu besitzen, die ausschließlich zum persönlichen Gebrauch mit Einwilligung der dargestellten Personen hergestellt wird.

7.2.2.5   Rechtsfolge

Die folgende *Tabelle 9* zeigt den Strafrahmen von Strafdelikten über harte Pornographie. Hinsichtlich des Typs der Pornographie ist die Strafe bei Kinderpornographie
am schärfsten. Hinsichtlich der Tathandlung ist bei den Delikten Sichverschaffen
und Besitz auf eine vergleichsweise milde Strafe zu erkennen. Der Versuch ist ausschließlich bei Verbreitung und öffentlichem Zugänglichmachen strafbar, aber die
Herstellung von Kinder- oder Jugendpornographie wird ausnahmsweise ebenfalls
erfasst.

Tabelle 9   *Strafrahmen von Strafdelikten über harte Pornographie*

		Strafrahmen	Strafbarkeit des Versuchs
§ 184a	Nr. 1 Verbreitung	Freiheitsstrafe bis zu drei Jahren oder Geldstrafe	Ja
	Nr. 2 Vorbereitung		Nein
§ 184b	Abs. 1 Verbreitung, Vorbereitung usw.	Freiheitsstrafe von drei Monaten bis zu fünf Jahren	Ja (Verbreitung, öffentliches Zugänglichmachen, Herstellung)
	Abs. 2 Qualifikation	Freiheitsstrafe von sechs Monaten bis zu zehn Jahren	
	Abs. 3 Erwerb und Besitz	Freiheitsstrafe bis zu drei Jahren oder Geldstrafe	Nein
§ 184c	Abs. 1 Verbreitung, Vorbereitung usw.	Freiheitsstrafe bis zu drei Jahren oder Geldstrafe	Ja (Verbreitung, öffentliches Zugänglichmachen, Herstellung)
	Abs. 2 Qualifikation	Freiheitsstrafe von drei Monaten bis zu fünf Jahren	
	Abs. 3 Erwerb und Besitz	Freiheitsstrafe bis zu zwei Jahren oder Geldstrafe	Nein

7.2.3   Ergänzende Klauseln

7.2.3.1   Zugänglichmachen pornographischer Inhalte mittels Rundfunk oder Telemedien (§ 184d Abs. 1 dtStGB)

Wer einen pornographischen Inhalt mittels Rundfunk oder Telemedien einer anderen Person oder der Öffentlichkeit zugänglich macht, ist nach den §§ 184 bis 184c zu bestrafen. Diese Vorschrift wurde im Jahr 2015 neu gefasst, indem „Darbietung" durch den weiteren Begriff „Inhalt" ersetzt wurde, um laut Gesetzgeber die Schutzlücke bei einer Live-Darbietung wegen des Mangels an Verkörperung zu schließen.[797] Aber das ist nicht richtig, weil eine Live-Darbietung mittels Telemedien schon in der Vergangenheit erfasst wurde. Die wichtige Änderung ist eher, dass die Tathandlung vom „Verbreiten" zum „Zugänglichmachen für eine andere Person oder die Öffentlichkeit" hin erweitert wurde, sodass der Täter heutzutage auch dann strafbar ist, wenn der pornographische Inhalt nur von bestimmten Personen oder sogar

---

797   BT-Drs. 18/2601, S. 24, 33.

nur einer Person empfangen werden kann. Darüber hinaus gibt es eine Ausnahmeregelung. Bei einfacher Pornographie ist eine Verbreitung mittels Telemedien straflos, wenn der Inhalt Minderjährigen wegen entsprechenden technischen oder sonstigen Vorkehrungen nicht zugänglich ist.

7.2.3.2 Abruf kinder- und jugendpornographischer Inhalte mittels Telemedien (§ 184d Abs. 2 dtStGB)

Einen kinder- oder jugendpornographischen Inhalt mittels Telemedien abzurufen, ist als Erwerb oder Besitz von kinder- oder jugendpornographischen Schriften nach § 184b Abs. 3 oder § 184c Abs. 3 zu bestrafen. Diese Vorschrift wurde im Jahr 2015 neu eingefügt, um die einschlägigen Regelungen zum „Zugriff auf Kinderpornographie mittels Informations- und Kommunikationstechnologie" [798] der Richtlinie 2011/93/EU und der Lanzarote-Konvention umzusetzen. Eine solche Handlung war zwar in der Praxis schon nach in der Vergangenheit geltendem Recht strafbar, „eine Klarstellung erscheint aber sinnvoll und berücksichtigt auch mögliche zukünftige technische Entwicklungen, die eine Begründung für die Verwirklichung des Besitztatbestandes erschweren würden."[799] Es handelt sich dabei um ein Unternehmensdelikt, und der Begriff des „Abrufs" bezieht sich darauf, dass „der Nutzer die Übertragung der Daten durch Telemedien veranlasst und sich dadurch die Möglichkeit der Kenntnisnahme von ihrem Inhalt verschafft".[800]

7.2.3.3 Veranstaltung und Besuch kinder- und jugendpornographischer Darbietungen (§ 184e dtStGB)

§ 184e dtStGB wurde ebenfalls 2015 neu eingefügt, um die einschlägigen Regelungen der Richtlinie 2011/93/EU und der Lanzarote-Konvention umzusetzen.[801] Demnach ist der wissentliche Besuch kinderpornographischer Darbietungen strafbar zu machen. In Deutschland lag vor der Änderung eine Schutzlücke vor: „Weder die Veranstaltung von noch das Zuschauen bei pornographischen Live-Darbietungen sind strafbar, sondern nur deren Verbreitung mittels bestimmter Medien (Rundfunk, Medien- oder Teledienste bzw. Telemedien)."[802] Der deutsche Gesetzgeber machte durch die Gesetzesänderung sowohl den Besuch als auch die Veranstaltung selbst strafbar. Seither ist die Veranstaltung einer kinder- oder jugendpornographischen Darbietung als Verbreitung von Kinder- oder Jugendpornographie zu bestrafen, und der Besuch einer solchen Darbietung ist als Erwerb oder Besitz zu bestrafen.

---

798   BT-Drs. 18/2601, S. 33.
799   BT-Drs. 18/2601, S. 33.
800   BT-Drs. 18/2601, S. 34.
801   BT-Drs. 18/2601, S. 35.
802   BT-Drs. 18/2601, S. 35.

7.3   China

7.3.1   Schmuggel von pornographischen Sachen (§ 152 Abs. 1 chStGB)

§ 152 Abs. 1 chStGB schützt nicht die Sittlichkeit, sondern die staatliche Verwaltung des Außenhandels. Die strafbare Tathandlung bezieht sich auf rechtswidrigen Transport, Mitnahme oder Versand von pornographischen Sachen über die Grenze; sowohl Ein- als auch Ausfuhr wird davon erfasst.[803] Die Übertragung von elektronischen Informationen im Internet kann nicht als Schmuggel eingestuft werden. Vorsatz ist erforderlich, und darüber hinaus muss der Täter aus Gewinnsucht oder in der Absicht zur Verbreitung handeln. Deshalb ist der Schmuggel zum privaten und sonstigen eigenen Gebrauch straflos. Eine juristische Auslegung erfordert die Schwelle des Tatbestands,[804] die in der folgenden Tabelle zusammengefasst wird.

Tabelle 10   Schwelle des Schmuggels von pornographischen Sachen

	Geringfügiger Umstand	Grundtatbestand	Schwerwiegender Umstand	
Videoplatten, Videokassetten (Stück)	50 bis 100	100 bis 500	über 500	100 bis 500 (Rädelsführer oder Verwendung des Sonderwagens)
Audioplatten, Audiokassetten (Stück)	100 bis 200	200 bis 1000	über 1000	200 bis 1000 (Rädelsführer oder Verwendung des Sonderwagens)
Karten, Bücher oder Bildbände (Stück)	100 bis 200	200 bis 1000	über 1000	200 bis 1000 (Rädelsführer oder Verwendung des Sonderwagens)
Fotos, Bilder (Stück)	500 bis 1000	1000 bis 5000	über 5000	1000 bis 5000 (Rädelsführer oder Verwendung des Sonderwagens)
Weitere Sachen	entspr. Anzahl	entspr. Anzahl	entspr. Anzahl	

---

803   *Chen* 2008, S. 279; *Wang* 2007, S. 322–333.

804   Auslegung des Obersten Volksgerichts und der Obersten Volksstaatsanwaltschaft über einige Fragen zur Rechtsanwendung bei der Behandlung von Kriminalfällen des Schmuggels (2014).

Der Strafrahmen des Grundtatbestands ist zeitige Freiheitsstrafe von drei bis zu zehn Jahren, und zugleich ist eine Geldstrafe zu verhängen. Bei schwerwiegenden Umständen ist auf zeitige Freiheitsstrafe von mindestens zehn Jahren oder lebenslange Freiheitsstrafe zu erkennen, und zugleich muss eine Geldstrafe oder die Einziehung des Vermögens verhängt werden. Bei geringfügigen Umständen ist auf zeitige Freiheitsstrafe bis zu drei Jahren, Gewahrsam oder Überwachung zu erkennen, und zugleich muss eine Geldstrafe verhängt werden.

7.3.2   Herstellung, Vervielfältigung, Herausgabe, Verkauf oder Verbreitung von pornographischen Sachen aus Gewinnsucht (§ 363 Abs. 1 chStGB)

§ 363 Abs. 1 chStGB schützt die sozialistische Sittlichkeit und die Ordnung der staatlichen Kulturverwaltung. Nach dieser Vorschrift werden fünf bestimmte Tathandlungen verboten, nämlich Herstellung, Vervielfältigung, Herausgabe, Verkauf und Verbreitung. Herstellung ist ein sehr weiter Begriff und umfasst u.a. Verfassen, Filmen, Umschreiben, Bearbeiten, Drucken, Aufnehmen und Verzeichnen.[805] Vervielfältigung besteht u.a. aus Kopieren, Nachdruck und Nachahmung, wovon auch das Herunterladen von pornographischen Sachen aus dem Internet erfasst wird.[806] Herausgabe bedeutet die offizielle Publikation in einem legalen Verlag, sonst besteht die Handlung nur in der Herstellung oder Vervielfältigung. Verkauf bezieht sich darauf, Handel zu treiben, wobei es üblicherweise um Ein- und Verkauf geht; aber einfache Überlassung gegen Entgelt wird auch erfasst.[807]

Der Begriff der Verbreitung erfüllt eine Auffangfunktion, aber ihre Definition ist umstritten. Nach einer Ansicht liegt Verbreitung darin, dass eine große Menge von unbestimmten Personen Pornographie erhalten oder wahrnehmen; nach einer anderen Ansicht müssen die Empfänger nicht unbestimmt sein.[808] Diese Ansicht ist die herrschende Meinung. Allerdings ist eine große Anzahl von Personen auf jeden Fall ein erforderliches Merkmal, weshalb die Verbreitung innerhalb eines geschlossenen Personenkreises regulär nicht erfasst wird. Darüber hinaus geht es wegen der Forderung der Anzahl nicht um ein abstraktes Gefährdungsdelikt. Verbreitung ist ein sehr weiter Begriff und umfasst nach h.M. nicht nur Ausstellen, Anschlagen, Vorführen, Verleih, Versand sowie Zugänglichmachen im Internet, sondern auch Transport und

---

805   *Chen* 2008, S. 526.
806   *Wang* 2007, S. 1709.
807   *Zhang* 2007, S. 846.
808   *Wang & Ma* 2010, S. 49–51; *Bao* 1999, S. 409.

Mitnehmen.[809] Diese Ansicht basiert auf einer alten juristischen Auslegung, die bereits außer Kraft getreten ist,[810] und ist heutzutage sehr fragwürdig. Nach der hier vertretenen Meinung sind Transport und Mitnehmen nicht mehr strafbar, weil niemand die Pornographie bekommt oder wahrnimmt, es sei denn, es geht um Vorbereitungshandlungen der Verbreitung. Darüber hinaus umfasst Zugänglichmachen im Internet das Zugänglichmachen direkter Hyperlinks zur Pornographie auf Webseiten.

Tabelle 11   Schwelle bei pornographischen Sachen aus Gewinnsucht

			Schwelle Grundtatbestand	Schwelle schwerwiegender Tatumstand	Schwelle besonders schwerwiegender Tatumstand
Anzahl der Pornographie (Stück)	Herstellung, Vervielfältigung oder Herausgabe	Videoplatten, Software oder Videokassetten	50 bis 100	250 bis 500	1250 bis 2500
		Audioplatten, Audiokassetten	100 bis 200	500 bis 1000	2500 bis 5000
		Karten, Bücher oder Bildbände	100 bis 200	500 bis 1000	2500 bis 5000
		Fotos, Bilder	500 bis 1000	2500 bis 5000	12500 bis 25000
	Verkauf	Videoplatten, Software oder Videokassetten	100 bis 200	500 bis 1000	2500 bis 5000
		Audioplatten, Audiokassetten	200 bis 400		
		Karten, Bücher oder Bildbände	200 bis 400		

---

809   *Wang* 2007, S. 1713; *Chen* 2008, S. 527; *Bao* 1999, S. 329; *Liu* 2008, S. 2458.

810   Verordnung des Obersten Volksgerichts und der Obersten Volksstaatsanwaltschaft über die konkrete Rechtsanwendung in Kriminalfällen von pornographischen Sachen (1990).

			Schwelle Grundtatbestand	Schwelle schwerwiegender Tatumstand	Schwelle besonders schwerwiegender Tatumstand
		Fotos, Bilder	1000 bis 2000	5000 bis 10000	25000 bis 50000
Anzahl der Empfänger	Verbreitung (Person oder Male)		200 bis 500	1000 bis 2000	5000 bis 10000
oder Häufigkeit	Veranstaltung zum Vorführen des pornographischen Videos (Mal)		10 bis 20	50 bis 100	250 bis 500
Gewinn (Yuan)	Herstellung, Vervielfältigung, Herausgabe, Verkauf oder Verbreitung		5000 bis 10000	30000 bis 50000	150000 bis 250000

§ 363 Abs. 1 chStGB ist ein Absichtsdelikt, deshalb erfordert die Tatbestandsverwirklichung nach h.M. direkten Vorsatz.[811] Nach a.A. reicht mittelbarer Vorsatz schon aus.[812] Die h.M. verwechselt hier jedoch direkten und mittelbaren Vorsatz. Wenn der Täter nicht sicher ist, ob die Sachen pornographisch sind, sondern das nur für möglich hält, liegt nach h.M. ein direkter Vorsatz vor.[813] Das ist aber falsch. Deshalb ist mittelbarer Vorsatz ausreichend. Die erforderliche Absicht ist Gewinnsucht. Der Umfang des Begriffs Gewinn ist sehr weit und umfasst u.a. Werbeeinnahmen und Einnahmen der Registrierungsgebühr. Allerdings zählt Entgelt nicht unbedingt zum Gewinn, weil ein Wiederverkauf auch ohne Gewinn möglich ist. Zudem ist es nicht notwendig, dass der Täter tatsächlich einen Gewinn erzieht. Eine solche Absicht reicht schon aus.

In mehreren juristischen Auslegungen wird eine auf der Anzahl beruhende Tatbestandsschwelle gesetzt. Die Schwelle von Sachen ist eine *andere* als die von elektronischen Informationen.

---

811 *Bao* 1999, S. 333; *Liu* 2008, S. 2467; *Wang* 2007, S. 1714.
812 *Zhang* 2007, S. 847.
813 *Wang* 2007, S. 1715.

Tabelle 12   *Schwelle bei pornographischen elektronischen Informationen aus Gewinnsucht*

		Schwelle des Grundtatbestands	Schwelle des schwerwiegenden Tatumstands	Schwelle des besonders schwerwiegenden Tatumstands
Anzahl der Pornographie (Stück)	Filme, Darbietungen und Animationsfilme	20 (oder 10 Kinderpornographie)	100 (oder 50 Kinderpornographie)	500 (oder 250 Kinderpornographie)
	Audiodateien	100 (oder 50 Kinderpornographie)	500 (oder 250 Kinderpornographie)	2500 (oder 1250 Kinderpornographie)
	Elektronische Zeitschriften, Bilder, Texte, kurze Nachrichten	200 (oder 100 Kinderpornographie)	1000 (oder 500 Kinderpornographie)	5000 (oder 2500 Kinderpornographie)
Klickzahl (Male)		10000 (oder 5000 Kinderpornographie)	50000 (oder 25000 Kinderpornographie)	250000 (oder 125000 Kinderpornographie)
Anzahl der registrierten Personen		200 (oder 100 Kinderpornographie)	1000 (oder 500 Kinderpornographie)	5000 (oder 2500 Kinderpornographie)
Gewinn (Yuan)		10000 (oder 5000 Kinderpornographie)	50000 (oder 25000 Kinderpornographie)	250000 (oder 125000 Kinderpornographie)
wenn zwei der oben erwähnten Fälle vorliegen		mehr als die Hälfte der Schwelle	mehr als die Hälfte der Schwelle (nur bei Kinderpornographie)	mehr als die Hälfte der Schwelle (nur bei Kinderpornographie)
weitere Fälle		Schwerwiegende Folge		

Nach der juristischen Auslegung besteht der besondere Schutz von Minderjährigen in der Tatbestandsschwelle und der Strafzumessung bei pornographischen elektronischen Informationen. Die Tatbestandsschwelle von Kinderpornographie liegt bei der Hälfte der Schwelle für einfache Pornographie. Bei Kinder- oder Jugendpornographie oder dem Verkauf oder der Verbreitung von Pornographie an Minderjährige wird der Täter mit einer Strafe schweren Grades belegt.

Der Strafrahmen des Grundtatbestands ist zeitige Freiheitsstrafe bis zu drei Jahren, Gewahrsam oder Überwachung, und zugleich muss eine Geldstrafe verhängt werden. Bei schwerwiegenden Tatumständen ist auf zeitige Freiheitsstrafe von drei bis zu zehn Jahren und Geldstrafe zu erkennen. Bei besonders schwerwiegenden Tatumständen wird der Täter mit zeitiger Freiheitsstrafe von mindestens zehn Jahren oder lebenslanger Freiheitsstrafe bestraft, und zugleich muss eine Geldstrafe oder die Einziehung des Vermögens verhängt werden. Der Betrag der Geldstrafe beläuft sich üblicherweise auf die Höhe des Einfachen bis Fünffachen der gesetzwidrig zugeflossenen Einkünfte.

7.3.3 Anbieten der Buchpublikationskennziffer zur Herausgabe pornographischer Bücher (§ 363 Abs. 2 chStGB)

§ 363 Abs. 2 chStGB schützt die sozialistische Sittlichkeit und die staatliche Verwaltung von Veröffentlichungen. Die Buchpublikationskennziffer ist die Bescheinigung einer rechtmäßigen und öffentlichen Publikation von Verlagen. In der Praxis bieten manche Verlage aus Gewinnsucht anderen Personen diese Kennziffern an, ohne den Herausgabeprozess zu kontrollieren, sodass pornographische Bücher im Namen des Verlags herausgegeben werden können.[814] Nach einer juristischen Auslegung werden davon auch die Publikationskennziffern von Zeitschriften und von audiovisuellen Produkten erfasst.[815] Der Tatbestand wird nur verwirklicht, wenn die pornographischen Bücher tatsächlich herausgegeben und verbreitet werden.[816] Der Täter ist regulärer Verwalter oder Mitarbeiter des Verlags, aber auch andere Personen können die Tat begehen, z.B. durch Wiederverkauf der Buchpublikationskennziffer.[817] Die Tatbestandsverwirklichung erfordert Fahrlässigkeit. Falls der Täter weiß, dass die einschlägigen Bücher pornographischer Natur sind, wird er als Gehilfe nach § 363 Abs. 1 chStGB bestraft.

Der Täter wird nur mit Geldstrafe oder mit zeitiger Freiheitsstrafe bis zu drei Jahren, Gewahrsam oder Überwachung und Geldstrafe bestraft.

---

814 *Wang* 2007, S. 1723.

815 Auslegung des Obersten Volksgerichts von einigen Fragen über die konkrete Rechtsanwendung in Kriminalfällen von rechtswidrigen Publikationen (1998)

816 *Chen* 2008, S. 533.

817 *Chen* 2008, S. 534.

7.3.4 Verbreitung pornographischer Sachen (§ 364 Abs. 1 chStGB)

§ 364 Abs. 1 schützt die sozialistische Sittlichkeit. Die einzige strafbare Tathandlung ist Verbreitung, was gleichbedeutend mit jener in § 363 Abs. 1 chStGB ist. Heute ist der Hauptverbreitungsweg von pornographischen Informationen das Internet. Sowohl das Zugänglichmachen der Pornographie oder direkter Hyperlinks zu Pornographie im Internet als auch die Übermittlung von Pornographie durch E-Mail, Instant Messenger oder Chat-Räume wird erfasst. Nach der juristischen Auslegung ist die Verbreitung oder der Austausch von Pornographie in einer geschlossenen Gruppe im Internet auch dann strafbar, wenn die Anzahl der Gruppenmitglieder eine bestimmte Schwelle übersteigt. Hinsichtlich des subjektiven Tatbestands muss der Täter vorsätzlich und ohne Gewinnsucht handeln. Gewinnsucht liegt vor, wenn der Tatbestand des § 363 Abs. 1 chStGB erfüllt wird.

Die Tatbestandsverwirklichung erfordert darüber hinaus schwerwiegende Umstände, die sich auch in einer durch juristische Auslegungen gesetzten Schwelle widerspiegeln. Diese Schwelle ist höher als jene des Grundtatbestands des § 363 Abs. 1 chStGB.

Tabelle 13   Schwelle bei pornographischen Sachen und elektronischen Informationen ohne Gewinnsucht

			Schwelle des Tatbestands
Sachen	Anzahl der Empfänger oder Häufigkeit (Person oder Male)		300 bis 600
	weiterer Faktor		Verwerfliche Auswirkungen auf die Gesellschaft
Elektronische Informationen	Anzahl der Pornographie (Stück)	Filme, Darbietungen und Animationsfilme	40 (oder 20 Kinderpornographie)
		Audiodateien	200 (oder 100 Kinderpornographie)
		Elektronische Zeitschriften, Bilder, Texte, kurze Nachrichten	400 (oder 200 Kinderpornographie)
	Klickzahl (Male)		20000 (oder 10000 Kinderpornographie)

	Schwelle des Tatbestands
Anzahl der registrierten Personen	400 (oder 200 Kinderpornographie)
zwei der oben erwähnten Fälle liegen vor	mehr als die Hälfte der Schwelle
weitere Fälle	Schwerwiegende Folge
Erbauer, Verwalter oder hauptsächlicher Verbreiter einer Gruppe im Internet zur Verbreitung	Anzahl der Mitglieder	30
	weitere Fälle	Schwerwiegende Folge

Der besondere Schutz von Minderjährigen existiert auch in der Tatbestandsschwelle und der Strafzumessung bei pornographischen elektronischen Informationen. Die Tatbestandsschwelle für Kinderpornographie liegt bei der Hälfte der Schwelle für einfache Pornographie. Bei Kinder- oder Jugendpornographie, Verkaufen oder der Verbreitung von Pornographie an Minderjährige wird der Täter mit einer Strafe schweren Grades belegt.

Der Strafrahmen ist zeitige Freiheitsstrafe bis zu zwei Jahren, Gewahrsam oder Überwachung. Es gibt keinen erhöhten Strafrahmen, deshalb ist dies die Höchststrafe, selbst wenn der Gegenstand Kinderpornographie ist.

7.3.5   Veranstaltung der Vorführung von pornographischen audiovisuellen Produkten (§ 364 Abs. 2 chStGB)

§ 364 Abs. 2 chStGB schützt die sozialistische Sittlichkeit. Beim Vorführen pornographischer Filme, Videoaufnahmen oder anderer audiovisueller Produkte ist der Veranstalter strafbar. Dagegen sind Besucher und andere Teilnehmer straffrei. Eine Tatbestandsschwelle wird durch die juristische Auslegung gesetzt: Der Täter muss über 15 Mal Vorführungen veranstalten, oder eine verwerfliche Auswirkung auf die Gesellschaft muss vorliegen.[818] Hinsichtlich des subjektiven Tatbestands wird ein Vorsatz verlangt, und es ist erforderlich, dass der Täter nicht aus Gewinnsucht handelt. Ansonsten wird der Tatbestand von § 363 Abs. 1 chStGB erfüllt.

Bei § 364 Abs. 2 chStGB liegt eine Strafzumessungsnorm vor, d.h. bei einem schwerwiegenden Umstand wird der Strafrahmen erhöht. Aber dieser Umstand ist nicht klar definiert, weil keine juristische Auslegung vorliegt. Nach einer Ansicht in

---

818   Verordnung (I) der Obersten Volksstaatsanwaltschaft und des Ministeriums für öffentliche Sicherheit über den Standard des Registers zur Strafverfolgung in Strafsachen (2008)

akademischen Kreisen geht es u.a. um mehrmalige Vorführungen, zahlreiche Besucher und schwerwiegende Folgen.[819] Nach § 364 Abs. 3 chStGB wird die Vorführung von audiovisuellen Produkten nach Herstellung oder Vielfältigung mit einer Strafe schweren Grades belegt. Nach § 364 Abs. 4 chStGB wird die Tat auch dann mit einer Strafe schweren Grades belegt, wenn Minderjährige die Vorführungen besuchen.

Der Strafrahmen des Grundtatbestands ist zeitige Freiheitsstrafe bis zu drei Jahren, Gewahrsam oder Überwachung, und zugleich muss eine Geldstrafe verhängt werden. Bei einem schwerwiegenden Umstand ist auf zeitige Freiheitsstrafe von drei bis zu zehn Jahren und Geldstrafe zu erkennen.

7.3.6   Veranstaltung einer pornographischen Darbietung (§ 365 chStGB)

§ 365 chStGB schützt die sozialistische Sittlichkeit. Die pornographische Darbietung verlangt eine niedrigere Schwelle der Pornographie als andere Pornographiedelikte[820] und erfasst u.a. die Entblößung des ganzen Körpers sowie Darstellungen des Geschlechtsorgans oder sexueller Handlungen in Worten oder durch Bewegungen.[821] Allerdings ist keine auf der Anzahl beruhende Schwelle vorhanden, deswegen ist die Abgrenzung zur Ordnungswidrigkeit unklar. Strafbar sind nur die Veranstalter. Performer und andere Teilnehmer sind dagegen straflos. Veranstaltung bezieht sich u.a. auf das Aushecken oder die Finanzierung der Darbietung, die Rekrutierung oder Einstellung der Performer, Nötigung oder Verlockung zur Darbietung sowie das Anbieten der Spielstätte.[822] Die Tatbestandsverwirklichung erfordert Vorsatz, während Gewinnsucht hier nicht erforderlich ist.[823] Wie in § 364 Abs. 2 chStGB ist der schwerwiegende Umstand auch von § 365 chStGB nicht klar definiert, weil keine juristische Auslegung vorliegt. Nach einer Ansicht in akademischen Kreisen geht es um mehrmalige Darbietungen, minderjährige Performer, Gewinnsucht, Beischlaf,[824] zahlreiche Besucher, schwerwiegende Folgen usw.[825]

---

819   *Chen* 2008, S. 544.

820   *Bao* 1999, S. 409.

821   Verordnung (I) der Obersten Volksstaatsanwaltschaft und des Ministeriums für öffentliche Sicherheit über den Standard des Registers zur Strafverfolgung in Strafsachen (2008)

822   Verordnung (I) der Obersten Volksstaatsanwaltschaft und des Ministeriums für öffentliche Sicherheit über den Standard des Registers zur Strafverfolgung in Strafsachen (2008)

823   *Lang* 2011, S. 635.

824   *Chen* 2008, S. 546.

825   *Liu* 2008, S. 2482.

Der Strafrahmen des Grundtatbestands ist zeitige Freiheitsstrafe bis zu drei Jahren, Gewahrsam oder Überwachung, und zugleich muss eine Geldstrafe verhängt werden. Bei einem schwerwiegenden Umstand ist auf zeitige Freiheitsstrafe von drei bis zu zehn Jahren und Geldstrafe zu erkennen.

7.3.7   Pornographie als Ordnungswidrigkeit

Hinsichtlich der Pornographie zählen manche Handlungen zu Ordnungswidrigkeiten, wenn sie die Tatbestandsschwelle der Straftat noch nicht übersteigen. Im Unterschied dazu sind andere Handlungen ausschließlich Ordnungswidrigkeiten und verstoßen nicht gegen strafrechtliche Bestimmungen.

§ 68 SOWiG enthält zwei Tatvarianten. Die eine betrifft Herstellung, Transport, Vielfältigung, Verkauf oder Verleih pornographischer Bücher, Bilder, Filme, audiovisueller Produkte oder anderer pornographischer Sachen. Die andere Tatvariante erfasst die Verbreitung pornographischer elektronischer Informationen unter Nutzung des Internets, des Telefons oder eines anderen Kommunikationsmittels. Im Unterschied zum dtStGB werden elektronische Informationen nach der hier vertretenen Meinung vom Begriff „Sachen" nicht erfasst. Infolgedessen kann weder die einfache Verbreitung von pornographischen Sachen noch bloßes Herunterladen pornographischer Informationen nach dieser Vorschrift sanktioniert werden. Sowohl Handlungen aus Gewinnsucht als auch solche ohne Gewinnsucht werden sanktioniert, soweit die Tatbestandsschwelle der Straftat nicht überstiegen wird. In der Praxis ist Vorsatz nicht erforderlich, Fahrlässigkeit reicht schon aus.[826] Die Verwaltungssanktion ist Gewahrsam von zehn bis zu fünfzehn Tagen, und zugleich kann eine Geldbuße in Höhe von bis zu 3.000 Yuan verhängt werden. Bei einem geringfügigen Umstand ist auf Gewahrsam bis zu fünf Tagen oder Geldbuße in Höhe von bis zu 500 Yuan zu erkennen.

§ 69 SOWiG enthält ebenfalls zwei Tatvarianten. Die eine erfasst die Vorführung von audiovisuellen pornographischen Produkten. Gewinnsucht ist hier gleichgültig, soweit die Tatbestandsschwellen von § 363 Abs. 1 oder § 364 Abs. 2 chStGB nicht überschritten werden. Die andere Tatvariante ist eine Veranstaltung von oder Teilnahme an pornographischen Darbietungen. Bei einer Veranstaltung ist die Abgrenzung zu § 365 chStGB nicht klar, weil keine deutliche Schwelle der Straftat gesetzt wird. Performer der pornographischen Darbietung sind dagegen nicht strafbar und werden nur mit einer Verwaltungssanktion belegt: Gewahrsam von zehn bis zu 15 Tagen, und zugleich kann eine Geldbuße in Höhe von 500 bis 1.000 Yuan verhängt werden.

---

826   Z.B. fahrlässige Vorführung eines pornographischen Films vor der Öffentlichkeit.

Darüber hinaus verkündete das Ministerium für öffentliche Sicherheit im Jahr 1998 eine Verordnung,[827] nach welcher die Herstellung, die Vervielfältigung, das Zusehen oder die Verbreitung von pornographischen oder erotischen Informationen im Internet mit einer Geldbuße in Höhe von bis zu 5.000 Yuan sanktioniert werden kann. Diese Vorschrift ist sehr weit gefasst, sodass davon auch das Herunterladen pornographischer Informationen aus dem Internet oder das Betrachten entsprechender Informationen im Internet erfasst werden kann. Im Jahr 2008 wurde ein Fall bekannt, in dem ein Mann wegen des Herunterladens eines pornographischen Films mit einer Geldbuße in Höhe von 1.900 Yuan sanktioniert wurde.[828] Die öffentliche Meinung ist gegen die Sanktionierung eingestellt, und ein bekannter Jurist behauptete, dass diese Vorschrift illegal und aufzuheben sei.[829] Schließlich zog die Polizei die Sanktion zurück.[830] Seitdem ist diese Vorschrift in der Praxis nur selten angewendet worden.

7.4 Vergleich

7.4.1 Gesetzgebungssystematik

Die Gesetzgebungssystematik der Pornographiedelikte in Deutschland unterscheidet sich von der in China beträchtlich. Das Klassifikationskriterium ist in Deutschland vor allem der Typ der Pornographie, und jedes Pornographiedelikt bezieht sich auf eine bestimmte Art pornographischer Schriften, nämlich einfache Pornographie, Gewalt-, Tier-, Kinder- oder Jugendpornographie. Bei einzelnen Delikten geht es darüber hinaus um mehrere Handlungsformen, und harte Pornographie bezieht sich auf mehr Arten von Handlungsformen als einfache Pornographie.

Im Gegensatz dazu spielt der Typ der Pornographie im chinesischen Gesetzgebungssystem keine Rolle. Das Klassifikationskriterium ist in China hauptsächlich die Art der Handlung, nämlich Schmuggel, Verbreitung, Anbieten der Buchpublikationskennziffer, Veranstaltung einer Vorführung, Veranstaltung einer Darbietung usw. Daneben ist auch die Absicht ein wichtiges Kriterium. Die Abgrenzung von § 364 Abs. 1 zu § 363 Abs. 1 chStGB ist, ob bei der Verbreitung von Pornographie Gewinnsucht vorliegt.

---

827 Verordnung über die Verwaltung des Sicherheitsschutzes für internationales Computer-Information-Netzwerk (1997).
828 Siehe news.xinhuanet.com/legal/2008-10/08/content_10165178.htm [21.09.2019].
829 Siehe news.xinhuanet.com/legal/2008-10/08/content_10162270.htm [21.9.2019].
830 Siehe news.163.com/08/0927/08/4MR6AD0J00011229.html [21.9.2019].

7.4.2   Geschützte Rechtsgüter

Die geschützten Rechtsgüter in Deutschland und China unterscheiden sich ebenfalls. In Deutschland ist die Sittlichkeit seit den 1970er Jahren nicht mehr als Rechtsgut anerkannt. Heute ist Jugendschutz das primär geschützte Rechtsgut, aber dieser Begriff ist vielschichtig. In § 184 dtStGB liegt der Jugendschutz im Schutz von Minderjährigen vor Beeinträchtigungen ihrer psychischen Entwicklung. In den §§ 184b und 184c dtStGB bezieht sich der Jugendschutz einerseits auf den Schutz minderjähriger Darbieter und andererseits auf die Verhütung der Nachahmung. Daneben werden ungewollte Konfrontation, außenpolitische Gründe und sexualethische Grundanschauungen auch als Rechtsgüter bei bestimmten Delikten angeführt. Ausschließlich sexualethische Grundanschauungen betreffen die Sittlichkeit. Im Gegensatz dazu ist das primär geschützte Rechtsgut in China aus politischen Gründen die sozialistische Sittlichkeit, während der Jugendschutz noch nicht als Rechtsgut erörtert wird. Darüber hinaus wird auch die staatliche Ordnung über bestimmte Delikte geschützt. Es geht dabei offensichtlich um Moralstrafrecht und öffentliches Interesse.

7.4.3   Tatobjekte

Bei deutschen Pornographiedelikten geht es um drei Tatobjekte, nämlich pornographische Schriften, pornographischen Inhalt und pornographische Darbietung, während die Tatobjekte in China pornographische Sachen und pornographische Darbietungen sind.

Die Definition von „pornographisch" ist in Deutschland noch umstritten, und der jeweilige Richter muss die betreffenden Schriften im einzelnen Fall beurteilen. China hat dagegen deutliche Bestimmungen zu dieser Feststellung. Nicht der Richter, sondern die Polizeibehörde ist dafür zuständig, und der Richter braucht lediglich den polizeilichen Gutachterbericht aufzugreifen. Theoretisch ist der Begriff „pornographisch" in Deutschland weiter gefasst als in China, weil „erotische" Sachen in China nicht als Pornographie gelten, die genaue Abgrenzung von „erotisch" zu „pornographisch" in der Praxis in der Öffentlichkeit aber noch nicht debattiert wird. Darüber hinaus kann Kunst in Deutschland auch Pornographie darstellen, während diese Möglichkeit in China ausgeschlossen ist.

Der chinesische Begriff „Sache" ist sehr weit definiert und umfasst auch elektronische Informationen. Die einzige Schutzlücke ist, dass eine „Liveshow" nach h.M. von „Sache" nicht erfasst werden kann; deshalb ist das Zugänglichmachen einer solchen pornographischen Darbietung mittels Telemedien straflos. § 365 chStGB gilt auch dann nicht, wenn keine Veranstaltungshandlung vorliegt. Der deutsche Begriff „Schrift" ist fast gleichbedeutend mit „Sache", weil auch seine Bedeutung erheblich erweitert ist. Das Problem einer „Liveshow" mittels Telemedien kann von § 184d dtStGB gründlich gelöst werden. In Deutschland ist die pornographische Darbietung nur dann verboten, wenn die Darsteller minderjährig sind, während in China jede pornographische Darbietung rechtswidrig ist.

7.4.4 Tathandlungen

Manche Handlungen sind sowohl in China als auch in Deutschland strafbar, nämlich Verbreitung, Verkauf, Herstellung, Einfuhr, Filmvorführung und Veranstaltung einer Darbietung; aber die Bedeutungen unterscheiden sich:

(1) In Deutschland ist die Verbreitung (sowie öffentliches Zugänglichmachen) der einfachen Pornographie an Erwachsene erlaubt, soweit sichergestellt ist, dass der pornographische Inhalt Minderjährigen nicht zugänglich ist. Im Unterschied dazu ist die Verbreitung sowohl an Minderjährige als auch an Erwachsene in China verboten.

(2) In Deutschland sind nur bestimmte gewerbliche Vertriebsformen verboten, die Minderjährige gefährden können, während der Verkauf von Pornographie in China immer verboten ist.

(3) In Deutschland ist die Herstellung von Kinder- oder Jugendpornographie oder die Herstellung von einfacher Pornographie mit Verbreitungsabsicht strafbar, während China nur die Herstellung aus Gewinnsucht bestraft.

(4) In Deutschland ist die Einfuhr durch Versandhandel oder mit Verbreitungsabsicht strafbar, während China die Einfuhr (Schmuggel) aus Gewinnsucht oder mit Verbreitungsabsicht bestraft.

(5) In Deutschland ist nur die Filmvorführung gegen Entgelt strafbar, während das Merkmal des Entgelts in China nicht erforderlich ist.

(6) In Deutschland ist die Veranstaltung einer pornographischen Darbietung nur dann strafbar, wenn die Darsteller minderjährig sind, während in China jede Form der pornographischen Darbietung verboten ist.

Einige Handlungen sind in China verboten, aber in Deutschland straflos, nämlich Vervielfältigung aus Gewinnsucht, Herausgabe aus Gewinnsucht und Anbieten der Buchpublikationskennziffer. Weit mehr Handlungen sind dagegen in Deutschland verboten, aber in China straffrei:

(1) Zugänglichmachen für bestimmte Minderjährige oder unaufgefordertes Gelangenlassen an bestimmte Personen;

(2) Verschaffen für eine andere Person, Sichverschaffen oder Besitz kinder- oder jugendpornographischer Schriften;

(3) Werbung, die Minderjährige gefährden kann;

(4) Besitz, Vorrätighalten, Lieferung zur Begehung anderer Pornographiedelikte;

(5) Ausfuhr mit Verbreitungsabsicht;

(6)   Abruf kinder- und jugendpornographischer Inhalte mittels Telemedien;

(7)   Besuch kinder- und jugendpornographischer Darbietungen.

7.4.5   Tatbestandsschwelle bei Verbreitung

Die Tatbestandsschwelle ist in China wesentlich höher als in Deutschland. Die Handlung ist in China nur dann strafbar, wenn eine bestimmte Stückzahl erreicht wird. Ansonsten zählt sie ausschließlich zu den Ordnungswidrigkeiten. In Deutschland gibt es keine solche Schwelle. Manche Delikte sind sogar abstrakte Gefährdungsdelikte; so ist z.b. schon beim öffentlichen Zugänglichmachen eine Tat vollendet, selbst wenn niemand den Inhalt tatsächlich wahrnimmt. Darüber hinaus zählt die Übergabe einer Schrift an eine bestimmte Person in Deutschland dann zur Verbreitung, wenn damit gerechnet wird, dass diese Person ihrerseits sie weiteren Personen zugänglich machen werde, während diese Situation in China keinesfalls als Verbreitung eingeordnet wird.

7.4.6   Besonderer Schutz von Minderjährigen

Der Schutz von Minderjährigen ist das primär geschützte Rechtsgut bei Pornographiedelikten in Deutschland. Der besondere Schutz manifestiert sich direkt in den Tatbeständen, und strafbar ist es, nicht nur den Kontakt von Minderjährigen zur Pornographie zu ermöglichen, sondern sie auch zu deren Inhalt zu machen. Im Vergleich dazu ist der besondere Schutz von Minderjährigen in China nicht in Tatbeständen, sondern in Strafzumessung und Tatbestandsschwelle verkörpert. Hinsichtlich der Strafzumessung besagt § 364 Abs. 4 chStGB: „Die Verbreitung von pornographischen Sachen an Minderjährige unter 18 Jahren wird mit einer Strafe schweren Grades belegt." Der Umfang wird durch eine juristische Auslegung erweitert. Diese Regelung der Strafzumessung gilt heute u.a. sowohl für Herstellung, Vielfältigung, Verkauf, Herausgabe oder Verbreitung von kinder- oder jugendpornographischen elektronischen Informationen als auch für Verkauf oder Verbreitung von pornographischen elektronischen Informationen an Minderjährige.[831] Darüber hinaus liegt die Tatbestandsschwelle (Anzahl) bei kinderpornographischen elektronischen Informationen nach einer juristischen Auslegung nur bei der Hälfte von jener bei anderen pornographischen elektronischen Informationen.[832]

---

831   Auslegung des Obersten Volksgerichts und der Obersten Volksstaatsanwaltschaft zu einigen Fragen über die konkrete Rechtsanwendung in Kriminalfällen der Herstellung, Vervielfältigung, Herausgabe, des Verkaufs oder der Verbreitung von pornographischen Informationen durch Internet, Mobilkommunikationsterminal oder Hotline-Stelle (2004).

832   Auslegung (II) des Obersten Volksgerichts und der Obersten Volksstaatsanwaltschaft zu einigen Fragen über die konkrete Rechtsanwendung in Kriminalfällen der Herstellung, Vervielfältigung, Herausgabe, des Verkaufs oder der Verbreitung von pornographischen Informationen durch Internet, Mobilkommunikationsterminal oder Hotline-Stelle (2010).

7.4.7 Rechtsfolgen

Im Allgemeinen sind die Strafen in China schärfer als in Deutschland, insbesondere bei einfacher Pornographie. Aber China und Deutschland legen dabei unterschiedliche Schwerpunkte der Sanktion. In China ist der Unterschied zwischen Tathandlungen ohne und mit Gewinnsucht erheblich. Die Verbreitung ohne Gewinnsucht ist in China nur mit zeitiger Freiheitsstrafe bis zu zwei Jahren zu bestrafen, während sie aus Gewinnsucht auch mit lebenslanger Freiheitsstrafe bestraft werden kann. In Deutschland ist die Strafe für harte Pornographie sehr scharf, und die Höchststrafe für die Verbreitung von Kinderpornographie ist Freiheitsstrafe von zehn Jahren. Somit wird die Verbreitung von Kinderpornograhie ohne Gewinnsucht in Deutschland viel schärfer bestraft als in China.

7.5 Zusammenfassung und Schlussbetrachtung

Durch den vorliegenden Vergleich kann ein interessantes Phänomen beschrieben werden. Obwohl China noch auf die sozialistische Sittlichkeit als grundlegendem Rechtsgut bei Pornographiedelikten abstellt, ist die Reichweite der Strafbarkeit viel enger als die in Deutschland: Der Begriff der Pornographie wird enger ausgelegt, die Arten der strafbaren Handlungen sind weniger zahlreich, und die Tatbestandsschwelle ist wesentlich höher. Darüber hinaus ist auch die Strafe für harte Pornographie in China manchmal milder.

Das Phänomen kann aus historischer Perspektive erläutert werden. Die heutige Situation in China ist vergleichbar mit der Situation in Deutschland im 19. Jahrhundert. Damals war das Rechtsgut in Deutschland ebenfalls noch die Sittlichkeit, und Pornographie war immer rechtswidrig. Trotzdem wurden nur die Verbreitung und das öffentliche Zugänglichmachen unter milde Strafe gestellt. Der Grund dafür ist, dass der Gesetzgeber nicht den Jugendschutz oder die sexuelle Selbstbestimmung, sondern die öffentliche Scham in den Mittelpunkt stellte. Die nachfolgenden Gesetzesänderungen veränderten diese Situation, insbesondere die Änderungen während der Großen Strafrechtsreform in den 1970er Jahren und der Sexualstrafrechtsreform seit den 1990er Jahren. Trotz der begrenzten Entkriminalisierung wurden die Tatbestände der Pornographiedelikte wesentlich erweitert, mit dem Ziel, Minderjährige umfassend zu schützen. Zugleich wurden die Strafen erhöht. Eine Verstärkung des Schutzes von Minderjährigen wird zur Zeit häufig in China gefordert. Es ist noch unklar, ob eine Entwicklungstendenz wie in Deutschland in der Zukunft in China ebenfalls auftreten wird.

Kapitel 8

Weitere Sexualdelikte

8.1 Belästigungsdelikte

8.1.1 Deutschland: Sexuelle Belästigung (§ 184i dtStGB) und Straftaten aus Gruppen heraus (§ 184j dtStGB)

Die §§ 184i und 184j dtStGB sind neue Tatbestände, die im Jahr 2016 durch das 50. StRÄG geschaffen wurden. § 184i Abs. 1 dtStGB besagt: „Wer eine andere Person in sexuell bestimmter Weise körperlich berührt und dadurch belästigt, wird mit Freiheitsstrafe bis zu zwei Jahren oder mit Geldstrafe bestraft, wenn nicht die Tat in anderen Vorschriften mit schwererer Strafe bedroht ist." Demnach kann auch eine sexuelle Belästigung strafbar sein, die die Schwelle von § 184h dtStGB noch nicht übersteigt, z.B. ein flüchtiger Griff an oder das Berühren des Geschlechtsorgans oder Küssen des Kopfes.[833] Wegen dieser Auffangsfunktion ist die Strafbarkeit sehr weit gefasst. Bei Abs. 2 geht es um besonders schwere Fälle, insbesondere wenn die Tat von mehreren gemeinschaftlich begangen wird. Nach Abs. 3 kann die Tat nur auf Antrag verfolgt werden.

§ 184j dtStGB erfüllt ebenfalls eine Auffangfunktion und geht sogar über § 184i hinaus. Im objektiven Tatbestand wird vorausgesetzt, dass eine Personengruppe, an der mindestens drei Personen inkl. der Täter beteiligt sind, ein Opfer bedrängen, um irgendeine Straftat wie sexuellen Übergriff, Diebstahl oder Raub zu begehen. Dann ist es im subjektiven Tatbestand erforderlich, dass der Täter sowohl um das Bedrängen als auch um die Straftat weiß.[834] Am wichtigsten ist die objektive Bedingung der Strafbarkeit, nämlich wenn „von einem Beteiligten der Gruppe eine Straftat nach den §§ 177 oder 184i begangen wird und die Tat nicht in anderen Vorschriften mit schwererer Strafe bedroht ist". Das heißt, wenn der Täter über den sexuellen Übergriff oder die sexuelle Belästigung eines anderen Beteiligten gar nicht Bescheid weiß oder ein solcher Vorsatz nicht nachgewiesen werden kann, kann der Täter unter Umständen nach § 184j dtStGB bestraft werden. Kritiker von § 184j dtStGB behaupten, dass diese Vorschrift dem Schuldprinzip widerspreche.[835] Nach Prof. *Renzikowski*

---

833 BT-Drs. 18/9097, S. 30.
834 *Fischer* 2017, § 184j Rn. 8.
835 *Fischer* 2017, § 184j Rn. 12.

zielt § 184j dtStGB in der Tat auf die Vermeidung von Beweisproblemen und ist „eine der schlimmsten Verirrungen des Gesetzgebers".[836] *Hörnle* hält diese Kritik zwar für unberechtigt, weist aber darauf hin, dass der passende Standort dieser Vorschrift im Abschnitt über „Täterschaft und Teilnahme" im Allgemeinen Teil sei.[837]

8.1.2   China: Unzüchtige Handlung (Ordnungswidrigkeit)

Nach § 44 SOWiG ist eine unzüchtige Handlung unter verwerflichem Tatumstand eine Ordnungswidrigkeit, sofern sie die Schwelle des §237 chStGB nicht erreicht, und die Verwaltungssanktion ist Gewahrsam von fünf bis zu zehn Tagen. Erforderlich sind ein Körperkontakt mit dem Opfer und dessen entgegenstehender Wille; darüber hinaus muss der Täter die Absicht (Motivation) haben, seine Geschlechtslust zu befriedigen oder zu erregen.[838]

8.1.3   Vergleich

Ein Bagatellfall, der nach § 184i dtStGB strafbar ist, ist zwar in China straffrei, aber kann womöglich als Ordnungswidrigkeit sanktioniert werden. Eine ähnliche Vorschrift wie § 184j dtStGB findet sich in der chinesischen Rechtsordnung nicht, aber eine Bedrängung kann von § 26 SOWiG erfasst sein, was hier nicht zu erläutern ist.

8.2   Exhibitionismus

8.2.1   Deutschland: Exhibitionistische Handlung (§ 183 dtStGB) und Erregung öffentlichen Ärgernisses (§ 183a dtStGB)

Bei den §§ 183 und 183a dtStGB geht es um die so genannte „sexuelle Belästigung". Hier ist umstritten, welches Rechtsgut geschützt wird und ob die Handlungen überhaupt strafwürdig sind.[839] Nach einer allgemeinen Meinung schützen diese zwei Tatbestände nicht das Allgemeininteresse, sondern einzelne Bürger vor schwerwiegenden Belästigungen.[840]

Die exhibitionistische Handlung (§ 183 dtStGB) liegt in der Entblößung des Geschlechtsteils vor einer anderen Person mit sexueller Motivation. Der Täter muss männlich sein, während das Geschlecht des Opfers gleichgültig ist. Im Unterschied

---

836   *Renzikowski* 2016, S. 3558.
837   *Hörnle* 2017, S. 21.
838   Büro zur Strafrechtsforschung des Rechtsordnungsarbeitsausschusses des Nationalen Volkskongresses 2012, S. 132.
839   *Fischer* 2013, § 183a Rn. 2.
840   LK-*Laufhütte & Roggenbuck* 2009, § 183a Rn. 1; BT-Drs. VI/1152, S. 10.

zu § 183a erfordert die Tatbestandsverwirklichung des § 183 dtStGB nicht das Merkmal der Öffentlichkeit, deshalb kann die Tat auch in einem Flur, einem Raum oder an einem anderen nicht-öffentlichen Ort stattfinden. Die Handlung muss ohne Einverständnis des Opfers begangen werden und dessen Willen entgegenstehen.

Erregung öffentlichen Ärgernisses (§ 183a dtStGB) bezieht sich auf sexuelle Handlungen, die öffentlich vorgenommen werden. Dafür ist erforderlich, dass eine unbestimmte Zahl von Personen die Handlungen wahrnehmen können und zumindest eine Person die Handlung tatsächlich sieht. Der Täter muss absichtlich oder wissentlich ein Ärgernis erregen. Falls beim Betrachter kein Ärgernis erregt wird, wird der Tatbestand nicht verwirklicht. § 183 dtStGB ist eine spezielle Norm gegenüber § 183a dtStGB, deshalb ist die Handlung nach § 183a dtStGB nur dann strafbar, wenn die Tat nicht von § 183 dtStGB erfasst wird.

Bei den §§ 183 und 183a dtStGB ist der Strafrahmen Freiheitsstrafe bis zu einem Jahr oder Geldstrafe. Die exhibitionistische Handlung wird i.d.R. nur auf Antrag verfolgt, es sei denn, ein besonderes öffentliches Interesse liegt vor.

8.2.2 China: Entblößung des Körpers (Ordnungswidrigkeit)

Im chStGB liegt kein Belästigungsdelikt vor. Entblößung des Körpers ist nach § 44 SOWiG eine Ordnungswidrigkeit. Sie erfasst die Entblößung sowohl des ganzen Körpers als auch nur des Geschlechtsteils oder der weiblichen Brust.[841] Die Handlung muss in einem öffentlichen Raum vorgenommen werden. Darüber hinaus ist ein verwerflicher Tatumstand erforderlich, der beispielsweise in mehrmaliger Vornahme der Handlung, Erregung öffentlichen Ärgernisses oder verwerflicher Auswirkung auf die Gesellschaft liegt. Die Verwaltungssanktion ist Gewahrsam von fünf bis zu zehn Tagen.

8.2.3 Vergleich

Die Unterschiede zwischen Deutschland und China lassen sich bei Exhibitionismus wie folgt zusammenfassen:

(1) Im Hinblick auf das Rechtsgut werden in Deutschland einzelne Bürger vor Belästigungen geschützt, während in China § 44 SOWiG generell der öffentlichen Ordnung dient.

(2) In Deutschland muss die Belästigungshandlung eng mit Sex verbunden sein, d.h. § 183 dtStGB erfordert eine sexuelle Motivation und § 183a eine sexuelle Handlung; im Gegensatz dazu wird in China auch die Entblößung des Körpers ohne sexuelle Motivation erfasst.

---

841 Büro zur Strafrechtsforschung des Rechtsordnungsarbeitsausschusses des Nationalen Volkskongresses 2012, S. 132.

(3) Die exhibitionistische Handlung muss in Deutschland von einem Mann begangen werden, das Merkmal der Öffentlichkeit wird nicht gefordert; im Gegensatz dazu kann die Entblößung des Körpers in China auch von einer Frau begangen werden, und ein öffentlicher Raum ist ein erforderliches Merkmal.

(4) Die Schwelle liegt in China höher als in Deutschland: In Deutschland wird der Tatbestand verwirklicht, sobald eine Person belästigt oder verärgert wird; in China liegt das Merkmal des verwerflichen Tatumstands regulär darin, dass die Handlung von einer Menschenmenge wahrgenommen wird.

8.3 Nicht vergleichbare Sexualdelikte

Blutschande ist in Deutschland strafbar, aber in China straflos. Im Gegensatz dazu ist Gruppensex in China strafbar, aber in Deutschland straflos. Die Strafwürdigkeit von Blutschande ist in Deutschland, die von Gruppensex in China umstritten, weil beide Delikte opferlose Straftaten und mit Sexualmoralvorstellungen eng verbunden sind. Trotz dieser Parallele ist ein Vergleich zwischen diesen zwei Delikten nicht möglich.

8.3.1 Deutschland: Beischlaf zwischen Verwandten (§ 173 dtStGB)

§ 173 dtStGB schützte in der Vergangenheit das sittliche Gefühl, aber das Rechtsgut ist heute sehr umstritten. Es gibt zahlreiche Ansichten,[842] aber keine davon ist wirklich überzeugend.

Nach der Vorschrift ist in diesem Fall nur Beischlaf strafbar, während andere sexuelle Handlungen ausgeschlossen werden. Die Tat kann nur von leiblichen Verwandten begangen werden und beschränkt sich auf zwei Arten, nämlich Beischlaf zwischen leiblichen Verwandten aufsteigender und absteigender Linie sowie Beischlaf zwischen leiblichen Geschwistern. Es ist irrelevant, ob das Verwandtschaftsverhältnis erloschen ist. Im Gegensatz dazu werden Adoptions- und Affinitätsverhältnisse nicht erfasst. Darüber hinaus müssen die betroffenen Personen freiwillig handeln. Falls der Beischlaf dem Willen einer Person entgegensteht, wird von § 173 dtStGB nicht der Tatbestand, sondern der eines anderen Delikts wie sexuelle Nötigung oder Missbrauch verwirklicht.

Ein leiblicher Verwandter aufsteigender Linie wird mit Freiheitsstrafe bis zu drei Jahren oder mit Geldstrafe bestraft. Abkömmlinge und Geschwister werden mit Freiheitsstrafe bis zu zwei Jahren oder mit Geldstrafe bestraft, es sei denn, sie waren zur Zeit der Tat noch Minderjährige.

---

842 *Fischer* 2013, § 173 Rn. 3a–7.

8.3.2 China: Unzucht zwischen mehreren Personen (§ 301 Abs. 1 chStGB und Ordnungswidrigkeit)

§ 301 Abs. 1 chStGB stammt aus dem aufgehobenen Delikt Hooliganismus und bestraft den so genannten Gruppensex, nämlich die Unzucht zwischen mehreren Personen. Das geschützte Rechtsgut ist nach einer Ansicht die öffentliche Ordnung,[843] nach einer anderen Ansicht sind es die guten Sitten.[844] In der Praxis wird diese Vorschrift selten angewendet.

Der Begriff Unzucht bezieht sich nicht nur auf Beischlaf, sondern auch auf andere sexuelle Handlungen,[845] wobei auch homosexuelle Handlungen erfasst werden. Die Tatbestandsverwirklichung erfordert, dass mindestens drei Personen zur gleichen Zeit am selben Ort sexuelle Handlungen vornehmen. Unterschiedliche Zimmer einer Wohnung stellen allerdings nicht „denselben Ort" dar. Die Teilnehmer müssen freiwillig handeln, sonst ist die Tat eine Vergewaltigung. Die Vorschrift bestraft ausschließlich Rädelsführer und aktive Teilnehmer. Rädelsführer sind diejenigen, die den Gruppensex veranstalten, planen oder leiten. Aktive Teilnehmer sind diejenigen, die dreimal oder häufiger am Gruppensex teilnehmen.[846] Im Unterschied dazu werden normale Teilnehmer nur nach § 69 SOWiG der öffentlichen Ordnung sanktioniert. Umstritten ist, ob auch entgeltlicher Gruppensex erfasst werden kann. Nach der Ansicht im Schrifttum ist Gruppensex i.V.m. Prostitution straflos,[847] aber aus der Praxis liegt ein Fall vor, in dem der Freier dennoch bestraft wurde.[848]

Der Strafrahmen von § 301 Abs. 1 chStGB ist zeitige Freiheitsstrafe bis zu fünf Jahren, Gewahrsam oder Überwachung. Die Verwaltungssanktion gegen die normalen Teilnehmer ist Gewahrsam von zehn bis zu fünfzehn Tagen und Geldbuße in Höhe von 100 Yuan bis 1.000 Yuan.

---

843 *Chen* 2008, S. 109; *Wang* 2007, S. 1327.

844 *Gao & Ma* 2010, S. 617.

845 Z.B. Analverkehr, Oralverkehr, vgl. strafrechtliches Urteil des Bezirksgerichts Baoshan, Shanghai (2015), Bao Xing Chu Zi Nr. 505.

846 § 41 der Verordnung (I) der Obersten Volksstaatsanwaltschaft und des Ministeriums für öffentliche Sicherheit über den Standard des Registers zur Strafverfolgung in Strafsachen (2008)

847 *Wang* 2007, S. 1329.

848 Strafrechtliches Urteil des Stadtgerichts Wenzhou, Zhejiang (2013), Zhe Wen Xing Zhong Zi Nr. 404.

Teil 3

Zusammenfassung und Ausblick

Kapitel 9

Zusammenfassung und Bewertung des deutschen Sexualstrafrechts

9.1 Zusammenfassung des geltenden deutschen Sexualstrafrechts

Das deutsche Sexualstrafrecht hat zunächst vor allem im Zuge der Großen Strafrechtsreform Anfang der 1970er Jahre bedeutende Veränderungen erfahren. Insbesondere war damit eine Verschiebung des Schutzinteresses weg von der Sittlichkeit und hin zur sexuellen Selbstbestimmung verbunden. Seit den 1990er Jahren rücken Sexualkriminalität und Sexualstrafrecht wieder ins Zentrum der rechtspolitischen Aufmerksamkeit. Die Sexualkriminalität, so wird gesagt, ist zum Motor der Kriminalpolitik geworden. Keine andere Reform ist so weitgehend, tiefgreifend und langfristig angelegt wie die Reform des Sexualstrafrechts. Sie legte den Schwerpunkt in den vergangenen 20 Jahren auf den besonderen Schutz von Minderjährigen und betonte Sicherheitsinteressen zu Lasten von Freiheitsinteressen. Sie hat eine Neuordnung der Interessen verschiedener Parteien mit sich gebracht. Heute befasst sich der Gesetzgeber auch mit der Verstärkung des Schutzes von Erwachsenen, insbesondere von Frauen, was allerdings erhebliche Kritik hervorruft. So ist beispielsweise der Streit über die Ausweitung des Tatbestands der Vergewaltigung sehr ausgeprägt.

Aus der Perspektive Chinas können die Merkmale des deutschen Sexualstrafrechts wie folgt zusammengefasst werden:

(1) Delikte des sexuellen Missbrauchs sind von sexueller Nötigung getrennt und beinhalten einen besonderen Schutz für bestimmte Personenkreise.

(2) Der umfassende und verstärkte Schutz von Minderjährigen spiegelt sich in ausführlichen Tatbeständen und schärferen Strafen wider.

(3) Prostitution ist i.d.R. rechtmäßig, und das dtStGB dient hauptsächlich dem Schutz der Prostituierten vor Ausbeutung.

(4) Obwohl Pornographie grundsätzlich erlaubt ist, wurde ihre Strafbarkeit zu Gunsten des Jugendschutzes stark ausgeweitet.

9.2   Zusammenfassung der Faktoren der Reform des Sexualstrafrechts

Die Reform des Sexualstrafrechts seit den 1990er Jahren dauert bis heute an und lässt eine Tendenz zur Verschärfung erkennen. Aus der Perspektive Chinas gibt es vier Faktoren dieser langfristigen Reform: die öffentliche Meinung i.V.m. Massenmedien, eine demokratische Politik, der Bestimmtheitsgrundsatz und konservative Richter.

9.2.1   Öffentliche Meinung und Massenmedien

Die öffentliche Meinung ist die grundsätzliche Triebkraft der Reform und wird von den Massenmedien stark beeinflusst. In den 1980er und 1990er Jahren blieb die Sexualkriminalität sehr stabil, aber die Berichterstattung darüber nahm seit Anfang der 1990er Jahre dramatisch zu.[849] In dieser Zeit erregten verschiedene Fälle öffentliche Aufmerksamkeit, über die in den Massenmedien berichtet wurde, und lösten darüber hinaus hektische öffentliche Debatten aus, die häufig auf einer moralischen Ebene geführt wurden.[850] Die Bundesregierung folgte dem öffentlichen Druck und modifizierte mehrmals einige Gesetze. Das Gesetz zur Bekämpfung von Sexualdelikten und anderen gefährlichen Straftaten vom 26.01.1998 wurde mit folgender Begründung versehen: „In den letzten Monaten ist eine Reihe von schweren Straftaten bekanntgeworden, auf die die Bevölkerung mit großer Bestürzung reagiert hat. Insbesondere die Fälle, in denen Kinder durch einschlägig vorbestrafte Täter sexuell missbraucht und sogar getötet worden sind, haben Empörung hervorgerufen. Es ist zu einer verstärkten Diskussion darüber gekommen, wie der Schutz vor solchen und anderen gefährlichen Straftaten verbessert werden kann."[851] Die Begründung des SexualdelÄndGs vom 27.12.2003 war ähnlich: „Furchtbare Verbrechen aus jüngster Zeit, die z.T. von einschlägig vorbestraften Personen begangen worden sind, haben deutlich gemacht, dass der Schutz der Allgemeinheit vor schweren Straftaten der Verbesserung bedarf. Er muss wieder den hohen Rang einnehmen, der ihm gebührt."[852] Offensichtlich waren diese zwei Gesetze direkte Ergebnisse des Umstands, dass der Gesetzgeber auf schwerwiegende Fälle von Sexualstraftaten reagierte, um primär die Öffentlichkeit zu beruhigen. Die Umsetzung von internationalen Konventionen führte ebenfalls zu Gesetzesänderungen, aber der primäre Grund dürfte in diesen Fällen in der Beruhigung der Öffentlichkeit liegen. Beispielsweise diente das 49. StrÄG vom 21.01.2015 nominell der Umsetzung europäischer Vorgaben zum Sexualstrafrecht, aber tatsächlich war die „Edathy-Affäre" der unmittelbare Auslöser.

---

849   *Schlepper* 2014, S. 5.
850   *Albrecht* 2011, S. 148–149.
851   BT-Drs. 13/9062 vom 13.11.1997, S. 7.
852   BT-Drs. 15/1311 vom 01.07.2003, S. 2.

Die Massenmedien spielen eine sehr wichtige Rolle bei der Bildung der öffentlichen Meinung. Sie können nicht nur darauf einwirken, sondern sich auch als Vertreter der öffentlichen Meinung ausgeben. In den 1980er und 1990er Jahren wiesen die Kriminalstatistiken auf eine stabile Entwicklung von Fällen des Kindesmissbrauchs hin; demgegenüber steht eine signifikante Zunahme von Berichten über Sexualkriminalität in den Massenmedien seit den 1990er Jahren.[853] Diese zahlreichen Berichte beeinflussten mutmaßlich sowohl die öffentliche Meinung als auch die Politik.

Abbildung 2   Index (1992 = 100) der Verurteilungen wegen Kindesmissbrauchs – und wie häufig die Bild-Zeitung über das Thema berichtete

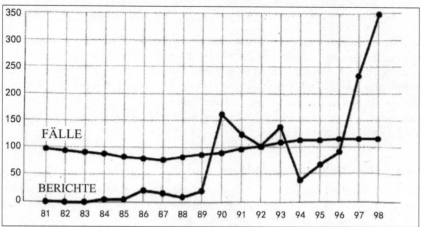

Quelle: *Schlepper* 2014, S. 5.

9.2.2   Demokratische Politik

Demokratische Politik ist ebenfalls ein wichtiger Grund für die Reform des Sexualstrafrechts in Deutschland. Politiker treiben die Reform aktiv voran, weil Sexualstraftaten folgende Merkmale haben:

(1)   Das Thema „Sex" erregt stets öffentliche Aufmerksamkeit, und das kollektive Schamgefühl der Menschen bedingt leicht eine instinktive Empörung. Beispielsweise beträgt die Anzahl der Fälle von Kindesmissbrauch nur 0,2 Prozent aller von der Polizei erfassten Straftaten, aber „diese 0,2 Prozent der Straftaten erfahren eine öffentliche Anteilnahme wie wenige andere Straftaten."[854]

---

853   *Schlepper* 2014, S. 5.
854   Siehe   netz-gegen-nazis.de/artikel/warum-engagieren-sich-neonazis-gegen-kinderschaender [21.09.2019].

(2) In der öffentlichen Meinung ist dieses Thema vergleichsweise einheitlich besetzt, d.h. man kann durch das eigene Moral- und Rechtsgefühl Sexualstraftaten kollektiv negativ konnotieren. Im Vergleich dazu sind viele andere fachliche Themen sehr umstritten und für das Publikum schwierig zu beurteilen.

(3) In einem demokratischen Staat vertreten verschiedene Parteien die Interessen verschiedener Interessengemeinschaften, was eine Reform häufig schwierig macht, wenn diese das Interesse einer oder mehrerer Interessengemeinschaften beschädigen könnte. Aber die Reform des Sexualstrafrechts steht keinen Interessen einer Interessengemeinschaft entgegen und trifft daher kaum auf öffentlichen oder politischen Widerstand.

Aus diesen Gründen ist das Sexualstrafrecht ein ideales Thema für Politiker, um Stimmen zu gewinnen. Manche stellen Anträge und gestalten Entwürfe zu Gesetzesänderungen; andere sehen sich veranlasst, Sorge und Zustimmung zu äußern, um ein in den Augen der Öffentlichkeit positives Image zu erlangen. Ein extremes Beispiel ist, dass die NPD sogar vorschlägt, Sexualstraftäter gegen Kinder mit dem Tode zu bestrafen.[855] Auch ihr Ziel ist der Zugewinn an Wählerstimmen, indem sie Emotionen der Öffentlichkeit aufgreift.

9.2.3   Bestimmtheitsgrundsatz

Der hohe Standard des Bestimmtheitsgrundsatzes ist eine notwendige Voraussetzung der Reform. Das Bundesverfassungsgericht kann gemäß den §§ 103 Abs. 2 und 104 Abs. 1 GG eine Vorschrift im dtStGB aufgrund ihres Mangels an Bestimmtheit als verfassungswidrig beurteilen.[856] Das ist ein wichtiger Grund für die lang und ausführlich formulierten Rechtssätze im dtStGB. Deshalb sind kurze und Auffangformulierungen wie „sonstige Mittel", die im chStGB üblich sind, in Deutschland nicht erlaubt. Für den deutschen Gesetzgeber ist die Entfernung eines Merkmals zur Ausweitung des Tatbestands oder zur Verwirklichung einer Auffangfunktion nicht der richtige Weg der Lückenschließung. Die Schaffung neuer Tatvarianten, um strafwürdige Handlungen unter Strafe zu stellen, ist dagegen das normale Vorgehen in Deutschland. Dieses kann die Lücken aber nicht ganz schließen, weil es unmöglich ist, gleichzeitig dem Bestimmtheitsgrundsatz gerecht zu werden und alle möglichen Situationen zu berücksichtigen. Es gibt daher im dtStGB immer Schutzlücken und stets den Bedarf einer Lückenschließung. Die gegenwärtige umstrittene Reform des Vergewaltigungstatbestands ist ein typisches Beispiel. Die Befürworter der Reform wollen § 177 dtStGB grundsätzlich verändern, sodass Handlungsmittel die Strafbarkeit nicht mehr beschränken können, aber nach Ansicht der Gegner ist gerade dies erforderlich, um den Bestimmtheitsgrundsatz einzuhalten.

---

855   Siehe chronikle.org/ereignis/colditz-nazis-demonstrieren-todesstrafe [21.09.2019].
856   BVerfG Beschluss vom 22.06.1988 (2 BvR 1154/86) .

9.2.4 Konservative Richter

Ohne konservative Richter ist eine dauerhafte Reform in Deutschland weder erforderlich noch möglich. Die Einhaltung des Bestimmtheitsgebots ist zwar wichtig, aber „erzwingt (...) keinen Verzicht auf die Verwendung allgemeiner Begriffe, die nicht eindeutig allgemeingültig umschrieben werden können und die in besonderem Maße der Auslegung durch den Richter bedürfen."[857] Der Spielraum des Richters in Deutschland ist noch groß. Aber die deutschen Richter sind konservativ und neigen aufgrund des Rechtsstaatsgebotes dazu, die Strafbarkeit zu beschränken. Die Anwendung einer weiten Auslegung ist zwar erlaubt, wird aber nicht häufig praktiziert. Bei umstrittenen Fällen entscheiden deutsche Richter eher für einen Freispruch, was dann zur Aufdeckung von Schutzlücken führt. Wenn der Gesetzgeber die Schutzlücke schließen will, müssen die Vorschriften entsprechend geändert werden. Beispielsweise sind Freisprüche der unmittelbare Grund für die Änderung der §§ 176 Abs. 4 Nr. 2,[858] 174 Abs. 1 Nr. 3[859] und 184b Abs. 1 Nr. 1 sowie von § 184c Abs. 1 Nr. 1.[860] Ein großes Problem bei der Ausweitung des Tatbestands der Vergewaltigung ist demnach auch die konservative Haltung der Richter.

Diese Konservativität schützt einerseits den Rechtsstaat, bedingt aber andererseits immer häufiger Gesetzesänderungen und bildet daher sogar einen Teufelskreis. Das Verhältnis zwischen „aktivem Gesetzgeber und inaktivem Richter" in Deutschland kann mit folgendem Bild des Dammbruchs beschrieben werden: Die öffentliche Meinung sowie das Verlangen nach einer Gesetzesänderung bilden das Hochwasser, während der Richter, der den Damm (namens Rechtsdogmatik) kontrolliert, nur einem Teil des Wassers den Durchfluss erlaubt. Danach öffnet der Gesetzgeber einen neuen Abfluss (namens Gesetzgebung), dem der Richter wiederum einen neuen Damm in den Weg stellt, so dass nur wenig Wasser durch den neuen Abfluss fließen kann. Der Gesetzgeber öffnet immer neue Durchflüsse, aber soweit die Dämme von konservativen Richtern kontrolliert werden, kann er sein Ziel nie erreichen. Er kritisiert den Richter, welcher antwortet, dass ohne seine strenge Kontrolle das Hochwasser stets das Land im tiefer liegenden Bereich (namens Rechtsstaat) gefährden wird.

9.3 Bewertung des deutschen Sexualstrafrechts aus der Perspektive des Populismus

Populismus ist ein weltweites Problem in der Strafgesetzgebung geworden, und das Sexualstrafrecht wird davon massiv beeinflusst. „Megan's Law" in den USA ist dafür ein typisches Beispiel. Ein übliches Argument gegen die Reform des deutschen

---

857 BVerfG, 22.10.1980 - 2 BvR 1172/79; 2 BvR 1238/79.
858 BGH 4 StR 570/05 - Beschluss vom 2. Februar 2006.
859 BGH Beschluss vom 25. April 2012 (Az.: 4 StR 74/2012).
860 Ethady Affäre ist ein Anlass der Gesetzesänderung.

Sexualstrafrechts ist, dass die Gesetzgebung durch den Populismus wesentlich beeinflusst werde. Deshalb sei es erforderlich, das deutsche Sexualstrafrecht aus der populistischen Perspektive zu bewerten.

9.3.1 „Punitiver Populismus" im anglo-amerikanischen Rechtskreis

In der zweiten Hälfte des 20. Jahrhunderts nahm die Kriminalität wegen des sozialen Wandels in westlichen Ländern deutlich zu, was zu immer größeren Sorgen in der Öffentlichkeit führte.[861] In den USA ist „law and order" seit den 1960er Jahren ein wichtiges politisches Thema der Republikanischen Partei geworden, womit aktive Befürworter wie Nixon und Reagan in den 1970er und 1980er Jahren Wahlen gewannen.[862] In den 1970er Jahren wurde man sich bewusst, dass die Ideologie des „penal welfarism" angesichts zunehmender Kriminalität nicht funktioniert. Es folgte die These des „nothing works".[863] Infolgedessen verschob sich der Fokus von Politikern von den Vorschlägen von Experten hin zur öffentlichen Meinung, was die Kriminalpolitik seitdem wesentlich geändert hat. Die Tendenz ist eine Ausweitung der Strafbarkeit und die Verschärfung der strafrechtlichen Sanktionen. Beispielsweise verabschiedete der Bundesstaat Kalifornien in den 1980er Jahren mehr als 1.000 neue Gesetze und erweiterte den Umfang von Gefängnisstrafen wesentlich.[864] Der Trend verband sich sogar mit der neuen Wende des Populismus und beeinflusste alle westlichen Staaten, insbesondere im anglo-amerikanischen Rechtskreis. Dabei spielten soziale Bewegungen und die Massenmedien eine sehr wichtige Rolle. Die Kriminalitätsrate erreichte ihren Gipfel in der ersten Hälfte der 1990er Jahre, als das umstrittene „Megan's Law" und das „Three-strikes law" verkündet wurden. Obwohl die Kriminalitätsrate seit Mitte der 1990er Jahre in den USA und dem Vereinigten Königreich deutlich gesunken ist, bleibt die strenge Kriminalpolitik bestehen. Zwischen 1997 und 2006 hat das Vereinigte Königreich etwa 3.000 neue Delikte in Gesetzen verankert.[865]

---

861 *Garland* 2001, S. 90.
862 Siehe en.wikipedia.org/wiki/Law_and_order_%28politics%29 [21.09.2019].
863 *Garland* 2001, S. 58.
864 *Wacquant* 2009, S. 295.
865 *He* 2015, S. 524.

Diese Wende wurde in den USA als „Severity Revolution"[866] bezeichnet. Im Vereinigten Königreich wird sie „Penal Populism"[867] genannt, weil ihre Merkmale scharfe Strafen und eine populistische Politik sind. In Deutschland wurde sie als „Punitive Wende"[868] oder „Punitiver Populismus"[869] bezeichnet.

9.3.2   Populistische Gesetzgebung in Deutschland

Eine ähnliche Situation gab es in Deutschland. Zwischen den 1950er und den 1970er Jahren wurde die Große Strafrechtsreform noch von Experten des Strafrechts und der Kriminologie vorangetrieben. Sie nahm neue Erkenntnisse des Strafrechts und der Kriminologie auf und stellte zu einem gewissen Grad Liberalisierung, Entkriminalisierung, Strafverminderung und Entmoralisierung in den Vordergrund. In den 1970er und 1980er Jahren waren dann das Wirtschafts- und das Umweltstrafrecht Schwerpunkte der Gesetzgebung, wobei sich bereits eine Tendenz zur Ausweitung und Verschärfung zeigte.[870] Die sozialen Bewegungen in den 1980er Jahren schafften eine Atmosphäre, die später, in den 1990er Jahren, eine starke politische Triebkraft für die Gesetzgebung wurden. Seit den 1990er Jahren hat die Frequenz der Gesetzgebung und von Gesetzesänderungen stark zugenommen, wobei Kriminalisierung und Verschärfung ein Hauptthema geworden sind. Zwischen 1976 und 2005 wurden insgesamt 74 Strafänderungsgesetze verabschiedet: 21 Strafänderungsgesetze zwischen 1976 und 1990 und 53 zwischen 1990 und 2005.[871] 54 dieser Gesetze betreffen die Neukriminalisierung oder die Tatbestandserweiterung und 29 die Strafverschärfung, während nur 5 Gesetze Strafmilderungen und 10 Gesetze eine Entkriminalisierung beinhalten.[872] Diese deutliche Veränderung wird in folgender *Abbildung 3* gezeigt.

Die Entwicklung der Gesetzgebung wurde im Schrifttum als populistisch eingestuft. Im Jahr 1994 veröffentlichte Prof. *Peter-Alexis Albrecht* einen Aufsatz mit dem Titel „Das Strafrecht im Zugriff populistischer Politik", der die populistischen Tendenzen in der Gesetzgebung wie folgt zusammenfasste:

(1)   Instrumentalisierung des Strafrechts durch Kultur, Massenmedien und Ökonomie;

(2)   Entformalisierung des materiellen Strafrechts;

---

866   *Han* 2012, S. 113
867   *Pratt* 2007, S. 8.
868   *Schlepper* 2014, S. 11.
869   *Santana Vega* 2011, S. 1553.
870   *Lu* 2011, S. 5–7.
871   *Schlepper* 2014, S. 80.
872   *Schlepper* 2014, S. 199.

(3)   Verfahrensflexibilisierung als Instrument der Verbrechensbekämpfung.[873]

Abbildung 3   Änderungsrichtungen der Gesetze

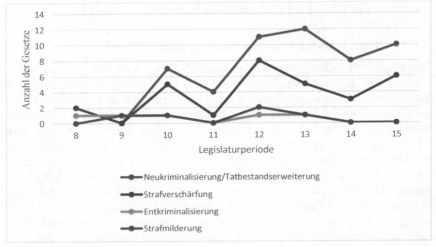

Quelle: nach *Schlepper* 2014, S. 87.

Nach *Albrechts* Ansicht zeigten sich im Strafrecht „eine Zunahme abstrakter Gefährdungsdelikte (Wirtschafts-, Umweltstrafrecht), eine Zunahme übersteigerter Pflicht-
normierungen im Zuge von Unterlassungs- und Fahrlässigkeitsdelikten und ein
Trend zu einem vereinfachten strafrechtlichen Zugriff mit Hilfe von Generalklauseln
und unbestimmten Tatbestandsmerkmalen".[874] Er hielt die zunehmende Forderung
nach öffentlicher Sicherheit, parteiische Berichte von Massenmedien, die Überfor-
derung des Strafrechts und die Jagd nach politischen Effekten durch Politiker für die
wesentlichen Gründe dafür und behauptete, dass das Strafrecht ein Instrument zur
Kriminalitätsbekämpfung und eine politische Waffe geworden sei, was dem rechtsstaatlichen Grundsatz widerspreche.[875] Im Jahr 2004 konstatierte er sogar, dass die
nationale Kriminalpolitik in allen politischen Lagern populistisch geprägt sei.[876]

Die populistische Politik hat die deutsche Strafgesetzgebung tatsächlich beeinflusst,
aber im Vergleich zum anglo-amerikanischen Rechtskreis ist der Einfluss in
Deutschland wesentlich schwächer: Die Anzahl der Gesetzesänderungen zur Ausweitung des Tatbestands und der Verschärfung von Strafen ist viel niedriger als im

---

873   *Albrecht* 1994, S. 193 ff.
874   Albrecht 1994, S. 196.
875   Albrecht 1994, S. 193ff.
876   Albrecht 2004, S. 4.

anglo-amerikanischen Rechtskreis. Deshalb wurde Deutschland sogar als ein Vorbild für die Abwehr von „punitivem Populismus" betrachtet.[877]

9.3.3 Reform des Sexualstrafrechts als Paradebeispiel der populistischen Gesetzgebung

Im Bereich des Strafrechts wird das Sexualstrafrecht durch eine populistische Politik am stärksten beeinflusst. Seine Reform seit den 1990er Jahren wird am häufigsten als „Populismus" abgestempelt: Hinsichtlich der Änderung der Vorschrift zum Kindesmissbrauch bemängelte *Hans Christoph Schaefer*, Generalstaatsanwalt in Frankfurt a.M., die Beteiligung an der allgemeinen Diskussion mit reinen Populismen;[878] das 6. StRG von 1998 kritisierte er wie folgt: „Diese erhebliche Vermehrung der gesetzlichen Qualifizierungs- und Privilegierungsbestimmungen ist teilweise das Produkt populistischer Verschärfungen der Strafdrohungen";[879] das 49. StÄG von 2015 wurde als ein Paradebeispiel für populistische Strafgesetze bezeichnet, weil es die Rückkehr zu einem moralisierenden Strafrecht darstelle.[880]

Die Reform des Sexualstrafrechts ist ein besonderes Phänomen in der deutschen Strafgesetzgebung. Sie dauert weiter an, hat immer eine Triebkraft, legt den Schwerpunkt auf Ausweitung und Verschärfung und tritt normalerweise reibungslos in Kraft. Keine andere Reform in der Geschichte der Kriminalpolitik ist vergleichbar mit dieser. Sie weist alle populistischen Merkmale auf: sensationelle Fälle, eine wütende Bevölkerung, aktionistische Politiker und immer strengere Gesetze. Zugleich hat die Reform keine stabile akademische oder wissenschaftliche Basis.[881]

9.3.4 Bewertung des Sexualstrafrechts und der Reform

Der Begriff des Populismus ist normalerweise negativ konnotiert und wird sogar als Schimpfwort verwendet, aber seiner Definition nach liegt er in der „Behauptung, das Ohr am Mund des Volkes zu haben, dessen Interessen zu kennen und sie erfolgreich zu verteidigen".[882] Eine populistische Gesetzgebung kann also sehr wohl ein dringendes Problem lösen. Sie ist nicht per se eine falsche Gesetzgebung, und dass sie populistisch sei, ist allein noch kein überzeugendes Argument gegen eine Gesetzgebung. Hingegen muss eine Bewertung vorgenommen werden, ob die Gesetzgebung auf Vernunft beruht. Das Sexualstrafrecht umfasst eine große Bandbreite an Delik-

---

877   Schlepper 2014, S. 3-7.

878   Schaefer 1997, S. 1288.

879   Schroeder 1999, S. 3614.

880   *Kreuzer* v. 09.12.2014.

881   *Albrecht* 1999, S. 888.

882   *Hassemer* 2011, S. 72.

ten: sexuelle Nötigung und sexuellen Missbrauch, Prostitutions- sowie Pornographiedelikte; deshalb müssen diese unterschiedlichen Delikte jeweils für sich bewertet werden.

Die Reform der sexuellen Nötigung und des sexuellen Missbrauchs hat sich meines Erachtens zum größten Teil als erforderlich und nützlich erwiesen. Hinsichtlich des Tatbestands gab es tatsächlich zahlreiche Schutzlücken wegen der zuvor undeutlichen Formulierungen und engen Auslegung im dtStGB, d.h. strafwürdige Handlungen waren straflos; daher waren die Schaffung neuer Tatbestände bzw. deren Ausweitung erforderlich. Die meisten Gesetzesänderungen beziehen sich auf die Schließung von Schutzlücken. Ausweitung und Neuschaffung von Missbrauchsdelikten dienen diesem Ziel, und die Reform von § 177 dtStGB ist trotz vieler Mängel ein Beispiel dafür. Darüber hinaus zeigen manche Ausweitungen einen Fortschritt; z.B. werden beischlafähnliche Handlungen mit Beischlaf gleichgesetzt, die sexuelle Nötigung in der Ehe ist strafbar geworden, und männliche Opfer erhalten nun den gleichen Schutz wie weibliche. Die Sanktionen im dtStGB waren im Vergleich zu anderen Staaten wie China wesentlich milder, daher war eine gewisse Verschärfung erforderlich. Die Mindeststrafe für Missbrauchsdelikte in den §§ 174, 174a, 174b und 174c dtStGB war vor der Reform nur eine Geldstrafe. Eine so milde Strafe bildete die Sozialschädlichkeit der Straftat eigentlich nicht ab. Der deutsche Gesetzgeber ist gleichwohl zuückhaltend, insbesondere im Vergleich zum anglo-amerikanischen Rechtskreis.

Bei den Prostitutionsdelikten ist der Streit schwächer ausgeprägt. Ihre Reichweite ist nicht groß, und das ProstG von 2001 zeigte eine Tendenz hin zur Liberalisierung. Aber die Strafwürdigkeit der §§ 184f und 184g dtStGB ist noch zweifelhaft. Es wäre angemessener, die Ausübung der verbotenen und der jugendgefährdenden Prostitution ausschließlich als Ordnungswidrigkeit zu betrachten.

Die Bewertung von Pornographiedelikten ist komplizierter. Erstens ist z.T. eine Verschärfung der Strafen erforderlich: Vor der Reform war der Strafrahmen für alle Pornographiedelikte nur Freiheitsstrafe bis zu einem Jahr, und es gab keinen erhöhten Strafrahmen; aber es ist doch fraglich, ob die Erhöhung der Höchststrafe auf Freiheitsstrafe von zehn Jahren für die Verbreitung von Kinderpornographie tatsächlich erforderlich ist. Zweitens ist es zwar verständlich, dass harte Pornographie komplett verboten ist, aber die Legitimation dafür ist dennoch fraglich: Die Auffassung, dass Betrachter von Kinderpornographie ihrerseits zum Missbrauch angeregt werden, ist in der Praxis nicht erwiesen,[883] und dass Gewaltpornographie die Entwicklung von Jugendlichen gefährde, ist ebensowenig von wissenschaftlichen Forschungsergebnisse belegt.[884] Drittens ist es unvernünftig, einfache Pornographie derart streng zu

---

883   S/S-*Perron & Eisele* 2010, § 184b Rn. 1.
884   LK-*Laufhütte & Roggenbuck* 2009, § 184 Rn. 2.

regulieren: Um Minderjährige vor negativen Beeinträchtigungen durch Pornographie zu schützen, ist die Reichweite der Strafbarkeit nach § 184 unverhältnismäßig groß, aber eine solche Beeinträchtigung ist schwer zu bestätigen; tatsächlich greift eine so strenge Regelung tief in die Meinungsäußerungsfreiheit ein.

Kapitel 10

Zusammenfassung des chinesischen Sexualstrafrechts und Anregungen zur Reform

10.1 Zusammenfassung des chinesischen Sexualstrafrechts

Das chinesische Sexualstrafrecht stand mehr als 2.000 Jahre lang unter dem beherrschenden Einfluss des Konfuzianismus. Als Folge der Rezeption moderner Strafrechtsideen begann dies sich im 20. Jahrhundert zu ändern. Allerdings wurde diese Entwicklung während der Kulturrevolution zwischen 1949 und 1979 unterbrochen. Mit dem soziopolitischen Umbruch, der Ende der 1970er Jahre einsetzte, begann eine neue Periode der Strafrechtsreform in China. Doch bislang wurde den Sexualstraftatbeständen nur eine geringe Aufmerksamkeit zuteil. Im Vergleich zu anderen Ländern besteht in China daher noch erheblicher Nachholbedarf. Die Merkmale des chinesischen Sexualstrafrechts werden in der Folge zusammengefasst.

10.1.1 System „Beischlaf vs. Unzucht"

Das System „Beischlaf vs. Unzucht (unzüchtige Handlung)" stammt aus dem deutschen Reichsstrafgesetzbuch von 1871. Zum Beispiel erfordern die Tatbestände der §§ 173, 177, 179 und 182 RStGB Beischlaf, während Unzucht oder unzüchtige Handlung für andere Tatbestände genügen. Durch die Rechtsrezeption wurde zuerst das System des japanischen Strafgesetzbuchs übernommen, später dienten das Strafgesetzbuch der Republik China und schließlich jenes der Volksrepublik China als Basis. In Deutschland und Japan zog sich der Begriff der Unzucht durch alle sexuellen Handlungen, die auch Beischlaf umfassten. In China wurde die Bedeutung der Unzucht eingegrenzt und betraf normalerweise alle sexuellen Handlungen außer Beischlaf. In Deutschland ist dieses System schon verändert worden, aber in China ist es bis heute gültig. Vergewaltigung liegt hier nur dann vor, wenn eine männliche eine weibliche Person zum Beischlaf nötigt, während der Schutzbereich des § 237 (unzüchtige Handlung) viel weiter gefasst ist.

10.1.2 Geschlechtliche Ungleichheit

Das chinesische Sexualstrafrecht behält althergebrachte Vorstellungen über Sexualkriminalität bei, was zu einer Ungleichbehandlung der Geschlechter führt. Vor dem 9. StrÄG von 2015 war der sexuelle Übergriff gegen eine männliche Person über 14

Jahre sogar straffrei. Nach der Änderung liegt aber immer noch eine Ungleichbehandlung vor, und der Schutz männlicher Personen ist viel schwächer ausgeprägt als
der von weiblichen. Diese Ungleichheit ist mit dem System von „Beischlaf vs. Unzucht" eng verbunden. Nach den geltenden Strafnormen kann eine männliche Person
nur von § 237 (unzüchtige Handlung) geschützt werden, aber nicht das Opfer einer
Vergewaltigung nach § 236 sein. Weibliche Personen erhalten dagegen den Doppel-
schutz der §§ 236 und 237. Ein weibliches Kind erhält demnach auch einen besseren
Schutz als ein männliches Kind. So eine ungleiche Behandlung, die aus dem alten
System und der alten Gedankenwelt stammt, achtet die Selbstbestimmung männlicher Personen gering. Mit der gesellschaftlichen Entwicklung verändern sich jedoch
die allgemeinen Kenntnisse über Sexualität wesentlich. Deswegen ist ein Wandel
notwendig.

10.1.3   Wichtige Rolle der Sittlichkeit und Politik

Die so genannte sozialistische Sittlichkeit spielt noch eine sehr wichtige Rolle bei
Prostitutions- und Pornographiedelikten in China. Sozialistische Sittlichkeit bezieht
sich hierbei nicht nur auf Moral, sondern auch auf Politik, insbesondere die sozialistische Ideologie. Sittlichkeit ist heute allerdings nicht mehr ein überzeugendes
Rechtsgut, weil sich die allgemeinen Kenntnisse über Sexualität auch in China wesentlich gewandelt haben. Prostitution und Pornographie sind allgegenwärtig, und
die Stimmen, die sich für eine begrenzte Legalisierung aussprechen, werden immer
lauter. Aber solange China ein sozialistischer Staat ist, bleibt eine solche Legalisierung aus ideologischen Gründen schwierig. Zumindest ist eine Reform in der nahen
Zukunft nicht denkbar.

Die Auswirkungen dieser Sittlichkeit und der sozialistischen Ideologie spiegeln sich
insbesondere in den geltenden Pornographiedelikten wider. Die Reichweite ihrer
Strafbarkeit ist in China vergleichsweise klein. Dies liegt daran, dass Sittlichkeit fast
gleichbedeutend mit öffentlicher Scham ist. Der Gesetzgeber legt den Schwerpunkt
auf die Verbreitungshandlung, während weitere Handlungen wie Besitz, Erwerb und
Verschaffen für bestimmte Personen, die die öffentliche Scham nicht verletzen, dagegen straffrei sind. Die einseitige Betonung der Sittlichkeit führt zu einem weiteren
Effekt: Es gibt keinen deutlichen Unterschied in der Behandlung zwischen einfacher
und harter Pornographie, und der besondere Schutz von Minderjährigen ist unbedeu-
tend. Wegen der sozialistischen Ideologie ist Gewinnsucht eine niedere Motivation;
deshalb werden Tathandlungen aus Gewinnsucht im Vergleich zu solchen ohne Gewinnsucht viel schärfer bestraft.

10.1.4   Defizite beim Schutz von Minderjährigen

Der besondere Schutz von Minderjährigen ist in China nicht ausreichend, insbesondere im Vergleich zu Deutschland.

(1) Beim Tatbestand gilt der besondere Schutz nach den geltenden Strafrechtsnormen nur für Kinder unter 14 Jahren, d.h. für Jugendliche über 14 Jahre fehlt er ganz. Dies stellt eine erhebliche Schutzlücke dar. Jugendliche brauchen einen besseren Schutz, weil ihre seelische und körperliche Entwicklung noch nicht abgeschlossen ist. Ferner sind Menschen in der Adoleszenz neugierig auf Sex, deshalb werden sie vergleichsweise schnell Opfer von sexuellen Übergriffen. Im Vergleich zu Deutschland werden zwei Fallgruppen in China nur eingeschränkt bestraft: sexuelle Handlungen gegen Entgelt und Ausnutzung der fehlenden Fähigkeit zur sexuellen Selbstbestimmung.

(2) Ein Täter, der Sexualdelikte gegen Kinder oder Minderjährige begeht, wird nur mit einer „Strafe schwereren Grades" belegt. Diese bewegt sich allerdings noch innerhalb des Strafrahmens des Grundtatbestands, deshalb spiegelt sich hierin kein eindeutig besonderer Schutz wider. Dies gilt nach § 25 der Stellungnahme von 2013 sogar auch für manche schwerwiegenden Fälle, z.B. sexuellen Übergriff gegen Minderjährige durch Einbrechen in die Wohnung oder das Wohnheim, sexueller Übergriff gegen Kinder mit Gewalt, Drohung, Betäubungsmitteln oder sonstigen Nötigungsmitteln, unzüchtige Handlungen gegen mehrere Minderjährige oder mehrmalige Begehung des sexuellen Übergriffs. Solche Straftaten haben eine höhere Sozialschädlichkeit und sollten daher selbstverständlich schärfer bestraft werden.

10.1.5 Einfach formulierte Vorschriften und wichtige Rolle der juristischen Auslegung

Die meisten Vorschriften im chStGB sind einfach formuliert. Strenggenommen entsprechen Vorschriften wie die §§ 236 und 237 aus der Perspektive Deutschlands nicht dem Bestimmtheitsgrundsatz. Die Tatbestände hängen ganz von der Auslegung der Begriffe „vergewaltigen" und „unzüchtige Handlung" ab. Infolgedessen spielen juristische Auslegungen in der Praxis eine sehr wichtige Rolle, weshalb die Schaffung eines vernünftigen theoretischen Modells für einen vernünftigen Schutzbereich sehr sinnvoll wäre. Wie oben erwähnt, ist die Umgestaltung des Modells „Gegen den Willen" in das Modell „Psychologischer Zwang und entgegenstehender Wille" hinsichtlich des Tatbestands der Vergewaltigung erforderlich.

10.2   Zur Reform des Sexualstrafrechts in China

10.2.1   Ist eine gründliche Reform wie in Deutschland auch in China möglich?

Ein effektiver Schutz vor Sexualkriminalität, insbesondere vor Sexualstraftaten gegen Minderjährige, wird heute in China nachdrücklich gefordert. Die Frage ist jedoch: Ist eine gründliche Reform wie in Deutschland auch in China möglich? Ich halte dies nicht für denkbar, weil keiner der oben genannten vier Faktoren, die in Deutschland gegeben sind, in China vorliegt. Erstens werden die Massenmedien – nicht nur Rundfunk und Zeitungen, sondern auch der Cyberspace – von der chinesischen Regierung effektiv kontrolliert, weshalb auch die öffentliche Meinung zu einem gewissen Grad kontrollierbar ist. Zweitens ist China kein demokratischer Staat, weshalb die öffentliche Meinung zwar wichtig ist, aber keine entscheidende Rolle in der Gesetzgebung spielt. Drittens sind die Tatbestände des chinesischen Strafgesetzbuchs z.T. offen ausgestaltet und entsprechen insoweit nicht immer dem Bestimmtheitsgebot, was einen großen Auslegungsspielraum für die Richter schafft. Viertens ist China noch kein Rechtsstaat, und die Justiz ist nicht unabhängig; deshalb neigen chinesische Richter dazu, durch sehr flexible Auslegungen die Strafbarkeit auszuweiten, um mögliche Schutzlücken zu schließen. Im Gegensatz zu Deutschland hat China „inaktive Gesetzgeber und aktive Richter".

Zusammenfassend lässt sich sagen, dass sich die Situation in China umgekehrt zu der in Deutschland darstellt und eine Reform wie die in Deutschland in China weder erforderlich noch möglich ist. Darüber hinaus ist eine solche Reform bei den Prostitutions- und Pornographiedelikten, wo die sozialistische Sittlichkeit als Rechtsgut noch heute im Vordergrund steht, schwierig, weil eine gründliche Reform in diesem Bereich von einem grundlegenden Wandel der Politik abhängig wäre. Aber eine weitgehende Legalisierung der Prostitution und eine Entkriminalisierung von einfacher Pornographie ist aus politischen Gründen in der nahen Zukunft in China nicht möglich.

Eine grundlegende Reform des Sexualstrafrechts ist für Deutschland im Ganzen geeignet, aber die Rezeption in China oder in anderen Ländern ist ziemlich schwer, denn es gibt immer politische, rechtliche, historische und kulturelle Unterschiede, die zu beachten sind. Nach Ansicht des Autors ist die deutsche Reform daher nicht nur für China, sondern auch für andere Länder über Grenzen hinausgegangen. Das japanische Sexualstrafrecht wurde Anfang des 20. Jahrhunderts vom deutschen beeinflusst, aber später wurden nur wenige Änderungen vorgenommen. Das heutige Sexualstrafrecht in Japan ähnelt stark dem chinesischen, obwohl Japan ein demokratischer und ein Rechtsstaat ist.

10.2.2 Anregungen zu einer moderaten Reform des chinesischen Sexualstrafrechts aus der Perspektive Deutschlands

Das chinesische Sexualstrafrecht erfordert zwar keine gründliche Reform wie das in Deutschland, aber es braucht eine moderate Reform, weil es (wie oben erwähnt) tatsächlich viele Probleme gibt. Die Bekanntmachung des 9. StrÄG zeigt, dass das Sexualstrafrecht endlich vom chinesischen Gesetzgeber aufmerksam in Angriff genommen wird. Mit diesen Änderungen stellen die Schutzlückenschließung, die Aufhebung der Todesstrafe, die Streichung der umstrittenen Vorschriften und die Verstärkung des Schutzes von Minderjährigen eine fortschrittliche Entwicklungsrichtung dar. Aber die Änderungen reichen noch nicht aus, und viele Probleme sind in Zukunft durch weitere Änderungen zu lösen. Für eine solche Reform legt diese Arbeit aus dem Blickwinkel eines Rechtsvergleichs zwischen Deutschland und China die nachfolgenden Anregungen vor.

10.2.2.1 Umgestaltung des Systems „Beischlaf vs. Unzucht" sowie Ausweitung des Begriffs der Vergewaltigung

In Deutschland wurde das System „Beischlaf vs. Unzucht" schon wesentlich verändert. Die Wörter „Unzucht" und „unzüchtige Handlung" wurden im Jahr 1973 durch die neue Formulierung „sexuelle Handlung" ersetzt. 1997 wurde das Wort „Beischlaf" in § 177 dtStGB durch „oder ähnliche sexuelle Handlungen" ergänzt; seither kann auch eine männliche Person Opfer einer Vergewaltigung werden. Die Formulierung „Beischlaf oder ähnliche sexuelle Handlungen" ging auch in die §§ 176a und 179 ein. Das neue System in Deutschland arbeitet seither mit dem Begriff „Beischlaf und beischlafähnliche Handlungen & sexuelle Handlungen". Im Vergleich zum alten System stellt dieses beischlafähnliche Handlungen mit Beischlaf gleich; diese liegen hauptsächlich in den sexuellen Handlungen, die eng mit einem Eindringen in den Körper verbunden sind, z.B. Analverkehr, Oralverkehr, Ejakulation in den Mund sowie Einführen eines Gegenstands oder eines anderen Körperteils in die Scheide oder den Anus. Das neue System hat diverse Vorzüge. Der Schweregrad der Verletzung des Rechtsguts bei beischlafähnlichen Handlungen ist ähnlich wie der bei Beischlaf, und er ist offensichtlich höher als der bei anderen sexuellen Handlungen; deshalb entspricht es dem Schuld- und dem Verhältnismäßigkeitsprinzip, solche Handlungen mit einer schärferen Strafe zu bedrohen. Darüber hinaus kann der Schutz männlicher Personen durch die Änderungen verstärkt werden, und Männer und Frauen werden als Opfer von Sexualstraftaten gleichbehandelt.

Nach der hier vertretenen Ansicht sollte § 236 chStGB dahingehend verändert werden, dass nicht mehr nur weibliche, sondern auch männliche Personen Opfer einer Vergewaltigung sein können. Zugleich ist der Begriff „Vergewaltigung" durch die Gesetzgebung oder juristische Auslegung weit zu definieren, sodass zumindest auch Analverkehr und Einführen eines Gegenstands oder eines anderen Körperteils in die Scheide oder den Anus erfasst werden können.

10.2.2.2 Deutlichere Formulierung der Tatbestände

In Deutschland wurde der Tatbestand der sexuellen Nötigung deutlich formuliert. Der Tatbestand der sexuellen Handlungen kann in vier Handlungsformen unterteilt werden:

(1) Der Täter nimmt sexuelle Handlungen am Opfer vor.

(2) Der Täter lässt durch das Opfer sexuelle Handlungen an sich vornehmen.

(3) Der Täter lässt das Opfer sexuelle Handlungen durch einen Dritten erdulden.

(4) Der Täter lässt das Opfer sexuelle Handlungen an einem Dritten vornehmen.

Diese Formulierung scheint überflüssig zu sein, ist für einen deutlichen Tatbestand aber tatsächlich erforderlich. Dies gilt auch für die Reform des chinesischen Sexualstrafrechts:

(1) Sowohl „vergewaltigen" als auch „unzüchtige Handlungen gegen (…) begehen" gehört wörtlich auf Chinesisch zum aktiven Tun des Täters. Der Fall, in dem der Täter sexuelle Handlungen vom Opfer an sich vornehmen lässt, ist dann fraglich. Wenn beispielsweise eine Täterin das Opfer ihre Brust oder ihr Geschlechtsorgan berühren lässt, ist das im wörtlichen Sinn keine „unzüchtige Handlung gegen" das Opfer nach § 237 chStGB. Selbstverständlich kann eine solche Handlung in der Praxis durch eine weite Auslegung erfasst werden, wie sie in China üblich ist, aber eine deutliche Formulierung der Gesetzesnorm ist für die Gesetzlichkeit eher geeignet; zumindest muss das Oberste Volksgericht dies durch eine juristische Auslegung verdeutlichen.

(2) Die geltende Gesetzesnorm in China kann den einen Dritten betreffenden Fall nicht regeln, in dem keine Gemeinschaftlichkeit zwischen dem Täter und dem Dritten vorliegt. Dazu ein Beispiel: A lässt ein Mädchen sexuelle Handlungen mit einem Dritten vornehmen, aber der Dritte weiß nicht von der Handlung des A, nicht einmal von seiner Existenz. Der Dritte ist nach § 236 Abs. 2 chStGB strafbar, aber die Frage ist, ob A als Teilnehmer ebenfalls strafbar ist. Nach der deutschen Teilnahmelehre wird die Teilnahme natürlich bejaht, aber nach der chinesischen ist die Strafbarkeit fraglich, denn nach h.M. ist es erforderlich, dass A und der Dritte einen gemeinsamen Vorsatz haben. Für diese Situation gilt ausschließlich die so genannte Lehre der „einseitigen Teilnahme" (片面共犯), aber diese findet in der Praxis keine Nutzanwendung. Ferner ist der Fall sogar noch komplizierter, wenn B eine Frau zur Vornahme der sexuellen Handlung mit einem Dritten nötigt, der Dritte nichts von der Nötigungshandlung des B weiß und glaubt, dass die Frau freiwillig handelt. Die Handlung des Dritten ist dann offensichtlich keine Straftat, deshalb wird eine Teilnahme oder auch „einseitige

Teilnahme" verneint. Auch die Lehre von der mittelbaren Täterschaft kann hier keine Rolle spielen, denn das „menschliche Werkzeug" ist nicht der Dritte, sondern das Opfer.

10.2.2.3 Deutliche Auslegung der Strafzumessungsnormen

Ein weiteres Problem ist die undeutliche Formulierung der Qualifikationstatbestände und der Strafzumessungsnormen, z.B. „verwerfliche Tatumstände" in den §§ 236 und 237 chStGB oder „schwerwiegende Tatumstände" in den §§ 358 und 359. Das 9. StrÄG von 2015 zeigt die Tendenz, dass die Vorschriften immer unklarer geworden sind. Eine solche Tendenz ist jedoch nicht angemessen. Obwohl die Formulierung wegen der Auffangfunktion Schutzlücken unbedingt vermeiden kann, entspricht sie nicht dem Bestimmtheitsgebot. Das kann zu Richter-Willkür führen und die Vorsehbarkeit des Gesetzes schwächen.

Eine praktische Lösung wäre, durch juristische Auslegungen des Obersten Volksgerichts die Tatumstände zu verdeutlichen. Dies ist in China üblich; beispielsweise werden die Vorschriften zu Pornographiedelikten auf diese Weise ausführlich ausgelegt.

10.2.2.4 Deutliche Regelung zu Sexualstraftaten gegen widerstandsunfähige Personen und Täuschung zur sexuellen Handlung

Sexualstraftaten gegen widerstandsunfähige Personen und Täuschung zur sexuellen Handlung sind zwar in der Praxis in China als Vergewaltigung strafbar, aber es gibt weder deutliche Vorschriften oder juristische Auslegungen noch eine überzeugende Lehre dazu. Deutschland hat das Problem dagegen nicht: Sexuelle Handlungen mit einer widerstandsunfähigen Person sind als sexueller Missbrauch nach § 179 dtStGB strafbar, während Täuschung zum Beischlaf absolut straffrei ist. Hinsichtlich der ersten Fallgruppe ist eine Rechtsrezeption geeignet, und es wäre am besten, eine neue Vorschrift wie § 179 dtStGB auch im chStGB zu schaffen. Hinsichtlich der zweiten Fallgruppe ist das deutsche Modell dagegen nicht geeignet, weil Täuschungen zur sexuellen Handlung unter bestimmten Umständen tatsächlich strafwürdig sind. Meiner Meinung nach müssten zumindest zwei Umstände der Täuschung im chStGB geregelt werden. Der eine ist, dass das Opfer wegen der Täuschung den Täter für seinen Ehe- oder Lebenspartner hält; der andere ist, dass das Opfer wegen der Täuschung die sexuelle Handlung für eine medizinische Behandlung oder religiöse Zeremonie hält. Aber Gesetzesänderungen sind in China i.d.R. schwierig, weshalb eine zweitbeste, aber praktikablere Lösung wäre, durch eine juristische Auslegung diese zwei Fälle so unter Strafe zu stellen wie Vergewaltigung.

10.2.2.5 Schaffung einer neuen Vorschrift zum Schutz von Jugendlichen

Um die Schutzlücke beim Schutz von Jugendlichen zu schließen, ist die Schaffung eines neuen Tatbestands erforderlich. Aber die Strafbarkeit muss begrenzt werden, weil auch die sexuelle Selbstbestimmung der Jugendlichen beachtet werden muss. Es ist beispielsweise ungeeignet, sexuelle Handlungen zwischen zwei Jugendlichen unter Strafe zu stellen. § 182 Abs. 2 und 3 dtStGB könnten daher ein Vorbild sein: Eine Person über 18 Jahre, die sexuelle Handlungen mit einer Person unter 18 Jahren gegen Entgelt vornimmt, wird als Vergewaltiger betrachtet; aber auch eine Person über 21 Jahre, die sexuelle Handlungen mit einer Person unter 16 Jahren unter Ausnutzung von deren fehlender Fähigkeit zur sexuellen Selbstbestimmung vornimmt, wird als Vergewaltiger betrachtet. Diese Änderung ist in der Praxis auch sinnvoll. Nach § 19 der Stellungnahme von 2013 ist Beischlaf mit einem Mädchen zwischen zwölf und 14 Jahren straflos, wenn der Täter tatsächlich irrtümlich glaubt, das Mädchen sei älter. Aber in der Praxis wagt es ein chinesischer Richter nicht, in einem solchen Fall den Angeklagten freizusprechen, sonst ist er wahrscheinlich mit heftiger Kritik und politischem Druck konfrontiert. Die Schaffung einer neuen Vorschrift zur Bestrafung des Beischlafs mit Jugendlichen wäre daher sowohl erforderlich als auch nützlich. Beim Irrtum über das Alter könnte die neue Vorschrift eine Auffangfunktion erfüllen.

10.2.2.6 Verschärfung der Strafe zum besonderen Schutz von Minderjährigen

Hinsichtlich der Bestrafung liegt kein besonderer Schutz von Minderjährigen vor. Sexualstraftaten gegen Minderjährige und Erwachsene werden fast gleich bestraft. Es ist daher erforderlich, die Strafen in Fällen mit Minderjährigen zu verschärfen. Nach der hier vertretenen Meinung sollten sexueller Übergriff gegen Minderjährige durch Einbrechen in die Wohnung oder das Wohnheim, gegen Kinder mit Gewalt, Drohung, Betäubungs- oder sonstigen Nötigungsmitteln, unzüchtige Handlungen gegen mehrere Minderjährige und mehrmalige Begehung sexueller Übergriffe als Qualifikationstatbestände formuliert werden und einen erhöhten Strafrahmen erhalten – oder zumindest durch eine neue juristische Auslegung als Strafzumessungsnorm zu den „verwerflichen Tatumständen" zählen.

10.2.2.7 Änderung der Regelungen zu Pornographiedelikten

Die Vorschriften über Pornographiedelikte sind ebenfalls zu reformieren, aber zur Zeit liegen gegensätzliche Ansichten über das Thema vor. Auf der einen Seite vollzieht die Regierung seit einigen Jahren eine vehemente Bekämpfung von Pornographie im Internet, was eine Tendenz hin zur Verschärfung der Strafe und zur Schließung von Schutzlücken darstellt. Auf der anderen Seite verlangen manche Gelehrte eine Entkriminalisierung der einfachen Pornographie oder zumindest eine Verminderung der Sanktionen. Im Vergleich zwischen Deutschland und China legt diese Arbeit folgende Vorschläge vor:

- Erstens ist die Entkriminalisierung der Pornographiedelikte zu verneinen, denn im Vergleich zur Gesetzeslage in Deutschland ist die Strafbarkeit in

China unter Berücksichtigung des Begriffs der Pornographie, der Arten der strafbaren Handlungen und der Tatbestandsschwelle wesentlich enger gefasst.[885] Darüber hinaus spricht sich auch eine klare Mehrheit in der chinesischen Gesellschaft gegen eine Legalisierung aus: Nach einer Umfrage sind 81,4 % der Befragten für Sanktionen gegen die Verbreitung von Pornographie im Internet; als Gründe werden hauptsächlich soziale Sitte (67,3 %), Jugendschutz (67,3 %), soziale Sittlichkeit (56,9 %), Schutz vor Sexualkriminalität (55,9 %) und Schutz vor ungewollter Konfrontation (31,7 %) genannt.[886] Eine Erweiterung der Strafbarkeit ist wegen des Systems der „Straftat-Ordnungswidrigkeit" auch nicht empfehlenswert. Das SOWiG erfüllt hier eine Auffangfunktion und verhängt die entsprechenden Sanktionen.

- Zweitens sind die Sanktionen gegen Pornographiedelikte zu mildern. Nach obiger Umfrage halten 87,5 % der Befragten die geltenden Bestrafungen für zu scharf und befürworten ausschließlich Verwaltungssanktionen oder polizeiliche Verwarnungen.[887] Meiner Meinung nach ist eine umfassende Entschärfung zur Zeit keine praktikable Lösung, aber eine Verminderung der Bestrafung gegen Tathandlungen aus Gewinnsucht ist erforderlich. Es ist akzeptabel, diese vergleichsweise scharf zu bestrafen, weil eine solche Handlung sich i.d.R. auf deutlich mehr Empfänger und pornographische Sachen bezieht als die Handlung ohne Gewinnsucht, aber die Bestrafung nach der geltenden Vorschrift geht zu weit. Eine vernünftige Lösung wäre es, die Vorschrift über besonders schwerwiegende Tatumstände in § 363 Abs. 1 chStGB zu streichen, sodass die Höchststrafe von lebenslanger Freiheitsstrafe auf zeitige Freiheitsstrafe von zehn Jahren sinken kann.

- Drittens ist der Schutz von Minderjährigen zu verstärken. Derzeit wird ihr besonderer Schutz nur in kleinerem Umfang in der Tatbestandsschwelle und der Strafzumessung umgesetzt, was offensichtlich nicht ausreicht. Als Lösung wäre eine Umgestaltung des Rechtsguts von Sittlichkeit in Jugendschutz schwierig, und es wäre in China auch nicht durchführbar, den Besitz, Abruf oder Besuch von Kinderpornographie oder kinderpornographischen Darbietungen zu bestrafen. Eine praktikable Lösung wäre es, zunächst einen erhöhten Strafrahmen in § 364 Abs. 1 chStGB (Verbreitung pornographischer Sachen ohne Gewinnsucht) einzufügen und danach durch eine juristische Auslegung zu verdeutlichen, dass die Verbreitung von Kinderpornographie zu diesem Strafrahmen gehört. Ferner könnte verdeutlicht werden, dass auch Tathandlungen mit Gewinnsucht zum erhöhten Strafrahmen des § 363 Abs. 1 chStGB zählen.

---

885   Ausführlich hierzu siehe *Kapitel 7, Punkt 7.4.*
886   *Huang, Li & Han* 2014, S. 58.
887   *Huang, Li & Han* 2014, S. 58.

Literaturverzeichnis

Albrecht, H.-J. (1999): Die Determinanten der Sexualstrafrechtsreform. ZStW 111, S. 863–888.

Albrecht, H.-J. (2011): Sexualstrafrecht – Reformen und Ergebnisse. RdJB 59, S. 148–162.

Albrecht, P.-A. (1994): Das Strafrecht im Zugriff populistischer Politik. NJ 5, S. 193–199.

Albrecht, P.-A. (2004): Europäischer Strafrechtsraum: Ein Albtraum? ZRP, S. 1–4.

Bao, Suixian (Hrsg.) (1999): Fang Hai Feng Hua Fan Zui (Straftaten gegen Sittlichkeit). Beijing.

Bemb, A. (2014): Stellungnahme von Frauenhauskoordinierung e.V. zu dem Referentenentwurf des Bundesministeriums der Justiz und für Verbraucherschutz eines Gesetzes zur Änderung des Strafgesetzbuches – Umsetzung europäischer Vorgaben zum Sexualstrafrecht; frauenhauskoordinierung.de/fileadmin/redakteu re/Publikationen/Stellungnahmen/Stellungnahme_FHK_vom_25.07.2014_zum_ Sexualstrafrecht.pdf [21.09.2019].

Bi, Xiqian & Chen, Juan (2003): Rückblick und Ausblick auf die „Schlage hart zu"-Kampagne. Zhong Guo Ren Min Gong An Da Xue Xue Bao (2003, 2), S. 45–50.

Biss, C. (2006): Alkoholkonsum und Trunkenheitsdelikte in Russland mit vergleichenden Bezügen zu Deuschland. Hamburg.

Blume, L. & Wegner, K. (2014): Reform des § 177 StGB? – Zur Vereinbarkeit des deutschen Sexualstrafrechts mit Art. 36 der „Istanbul-Konvention". HRRS, S. 357–363.

Brüggemann, J.A.J. (2013): Entwicklung und Wandel des Sexualstrafrechts in der Geschichte unseres StGB. Baden-Baden.

Büro zur Strafrechtsforschung des Rechtsordnungsarbeitsausschusses des Nationalen Volkskongresses (2012): Zhong Hua Ren Min Gong He Guo Zhi An Guan Li Chu Fa Fa Shi Yi Ji Shi Yong Zhi Nan (Auslegung und Anleitung zum Gesetz über die Sicherheitsordnungwidigkeiten der Volksrepublik China). Beijing.

Busch, T. (2004): Die deutsche Strafrechtsreform. Kiel.

Cancho Espinal, C.J. (2012): Das Sexualstrafrecht Perus im Vergleich zum deutschen Strafrecht. Hamburg.

Chen, Chengze (1913): Auslegung des provisorischen Strafkodexes der Republik China. Beijing.

Chen, Luolan (2010): Notlage und Ausweg der juristischen Auslegung der „Wandlung von Vergewaltigung zum freiwilligen Beischlaf". Zhong Nan Da Xue Xue Bao She Hui Ke Xue Ban (2010, 2), S. 26–31.

Chen, Xiaofang (2005a): Merkmale der traditionellen Sexualkultur in China. Xi Nan Min Zu Da Xue Xue Bao Ren Wen She Ke Ban (2005, 7), S. 133–138.

Chen, Xingliang (1992): Untersuchung der problematischen Kriminalfälle. Beijing.

Chen, Xingliang (1996): Die menschliche Grundlage des Strafrechts. Beijing.

Chen, Xingliang (1999): Die Anwendung des Strafrechts, Allgemeiner Teil. Beijing.

Chen, Xingliang (2005b): Korrespondenz über die Todesstrafe. Bei Da Fa Lü Ping Lun (2005, 1), S. 341–359.

Chen, Xingliang (Hrsg.) (2008): Zui Ming Zhi Nan (Anleitung zu Delikten). 2. Aufl. Beijing.

Chen, Xingliang (2012): Die Wiedergeburt der chinesischen Strafrechtswissenschaft. ZStW 124, S. 807–828.

Cheng, Bin (2004): Razzien gegen Porno-Webseiten in ganz China. Xin Xi Wang Luo An Quan (2004-9). S. 13–14.

Chu, Huaizhi (1989): Streng, aber nicht scharf: Politischer Gedanke für den Entwurf zur Änderung des Strafgesetzbuchs. Bei Jing Da Xue Xue Bao Zhe Xue She Hui Ke Xue Ban (1989, 6), S. 99–107.

Clemm, C. (2015): Schriftliche Stellungnahme zur öffentlichen Anhörung des Ausschuses für Recht und Verbraucherschutz des Deutschen Bundestages am 28.01.2015; bundestag.de/resource/blob/425522/0ad57cf08a513cb70418d34398 bc0e3c/clemm-data.pdf [21.09.2019].

Cui, Min (2012): Überdenken der „Schlage hart zu"-Kampagne in den 1980er Jahren. Yan Huang Chun Qiu (2012, 5), S. 16–22.

Cui, Ronghua (2004): Historische Untersuchung der weiten Verbreitung der „Mode der männlichen Homosexualität" in der Ming-Dynastie und der Qing-Dynastie. He Bei Xue Kann (2004, 3), S. 155–159.

Deng, Xiaoping (1994): Deng Xiao Ping Wen Xuan (Ausgewählte Werke von Deng Xiaoping), Band 2. Beijing.

Deutscher Juristinnenbund e.V. (2014): Stellungnahme zum Entwurf eines (…) Gesetzes zur Änderung des Strafgesetzbuches – Umsetzung europäischer Vorgaben zum Sexualstrafrecht des Bundesministeriums der Justiz und für Verbraucherschutz (BMJV); djb.de/verein/Kom-u-AS/K3/14–14/ [21.09.2019].

Deutsches Institut für Menschenrechte (2015): Kurzbewertung des Referentenentwurfs eines Gesetzes zur Änderung des Strafgesetzbuches – Verbesserung des Schutzes der sexuellen Selbstbestimmung des BMJV vom 14.07.2015; institut-

fuer-menschenrechte.de/fileadmin/user_upload/PDF-Dateien/Ergebnispapiere_Z
usammenfassungen_Hintergrundpapiere/DIMR_Kurzstellungnahme_Reform__
____177_179_StGB.pdf [21.09.2019].

Ding, Guofeng (2012): Nestkalte Kinder sind die Hauptopfer von sexuellen Übergriffen geworden. Fa Zhi Ri Bao v. 27.11.2012.

Du, Kailin u.a. (2005): Täuschung einer Frau zum Beischlaf ist nicht immer eine Vergewaltigung. Ren Min Fa Yuan Bao v. 01.06.2005.

Duttge, G., Hörnle, T. & Renzikowski, J. (2004): Gesetz zur Änderung der Vorschriften über die Straftaten gegen die sexuelle Selbstbestimmung. NJW, S. 1065–1072.

Eisele, J. (2015): Schriftliche Stellungnahme zur Sachverständigenanhörung im Ausschuss für Recht und Verbraucherschutz des Deutschen Bundestages vom 28.01.2015; bundestag.de/resource/blob/425524/a950a0666f21cb3e7b7f177118 dec89b/eisele-data.pdf [21.09.2019].

Eisenhardt, U. (2013): Deutsche Rechtsgeschichte. 6. Aufl. München.

Estrich, S. (1987): Real Rape. Cambridge.

Euchner, E.-M. (2015): Prostitutionspolitik in Deutschland. Wiesbaden.

Fang, Peizhi (2005): Wie stellt man den Charakter von „zunächst abwechselnde Vergewaltigung und danach freiwilliger Beischlaf" fest?. Ren Min Jian Cha (2005, 19), S. 33–35.

Fischer, T. (2013): Strafgesetzbuch mit Nebengesetzen. 60. Aufl. München.

Fischer, T. (2014): Sexuelle Nötigung: Schutzlücken oder Schutzlücken-Fantasien? StraFo, S. 485–493.

Fischer, T. (2015a): Noch einmal: § 177 StGB und die Istanbul-Konvention. ZIS, S. 312–319.

Fischer, T. (2015b): Strafgesetzbuch mit Nebengesetzen, 62. Aufl. München.

Fischer, T. (2017): Strafgesetzbuch mit Nebengesetzen. 64. Aufl. München.

Friedman, J. & Valenti, J. (eds.) (2008): Yes Means Yes!: Visions of Female Sexual Power and a World Without Rape. Berkeley.

Friese, V. (1970): Das Strafrecht des Sachsenspiegels. Aalen.

Frommel, M. (2014): Hände weg vom Sexualstrafrecht; novo- argumente.com/artik el/vergewaltigung_haende_weg_vom_sexualstrafrecht [21.09.2019].

Frommel, M. (2015): Wo beginnt Vergewaltigung? sueddeutsche.de/panorama/recht sprechung-wo-beginnt-vergewaltigung-1.2331813 [21.09.2019].

Gao, Mingxuan (Hrsg.) (2005): Xing Fa Xue Yuan Li (Lehre des Strafrechts). Beijing.

Gao, Mingxuan & Huang, Wei (2011): Die Serpentine der Gesetzgebung in 25 Jahren, Zeugenschaft der Schwierigkeit des ersten Strafgesetzbuchs im neuen China. Wen Shi Can Kao (2011, 7), S. 31–33.

Gao, Mingxuan & Ma, Kechang (Hrsg.) (2005): Zhong Guo Xing Fa Jie Shi (Kommentar zum chinesischen Strafgesetzbuch). Beijing.

Gao, Mingxuan & Ma, Kechang (Hrsg.) (2010): Xing Fa Xue (Strafrecht). 4. Aufl. Beijing.

Garland, D. (2001): The Culture of Control. Chicago.

Grieger, K., Clemm, C., Eckhardt, A. & Hartmann, A. (2014): Fallanalyse zu bestehenden Schutzlücken in der Anwendung des deutschen Sexualstrafrechts bezüglich erwachsener Betroffener; frauen-gegen-gewalt.de/de/ fallanalyse-zu-schutzl uecken-im-sexualstrafrecht.html [21.09.2019].

Gu, Laiyou, Chi, Shuyan & Zhang, Zhaohua (2005): Situation des sexuellen Missbrauchs von Kindern: Eine Umfrage an einer Hochschule. Zhong Guo Xue Xiao Wei Sheng (2005, 4), S. 309–310.

Han, Dayuan (2016): Menschenwürde, Toleranz und Verfassungsgarantie für homosexuelle Rechte. Fa Xue Lun Tan (2016, 3), S. 25–31.

Han, Jiaxing (2017): Anschauung über das Naturgesetz im Strarecht der Qing-Dynastie. Nan Yang Li Gong Xue Yuan Xue Bao (2017, 1), S. 34–37.

Han, Tie (2012): „The Severity Revolution" der Strafe in den USA im späten zwanzigsten Jahrhundert. Li Shi Yan Jiu (2012, 6), S. 113–131.

Hassemer, W. (2011): „Im Namen des Volkes"? Populismus und Rechtspolitik, in: J. Estermann (Hrsg.), Der Kampf ums Recht. Wien, S. 60–80.

He, Libo (2008): 1983: Der Entscheidungsvorgang der „Schlage hart zu"-Kampagne des Zentralkomitees der Kommunistischen Partei. Jian Cha Feng Yun (2008, 17), S. 66–68.

He, Qinhua (2004): Geburt und Wachstum der Strafrechtswissenschaft in der chinesischen Neuzeit. Xian Dai Fa Xue (2004, 2), S. 12–20.

He, Ronggong (2015): Eine rechtsphilosophische Kritik an „Überkriminalisierung" in der sozialen Verwaltung. Zhong Wai Fa Xue (2015, 2), S. 523–547.

Heuser, R. (2013): Grundriss der Geschichte und Modernisierung des chinesischen Rechts. Baden-Baden.

Hinckeldey, C. (Hrsg.) (1984) : Justiz in alter Zeit. Rothenburg o.d.T.

Hörnle, T. (2015a): Warum § 177 Abs. 1 StGB durch einen neuen Tatbestand ergänzt werden sollte. ZIS, S. 206–216.

Hörnle, T. (2015b): Wie § 177 StGB ergänzt werden sollte. GA, S. 313–328.

Hörnle, T. (2015c): Menschenrechtliche Verpflichtungen aus der Istanbul-Konvention; institut-fuer-menschenrechte.de/uploads/tx_commerce/Menschenrechtliche_Verpflichtungen_aus_der_Istanbul_Konvention_Ein_Gutachten_zur_Reform_des_Paragraf_177_StGB.pdf [21.09.2019].

Hörnle, T. (2017): Das Gesetz zur Verbesserung des Schutzes sexueller Selbstbestimmung. NStZ, S. 13–21.

Hu, Dongfei & Qin, Hong (2008): Der entgegenstehende Wille ist die Kerneigenschaft des Delikts der Vergewaltigung. Zheng Zhi Yu Fa Lü (2008, 3), S. 133–139.

Huang, Dawei, Li, Jinghua & Han, Bing (2014): Umfrage zur „Verbreitung pornographischer Sachen". Fan Zui Yan Jiu (2014, 4), S. 54–63.

Huang, Ermei (Hrsg.) (2014): Xing Qin Hai Wei Cheng Nian Ren Fan Zui Si Fa Zheng Ce An Li Zhi Dao Yu Li Jie Shi Yong (Juristische Politik über Sexualstraftaten gegen Minderjährige: Anleitung und Anwendung). Beijing.

Isfen, O. (2015): Zur gesetzlichen Normierung des entgegenstehenden Willens bei Sexualdelikten. ZIS, S. 217–233.

Jia, Liying (2005): Untersuchung der von Frauen begangenen Sexualdelikte in der Han-Dynastie. He Bei Fa Xue (2005, 11), S. 117–120.

Jia, Yu (2008): Von „Schlage hart zu" zu „Nachgiebigkeit mit Strenge verbinden". Guo Jia Jian Cha Guan Xue Yuan Xue Bao (2008, 2), S. 150–159.

Jiao, Dongjie (2013): Untersuchung der Grundfrage zu unzüchtigen Handlungen gegen eine Frau oder Beleidigung einer Frau mit Nötigung. Magisterarbeit der Zhengzhou Universität.

Jin, Zhenbao (2010): Befugnis des Obersten Volksgerichts zur abstrakten juristischen Auslegung. Bi Jiao Fa Yan Jiu (2010, 2), S. 55–66.

Joecks, W. & Miebach, K. (Hrsg.) (2003): Münchener Kommentar zum Strafgesetzbuch, Band 2/2. München; zit.: MK-*Bearbeiter* 2003.

Kreuzer, A. (2014): Rückkehr zu moralisierendem Strafrecht? Inflationär, wenig durchdacht und populistisch wird Strafrecht ausgeweitet zu vermeintlichem Opferschutz. Gießener Allgemeine Zeitung v. 09.12.2014, S. 5.

Lang, Sheng (Hrsg.) (2011): Zhong Hua Ren Min Gong He Guo Xing Fa Shi Yi (Auslegung des Strafgesetzbuchs der Volksrepublik China). 5. Aufl. Beijing.

Laubenthal, K. (2012): Handbuch Sexualstraftaten: Die Delikte gegen die sexuelle Selbstbestimmung. Heidelberg u.a.

Laufhütte, H.W., Rissing-von Saan, R. & Tiedemann, K. (Hrsg.) (2009): Leipziger Kommentar Strafgesetzbuch. 6. Band, 12. Aufl. Berlin; zit.: LK-*Bearbeiter* 2009.

Leferenz, H. (1965): Die Sexualdelikte des E 62. ZStW 77, S. 379–397.

Li, Bing (2007): Akademien in der Yuan-Dynastie und die Verbreitung des Neokonfuzianismus. Zhe Jiang Da Xue Xue Bao Ren Wen She Hui Ke Xue Ban (2007, 1), S. 138–143.

Li, Xiaojing (2013): Die „rechtmäßige" Existenz der Heirat mit einer Nebenfrau in der Zeit der Nanjing-Regierung in der Republik China. Nei Meng Gu She Hui Ke Xue Han Wen Ban (2013, 1), S. 68–73.

Li, Yougen (2010): Warum sind Anleitungsfälle nicht rechtsverbindlich? (2010, 4), S. 86–96.

Liang, Genlin (2014): Die Entwicklung der chinesischen Verbrechenslehre: Überblick und Stellungnahme. ZStW 126, S. 743–774.

Lin, Xingqun (2009): Das Phänomen der Mode der männlichen Homosexualität in der Qing-Dynastie aus rechtlicher Perspektive. Magisterarbeit der Chongqing Universität.

Lipińska, M. (2013): Die Sexualstraftaten im polnischen Strafkodex im Vergleich zum deutschen Strafgesetzbuch. Frankfurt am Main.

Liu, Changsong (2014): Die „Kriminalisierung der Vergewaltigung in der Ehe" setzt die Verbesserung des Systems vom getrennten Leben voraus. Xin Jing Bao v. 23.11.2014.

Liu, Dalin (1993): Zehn Gesetze zur Entwicklung der chinesischen Sexualkultur in alten Zeiten. Shang Hai Da Xue Xue Bao She Hui Ke Xue Ban (1993, 1), S. 97–99.

Liu, Fuzhi (2000): Schlage hart zu ist gerade Diktatur. Ren Min Gong An (2000, 1), S. 56–59.

Liu, Jiachen (Hrsg.) (2008): Xing Fa Fen Ze Ji Pei Tao Gui Ding Xin Shi Xin Jie (Neuer Kommentar zum besonderen Teil des StGB und zu weiteren Vorschriften). 5. Aufl. Beijing.

Liu, Wenji (2005): Wie wird der Fall beurteilt, in dem der Täter eine Frau dadurch zum Beischlaf täuscht, dass er sich als Polizist ausgibt? Ren Min Fa Yuan Bao v. 13.04.2005.

Liu, Xianquan (2014): Zur Verwirklichung des Tatbestands der Vergewaltigung durch Beischlaf mit einem Mädchen muss „Wissen" die Voraussetzung sein. Qing Shao Nian Fan Zui Wen Ti (2014, 1), S. 4–12.

Lu, Jianping (2014): Herausforderung des strafrechtlichen Systems wegen der Senkung der Tatbestandsschwelle. Fa Xue Ping Lun (2014, 6), S. 68–76.

Lu, Shunzhen (2011): Untersuchung der umweltstrafrechtlichen Gesetzgebung in Deutschland. Mu Dan Jiang Da Xue Xue Bao (2011, 8), S. 5–7.

Ma, Kechang (Hrsg.) (1999): Fan Zui Tong Lun (Untersuchung zu Straftaten). Wuhan.

Ma, Kechang (Hrsg.) (2003): Xing Fa Xue (Strafrecht). Beijing.

Matt, H. & Renzikowski, J. (2013): Strafgesetzbuch Kommentar. München; zit.: M/R-*Bearbeiter* 2013.

Maurach, R., Schroeder, F.-C. & Maiwald, M. (Hrsg.) (2009): Strafrecht Besonderer Teil, Teilband 1. 10. Aufl. Heidelberg.

Mei, Deheng & Fu, Yuejian (Hrsg.) (1995): Yu Fang Fan Zui Dui Ce (Maßnahme zur Prävention der Kriminalität). Beijing.

Oberstes Volksgericht (2000): Referenz für Strafverfahren, Band 7. Beijing.

Oberstes Volksgericht (2006): Referenz für Strafverfahren, Band 50. Beijing.

Peng, Bingjin (2013): Aufnahme und Entwicklung der Unzuchtdelikte aus dem Tang-Kodex in der Yuan-Dynastie. He Bei Fa Xue (2013-9), S. 24–28.

Pratt, J. (2007): Penal populism: key ideas in criminology. London and New York.

Qu, Xinjiu (Hrsg.) (2009): Xing Fa Xue (Strafrecht). 3. Aufl. Beijing.

Renzikowski, J. (1999a): Das Sexualstrafrecht nach dem 6. Strafrechtsreformgesetz – 1.Teil. NStZ, S. 377–431.

Renzikowski, J. (1999b): Das Sexualstrafrecht nach dem 6. Strafrechtsreformgesetz – 2.Teil. NStZ, S. 433–431.

Renzikowski, J. (2015): Lücken beim Schutz der sexuellen Selbstbestimmung aus menschenrechtlicher Sicht; bundestag.de/resource/blob/357202/87f20df8e8751b fb54b1ed22da85106a/renzikowski-data.pdf [21.09.2019].

Renzikowski, J. (2016): Nein! – Das neue Sexualstrafrecht. NJW, S. 3553–3558.

Ruan, Qilin (2010): Xing Fa Xue (Strafrecht). 2. Aufl. Beijing.

Rudolphi, H.-J. & Horn, E. (Hrsg.) (2012): Systematischer Kommentar zum Strafgesetzbuch, Band 3. 8. Aufl. Köln; zit.: SK-*Bearbeiter* 2012.

Rupert, B. (1908): Zur Lehre von den Sittlichkeitsdelikten. Luzern.

Santana Vega, D.M. (2011): Strafrechtliche Aspekte der diskriminierenden Meinungsfreiheit: Eine europäische Perspektive, in: M. Heinrich u.a. (Hrsg.), Festschrift für Claus Roxin zum 80. Geburtstag. Berlin, S. 1537–1555.

Satzger, H., Schluckebier, W. & Widmaier, G. (Hrsg.) (2014): Strafgesetzbuch Kommentar. 2. Aufl. Köln; zit.: SSW-*Bearbeiter* 2014.

Schaefer, H.C. (1997): Der „Ausweg" – oder die überaus hilfreiche Rolle des Strafrechts. NJW, S. 1288.

Schlepper, C. (2014): Strafgesetzgebung in der Spätmoderne. Wiesbaden.

Schmidt-Jortzig, E. (1998): Bekämpfung von Sexualdelikten in Deutschland und auf internationaler Ebene. NStZ, S. 433–479.

Schönke, A. & Schröder, H. (2010) (Hrsg.): Strafgesetzbuch Kommentar. 28. Aufl. München; zit.: S/S-*Bearbeiter* 2010.

Schroeder, F.-C. (1971): Reform des Sexualstrafrechts. Aktuelle Dokumente. Berlin.

Schroeder, F.-C. (1999): Das neue Bild des Strafgesetzbuchs. NJW, S. 3612–3614.

Schulhofer, S.J. (1998): Unwanted Sex: The Culture of Intimidation and the Failure of Law. Cambridge.

Strupp, M. (1998): Das neue Strafgesetzbuch der VR China: Kommentar und Übersetzung. Hamburg.

Su, Li (2003): Juristische Auslegung, öffentliche Politik und das Oberste Gericht. Fa Xue (2003, 8), S. 3–29.

Sun, Xiaoyang (2005): Öffnung der Tür des Staats und Willkommen der Welt. Ren Min Gong An Bao v. 21.11.2005.

Sun, Yue (2011): Begutachtung der obszönen Sachen in dreißig Jahren in China. Jie Mi Zhong Guo, Band 1, S. 165–173.

Tao, Ying (2013): „Schlage hart zu"-Sturm: Bewegung zur Beseitigung des Übels vor 30 Jahren. Wen Shi Bo Lan (2013, 9), S. 5–10.

von Liszt, F. (1891): Lehrbuch des Deutschen Strafrechts, 4. durchgearbeitete Aufl. Berlin.

von Liszt, F. (1905): Lehrbuch des Deutschen Strafrechts, 14. und 15. völlig durchgearbeitete Aufl. Berlin.

Wacquant, L. (2009): Bestrafen der Armen: Zur neoliberalen Regierung der sozialen Unsicherheit. Leverkusen.

Wahle, E. (Hrsg.) (1969): Zur Reform des Sexualstrafrechts. Berlin.

Wang, Gang (2005): Hintergrund des Abbruchs der Vorführung von „Garrison's Gorillas". Fa Zhi Wan Bao v. 07.03.2008.

Wang, Haitao & Ma, Jiangling (2010): Untersuchung der strafrechtlichen Regelung des Sex-Chats im Internet. Ren Min Jian Cha (2010, 16), S. 49–51.

Wang, Li (1996): Überblick über die chinesische Sexualkultur in alten Zeiten. Xing Xue (1996, 3), S. 26–27.

Wang, Ying (2011): Der strafrechtliche Schutz des Urheberrechts: Eine vergleichende Untersuchung zum deutschen und chinesischen Strafrecht. Berlin.

Wang, Yu (2015): Die Dimensionen der Freiheit und der Prävention im Gedanken der Schuld. Bi Jiao Fa Yan Jiu (2015, 2), S. 104–118.

Wang, Zuofu (Hrsg.) (2007): Xing Fa Fen Ze Shi Wu Yan Jiu (Untersuchung zum besonderen Teil des Strafgesetzbuchs in der Praxis). 3. Aufl. Beijing.

Wei, Hantao (2012): Überdenkung der Kerneigenschaft und des Modells des Delikts der Vergewaltigung. Huan Qiu Fa Lü Ping Lun (2012, 4), S. 116–130.

Wen, Xia (2007): Untersuchung des rechtlichen Status von Sklaven durch die Untersuchung der Unzucht-Delikte in der Qin-Dynastie und der Han-Dynasie. Shou Du Shi Fan Da Xue Xue Bao She Hui Ke Xue Ban (2007, 2), S. 16–21.

Wu, Changgeng (2009): Neues Verständnis der Theorie „Das Naturgesetz soll bleiben und der menschliche Drang soll vernichtet werden" von Zhu Xi. Xiang Xi She Hui Ke Xue (2009, 12), S. 7–13.

Wu, Qingshu (2010): Erweiterung der Horizonts des Strafrechts. Ren Min Jian Cha (2010, 17), S. 39–40.

Xia, Fei (2009): Über die Reform der Kriminalpolitik zur Prostitution in China aus der Perspektive Englands. Fan Zui Yan Jiu (2009, 3), S. 74–80.

Xie, Hui (2007): Der entgegenstehende Wille der Frau soll kein Tatbestandsmerkmal der Vergewaltigung sein. Zheng Zhi Yu Fa Lü (2007, 4), S. 153–156.

Xiong, Jie (2009): Der negative Einfluss des Konfuzianismus auf die Vorstellung von der Ehe in China. An Hui Wen Xue (2009, 11), S. 355–356.

Xu, Hu (1993): Gegenwärtige Situation der Prostitution in China sowie Gegenmaßnahmen. She Hui Xue Yan Jiu (1993, 3), S. 42–51.

Xu, Jinchang (2006): Tong Jian Chu Zui Hua – An Li Yan Jiu Yu Shi Zheng Fen Xi (Entkriminalisierung des Ehebruchs: Fallstudie und empirische Analyse). Taipei.

Yang, Kuisong (2004): Erster Versuch zur Festigung der Herrschaft in den Städten des neuen China. Hua Dong Shi Fan Da Xue Xue Bao (2004, 5), S. 1–20.

Yang, Shiyang (2009): Wie entstand der „Fall des Hooligans"? Zheng Fu Fa Zhi (2009, 27), S. 30–31.

Yi, Zhixiong (2004): Entstehung und Entwicklung der chinesischen Sexualkultur in alten Zeiten. Zhong Guo Xing Ke Xue (2004, 9), S. 25–28.

You, Wei & Xie, Ximei (2004): Rückblick auf die „Schlage hart zu"-Politik und wissenschaftliche Bewertung. Hua Dong Zheng Fa Xue Yuan Xue Bao (2004, 1), S. 48–54.

Yu, Zhigang (2008): Neue Untersuchung der Lehre des Wissens im Vorsatz. Fa Xue Yan Jiu (2008, 4), S. 96–109.

Yu, Zhigang (2013): Wandel, Verwirrung und Verringerungsweg des Sackdelikts. Fa Xue Jia (2013, 3), S. 63–78.

Yuan, Chunxiang (2015): Analyse der Situation von gerichtlich verhandelten Kriminalfällen im Jahr 2014. Ren Min Fa Yuan Bao v. 7.5.2015.

Zang, Yanjie (2010): Der moderne Sinn der Drangbeschränkungslehre im Konfuzianismus vor der Qin-Dynastie. Jin Ri Ke Yuan (2010, 8), S. 24–25.

Zhang, Chao (2005): Untersuchung der Prostitution in der Republik China. Dissertation der Wuhan Universität.

Zhang, Gong (2008): Sexualstraftaten in der Qin-Dynastie und der Han-Dynastie. Tian Shui Xing Zheng Xue Yuan Xue Bao (2008, 5), S. 104–108.

Zhang, Mingkai (2000): Fa Yi Chu Lun (Unterschung zum Rechtsgut). Beijing.

Zhang, Mingkai (2007): Xing Fa Xue (Strafrecht). 3. Aufl. Beijing.

Zhang, Shu (2001a): Asymmetrisches soziales Experiment: Über das „Up to the Mountains and Down to the Countryside Movement" während der Kulturrevolution. Dissertation der Zentralen Parteihochschule der Kommunistischen Partei Chinas.

Zhang, Zaizhou (2001b): Ai Mei De Li Cheng Zhong Guo Gu Dai Tong Xing Lian Shi (Geschichte der Homosexualität im antiken China). Zhengzhou.

Zheng, Weihua (2008): Die Schwierigkeit der Anwendung des Strafgesetzes im Lichte der „Kriminalisierung der nackten Live-Shows". Jian Cha Ri Bao v. 10.04.2008.

Zhou, Daoluan & Zhang, Jun (Hrsg.) (2013): Xing Fa Zui Ming Jing Shi (Ausführliche Auslegung von Delikten im Strafgesetzbuch). 4. Aufl. Beijing.

Zhou, Feng, Xue, Shulan, Zhao, Junfu & Xiao, Feng (2014): Verständnis und Anwendung der „Stellungnahme über die Bestrafung des minderjährigen sexuell übergriffigen Täters". Ren Min Si Fa (2014, 1), S. 32–39.

Zhu, Lei (2009): Die Prositution und ihr Einfluss in der Song-Dynastie. Liao Ning Gong Cheng Ji Shu Da Xue Xue Bao, She Hui Ke Xue Ban (2009, 4), S. 379–381.

Liste der Verordnungen und juristischen Auslegungen in China

中共中央关于废除国民党的六法全书与确定解放区的司法原则的指示（1949年）

Anordnung des Zentralkomitees der Kommunistischen Partei Chinas zur Aufhebung von sechs Gesetzbüchern der Nationalen Partei und zur Bestimmung des Justizprinzips in befreiten Gebieten (1949).

中华人民共和国惩治反革命条例（1951年）

Verordnung zur Bestrafung von Konterrevolution (1951)

中华人民共和国妨害国家货币治罪暂行条例（1951年）

Provisorische Verordnung über die die Währung beeinträchtigenden Delikte (1951)

最高人民法院西南分院关于强奸罪及量刑问题的意见（1951年）

Stellungnahme der südwestlichen Zweigstelle des Obersten Volksgerichts zum Delikt der Vergewaltigung und die Strafzumessung (1951)

最高人民法院关于"亲告罪"或"告诉乃论"问题的复示（1951年）

Auskunft des Obersten Volksgerichts über die Frage zu den „Antragsdelikten" oder die „Verfolgung nur auf Antrag" (1951)

最高人民法院对广西省人民法院所编"人民司法参考资料"（第四辑）有关婚姻通奸强奸等问题提出意见的函（1951年）

Stellungnahme des Obersten Volksgerichts zu Ehe, Ehebruch und Vergewaltigung in den vom Volksgericht der Provinz Guangxi verfassten „Referenzmaterialien zur Justiz" (Band 4) (1951)

中华人民共和国惩治贪污条例（1952年）

Verordnung zur Bestrafung von Korruption (1952)

最高人民法院解答法律问题十则（1952 年）

Antworten des Obersten Volksgerichts auf zehn Fragen (1952)

最高人民法院关于严惩强奸幼女罪犯的指示（1953 年）

Anordnung des Obersten Volksgerichts zur scharfen Bestrafung der ein Mädchen vergewaltigenden Täter (1953)

最高人民法院关于处理奸淫幼女案件的经验总结和对奸淫幼女罪犯的处刑意见（1954 年）

Erfahrungszusammenfassung des Obersten Volksgerichts über die Behandlung der Fälle des Beischlafs mit einem Mädchen und Stellungnahme über die Bestrafung des ein Mädchen zum Beischlaf verführenden Täters (1954)

国务院关于处理反动、淫秽、荒诞的书刊图画的指示（1955 年）

Anordnung des Staatsrats zur Behandlung von reaktionären, pornographischen oder grotesken Büchern und Bildern (1955)

最高人民法院关于处理奸淫幼女案件不得以 14 岁为幼女年龄标准的通知（1955 年）

Mitteilung des Obersten Volksgerichts darüber, dass das Alter von 14 Jahren nicht für die Altersgrenze des Mädchens gehalten werden darf (1955)

最高人民法院 1955 年以来奸淫幼女案件检查总结（1957 年）

Zusammenfassung des Obersten Volksgerichts über Fälle des Beischlafs mit einem Mädchen seit 1955 (1957)

最高人民法院关于成年人间自愿鸡奸是否犯罪问题的批复（1957 年）

Auskunft vom Obersten Volksgericht darüber, ob der freiwillige Analverkehr zwischen Erwachsenen eine Straftat war (1957)

最高人民法院关于同未满 14 周岁的人结婚不应以奸淫幼女罪论处的函（1957
年）

Brief des Obersten Volksgerichts darüber, dass die Heirat mit einer Person unter 14
Jahren nicht wie Beischlaf mit einem Kind behandelt werden soll (1957)

最高人民法院关于对肖永福不应以奸淫幼女罪论处的批复（1957 年）

Auskunft des Obersten Volksgerichts darüber, dass Xiao Yongfu nicht wegen Beischlafs mit einem Mädchen verurteilt werden soll (1957)

最高人民法院关于与军人配偶通奸的案件为什么只对与军人配偶通奸的一方
判罪问题的复函（1958 年）

Auskunft des Obersten Volksgerichts darüber, warum nur die Person verurteilt werden soll, die Ehebruch mit dem Ehepartner eines Soldaten begeht (1958)

中共中央关于严厉打击刑事犯罪活动的决定（1983 年）

Entscheidung des Zentralkomitees der Kommunistischen Partei Chinas über den harten Schlag gegen kriminelle Aktivitäten (1983)

关于严惩严重危害社会治安的犯罪分子的决定（1983 年）

Entscheidung über die schwere Bestrafung der die gesellschaftliche Sicherheit
schwer gefährdenden Straftäter (1983)

关于迅速审判严重危害社会治安的犯罪分子的程序的决定（1983 年）

Entscheidung über das Verfahren der schnellen Verhandlung der die gesellschaftliche Sicherheit schwer gefährdenden Straftäter (1983)

关于修改中华人民共和国人民法院组织法的决定（1983 年）

Entscheidung über die Änderung des Volksgerichtsorganisationsgesetzes der Volksrepublik China (1983)

最高人民法院、最高人民检察院关于当前办理流氓案件中具体应用法律的若
干问题的解答（1984 年）

Antwort des Obersten Volksgerichts und der Obersten Volksstaatsanwaltschaft auf
einige Fragen über die konkrete Rechtsanwendung in aktuellen Fällen des Hooliganismus (1984)

最高人民法院、最高人民检察院、公安部关于当前办理强奸案件中具体应用
法律的若干问题的解答（1984 年）

Antwort des Obersten Volksgerichts, der Obersten Volksstaatsanwaltschaft und des
Ministeriums für öffentliche Sicherheit auf einige Fragen über die konkrete Rechtsanwendung in aktuellen Fällen der Vergewaltigung (1984)

关于严禁淫秽物品的规定（1985 年）

Verordnung über das Verbot von pornographischen Sachen (1985)

全国人民代表大会常务委员会关于惩治走私罪的补充规定（1988 年）

Ergänzende Verordnung des Ständigen Ausschusses des Nationalen Volkskongresses über die Bestrafung von Verbrechen des Schmuggels (1988)

国家新闻出版署关于认定淫秽及色情出版物的暂行规定（1988 年）

Provisorische Verordnung des Nationalen Amtes für Presse und Publikation über die
Feststellung von pornographischen und erotischen Publikationen (1988)

最高人民法院、最高人民检察院关于办理淫秽物品刑事案件具体应用法律的
规定（1990 年）

Verordnung des Obersten Volksgerichts und der Obersten Volksstaatsanwaltschaft
über die konkrete Rechtsanwendung in Kriminalfällen von pornographischen Sachen
(1990)

关于惩治走私、制作、贩卖、传播淫秽物品的犯罪分子的决定 （1990 年）

Entscheidung über die Bestrafung der die pornographischen Sachen schmuggelnden,
herstellenden, verkaufenden oder verbreitenden Täter (1990)

全国人民代表大会常务委员会关于严禁卖淫嫖娼的决定（1991年）

Entscheidung des Ständigen Ausschusses des Nationalen Volkskongresses über das Verbot der Prostitution (1991)

最高人民法院、最高人民检察院关于执行《全国人民代表大会常务委员会关于严禁卖淫嫖娼的决定》的若干问题的解答（1992年）

Antwort des Obersten Volksgerichts und der Obersten Volksstaatsanwaltschaft auf einige Fragen über die Durchsetzung „der Entscheidung des Ständigen Ausschusses des Nationalen Volkskongresses über das Verbot der Prostitution" (1992)

最高人民法院关于审理淫秽物品刑事案件中适用法律的两个问题的批复（1992年）

Auskunft des Obersten Volksgerichts über zwei Fragen zur Rechtsanwendung in Verhandlungen von Kriminalfällen von pornographischen Sachen (1992)

卖淫嫖娼人员收容教育办法 （1993年）

Verordnung über die Inhaftierung von Prostituierten und Freiern zur Umerziehung (1993)

计算机信息网络国际联网安全保护管理办法（1997年）

Verordnung über die Verwaltung des Sicherheitsschutzes für internationales Computer-Information-Netzwerk (1997)

最高人民法院关于执行《中华人民共和国刑法》确定罪名的规定（1997年）

Verordnung des Obersten Volksgerichts über die Festlegung der Überschriften im Strafgesetzbuch der Volksrepublik China (1997)

最高人民法院关于审理非法出版物刑事案件具体应用法律若干问题的解释（1998年）

Auslegung des Obersten Volksgerichts von einigen Fragen über die konkrete Rechtsanwendung in Kriminalfällen von rechtswidrigen Publikationen (1998)

公安部对《关于鉴定淫秽物品有关问题的请示》的批复（1998年）

Auskunft des Ministeriums für öffentliche Sicherheit über einige Frage zum Befund von pornographischen Sachen (1998)

最高人民法院、最高人民检察院、公安部、民政部、司法部、全国妇女联合会关于打击拐卖妇女儿童犯罪有关问题的通知（2000年）

Mitteilung des Obersten Volksgerichts, der Obersten Volksstaatsanwaltschaft, des Ministeriums für öffentliche Sicherheit, des Ministeriums für zivile Angelegenheiten, des Ministeriums für Justiz und des Gesamtchinesischen Frauendachverbandes über die Bekämpfung von Straftaten des Frauenraubs oder Kinderraubs zum Verkauf (2000)

公安部关于对同性之间以钱财为媒介的性行为定性处理问题的批复（2001年）

Auskunft des Ministeriums für öffentliche Sicherheit über die Behandlung von Fällen von homosexuellen Handlungen gegen Entgelt (2001)

公安机关办理劳动教养规定（2002年）

Verordnung über die polizeiliche Behandlung der Umerziehung durch Arbeit (2002)

最高人民法院、最高人民检察院关于执行《中华人民共和国刑法》确定罪名的补充规定（2002年）

Ergänzende Verordnung des Obersten Volksgerichts und der Obersten Volksstaatsanwaltschaft über die Festlegung der Überschriften im Strafgesetzbuch der Volksrepublik China (2002)

最高人民法院关于行为人不明知是不满十四周岁的幼女双方自愿发生性关系是否构成强奸罪问题的批复（2003年）

Auskunft des Obersten Volksgerichts darüber, ob ein freiwilliger Beischlaf den Tatbestand der Vergewaltigung verwirklicht, wenn der Täter das Alter des Mädchens unter 14 Jahren nicht kennt (2003)

最高人民法院关于暂缓执行《关于行为人不明知是不满十四周岁的幼女，双方自愿发生性行为是否构成强奸罪问题的批复》有关问题的通知（2003年）

Mitteilung des Obersten Volksgerichts über die Aufschiebung der Durchsetzung der „Auskunft darüber, ob ein freiwilliger Beischlaf den Tatbestand der Vergewaltigung

verwirklicht, wenn der Täter das Alter des Mädchens unter 14 Jahren nicht kennt"
(2003)

最高人民法院、最高人民检察院关于办理利用互联网、移动通讯终端、声讯
台制作、复制、出版、贩卖、传播淫秽电子信息刑事案件具体应用法律若干
问题的解释（2004 年）

Auslegung des Obersten Volksgerichts und der Obersten Volksstaatsanwaltschaft
über einige Fragen zur konkreten Rechtsanwendung in Kriminalfällen der Herstellung, Vervielfältigung, Herausgabe, des Verkaufs oder der Verbreitung von pornographischen Informationen über Internet, Mobilkommunikationsterminal oder Hotline-Stelle (2004)

贵州省禁止卖淫嫖娼的规定（2004 年）

Verordnung der Provinz Guizhou über das Verbot der Prostitution (2004)

新闻出版总署关于认定淫秽与色情声讯的暂行规定（2005 年）

Provisorische Verordnung des Nationalen Amtes für Presse und Publikation über die
Feststellung von pornographischen und erotischen Geräuschen (2005)

重庆市查禁卖淫嫖娼条例（2006 年）

Verordnung der Stadt Chongqing über das Verbot der Prostitution (2006)

江苏关于办理卖淫嫖娼案件的指导意见（2006 年）

Anleitende Stellungnahme der Provinz Jiangsu über die Behandlung von Fällen von
Prostitution (2006)

最高人民检察院、公安部关于公安机关管辖的刑事案件立案追诉标准的规定
（一）（2008 年）

Verordnung (I) der Obersten Volksstaatsanwaltschaft und des Ministeriums für öffentliche Sicherheit über den Standard des Registers zur Strafverfolgung in Strafsachen (2008)

最高人民法院、最高人民检察院关于办理利用互联网、移动通讯终端、声讯台制作、复制、出版、贩卖、传播淫秽电子信息刑事案件具体应用法律若干问题的解释（二）（2010年）

Auslegung (II) des Obersten Volksgerichts und der Obersten Volksstaatsanwaltschaft über einige Fragen zur konkreten Rechtsanwendung in Kriminalfällen der Herstellung, Vervielfältigung, Herausgabe, des Verkaufs oder der Verbreitung von pornographischen Informationen über Internet, Mobilkommunikationsterminal oder Hotline-Stelle (2010)

最高人民法院关于贯彻宽严相济刑事政策的若干意见（2010年）

Einige Stellungnahmen des Obersten Volksgerichts über die Durchführung der Kriminalpolitik „Nachgiebigkeit mit Strenge verbinden" (2010)

卫生部性病防治管理办法（2012年）

Verwaltungsmaßnahme des Ministeriums für Gesundheit zur Verhütung und Behandlung von Geschlechtskrankheiten (2012)

最高人民法院、最高人民检察院、公安部、司法部关于依法惩治性侵害未成年人犯罪的意见（2013年）

Stellungnahme des Obersten Volksgerichts, der Obersten Volksstaatsanwaltschaft, des Ministeriums für öffentliche Sicherheit und des Ministeriums für Justiz über die Bestrafung des Minderjährigen sexuell übergreifenden Täters (2013)

最高人民法院、最高人民检察院关于办理走私刑事案件适用法律若干问题的解释（2014年）

Auslegung des Obersten Volksgerichts und der Obersten Volksstaatsanwaltschaft über einige Fragen zur Rechtsanwendung bei der Behandlung von Kriminalfällen von Schmuggel (2014)

Max-Planck-Institut für ausländisches und internationales Strafrecht

Schriftenreihe des Max-Planck-Instituts für ausländisches und internationales Strafrecht

Die zentralen Veröffentlichungen des Max-Planck-Instituts für ausländisches und internationales Strafrecht werden in Zusammenarbeit mit dem Verlag Duncker & Humblot in den folgenden fünf Unterreihen der „Schriftenreihe des Max-Planck-Instituts für ausländisches und internationales Strafrecht" vertrieben:

- „Strafrechtliche Forschungsberichte",
- „Kriminologische Forschungsberichte",
- „Interdisziplinäre Forschungen aus Strafrecht und Kriminologie"
- „Publications of the Max Planck Partner Group for Balkan Criminology" sowie
- „Sammlung ausländischer Strafgesetzbücher in deutscher Übersetzung".

Diese Publikationen können direkt über das Max-Planck-Institut unter www.mpicc.de oder über den Verlag Duncker & Humblot unter www.duncker-humblot.de erworben werden.

Darüber hinaus erscheinen im Hausverlag des Max-Planck-Instituts in der Unterreihe „research in brief" zusammenfassende Kurzbeschreibungen von Forschungsergebnissen und in der Unterreihe „Arbeitsberichte" Veröffentlichungen vorläufiger Forschungsergebnisse. Diese Veröffentlichungen können über das Max-Planck-Institut bezogen werden.

Detaillierte Informationen zu den einzelnen Publikationen sind unter www.csl.mpg.de abrufbar.

Research Series of the Max Planck Institute for Foreign and International Criminal Law

The main research activities of the Max Planck Institute for Foreign and International Criminal Law are published in the following five subseries of the "Schriftenreihe des Max-Planck-Instituts für ausländisches und internationales Strafrecht/Research Series of the Max Planck Institute for Foreign and International Criminal Law", which are distributed in cooperation with the publisher Duncker & Humblot:

- "Strafrechtliche Forschungsberichte" (Reports on Research in Criminal Law),
- "Kriminologische Forschungsberichte" (Reports on Research in Criminology),
- "Interdisziplinäre Forschungen aus Strafrecht und Kriminologie" (Reports on Interdisciplinary Research in Criminal Law and Criminology),
- "Publications of the Max Planck Partner Group for Balkan Criminology", and
- "Sammlung ausländischer Strafgesetzbücher in deutscher Übersetzung" (Collection of Foreign Criminal Laws in German Translation).

These publications can be ordered from the Max Planck Institute at www.mpicc.de or from Duncker & Humblot at www.duncker-humblot.de.

Two additional subseries are published directly by the Max Planck Institute for Foreign and International Criminal Law: "research in brief" contains short reports on results of research activities, and "Arbeitsberichte" (working materials) present preliminary results of research projects. These publications are available at the Max Planck Institute.

Detailed information on all publications can be found at www.csl.mpg.de.

Max-Planck-Institut für ausländisches
und internationales Strafrecht

Auswahl aktueller Publikationen aus der kriminologischen Veröffentlichungsreihe K:

K 188 *Jia Kui*
Strafrechtlicher Schutz bei häuslicher Gewalt
Eine vergleichende Untersuchung zum deutschen und chinesischen Recht
Berlin 2020 • 207 Seiten • ISBN 978-3-86113-276-9   € 32,-

K 187 *Elisa Wallwaey, Esther Bollhöfer, Susanne Knickmeier* (Hrsg.)
Wirtschaftsspionage und Konkurrenzausspähung
Phänomenologie, Strafverfolgung und Prävention in ausgewählten europäischen Ländern
Berlin 2019 • 170 Seiten • ISBN 978-3-86113-275-2   € 32,-

K 185 *Anina Schwarzenbach*
Youth–Police Relations in Multi-Ethnic Cities
A study of police encounters and attitudes toward the police in Germany and France
Berlin 2020 • 340 Seiten • ISBN 978-3-86113-283-7   € 40,-

K 184 *Elke Wienhausen-Knezevic*
Lebensverlaufsdynamiken junger Haftentlassener
Entwicklung eines empirischen Interaktionsmodells (ZARIA-Schema) zur Analyse von Haftentlassungsverläufen
Berlin 2020 • 264 Seiten • ISBN 978-3-86113-282-0   € 35,-

K 183 *Katharina Meuer*
Legalbewährung nach elektronischer Aufsicht im Vollzug der Freiheitsstrafe
Eine experimentelle Rückfallstudie zum baden-württembergischen Modellprojekt
Berlin 2019 • 225 Seiten • ISBN 978-3-86113-272-1   € 35,-

K 182 *Hans-Jörg Albrecht, Maria Walsh, Elke Wienhausen-Knezevic* (eds.)
Desistance Processes Among Young Offenders Following Judicial Interventions
Berlin 2019 • 165 Seiten • ISBN 978-3-86113-271-4   € 32,-

K 181 *Maria Walsh*
Intensive Beährungshilfe und junge Intensivtäter
Eine empirische Analyse des Einflusses von Intensivbewährungshilfe auf die kriminelle Karriere junger Mehrfachauffälliger in Bayern
Berlin 2018 • 210 Seiten • ISBN 978-3-86113-269-1   € 35,-

K 180 *Linn Katharina Döring*
Sozialarbeiter vor Gericht?
Grund und Grenzen einer Kriminalisierung unterlassener staatlicher Schutzmaßnahmen in tödlichen Kinderschutzfällen in Deutschland und England
Berlin 2018 • 441 Seiten • ISBN 978-3-86113-268-4   € 42,-
Ausgezeichnet mit der Otto-Hahn-Medaille der Max-Planck-Gesellschaft

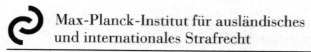 **Max-Planck-Institut für ausländisches und internationales Strafrecht**

Auswahl weiterer Publikationen aus der kriminologischen Veröffentlichungsreihe K:

**Max-Planck-Institut für ausländisches
und internationales Strafrecht**